JN320193

唐代天台仏教復興運動研究序説

荊渓湛然とその『止観輔行伝弘決』

池　麗梅　著

大蔵出版

はしがき

　これまでの半生を振り返ってみると、生来の愚鈍のせいであろう、さまざまな苦悩を抱えながら、かろうじて生き延びてきた三十数年であったような気がしてしかたがない。時には日常と人生そのものから逃避したくなる虚しさと苦しみの中にあった私を導いて下さったのはこの十年間で出会った善知識たちであり、自己存在の意味すら分からなかった私の人生を照らしてくれたのは、宗教そして学問としての仏教であった。

　当初、東京大学文学部英語英米文学専修課程の卒業を控えながらインド哲学仏教学修士課程に進学しようとした時に、専門知識が不足し、学問よりも信仰的傾向が強かった自分が果たして受け入れてもらえるかどうかは分からず、絶望感に挫けそうな私に、「これからの人生にはいろいろな失敗と挫折があるかもしれないが、自分が目指しているのは正しい道であることを確信しなさい」と励ましてくださったのは、後に私の仏門における師僧となる木村清孝先生であった。木村先生は、私の修士課程の二年間において、指導教官として仏教学の基礎を教えて下さった。先生は単に学問的な知識を学ばせるというのではなく、仏教を人生においてどのように活用すべきかを常に考えさせて下さった。先生のお言葉は、いまもなお私に多大な力と希望を与えてくれていると同時に、「正しい道とは何か」、「その道に私はいまいるだろうか」という疑問と反省を常に与えてくれる、いわば頂門の一針となっている。

　おそらく、自分の生き方そのものからその答えをずっと見出せないままでいるせいか、私は次第に「正しい道を歩んだ」と信じられている歴史上の仏教者たちに目を向けるようになった。最初に私の関心を強く惹きつけたのは天台大師智顗の生涯であった。はじめは、大師の素晴らしさと偉大さを再確認するためのものでしかなかったが、しかしその伝記を研究対象として読み解いていくにつれて、大師の偉大さという光が落とした影も次第に見えてきたのである。母国が隋に滅ぼされ戦火を逃れるため都を後にした大師の姿はまさに寂莫たるものとしか言いようがない。ところが、彼はその後天台山にはすぐに戻らず、揚子江地域で活躍し、さらに南朝の人々にとっては侵略者でもある晋王楊広とも周旋することになったのはいったいなぜだったのだろうか。私が大師の伝記をまとめる立場にいるのであれば、そのような大師の行動についてどのような動機づけをすべきだろうか、という疑問に対する答えはすぐには見つからなかった。

カナダのブリティッシュコロンビア大学から客員教授として東京大学に赴任してきた陳金華先生と出会ったのはその迷いに迷った時期であった。主として東アジア仏教史の研究に取り組んでおられる陳先生は、歴史学的研究法のみならず、特に歴史学者として取るべき厳正かつ客観的な研究姿勢について多く語って下さった。私は、陳先生の該博な知識と鋭い洞察力よりも、その学問に注ぐ情熱と中国文化に対する使命感に強い感銘を受けた。それから一年後、先生の任期が終了しカナダに戻る直前に、私は先生から伝授して頂いた方法に基づいて「至徳・広徳年間における湛然の足跡」という短い論文をまとめて先生に捧げたところ、先生から初めてお褒めの言葉を頂戴した。その時の小論は、後に私の博士論文の基軸となり、今は本書の一部ともなった、いわば私自身の学問の原点なのである。先に触れたような智者大師の生涯に対して私が抱いた疑問と困惑を解消せしめる道筋、あるいはその入口が、この湛然伝の一齣をめぐる小論の中に含まれていると考える。

湛然が生きたのは、唐帝国の盛勢が急速に衰えはじめ、社会全体が崩壊していくものの、来るべき新時代の姿は見えないという喪失感と危機意識に満ちた時代であった。彼の著述活動には、当時の歴史的課題に対応しようとする意図が働かなかったはずはあるまい。湛然にとって、著作こそが、いかなる歴史状況の中にあっても、時間と空間を超えて天台大師智顗の面授を得ることを可能にする、唯一の船筏であったからである。湛然は、戦乱による危機が去った後に、天台山の仏隴に登った。この場所は、彼にとって、天台仏教、否、中国仏教のまさに根源地であった。思うに、彼が自覚し自らに課した使命とは、単なる宗派的自覚というよりも、それまで統合されていなかった江東仏教を団結させ、智顗に発する中国仏教の慧命を存続させる担い手たらんとする極めて主体的なものであった。湛然において開花を見た天台仏教は、かつて智顗が隠遁の道を選ばず精力的な活動を続けた江南地域に蒔かれた仏種が少しずつエネルギーを蓄積し、二百年に及ぼうとする年月を経て一気に実を結んだものであるとも理解されよう。このような角度からみると、智顗と湛然は宗教的超越者でもなければ、単に精緻な仏教理論を構築した哲学者でもない。大動乱の中に投げ入れられ、将来が全く見通せないような社会状況の中にあって、同時代の人々と共に苦しみ悩みながら、中国仏教と中国文化を継承して後世に伝達しようと格闘した等身大の人間であったように、私には見える。輝かしい結実として残された著作と教学理論に進む前に、彼らのこうした人間像をありのままに伝え、眩しい光の背後にあって見失いがちなもの、つまりは彼らの苦悩と著述の動機を理解しなければならない、というのが私が獲た答えであり、同時に本書を通して読者に伝えたいメッセージなのである。

前述したように、本書の主体をなすのは、東京大学人文社会系研究科に提出し学位を頂いた博士論文である。学位論文作成にあたっては指導教官の末木文美士先生、駒澤大学の池田魯参先生、東京大学東洋文化研究所の丘山新先生、東京大学の丸井浩先生、創価大学の菅野博史先生、ブリティッシュコロンビア大学の陳金華先生から貴重な御指導と御教示を頂戴した。特に、博士論文のテーマ設定と具体的構成をどのようにすべきか彷徨っていた時期に、末木文美士先生に厳しくも包容力あるお導きを頂き、駒澤大学の池田魯参先生と林鳴宇先生、武蔵野大学の西本照真先生と陳継東先生に励まして頂いたことがしみじみと思い返される。

提出後に一冊の学術図書として刊行しようと準備を進め、学位論文に加筆と訂正を加え、ようやく本書を上梓することができた。本書出版にあたって、末木文美士先生が大蔵出版に本書を御推薦下さり、菅野博史先生には中国人民大学で集中講義をされる最中にもかかわらず、本書の漢文和訳に関して、細やかな御助言、御指導を賜った。また、真言宗豊山派宝光院住職栗山明高師から貴重な御助言および日本語の修正をして頂いた。そして、校正作業が大変遅れているにもかかわらず、私を常に励まして下さった大蔵出版の編集担当米森俊輔氏には大変お世話になった。ここに記して感謝を申し上げたい。

私が学位論文をまとめあげられたことも、いまそれを刊行することができたことも、上にお名前を挙げた諸先生をはじめ、東京大学インド文学インド哲学仏教学専門分野に入学時より今日までに私が接し得た諸先生方、先輩、友人さらには周囲の方々による暖かい理解と励ましの賜物にほかならず、深い謝意を表したいのであるが、さらにもう一人、私にとって特別な人物が存在する。それは、智学法師（王翠玲博士）である。現在、台湾成功大学で研究活動と後進の指導に励まれている法師は、東京大学在学中、それまで仏教と全く無縁であった私を仏法に結縁せしめた師であり、また仏教研究の道に私を導き、今日に至るまで見守り続けて下さっている。

なお、本著の公刊に当たっては、独立行政法人日本学術振興会より平成十九年度科学研究費助成金（研究成果公開促進費）を頂き、大蔵出版の深い御理解を賜ったことを謹記し、心からお礼を申し上げる次第である。

最後に私事で恐縮であるが、私を育て導いてくれた両親にこの拙き一書を奉げることをお許し頂きたい。

二〇〇七年十二月一日

池　麗梅（釈孝順）　謹識

唐代天台仏教復興運動研究序説——荊渓湛然とその『止観輔行伝弘決』——目次

第二章　荊渓湛然の天台仏教復興運動の原点を求めて
――社会の動乱と『止観輔行伝弘決』の撰述――　103

凡　例

1　本文中並びに注記に用いたT, ZZという略号は、それぞれ『大正新脩大蔵経』・『大日本続蔵経』を表す。また、その頁数などは次の如く表記した。

例　『大正新脩大蔵経』第四十八巻、四二〇頁上段第三行 → T48, 420a3
　　『大日本続蔵経』第二十四冊、二四頁下段第五行 → ZZ24, 24b5

2　経論、典籍の名称のうち、慣用される略名がある場合には、それを用いた。

例　『妙法蓮華経』→『法華経』
　　『妙法蓮華経文句』→『法華文句』

3　本文の表記は原則として常用漢字、現代かなづかいで統一した。ただし、固有名詞・引用文などの特殊な場合は、この限りではない。

4　引用原文には、適宜、句読点・傍線を付した。

5　書名・経典名等には『　』を付し、写本名・碑文・章篇名や学術雑誌所収論文名等は「　」を付した。

6　語句の説明、西暦年号、生没年代などは（　）の中に記した。

7　語句の補足は〔　〕の中に補った。

8　注は各節の末尾に付した。

9　日本語参考文献は著（編）者名の五十音順、外国語参考文献は著（編）者名のアルファベット順によって標示した。

10　本書は、筆者がこれまでに発表した論文を公刊目的に合わせて加筆補正したものを含む。この間の関係を示すと、次のようになる。

第一章

第一節　湛然の事跡を伝える唐代資料

→池麗梅［2005］「湛然の事跡を伝える唐代資料」『韓国仏教 SEMINAR』十（pp. 207-235）

第二節第三項二　湛然の啓蒙師「方巌和尚」をめぐって

→池麗梅［2006］「荊渓湛然の啓蒙師方巌和尚」『印度学仏教学研究』一〇九〔五十五―一〕（pp. 43-47）

第二章

第一節　至徳・広徳年間における湛然の事跡の再考察

→池麗梅［2004］「至徳・広徳年間における湛然の足跡」『仏教文化研究論集』八（pp. 84-106）

第二節　『止観輔行伝弘決』の成立過程に関する再考察

→池麗梅［2005］「『止観輔行伝弘決』の成立過程に関する再考察」『東アジア仏教研究』四（pp. 49-64）

付　録　『法華玄義釈籤』の成立過程に関する一考察

→池麗梅［2005］「『法華玄義釋籤』の成立過程に関する一考察」『印度学仏教学研究』一〇七〔五十四―一〕（pp. 94-99）

第三章

第二節第三項　湛然の門下による正統の顕彰運動――梁粛の貢献を中心として――

→池麗梅［2007］「梁粛撰「台州隋故智者大師修禅道場碑」研究序説」『南都仏教』八十八（pp. 69-89）

序論

本書は、荊渓湛然（711-782）の最重要著作である『止観輔行伝弘決』を研究課題とするが、特にこの著作の成立過程を当時の歴史状況の中において捉え直すことによって、湛然にとっての同書の撰述意義のみならず、彼が主導した唐代の天台仏教復興運動の展開の中で同書が果たした役割を明らかにしようとするものである。

湛然は、中国唐代の社会を根底から揺り動かした安史の乱前後の激動の時代を生き、特に大暦年間（766-779）に江南地域で活躍した仏教者である。彼は、天台大師智顗（538-597）の教学を継承し、伝統的な天台教学史では九代目の祖師、特に「中興の祖」と仰がれてきている。一般に、彼は、隋代の智顗に発する天台仏教を復興し、天台教学の体系を実質的に確立させて、「天台の教義を一個の宗派にまで進めた」[1]ことをもって、中国仏教思想史上、極めて重要な地位を与えられているのである。その一方で、徳川時代の華厳学者普寂徳門の湛然批判に見られるように、智顗によって大成された雄大な教学と実践の体系を宗派的に限定してしまった人物として、否定的な評価を下されることもあるのである。

思うに、湛然の教学や思想は、唐代における天台仏教復興運動の一環として現れたものである。もし、彼の思想や行動の中に宗派的あるいは時代的な限界が認められたとしても、それを単なる思想史の文脈の中だけで捉えるのではなく、同時に、天台仏教復興運動という大きな現象の中でそれが有したであろう意味を理解しなければならないと考える。そして、実際に、このような観点から、湛然の生涯や業績、さらには湛然において表面化した天台教学の思想的変容を見るならば、湛然は、天台仏教復興運動の原点であり、またその総体でもあった、と認識されるであろう。それは、彼が生涯で最初に撰述に取り掛かり、そして十年もの年月をかけて完成させた著述である『止観輔行伝弘決』についても言えるのである。

現行の十巻本『止観輔行伝弘決』(T46, No. 1912) は、天台大師智顗の説く『摩訶止観』(T46, No. 1911) に対する現存最古の注釈書である。仏の教えを以って止観の妙行を輔け、一実止観の妙行によって一代の教旨を伝弘することを根本的な趣旨とする『止観輔行伝弘決』は、『摩訶止観』の成立からおよそ二世紀近く経って、初めて現れた注釈書であり、その撰述を通して、湛然は天台観門の奥義の闡明に力を尽くしたのである。しかし、『止観輔行伝弘決』に関しては、それが『摩訶止観』の注釈書という、いわば二次的な性格を有するせいでもあろうか、日本や中国の天台系の学僧による注釈書を除けば、まとまった研究成果はまだないのである。

ただ、『止観輔行伝弘決』に関する短い論文や湛然本人をめぐる諸研究などの蓄積はかなり存在し、同書の思想的特徴が全く解明されてこなかったわけではない。たとえば、『止観輔行伝弘決』の重要な特徴の一つは、その全巻を通じて、内部すなわち天台止観の相承者に対しても、外部つまり華厳・禅を始めとする他派に対しても、異義邪説を容赦なく批判排斥することを通して、天台大師の祖意を顕揚しようとするところにあるとされてきた。そして、湛然が、教学面においては華厳教学や法相教学と対決し、さらに実践面においては禅門を批判したことが注目され、多くの研究成果が生まれている。

しかし、『止観輔行伝弘決』のもう一つの特徴として、湛然本人の所見が『摩訶止観』本来の趣旨と絡み合いながら提示されているため、どこまでが天台大師の本意で、どこからが湛然独自の発想であるのかが必ずしも明確ではないことも、指摘しておかなければならない。そして、この特徴は、『止観輔行伝弘決』に対する研究の難度を高めているだけではなく、同書を『摩訶止観』研究に援用する際には細心の注意を払うことを要求するのである。逆に、両者の思想を判別することができれば、『止観輔行伝弘決』の思想的特質のみならず、『摩訶止観』の思想も一層明確になるだろうし、同時に、『止観輔行伝弘決』の撰述に当たって、湛然が対処しようとした、唐代における天台止観伝承そのものが抱えていた課題も明らかになると考えるが、このような観点からの研究は、従来ほとんどなされてこなかった。

この研究上の問題は、『止観輔行伝弘決』と『摩訶止観』という二つの文献を比較する作業の欠如のみに起因するものではなく、また単に両者の比較さえすれば解決できるものでもない。なぜなら、『止観輔行伝弘決』が世に現れるにはそれが対処しようとした時代的な課題が存在し、さらに、同書が広く流布することになったのは、必ずや、同書を受け容れる環境が整っていたからに違いないと考えるのである。そのような当時の状況を正確に見定めなければ、『止観輔行伝弘決』に現れる思想的改変が生じた要因を、これまでと同様に、すべて唐代に興起した諸宗派と対抗するためという、いわば天台と他宗との関係の中にのみ追究することになるだろう。しかし、筆者の見るところでは、『止観輔行伝弘決』を生み出し、そして同書を受け止めた当時の思想的状況は、かなり複雑である。このような観点から先行研究を見ると、『止観輔行伝弘決』を取り巻く状況に対する認識には不明確な点が少なからず存在するのである。具体的には、実際の湛然の生涯、その中でも、特に『止観輔行伝弘決』の成立に至るまでの数年間における湛然の事跡に対する誤解が、同書を成立せしめた歴史的状況の正確な理解を妨げる要因となっている。したがって、既成の湛然の伝記やその生涯を伝える諸資料を徹底的に洗い直して、湛然の伝記を再構築した上で、湛然の事跡および『止観輔行伝弘決』の成立背景と意義について考察していきたい。

上述の如き研究状況を受けて、本書は、「唐代天台仏教復興運動研究序説――荊渓湛然とその『止観輔行伝弘決』――」というテーマを取り扱うが、そのために、以下の四章を設けて順を追って考察を進めていくこととする。

「**第一章　荊渓湛然の伝記**」では、湛然の生涯ないし事跡をより正しく理解するためには、後世成立の諸伝記だけではなく、それらが依拠した基礎資料である、湛然の生存年代に近い唐代成立の資料も渉猟・検討しなければならないと考え、まず個々の唐代資料、次いで宋代以降に作成された種々の湛然伝、さらにはそれら相互の関連について考察、検討した上で、湛然の伝記を再構築する。

「**第二章　荊渓湛然の天台仏教復興運動の原点を求めて――社会の動乱と『止観輔行伝弘決』の撰述――**」では、特に、『止観輔行伝弘決』の撰述が始まる前後の時期に相当する至徳・広徳年間（756-764）における荊渓湛然の行跡に焦点を当てて、先行諸研究の成果に含まれる疑問点を指摘した上で、上元・宝応年間（760-763）における天台山仏教教団および湛然の動向を、袁晁の乱という、天台山そして江東仏教を危機に陥れた歴史事件と関連づけながら明らかにしていく。さらに、このような歴史的背景の下に続けられた湛然の著述活動の性質、すなわちそれはどのような歴史的課題に対応しようとするものであったのかを考察していくこととする。このような考察によって、湛然の伝記研究のために必要な史実を補充するだけではなく、中唐時代という大きな社会的転換期において、天台仏教ないし江東仏教もまた新たな展開を示したという事実に対する認識の深まりを促し、湛然の天台仏教復興運動の原点を見定めようとするものである。

「**第三章　『止観輔行伝弘決』と天台止観伝承の正統化――天台宗祖統論の確立と顕彰――**」では、湛然の内部において徐々に固まってきた決意は、後に結実し、天台仏教の復興運動として歴史の中で具現することになるが、その原点となったのは、やはり『止観輔行伝弘決』そのものと考える。そして、唐代における天台仏教の復興運動が『止観輔行伝弘決』の撰述から本格的に開始されることとなったのは、その運動の担い手である湛然が受け継ぐ伝承の性質からして必然的であり、この運動が天台止観伝承の正統化と天台止観実践法の正規化を意図するものであったことを明らかにするが、本章では、まず、湛然とその門下は、どのようにして天台止観伝承の正統化を成し遂げたのかについて考察していく。

「**第四章　『止観輔行伝弘決』による天台止観実践理論の正規化——懺悔実践の整備を例として——**」では、玄朗―湛然の集団がこの天台止観伝承の正統的な担い手たらんと強く自覚しはじめたのは、従来考えられていたように、法灯が途絶えることへの危機感からではなく、むしろ、天台止観の無秩序な流行に歯止めをかけ、止観実践の正統的なあり方を宣揚するためであったと考え、『止観輔行伝弘決』の撰述意図を捉え直した上で、湛然がいかなる意図に基づいて天台仏教復興運動の一環としての天台止観実践の正規化に努めていったのかについて、止観実践の方便行とされる懺悔理論と懺法の整備をその具体的な例として、考察していく。

注　記

（1）島地大等［1929］（『天台教学史』東京、明治書院。p. 122）。

第一章　荊渓湛然の伝記

第一節　湛然の事跡を伝える唐代資料

《はじめに》

我々の時代より千二百年も遡る遠い昔を生きた荊渓湛然（711-782）の生涯を精確に把握することは困難を極めるが、現存資料に基づいてその人物像を可能な限り詳細に描出することは研究者の責務であり、湛然研究にとっては重要な第一歩となる。湛然の人物像を全体的に把握するには、『宋高僧伝』（九八八年成立）を始めとする既存の伝記が便利であるが、八世紀を生きた湛然の生涯、事跡をより精確に理解するためには、さらに古い時代に成立した資料に基づく考証が必要である。なぜなら、現存する湛然の諸伝記の成立は遅く、最も古いものでも湛然の示寂から二百年後に現れたものであり、さらに、諸伝記の記載には相異する点もあり、いずれを採用すべきか決めかねる場合もあるからである。

そこで、湛然の生涯ないし事跡をより正しく理解するためには、後世成立の諸伝記だけではなく、それらが依拠した基礎資料である、湛然の生存年代に近い唐代成立の資料も渉猟・検討しなければならない。この作業によって、一つには既存の伝記の信憑性を判断し、二つには伝記からは伺えなかった湛然の生涯の一面が明らかになることも期待できる。

湛然の事跡を伝える唐代資料はおよそ二種類に分けられる。その一は、湛然本人の著作に見える自身の事跡に関する記述である。その二は、湛然の滅後に作成された碑文、讃文、祭文、略伝などの唐代資料である。本節では、これらの二種類の資料を順次検討していきたい。

第一項　湛然自身の著作に現れる記載

湛然の著作そのものは、厳密には伝記資料とは言えないものの、そこに含まれる湛然自身の事跡に関連する記述は彼の伝記資料として認められよう。そのような記述は、諸文献の中に散在しているが、本項では、その中から、特に重要と思われる三点を取り上げることとする。

一　「摩訶止観科文序」

『卍続蔵』には、唐湛然撰『法華三大部科文』十六巻（ZZ43）が収められている。同書は、「天台法華玄義科文」五巻、「妙法蓮華経文句科文」六巻、「摩訶止観科文」五巻から構成される。[1] これらの科文は、湛然が天台三大部を注釈して、『法華玄義釈籤』（T33, No. 1717.『法華玄義』の注釈書）、『法華文句記』（T34, No. 1719.『法華文句』の注釈書）、『止観輔行伝弘決』（T46, No. 1912.『摩訶止観』の注釈書）を撰述する際に、それぞれ作成したものと考えられている。[2] この『法華三大部科文』の第十二巻から十六巻までに収められているのが「摩訶止観科文」であり、その科文の冒頭に、以下のような短い序文が付されている。

昔天宝十四年、臨安私記。元年建巳、国清再書。校勘未周、衆已潜写。属海隅喪乱、法侶星移、或将入潭衡、或持往呉楚。宝応於浦陽重勘、雖不免脱漏、稍堪自軌。忽恐伝写見無此注、可以弁別。泛例諸経、応為三段、今闕流通、但有序正。（ZZ43, 508）

昔、天宝十四年（755）、〔私は〕臨安で〔本書を〕個人的に書きはじめた。元年（762）の建巳月（四月）、国清寺で再び書き直した。まだ校勘も終っていないものだったが、僧衆たちはすでに〔これを〕潜かに写しはじめた。ちょうどその時、海隅〔の諸州〕が喪乱に遭い、法侶たちは星のように散り移り、ある者は〔その書を〕携えて潭州や衡州〔の江南西道の地域〕に入り、ある者は〔それを〕持って呉州や楚州〔といった北方〕へ往くこととなった。宝応年間、〔私は〕浦陽において〔同書を〕重勘し、脱漏は免れないものの、やや軌範とすることができるものにした。にわかに、伝写本にはこの注がないことが心配になったが、判別はつくであろう。一般の多くの経典の場合と同様、〔序分・正宗分・流通分という〕三段に分けるべきであるが、この〔テキストの〕場合は流通分が欠けており、ただ序分と正宗分とがあるのみである。

この「摩訶止観科文序」の内容は、現存する湛然諸伝の記載には全く反映されていない。しかし、ここには具体的な年時が記されており、湛然の移動経路も明確に示されているため、天宝十四年（755）より宝応年間（762–763）までの湛然の事跡、特に『止観輔行伝弘決』の撰述過程について述べた貴重な資料と認められよう。これらの点はすでに先行研究が明らかにするところであるが、[3]しかし、それらの研究は、「序」の内容の理解の仕方に問題をはらんでいるため、『止観輔行伝弘決』の撰述過程及びその期間における湛然の事跡について、必ずしも正確に把握しているとは言えないのである。[4]

二　『法華文句記』に現れる湛然の五台山巡礼

いくつかの湛然伝には、彼が天台山へ帰る以前に、江南地域の四十数人の僧と共に五台山巡礼を行なったことが記されている。それら諸伝に見える五台山巡礼に関する記述は、湛然本人の著作『法華文句記』巻十下の以下の叙述に基づくものと考えられる。

適与江淮四十余僧往礼台山、因見不空三蔵門人含光奉勅在山修造。云与不空三蔵親遊天竺。彼有僧問曰、「大唐有天台教跡、最堪簡邪正、暁偏円。可能訳之、将至此土耶」。豈非中国失法、求之四維。而此方少有識者、如魯人耳。（T34, 359c13–19）

たまたま江淮の四十数人の僧とともに五台山へ巡礼に往ったところ、そこで勅命を奉じて山で修造していた不空三蔵門人の含光に会った。〔含光が〕言うには、自らも不空三蔵に従って天竺を遊行した。そこで〔出会った〕

ある僧人に、「大唐には天台の教えがあり、邪正を判断し偏円を悟ることに最もすぐれている〔と聞いております〕。それを翻訳してこの国に将来しては頂けないでしょうか」と尋ねられた。〔思うに、天下の〕中央の国（インド）では正法が失われたため、それを周辺の国々から求めようとしているのである。ところが、この国（大唐）では〔自らがすばらしい正法を有しているにもかかわらずそれを〕理解〔し大切に〕する者が少ないのは、まさに魯人のよう〔に愚かなこと〕ではなかろうか。

これは、湛然が江淮地域の僧四十余人と共に巡礼した五台山で不空三蔵の弟子含光に遭遇した状況を記述したものである。この出来事に関する言及は、『宋高僧伝』「湛然伝」の中には見えないものの、同書の「含光伝」の中に見出すことができる。その記述は、以下の通りである。

属師卒後、代宗重光如見不空、勅委往五台山修功徳。時天台宗学湛然、解了禅観、深得智者膏腴。嘗与江淮僧四十余人、入清涼境界。湛然与光相見、問西域伝法之事。光云、有一国僧、体解空宗、問及智者教法。梵僧云、「曾聞此教定邪正、暁偏円、明止観、功推第一」。再三嘱光、「或因縁重至、為翻唐為梵附来、某願受持」、屢屢握手叮嘱。詳其南印土多行龍樹宗見、故有此願流布也。（T50, 879b21–c1）

〔大暦九年（774）、〕師〔である不空〕の卒後においても、代宗（r.762–779）が含光を重視すること、あたかも不空〔本人〕を見るかのようであり、勅委して五台山へ功徳を修めに往かせた。時に天台の学匠湛然がおり、禅観を解了して、智者大師の数学の要点を深く修得していた。〔湛然は〕かつて江淮の僧四十数人とともに清涼（五台山）の境界に入った。湛然は含光と会見し、西域における伝法について訊ねた。そこで含光は次のように答えた。ある国では、空の宗を体得している僧に、智者の教法について尋ねられた。〔その〕梵僧は、「かつて、この（天台の）教えは、邪正を定め、偏円を悟り、止観を明らかにする効力が第一である、とお聞きしました」と言い、「あるいは因縁（機会）があって〔この国に〕再び来るときには、〔天台の教えを〕唐の言葉から梵語に訳して持ってきて下さいませんか。私は〔その天台の教えを〕受持したいと心から願っております」と、含光に再三頼み、繰り返し手を握って何度も依頼した。思うに、南インド地方では龍樹の宗見が多く伝わっているため、このような願いが流布していたのである。

『法華文句記』の記述（本項では、以下、Aと呼ぶ）を『宋高僧伝』の記事（本項では、以下、Bと呼ぶ）と比較すると、後者のほうが、二つの意味においてより具体的であると認められる。まず、Aの記事には、湛然が含光と出会った時期が言及されていないのに対して、Bでは、両者の出会いは、含光が師匠不空（706-774）の滅後に唐代宗の勅命を受けて五台山に「功徳を修めに往」っていた間に起こったこと、とされている。もう一つは、Aが、含光のインドでの見聞を極めて簡略に述べているのと対照的に、Bのほうは、含光が伝えた梵僧の話の内容がより豊富になっただけではなく、梵僧の懇請の様子を具体的に描いている。このように叙述に詳略の差異が認められるとはいえ、AとBとが同一の事件を伝えていることは明らかである。また、湛然本人の記述と『宋高僧伝』の「含光伝」とが一致して伝えていることから、湛然は実際に江淮僧四十余人と共に五台山へ巡礼したと考えられる[5]。ただ問題は、その五台山巡礼が行われた時期が何時であったのかである。

一部の先行研究は、Bに見える「属師卒後、代宗重光如見不空、勅委往五台山修功徳」という一句に着目し、湛然の五台山巡礼、そして五台山での含光との対面は、不空が亡くなった直後、すなわち七七四年頃の出来事であると判断しているが[6]、この可能性はすでにChen, Jinhua［1999b］（*Making and Remaking History : A Study of Tiantai*

Sectarian Historiography. Studia Philologica Buddhica Monograph Series XIV. Tokyo：International Institute for Buddhist Studies. pp. 32-35）によって否定されている。同時に、Chen［1999b］（pp. 27-28）は湛然と含光が七六六年から七六七年までの間に五台山で遭遇した可能性も否定している。そこで、もしChen氏の説を認めた上で、なお、湛然と含光が五台山で出会ったのは事実である、と主張しようとすれば、両者がChen氏の否定した期間以外の時期に遭遇できたことを証明しなければならない。

湛然の五台山巡礼の時期を明らかにするためには、もう一つの資料に着目する必要がある。それは『仏祖統紀』巻二十九「澄観伝」に見える記事である。[7]この記事に拠れば、江淮諸僧四十人と共に五台山に登った湛然は、前述した含光のほかに、澄観[8]にも会ったことになる。澄観と湛然が初めて出会ったのは、『宋高僧伝』「澄観伝」によると、大暦十年（775）蘇州においてであり、その時、澄観は湛然について「止観」、「法華経疏」、「維摩経疏」などを習ったと伝えられる。[9]また、『宋高僧伝』の記事を信用する限り、澄観が初めて五台山を訪れたのは大暦十一年（776）である。[10]それゆえ、両者が五台山でも対面したとすれば、それは大暦十一年以降でなければならない。したがって、もし湛然が五台山で含光と澄観との二人に遭遇したのであれば、それは、七七六年以降のことになる。

このように、湛然の五台山巡礼の時期の上限は明らかになったが、その下限はどのように決めればよいであろうか。Bの記事によれば、湛然が五台山を訪れた時、含光は、不空の死後、代宗の命令に従って五台山で功徳を修めていたとされる。この記事を信じれば、五台山で両者が出会いうる期間は、不空が示寂した七七四年六月以後、そして代宗が没する七七九年五月以前の間となり、湛然の五台山巡礼の時期も七七九年五月が下限となる。しかも、この下限はさらに繰り上がる可能性がある。なぜなら、Aの記事が『法華文句記』の中に見えるという事実を考えると、湛然と含光が出会った年代は『法華文句記』の成立以前になるからである。したがって、もし『法華文句記』の成立が七七九年五月以前に遡るならば、湛然の五台山巡礼の行なわれうる年代の下限もさらに繰り上げられることになるだろう。

この『法華文句記』の成立年代を知るためには、次に紹介する蘇州開元寺の「小石碑」を参照する必要がある。

三　蘇州開元寺「小石碑」

『天台九祖伝』に挙げられた中国諸祖のうち、智威・慧威・玄朗・湛然の伝記はおおむね『宋高僧伝』を踏襲したものと言えようが、「湛然伝」の記載に関して言うと、『宋高僧伝』と『天台九祖伝』との間の顕著な相異がある。そのうちの一つは、『天台九祖伝』が「小石碑」の内容を反映していることである。

大暦十二年（777）七月、湛然は、いわゆる天台三大部――『摩訶止観』、『法華玄義』、『法華文句』――の注釈書である『止観輔行伝弘決』、『法華玄義釈籤』、『法華文句記』の三書を蘇州開元寺の経蔵に寄贈したが、それに際して三書に湛然自身が付した書簡が、後に「小石碑」に録されることになった[11]。この「小石碑」という資料を発見し、その内容に着目したのが、『天台九祖伝』の著者士衡であった。その結果、「小石碑」の記載内容は、『天台九祖伝』を通して、後世の湛然伝――たとえば、『釈門正統』、『仏祖統紀』など――の中に取り込まれることになった[12]。この「小石碑」の文面を、『天台九祖伝』（T51, No. 2069）は以下のように記載する。

開元十六年、首遊浙東、尋師訪道。至二十年、於東陽金華、遇方巖和尚、示以天台教門、授止観等本。遂求学於左谿大師、蒙誨以大旨、自惟識味、凡所聞見、皆紀於紙墨。暨至徳中、移隷此寺、乾元已来、攢成巻軸。蓋欲自防迷謬、而四方道流、偶復伝写。今自覚衰疾、諸無所任、留此本兼玄・疏両記共三十巻、以寄此蔵。儻於先師遺文、碑（裨）補万一、則不負比来之誠。幸衆共守護、以貽後学。大暦十二祀孟秋、沙門湛然記。（103a21-b1）

開元十六年（728）、初めて浙東に遊学し、師をさがしもとめて道をたずねた。開元二十年（732）に至って、東陽郡の金華で方巌和尚とめぐりあい、〔和尚から〕天台の教法を示して頂き、『摩訶止観』等のテキストを授かった。やがて左谿大師のもとで学ぶこととなり、大旨を教えて頂いたが、理解が明確でないと自ら考え、およそ見聞したところをそのままますべて筆記しておいた。至徳年間には開元寺に移籍し、乾元年間以来、〔研究筆記を〕数巻の書にまとめあげた。〔この書は、〕ただ自分が迷ったり誤ったりすることを防ごうとするために作ったものであったが、それがたまたま四方の道流によって伝写されるところとなった。今、私は自分の老衰病弱を実感し、何もできることがないが、この本および玄・疏両記併せて三十巻の書を残して開元寺の大蔵経に寄贈しよう。たまたま、先師の遺文をわずかにでもたすけおぎなうことができたのであれば、本来の誠意にそむかない。願わくは、皆が共に守護して後世の学人に残さんことを。大暦十二祀（777）孟秋、沙門湛然記す。

この記述は二つの意味において重要である。第一に、その内容は湛然自身の記述であって信頼性が高く、また、その中に、それまでに知られていなかった湛然の若年期の状況を伺わせる内容が含まれている。たとえば、常州出身の湛然が求道のために開元十六年に初めて浙江東部を訪れたことや、開元二十年に東陽郡の金華という場所で方巌和尚と出会い、天台教門および止観のテキストなどを授かったことは、『宋高僧伝』の編者賛寧も知り得なかった事跡である。

第二に、この記事の中に、湛然の主要著作の一つである『法華文句記』の成立時期を知るための重要な手がかりが含まれていることに注目すべきである。湛然の天台三大部注釈書のうち、『止観輔行伝弘決』と『法華玄義釈籤』の完成時期は、それぞれの序文によって明らかであるが、『法華文句記』だけは序文を欠いており、その完成年代を特定することが難しい。しかし、「小石碑」の記事によれば、湛然が大暦十二年孟秋（七月）に、『法華文句記』を含めた三部作を開元寺の経蔵に寄贈していることは明らかであるため、本書は遅くともそれ以前に完成していたと推察できる。

このように、「小石碑」の内容に基づいて、『法華文句記』の成立年代の下限を七七七年七月に設定したところで、再び、前に提起した湛然の五台山巡礼、そして含光や澄観と遭遇した時期をめぐる問題に立ち返ってみよう。そこでは、主として『宋高僧伝』などの記事に基づいて、湛然が五台山で含光、澄観それぞれと出会うことのできた期間は、澄観が生涯で最初に五台山を訪れたとされる七七六年から、含光を五台山へ派遣した唐代宗崩御の年である七七九年五月までの間と推定するに止まった。しかし、これまでに考察した如く、『法華文句記』の成立年代の下限は七七七年七月と考えられ、また同書の中で湛然が自身の五台山巡礼について記していることから、彼の五台山巡礼も、七七七年七月以前の出来事としなければならないであろう。したがって、これまでの考察に基づくならば、湛然が五台山巡礼を行なったのは、七七六年から七七七年七月までの期間中であったことになる。

さらに、もし湛然の五台山巡礼が七七六年より前に遡りえないとすれば、この記事を書き留めている『法華文句記』の完成年代もまた七七六年より前には遡らないとしなければならない。したがって、湛然の『法華文句記』は、七七六年以降、そして七七七年七月までの間に完成をみたものと考えられるのである。

第二項　湛然滅後に成立した伝記資料

湛然の滅後、その生前の言動や生涯の功績を伝える文献が作られたが、これらの文献の存在は、最澄を始めとする日本からの入唐僧の将来品目録——最澄の『伝教大師将来目録』（T55, No. 2159. 以下、『台州録』と略す）と『伝教大師将来越州録』(T55, No. 2160)、円仁の『入唐新求聖教目録』(T55, No. 2167)、円珍の『福州温州台州求得経律論疏』(T55, No. 2170)、『日本比丘円珍入唐求法目録』(T55, No. 2172) および『智証大師請来目録』(T55, No. 2173)——の記載によって伝えられている。これらの目録に現れる湛然の事跡を記す文献名を表示するならば次頁の表のようになる。

表から明らかなように、「臨終遺旨」と「仏隴道場記」はそれぞれ円仁と円珍によっても重ねて将来されているが、七種に及ぶ湛然の伝記資料はすべて最澄の将来品の中に網羅されている。[13] そのうち、一部の文献は名称が伝わっているのみである。たとえば、最澄の『伝教大師将来越州録』には、天台沙門霊凝の「祭第六祖荊渓和上文」という祭文が存在するが、現在では作品と撰者の名称が伝わるだけで、その具体的内容は全く知ることができない。また、同目録には、会稽神邕述「唐仏隴故荊渓大師讃」という文献に関する記載が見える。この文献は中国においても宋代までは存在しており、賛寧が「湛然伝」を撰述する時にそれを参照したとも考えられる。[14] しかしながら、この重要な文献の所在はすでに確認できない状況にあり、その内容に関しても、中国宋代の天台山外派の孤山智円の著作『涅槃経疏三徳指帰』(ZZ58) 巻一に、「故神邕讃曰、乳蜜不嗜、繒帛弥克」(355a4) という一句が伝えられているに過ぎない。

最後に、『天台山六祖略伝』という文献について述べよう。この文献について、『台州録』に、「天台山六祖略伝一巻　終南山宣律師等述　七紙」という記載が見える。完本の『天台山六祖略伝』には、もともと天台山の祖師六人——智顗、灌頂、智威、慧威、玄朗、湛然——の簡略な伝記が収められていたと考えられるが、[15] 現在、六人のうち、著者と内容が共に判明しているのは智顗の略伝だけであり、[16] ほかの諸師の伝記は著者も不明であり、内容も断片的にしか伝わっておらず、[17] 特に灌頂と湛然に関しては、その内容は全く不明のままである。

また、次頁の表に載せた文献の中で、最澄将来典籍として現存しているものはほとんどないが、それらと同一内容であろうと思われる文献を種々の資料から見出すことができる場合もある。そのうち、幸いにも全容が伺えるものも

文献通称	出　典
荊渓祭文	祭第六祖荊渓和上文一巻 / 天台沙門霊嶷作 (『伝教大師将来越州録』T55, 1059a3)
荊渓讃文	唐仏隴故荊渓大師讃一巻 / 会稽神邕述 (『伝教大師将来越州録』T55, 1059a6)
六祖略伝	天台山六祖略伝一巻 / 終南山宣律師等述 / 七紙 (『伝教大師将来目録』T55, 1056a27)
臨終遺旨	妙楽和上遺旨一巻 (『伝教大師将来越州録』T55, 1058c29) 荊渓和尚在仏隴無常遺旨一巻 (『入唐新求聖教目録』T55, 1085a23)
影堂記	国清寺智者大師影堂記一巻 / 長安沙門曇羿 (『伝教大師将来目録』T55, 1059a8)
荊渓大師碑	天台山第六祖荊渓和尚碑一巻/校書郎安定粛撰/五紙 (『伝教大師将来目録』T55, 1056b1)
仏隴道場記	天台智者大師仏隴道場記一巻 / 安定梁粛撰 / 九紙 (『伝教大師将来目録』T55, 1056b2) 修禅道場碑銘一巻 / 梁補闕撰 / 日本先来　随身 (『福州温州台州求得経律論疏』T55, 1094c24) 天台山修禅道場碑文一巻 (『日本比丘円珍入唐求法目録』T55, 1099b28) 天台山修禅道場碑文一巻 / 梁氏 (『智証大師請来目録』T55, 1105a3)

あれば、部分的・断片的にしか伝わっていないものもある。次に、内容を伺いうる資料、すなわち、湛然の「臨終遺旨」、「国清寺智者大師影堂記」、「荊渓大師碑」という三つの唐代資料をとりあげて考察していきたい。

一　湛然の「臨終遺旨」

上表にも挙げたように、『伝教大師将来越州録』には「妙楽和上遺旨一巻」という記載があるほか、『入唐新求聖教目録』にも「荊渓和尚在仏隴無常遺旨一巻」という記載がある。これらの「遺旨」、および「無常遺旨」はいずれも同一の文献、つまり湛然臨終の際の遺言を筆録したものと考えられる。

この文献の存否に関しては、研究者の意見が分かれている。桑谷裕顕［2000］（「最澄将来の湛然の伝記資料について」『天台学報』四十三。p. 91）は、最澄将来の「遺旨」は現在散逸して内容不明としているが、一方、呉鴻燕［2002］（博士論文『『法華五百問論』を介して見た湛然教学の研究』。p. 24）は、「遺旨」の内容は湛然の「遺言」や「最後説法」にほぼ相当するものであろうと推定している。ここで言う「最後説法」とは、湛然が建中三年（782）二月五日に仏隴で示寂する直前に、弟子らに対して行なった臨終説法のことである。呉氏は、この臨終説法の内容は、湛然が亡くなった直後に「遺旨」として書き留められ、さらに、この文献化された「遺旨」が後に最澄や円仁によって日本に将来されることになったとみるのである。

もし「遺旨」という文献が、実際に湛然の臨終説法をその内容とするものであれば、「遺旨」そのものは現存していないが、湛然の「遺言」あるいは「最後説法」の内容は、『宋高僧伝』を始めとする伝記資料の中から見出すことが可能である。たとえば、『宋高僧伝』「湛然伝」には、以下のような記述がある。

建中三年二月五日、示疾仏隴道場、顧語学徒曰。「道無方、性無体。生歟死歟、其旨一貫。吾帰骨此山、報尽今夕、要与汝輩談道而訣。夫一念無相謂之空、無法不備謂之仮、不一不異謂之中。在凡為三因、在聖為三徳。爇炷則初後同相、渉海則浅深異流。自利利人、在此而已。爾其志之」。言訖、隠几泊然而化。（T50, 739c13-19）

〔唐徳宗〕建中三年二月五日、〔湛然は〕仏隴道場で病気になり、〔臨終の際には、〕学徒を顧みて最後の教示を下した。「道には形がなく、性には実体がない。生であっても死であっても、その旨は一貫している。私は骨をこの山に還し、命は今夜にも尽きようとしているが、お前たちと道について話してから訣別しなければならない。そもそも、一瞬として現象にこだわることがないことを空という。法として備わらないものがないことを仮という。一ならず異ならざることを中という。凡夫にとっては三因であり、聖人にとっては三徳である。蠟燭を点ければ初後の相は同じであり、海を渉れば浅深で流を異にする。自ら利し人を利するのは、この教えがあるだけである。お前たちはこれを志せ」。このように言い終って、机に寄りかかって、安らかに亡くなった。

『宋高僧伝』のほか、天台宗系統の仏教史書である『天台九祖伝』、『釈門正統』巻二（ZZ130, 753b-757a）、並びに『仏祖統紀』（T49, No. 2035）巻七などにも、ほぼ同様の内容が見える。一方、禅宗系統の編年体仏教史書である『隆興仏教編年通論』（ZZ130）巻十九や『仏祖歴代通載』（T49, No. 2036）巻十四などにも、やはり同様の内容が載せられている。(18)

中国成立の伝記のほかに、日本成立の『天台法華宗伝法偈』（『伝教大師全集』巻一）も湛然の伝記を収めている。そのうち、臨終説法に関わる部分は、「唐建中三年、春二月五日、示疾滅仏隴。顧命弟子曰、道者無方処、性者無体相。生死其道一、吾報尽今夕、与汝談道別。夫一念之体、実無有相空、無法不備仮、不一不異中。在凡為三因、在聖為三徳。爇炷初後同、渉海浅深殊、善利利人斯」（p. 470）というように、一句五字の韻文で全十八句にまとめ上げられているが、内容的には『宋高僧伝』に極めて類似している。この偈に基づいて、日本の大僧都義空が「荊渓大師最後説法注解」を著していることは、呉鴻燕［2002］によって紹介されている。[19]

二　「国清寺智者大師影堂記」に見える湛然の「遺誡」

以上では湛然の臨終説法を内容とする「遺旨」について述べたが、その「遺旨」ほど広く知られてはいないが、湛然がもう一つの「遺誡」を残していることは、最澄が日本に将来した「国清寺智者大師影堂記」[20]（以下、「影堂記」と略す）という文献により知られる。「影堂記」は現在、最澄編『天台霊応図本伝集』（『伝教大師全集』巻四）巻二の中に収録されており、[21]その末尾に、「大唐貞元四年三月日長安道人曇羿字達源記」（p. 224）と記されている。これによれば、「影堂記」は、湛然が亡くなって六年目にあたる貞元四年（788）に、長安の曇羿[22]（字達源）という僧が撰述したものであることがわかる。

「影堂記」全体の内容は、湛然の遺志を受けた弟子某（詳細不明）が国清寺に建立した智者大師智顗（538–597）の図像を納める堂についての縁起であるが、その中に、湛然が弟子に委嘱した「遺誡」が以下のように記される。

荊渓言、「帰属群盗肆毒、砕金牓於鋒鏑、又爇花幢於巨焔、慮禍不全、已遏影宇之能輯、遂以旧轍反毘陵之故居。一昨建中之初、訪吾師之遺躅、欲徵郢匠、代他材、構之以虹梁、集之以鴛瓦、功未克備、而逝波将及」。顧謂門人曰、「吾生涯有期、過隙難駐、無反本之余恨、有丹誠之未愜。曰「何哉」。曰「吾師帰真、歳月逾邁、既追遠之有日、思飾献而無位、期爾輩而崇之」。（『伝教大師全集』巻四。p. 223–224）

荊渓湛然は以下のように言った。「天台山では反乱軍が残虐を極め、寺院の題額を武器で壊し、寺院の建物は焼き払い、戦乱が終らないうちに僧侶たちが身を隠す場所がすべて破壊されてしまうことを心配し、先に天台山に向かった道を辿り毘陵の故居に帰った。一昨年の建中元年に天台山に戻り、祖師智顗所縁の仏隴道場を訪れた。そこで熟練した職人を集め、材木を購入して道場の再建を図ったが、計画がいまだ実現できないというのに、私の命は尽きようとしている」。湛然は弟子たちに向かって、「私の人生が最期を迎えようとしている今では、過去の過ちは過ぎ去ったので悔いなどはないが、しかし、心にはやり残したことがある。それはどういうことか。それは、わが祖師智顗大師が亡くなってから長い年月が経ち、私も長い間、祖師を追慕してきたが、いざ師の霊前にお供えして記念しようと思っても、そのための霊牌・肖像などがない。そこで、お前らに祖師の影堂の建立を託そう」と述べた。

これによれば、戦乱の中、凄まじい破壊を蒙った国清寺を後にして毘陵（晋陵）へ帰った湛然は、建中元年（780）に再び国清寺を訪れ、智顗の御影堂を建てようとしたが、完成しないうちに死期が迫り、建中三年(23)（782）、亡くなる直前に湛然は自らの宿願を弟子に委嘱した、という。この「遺誡」には、特に戦乱期における湛然の足跡や、国清寺および天台山教団の被害状況を知るための重要な情報が含まれており、以前に紹介した「摩訶止観科文序」と共に大変有益である。

三　「荊渓大師碑」

湛然の死後、在俗の弟子梁粛（751-793）が師のために碑文を撰述したことは種々の資料が伝える。(24) この「荊渓大師碑」と呼ばれる碑文は、梁粛の文集『唐右補闕梁粛文集』（『全唐文』巻五一七〜五二二）の中にも収められていたが、(25) 残念なことに後に散逸し、今ではその全容を知ることはできない。そこで、ここでは、種々の資料を読み解くことを通して「荊渓大師碑」の書誌学的情報を集め、碑文そのものの内容を可能な限り明らかにしてみたい。

三・一　「荊渓大師碑」の書誌学的情報

「荊渓大師碑」に関する現存最古の記録は、前掲の最澄『台州録』中の以下の記載である。

天台山第六祖荊渓和尚碑一巻　校書郎安定粛撰　五紙（T55, 1056b1）

この記録は、「荊渓大師碑」の日本伝来に関する唯一の記録でもあるが、(26) 伝来された碑文の原本の所在やその内容がほとんど不明である現状では、『台州録』に見えるこの記録が特に重要な意義を持つ。なぜなら、最澄の入唐は湛然の死からわずか二十数年後のことであり、最澄の記録の中には、八世紀後半から九世紀初め頃までの唐における天台系典籍の流伝の状況を反映する貴重な書誌学的情報が含まれているからである。「荊渓大師碑」に関して言えば、上掲の『台州録』の記載から得られる書誌情報は、以下の二点にまとめることができる。

第一は、「天台山第六祖荊渓和尚碑一巻　校書郎安定粛撰」という記載から推察される歴史的事実である。まず、撰者とされる「校書郎安定粛」とは、言うまでもなく本籍が安定である梁粛を指している。梁粛は建中元年（780）に文辞清麗科に合格し、その年の夏に東宮校書郎に任じられた。(27) 次いで貞元五年（789）、監察御史に荐抜されて上京し、まもなく右補闕に任ぜられている。(28) さらに貞元七年（791）になると、翰林学士、そして皇太子侍読なども兼任するようになるが、その翌々年の貞元九年（793）には、四十一歳の生涯を閉じている。この経歴を見ると、梁粛が「校書郎」、あるいは「東宮校書郎」という肩書きを持っていた期間は、建中元年から貞元五年までであるとわかる。したがって、最澄将来本の原本となったテキストは、梁粛がいまだ校書郎という肩書きしか持たなかった時期、つまり貞元五年以前に成立し、抄写されたものである、と考えられる。

ここで、その貞元五年以前に成立したテキストに、「天台山第六祖荊渓和尚碑」と題されている事実に注目したい。実際に梁粛が撰した碑文が、本来いかなる名称であったかは知られていないが、本書で「荊渓大師碑」という名称を採用したのは、「唐右補闕梁粛文集序」に見える呼称に従ったからである。ところが、貞元五年までに成立した原本に基づく最澄将来本が「天台山第六祖荊渓和尚碑」と題されている事実から、すでに貞元五年以前には、湛然の碑文が天台山地域では「天台山第六祖荊渓和尚碑」と通称されていたことが推察されよう。そうであったとすれば、天台山では、七八九年までに、荊渓湛然を第六祖とする祖統説がすでに完成していたと思われる。

伝統的な天台宗の祖統説としては、六祖説と九祖説がある。九祖説が文献上に現れるのははるかに時代が下った十三世紀（『天台九祖伝』の成立は一二〇八年）であるのに対し、湛然（711-782）の没後わずか数年の時点で、早くも「天台山第六祖荊渓和尚」という呼称が生まれていることがわかる。その一方で、湛然以前に、他の師が、たとえば「天台（山）第〇祖」と呼ばれた例は見つからないのである。このことは何を意味するのであろうか。現時点では、まだ推論の域に止まるが、湛然の示寂後、急速に、天台宗の法脈を智顗から湛然へと至る六祖説の形に整えようとする気運が、天台山を中心とする地域で強まったのではなかろうか。そして、そのような動きを担った湛然の弟子たちを中心に、「天台宗」あるいは「天台山」は、新たに展開していくことになったと想像されるのである。

第二に、『台州録』に見える「天台山第六祖荊渓和尚碑一巻」の写本の分量を示す「五紙」という記載も重要である。当時の「五紙」とはどの位の分量であったかを検討するためには、同時に台州から将来された「天台智者大師仏

隴道場記一巻　安定梁粛撰　九紙」（T55, 1056b2）と比較するのが便利である。梁粛撰「天台智者大師仏隴道場記」は現在、天台山仏隴の真覚寺[29]に珍蔵されている「台州隋故智者大師修禅道場碑銘」と同一の文献であると考えられる。[31]「台州隋故智者大師修禅道場碑銘」[30]は全文九百字程度のものであるが、この内容を九紙に収めるためには、一紙あたりに百字程度が書かれていたであろうと考えられる。これを「荊渓大師碑」の場合にあてて考えると、全文が五紙に収まっているということは、「荊渓大師碑」は五百字以内の短篇であったと推測できる。

三・二「荊渓大師碑」の内容

ここまで、『台州録』に見える記載によって「荊渓大師碑」の書誌学的情報について分析してきたが、ここからは、この碑文の内容に関して考えてみよう。「荊渓大師碑」の逸文は、伝最澄編の二種類の文献の中に引用されている。まず、『天台法華宗学生式問答』巻七には、以下のような問答が見える。


問曰、「第八伝戒師湛然大師徳行何如」。

答曰、「謹案「唐台州国清寺故荊渓大師碑銘」曰、「道有相有用、成之者性也」乃至「浩蕩塵劫、悠然大空、独有法言、垂之無窮」」。（『伝教大師全集』巻二。pp. 549–550）

問うて言う、「第八の伝戒師湛然大師の徳行はどのようなものであったのか」と。

答えて言う、「謹んで「唐台州国清寺故荊渓大師碑銘」に基づいて言えば、「道には相と用があるが、これを成ずるのは性である」ないし「浩蕩とした塵劫より、悠然とした大空のもと、独り〔湛然〕師が法を説き明かし、これを後世に伝えて尽きることがない」と」と。

この中の「唐台州国清寺故荊渓大師碑銘」とは「荊渓大師碑」と同一の文献であると思われるが、この引用文によれば、この碑文は、「道有相有用、成之者性也」という文で始まり、「浩蕩塵劫、悠然大空、独有法言、垂之無窮」という文で締めくくられていることになる。[32] しかし、残念なことに、その中間にあったであろう文章はすべて省略されている。

一方、『内証仏法相承血脈譜』の中にも、「荊渓大師碑」からの引用文と思われる文章が見える。

謹案「唐台州国清寺故荊渓大師碑銘」云、「公諱湛然、字某、俗姓戚氏、世居晋陵之荊渓。尊其教、因以為号。以教言之、則龍樹之裔孫、智者之五世孫、左渓朗公之法子也」。(『伝教大師全集』巻三。pp. 789-790)

謹んで「唐台州国清寺故荊渓大師碑銘」に基づいて言う。「公の諱は湛然、字は某、俗姓は戚氏であり〔彼の家系は〕代々晋陵の荊渓に居住した。〔人々は〕その教えを尊び、〔その故郷に因んで〕「荊渓」と呼んだ。〔湛然は、〕教えの系譜で言えば、龍樹の裔孫、智者の五世の法孫であり、左渓玄朗の法子にあたるのである」と。

以上の二つの引用文が、現在、日本に伝えられた文献の中に見出し得る「荊渓大師碑」の逸文である。

ところが、中国成立の僧伝文献によれば、梁粛撰の「荊渓大師碑」には、碑銘の後にさらに続く文章があったとされている。たとえば、良渚宗鑑の『釈門正統』(一二三七年成立)巻二の湛然伝には、以下の記述がある。

梁粛於師碑銘後復論之曰、「聖人不興、其間必有命世者出焉。自智者以法付灌頂、頂再世至于左渓、明道若昧。

待公而発、乗此宝乗、煥然中興。蓋受業身通者三十有九僧、搢紳先生、高位崇名、屈体承教者又数十人。師厳道尊、遐邇帰仁。嚮非命世而生、則何以臻此。入室弟子元皓、以粛嘗摳衣公堂、獲知徳善与教之所由然也、俾刻金石、紀于旧山。辞無所愧、因不敢譲」。（ZZ130, 756b10-17）

梁粛は師（湛然）の碑銘の後に、さらに論じて次のように述べた。「聖人が現れなければ、その間には必ず優れた者が現れてくるのである。智者が法を灌頂に伝え、灌頂以後の数世代を隔てて左渓玄朗に至ったが、偉大な天台法門ははっきりしないものになっていた。湛然が現れると、智者大師の教えに基づいて天台法門を華々しく復興させた。思うに〔湛然から〕指導を受け、神通を顕した出家者は三十九人におよび、士大夫や社会的地位が高く著名であるにもかかわらず、自ら進んで教えを請うた者も数十人に上る。師は威厳に溢れ、その教えは素晴らしかったため、人々はあちこちから師のもとに集まってきた。生まれつき高徳な方でなければ、どうしてここまで人々を感化することができようか。師の入室の弟子の元皓が言うには、私（梁粛）はかつて在家の弟子として師に学び師の徳の素晴らしさと教えの由来を理解しているはずなので、私が師の事跡を記し金石に刻んで天台山に建てるべきであると。私は元皓からの依頼を引き受けた」。

ここで、梁粛が碑銘に続いて述べているとされるのは、要するに、湛然の相承・功績やその門下に関する言及、さらに、自分は湛然の入室弟子元皓の依頼を受けて湛然碑文の作成に取り掛かったという縁起である。この内容から、上掲文と「荊渓大師碑」との間に何らかの関連があることは明らかである。しかしながら、『釈門正統』は、上掲文を「梁粛は師の碑銘の後に」記したものとしている。それでは、この「碑銘後」という表現は、一体どのように理解すべきであろうか。

実は、上掲文中の「聖人不興」から「則何以臻此」までの部分と非常に類似した字句が、宋代以降成立の僧伝資料における湛然関連箇所の中に見出せるのである。それらの諸史伝、特に、『宋高僧伝』と『隆興仏教編年通論』に見える該当箇所を抽出すると、次の表のようになる。

史伝の著者（所属宗派）	**史伝の名称（完成年代）**	**荊渓碑の碑陰文**
賛寧（律宗）	『宋高僧伝』（988）巻六	**彼〔梁粛〕題目云**、「嘗試論之。聖人不興、其間必有命世者出焉。自智者以法伝灌頂、頂再世至于左渓。明道若昧、待公而発、乗此宝乗、煥然中興。蓋受業身通者三十有九僧、搢紳先生、高位崇名、屈体承教者又数十人。師厳道尊、遐邇帰仁。向非命世而生、則何以臻此」。(T50, 740a3–9)
石室祖琇（禅宗）	『隆興仏教編年通論』（1164）巻十九	**翰林梁粛題其碑陰曰**、「聖人不興、必有命世者出焉。自智者以法伝灌頂、頂再世而至左渓。明道若昧、待公而発、乗此宝乗、煥然中興。其受業身通者三十九人、而搢紳先生、高位崇名、屈体受教者数十。師厳道尊、遐邇帰仁。自非命世亜聖、曷以臻此」。(ZZ130, 607a3–8)

これらの内容を、『釈門正統』の前掲引用文と対照すると、文字の異同はあるものの、同一の内容であると認められるだろう。ただ、三つの文献それぞれが引用文の出典としているものは微妙に異なっている。そのうち、『釈門正統』が「碑銘後」としていることは前述した通りであるが、『宋高僧伝』は「彼〔梁粛〕が題目して云く」としており、一方、『隆興仏教編年通論』は「碑陰」と言っている。三つの文献に見える引用文の内容が同一のものであれば、出典の示し方は異なるものの、実際には同一のものを指している可能性がある。つまり、「碑陰」と「碑銘後」とは同一の何かを指しているとも考えられるが、問題は、それは、一体、何であるのかである。

明代の徐師曾『文体明弁序説』によれば、碑石には表面と背面があり、そのうち、碑の表面を「陽」と言い、その背面は「陰」と呼ばれる。唐代以降は、碑石の表面だけではなく、その背面にも文章が彫られるようになり、その碑陰に書かれる文章を「碑陰文」と呼んだ。[33] 碑銘（碑陽文）と碑陰文は、それぞれ異なる撰者によって撰される場合もあれば、[34] 同一人物が両方を撰する場合もある。[35] この碑文の様式に関する知見を踏まえた上で、再度荊渓碑に話を戻せば、梁粛は、「荊渓大師碑」の正面に刻まれるための「碑銘」だけではなく、それに引き続き、さらに「碑陰文」も作成したのであり、宋代成立の諸史伝に見える記述はその「荊渓大師碑」の「碑陰文」に基づくものである、と考える。そして、おそらく、この「碑陰文」は中国においてのみ伝えられ、日本には伝来しなかったのであろう。[36]

また、梁粛が撰述した「荊渓大師碑」の文体は、一種の「墓表」（「碑表」とも言う）である。つまり、それは墓の中に置くために製作される「墓誌」ではなく、墓の外側に建てる碑石に刻まれるためのものであると推察される。そうであれば、この碑石は、仏隴にある湛然の肉身舎利が収められた塔の近くに建てられたものであろうと考えられる。ところが、十一世紀の初め頃になると、仏隴の荊渓塔は崩壊し、碑石もまた倒れて碑文もほとんど湮滅したと伝えられる。[37] その悲運を嘆いた孤山智円は、自らの棲む孤山瑪瑙院の仏殿の右脇に、改めて荊渓大師の碑を建てたとも伝えられるが、[38] 結局、前後二度にわたって造られたにもかかわらず、荊渓大師碑の碑石も、碑文の内容も今日には伝わらなかったのである。

《おわりに》

これまで、湛然の事跡を伝える唐代資料について、まず、湛然本人の手になるものとして、「摩訶止観科文序」、『法華文句記』、蘇州開元寺「小石碑」という三つの文献を取り上げ、次いで、湛然の滅後に成立した資料として、湛然の「臨終遺旨」、「国清寺智者大師影堂記」、「荊渓大師碑」という三つの文献を取り上げ、それぞれの資料としての性質の解明、そして文献内容の再現に努めてきた。

その結果は、以下の二点にまとめることができる。第一には、唐代成立の資料の整理を通じて、後世の既存伝記の記載が依拠した資料がある程度明らかとなり、それら後世の諸伝記の信憑性が改めて確認できたことである。たとえば、湛然の若年期の求道の過程は『宋高僧伝』を見ても不明であり、また晩年の五台山巡礼については『宋高僧伝』の「湛然伝」は一切触れず、同書の「含光伝」にしか言及されない。しかし、はるか後代に成立した『釈門正統』や『仏祖統紀』の湛然伝には、それらに関する記述が現れる。この相違は、『釈門正統』や『仏祖統紀』が、『天台九祖伝』に伝えられる蘇州開元寺の「小石碑」と、『法華文句記』に現れる湛然自身の記述を資料として採用していることによるものである。したがって、後世に成立した湛然伝とはいえ、その記述は十分根拠のあるものと言える。また、湛然の事跡を伝える唐代資料――たとえば、「小石碑」、湛然「臨終遺旨」、荊渓碑「碑陰文」など――を引用文の形で保存してきたという点においても、既存伝記の資料的価値を再確認することができた。

第二には、伝記上では不明確、不充分な記載を、唐代資料の記述によって修正・補充することが可能となった。唐代文献と比較すると、既存伝記の記載には、具体的年代、たとえば、湛然が方巌や玄朗と出会った時期などに関して誤りがあり、また、湛然の五台山巡礼についてはその時期が曖昧であるといった問題も少なくない。これらの問題の解決や、さらに伝記に記載されなかった湛然の事跡の一端を明らかにするためにも、唐代成立の諸資料を丁寧に解読することは極めて重要かつ有益であると考える。

注　記

（1）『法華三大部科文』十六巻の中、「天台法華玄義科文」は第一巻から第五巻まで（ZZ43, 223-357）、「妙法蓮華経文句科文」は第六巻から第十一巻まで（ZZ43, 358-507）、「摩訶止観科文」は第十二巻から第十六巻まで（ZZ43, 508-632）である。

（2）日比宣正［1966］（『唐代天台学序説――湛然の著作に関する研究――』東京、山喜房仏書林。p. 146）。

（3）日比［1966］（pp. 146-147）。

（4）この問題に関する詳細な議論は、本書第二章を参照。

（5）湛然の五台山巡礼については、湛然と含光との出会い、および含光が語ったインドでの見聞の歴史的信憑性を疑う説が、Chen, Jinhua［1999b］（*Making and Remaking History: A Study of Tiantai Sectarian Historiography.* Studia Philologica Buddhica Monograph Series XIV. Tokyo: International Institute for Buddhist Studies）によって提示されている。Chen 氏は、主として湛然と含光がそれぞれ五台山に現れる時期が重なる可能性を否定し、さらに天台教学がインドへ逆輸入されたとすることの歴史的妥当性を否定している。筆者としては、天台教学がインドに影響を及ぼしたとすることについては疑問があるにしても、現行本『法華文句記』や『宋高僧伝』が伝える出来事をすべて後世の改竄として否定することには、にわかには従い難い。

（6）日比［1966］（p. 339）、Penkower, Linda L.［1993］（*T'ien-t'ai during the T'ang Dynasty: Chan-jan and the Sinification of Buddhism.* Ph. D dissertation, Columbia University, New York. p. 102）。

（7）『仏祖統紀』巻二十九「澄観伝」に、「荊渓与江淮四十僧礼観五台、師（澄観）領徒万指、出郊遠迎、美其尊師之有礼」（T49, 293c27-29）と伝えられている。これによれば、まさに湛然が諸僧と共に五台山に登ろうとしていた時に、澄観（738-839）も五台山におり、湛然の到来を聞いて、彼は遥々郊外まで出迎えにいき、あたかも師に対するが如き敬意と礼儀を尽くしたという。この記事は天台宗側の主張であるため、湛然の事跡を美化、誇張する傾向があると考えられるが、その内容が全く歴史的事実に基づいていないとは言えない。筆者は、湛然が五台山に赴いた際に澄観によって迎えられたとすることは信用できないが、両者が五台山で出会ったことは事実と考える。

（8）澄観伝に関する近年の研究成果として、鎌田茂雄［1992］（「二人の澄観――泗州澄観と清涼澄観――」『印度学仏教学研究』八十一〔四十一―一〕）、Hamer, Imre［2002］（*A Religious Leader in the Tang: Chengguan's Biography.* Studia philologica Buddhica Occasional Paper SeriesXII, Tokyo: International Institute for Buddhist Studies）が挙げられる。

（9）『宋高僧伝』巻五「澄観伝」に、「十年、〔澄観〕就蘇州、従湛然法師習天台止観、法華・維摩等経疏」（T50, 737a15-16）という記事が見える。

(10)『宋高僧伝』巻五「澄観伝」に、「大暦十一年、〔澄観〕誓遊五台、一一巡礼、祥瑞愈繁」(T50, 737a25-26) と見える。また、同伝によれば、五台山を後にした澄観は、四川峨嵋山への普賢巡礼を終えると、再び五台山へ戻り大華厳寺に住むことになった (「仍往峨嵋求見普賢、登険陟高、備観聖像、却還五台、居大華厳寺」737a26-28)。同寺での滞在は、貞元七年 (791)、河東節度使李自良の招きによって太原崇福寺へ赴く (737b13-14) まで続いたと思われる。

(11)『天台九祖伝』に、「述三部記成、師 (湛然) 親書寄姑蘇開元寺大蔵、語刊小石碑、至今存焉」(T51, 103a18-20) と見える。ただし、この「小石碑」が具体的にどのようなものであったのかは不明である。

(12) たとえば、『釈門正統』巻二「湛然伝」では、湛然が玄朗に師事する前の出来事として、「年十七、訪道浙東、遇金華芳巌和尚、示以天台教門、及授止観等本」と記述されており、また、『仏祖統紀』巻七は『釈門正統』の記述を踏襲して、「年十七 (睿宗景雲二年生、至玄宗開元十五年 (727)、当十七歳)、訪道浙右、遇金華方巌、授以止観之法」(T49, 188c7-9) としている。字の出入を除き、両者の内容は明らかに「小石碑」の記載に取材した結果であると思われるが、問題が一つ残る。それは湛然が浙江東部へ出かけた時の年齢である。湛然は建中三年 (782) 七十二歳で亡くなっている。その年から逆算すれば、湛然は確かに、『仏祖統紀』の注釈に書かれるように、景雲二年 (711) の生まれである。ところが、『天台九祖伝』所載の「小石碑」に従えば、湛然が浙江東部へ赴いたのは開元十六年 (728) であり、その時、湛然は十八歳のはずである。しかし、『釈門正統』と『仏祖統紀』はいずれも「年十七」としているのである。特に、『仏祖統紀』の小字注には、「睿宗景雲二年生、至玄宗開元十五年、当十七歳」とあることから、『仏祖統紀』が参照した文献には、湛然南下の年代が「開元十五年」とされていたことが推察される。もしその年代が開元十五年、つまり紀元七二七年であったとすれば、その時、湛然は十七歳であったことになるであろう。このように、「開元十五年」と「開元十六年」のいずれに従うべきか、問題が残るのではあるが、他に新しい資料やテキストが見つからない現時点においては、一応、現行本『天台九祖伝』に見える「開元十六年」に従っておく。

(13) 最澄将来本に含まれる湛然の伝記資料に関する最近の研究に、桑谷裕顕 [2000] (「最澄将来の湛然の伝記資料について」『天台学報』四十三) があるが、同論文には、「湛然の足跡を知る手懸りとなると思われるもの」として、上表で取り上げた七種の文献のほかに、「天台山第五祖左渓和尚伝一巻」、「天台山智者大師別伝論一巻」、「天台山十二弟子別伝」という三種の文献も挙げられている (p. 91)。これらの三つの資料はそれぞれ、李華による玄朗の碑文、梁粛による智顗の天台法門に関する短篇論文、内容が全く不明な「十二人の弟子の別伝」であるが、確かに、文中に湛然の名前が見え (「玄朗碑」)、あるいは湛然も含まれている天台法門の伝承が挙げられている (「天台山智者大師別伝論」)。しかし、その文献としての性格から、これらを湛然の伝記資料として取り上げる必要はないと考える。

(14) 陳垣［1955］巻二（『中国仏教史籍概論』上海、上海書店出版社）の中で、『宋高僧伝』を取り上げ、古人の著書は、類書以外に、出典を示さないことが多いが、『宋高僧伝』は碑文に基づくことが多いため、個々の伝記の末に常に出典を明記していると述べている（p. 31）。この見解によれば、『宋高僧伝』「湛然伝」が「会稽法華山神邕作『真讃』」に言及していることから、賛寧が「湛然伝」を作成するに際して、会稽神邕の『真讃』を参照していたことになる。

(15) 次で「荊渓大師碑」を考察する時にも触れるように、『台州録』には「天台山第五祖左渓和尚伝一巻」（T55, 1056a28）や「天台山第六祖荊渓和尚碑一巻」（T55, 1056b1）などの記載が存在する。このことから、天台山では、左渓玄朗が第五祖、荊渓湛然が第六祖と見做されており、いわゆる九祖説ではなく、六祖説が主流であったと推測できる。したがって、『天台山六祖略伝』は智顗から湛然までの六人の伝記から構成され、さらに、これは湛然以後の人によって最終的にまとめ上げられたものであると考えられる。この『天台山六祖略伝』は、中国天台宗史において初めて出現した総合的祖師伝であり、この史伝の成立は、湛然の弟子らを中心とする天台山教団が明白に宗派的意識を表明したものと認められよう。

(16)『天台山六祖略伝』について、池麗梅［2005b］（「『天台大師略伝』は逸失したのか——『天台霊応図本伝集』研究の一環として——」『印度学仏教学研究』一〇六（五十三—二））と池麗梅［2005c］（「『天台霊応図本伝集』に関する一考察」『中華仏学研究』九）を参照。

(17)『内証仏法相承血脈譜』（『伝教大師全集』巻二。pp. 548–549）は、『天台山六祖略伝』中の智威、慧威、玄朗の略伝を引用しており、また、『天台法華宗学生式問答』（『伝教大師全集』巻三。p. 789）に現れる智威と慧威の伝記が『天台山六祖略伝』に拠っていることは、桑谷［2000］（p. 96, p. 102）が明らかにしている。

(18)『隆興仏教編年通論』巻十九は、荊渓湛然禅師の臨終の言葉として「大道無方無体、生歟死歟、其旨一貫。吾帰骨此山、報尽今夕、聊与汝輩談道而決。夫一念無相謂之空、無法不備謂之仮、不一不異謂之中。在凡為三因、在聖為三徳。爇炷則初後同相、渉海則浅深異流。自利利人、在斯而已。爾其志之」（ZZ130, 606b16–607a3）と記している。『仏祖歴代通載』巻十四の記述（T49, 606c10–16）は、『隆興仏教編年通論』を完全に踏襲するものである。

(19) 呉氏は独自の文献調査を行ない、『学窓随録』（叡山文庫蔵「明徳院蔵書」の一七二四年写本）という古写本から、上記の、大僧都義空述とされる「荊渓大師最後説法注解」に当たる逸文を見出すことに成功し、その調査結果を呉鴻燕［2002］（p. 19）に報告している。また、同論文は、金沢文庫所蔵の『私用心』という書からも、いわゆる「妙楽大師臨終遺言」を発見している（pp. 19–28）。しかしながら、呉氏は、あくまで湛然「遺旨」関連文献の調査報告とその翻刻に重点を置いているようであり、自らが報告している文献の性質に関しては誤解しているところもある。

まず、呉氏は、義空の生存年代が「承安元年（1171）～仁治二年（1241）」であると述べて、その年代から、同文献が「釈氏重華」によって書写された「享保九年（1724）までに、四八〇年以上の隔たりがあり、撰述者が義空であるか問題を残す」として、「撰者の件は保留に」している。確かに、一二四一年に亡くなった義空の著作の中に、それから二十数年後に成立することになる『仏祖統紀』（一二六九年成立）の書名が見えること（筆者が、呉氏の翻刻によって確認）は実に奇妙なことである。

さらに、呉氏は、「叡山文庫所蔵の「荊渓大師最後説法」は、『九祖伝』に記される湛然の自述であり、「荊渓大師最後説法注解」は、『宋伝』・『伝法偈』をベースにして、義空が注釈書を作成したものである」（p. 24）と述べている。しかし、これは誤解であろう。呉氏自身が翻刻した内容に基づいて考えれば、いわゆる「荊渓大師最後説法注解」は四つの部分から構成されていると考えられる。

まず、第一の部分は、確かに、義空による「荊渓大師最後説法」に対する注釈である。ただし、それは、呉氏が言うように「『宋伝』・『伝法偈』をベースにして」作成されたものではない。義空の説明によれば、湛然は入滅する前に法語を遺して、その法語は「異域諸伝」（『宋高僧伝』など）にもあるが、「文句稍欠」するという欠点があり、これと比べて、「我皇和比叡大師述伝法偈中」は「亦有此偈、文句整足」であるため、「今専依之、而為補忘、以所解為之注脚」と述べられている。つまり、義空の注釈は、『伝法偈』に見える該当箇所に対する注釈である。実際にその注釈の内容を見てみると、義空の注釈方法は、まず『伝法偈』を数句ずつ取り上げて、その後に「異域伝曰」として『宋高僧伝』の該当内容を挙げ、その後に、「解曰」という語に続けて『伝法偈』に対する注釈を述べ、最後に「評伝文」を設けて、特に『宋高僧伝』と『伝法偈』との相異を指摘し、『宋高僧伝』の不備を批判する、という方法が取られている。そのようにしてすべての注釈が完成したところで、再び「荊渓大師最後説法」という名称が現れるのであるが、呉氏は、この「荊渓大師最後説法」という表現を表題と考え、この名称の後に続く文を「荊渓大師最後説法」の内容としている。しかし、実際には、「荊渓大師最後説法」という字句の後に現れるのは、注釈を施した義空本人が書いた跋文であり、その中で、湛然の「最後説法」の重要性を強調し、それを初学者に示そうとする一心で注釈に取り組もうとした自らの意図について述べている。

次に第二の部分に入るが、そこには、『天台九祖伝』に見える「小石碑」の内容が、『摩訶止観』の巻末に附された文として挙げられている。ここで、突如として『摩訶止観』を問題としているのは、次の第三の部分と関連する。第三の部分には、「謹点『摩訶止観』幷『止観輔行伝弘決』四十巻。後見此書者、唱三〔宝〕之名、称阿弥陀仏名十声、以助不肖冥福云。享保九年癸〔甲〕辰孟秋自恣日（七月十五日）釈氏重華謹書」と記されている。これを見れば分かるように、少なくとも、第一、第二、第三の各部分はいずれももともと、「『摩訶止観』幷『止観輔行伝弘決』四十巻」、つまり『摩訶止観』と『止観輔行伝弘決』との合本の巻末に記されたものであり、この合本に返り点などをつけたのが、釈重華という人物であった。そして、『摩訶止観』の合本の最後に「小石碑」の内容が載せられることになったのは、そのなかに、湛然が三大部注釈書を開元寺経蔵に寄贈した際に記した願望、「儻於先師遺文、碑（裨）補万一、則不負比来之誡。幸衆共守護、以貽後学」が明記されているからであろう。

しかも、第四の部分に見える釈重華による注記には、「右三大部合九十冊、傍加国語、以便初学渉猟。若束措高閣、遠背高祖之遺意、近非荊渓垂貽後学之命之（ママ）旨、請諒察云。釈重華附記」とあり、この記載からは、『摩訶止観』の合本は「三大部合九十冊」の最後にあたる部分であったことがわかる。したがって、第一から第四に至る各部分の文はもともと、すべて釈重華の手になる合本天台三大部に見えるものであったが、それが後に、どういう経緯かは不明であるが、『学窓随録』という文献の中に抄録されることになった、ということになる。

(20) この文献が最澄によって日本に将来されたものであることは、『伝教大師将来越州録』の「国清寺智者大師影堂記一巻（長安沙門曇羿）」（T55, 1059a8）という記載によって明らかである。

(21)『天台霊応図本伝集』は、現在『伝教大師全集』第四巻の中に収められている。本書はもともと十巻構成の書であったと伝えられているが、現存するのは二巻のみである。その第一巻には、孫興公（孫綽、314-371）「遊天台山賦」と章安灌頂（561-632）「天台山国清寺智者大師別伝」とを収め、第二巻には、①顔真卿（708-784）「智者大師伝」、②道澄「智者大師述讃〔幷〕序」、③「天台大師略伝」、④曇羿「国清寺智者大師影堂記」という四種の文献が収録されている。本書に関する研究には、清田寂雲［1980］（「天台大師別伝について」『天台学報』二十二）、清田寂天［2001］（「天台霊応図本伝集真偽考」『叡山学院研究紀要』二十三）、池麗梅［2004］（「『天台霊応図本伝集』所収之李善注「遊天台山賦」」『成大宗教与文化学報』四）などがある。

(22) 曇羿という人物については、「影堂記」を撰述した長安の沙門であること以外、何も知られていない。

(23) 湛然がこの「遺誡」を弟子に伝えたのが建中三年（782）であることは、湛然が亡くなったのが建中三年二月であり、「遺誡」の中の「一昨建中之初（一昨年の建中元年）」という表現から推測される。

(24) 崔恭「唐右補闕梁粛文集序」（『全唐文』巻五一七）や、『仏祖統紀』巻四十九（T49, 189b4-9）などに見える。

(25) 崔恭は、「唐右補闕梁粛文集序」の中で、「帰根復命、一以貫之、作「心印銘」。住一乗、明法体、作「三如来画賛」。知法要、識権実、作「天台山禅林寺碑」。達教源、周境智、作「荊渓大師碑」。大教之所由、仏日之未忘、蓋尽於此矣」（『全唐文』巻五一七）と述べている。ここに挙げられる四つの典籍――「心印銘」、「三如来画賛」、「天台山禅林寺碑」、「荊渓大師碑」――は、梁粛の仏教に関する作品の中、崔恭が最も高く評価するものであり、このうち、「心印銘」、「三如来画賛」、「天台山禅林寺碑」の三篇は、現在も『唐右補闕梁粛文集』の中に見えるが、「荊渓大師碑」だけは早い時期に逸失している。

(26) 最澄に続き、円仁や円珍らも後に入唐しているが、彼らによってこの碑文が再び日本に伝来された形跡はない。こうしたことから、「荊渓大師碑」は中国でそれほど広くは流布していなかったことが推察できよう。

(27) 梁粛「過旧園賦並序」（『全唐文』巻五一七）に、「余行年十（「十」は衍字）八歳、当上元辛丑（761）、盗入洛陽、三河間大塗炭、因竄身東下、旅於呉越。転徙阨難之中者、垂二十年。上嗣位歳（徳宗建中元年＝780）、応詔詣京師、其年夏、除東宮校書郎、遂請告帰覲於江南。八月、過崤澠、次於新安、東南十数里、旧居在焉」とある。神田喜一郎［1972］（「梁粛年譜」『東方学会創立二十五周年記念　東方学論集』東京、東方学会。p. 263）を参照。

(28) 神田［1972］（p. 272）は、梁粛が右補闕に転任する年代を貞元六年（790）とする。しかしながら、『旧唐書』巻一三〇「李泌伝」には、「至貞元五年、以……韋綬為左補闕、監察御史梁粛右補闕」（p. 3622）とあり、この記載に従えば、梁粛が右補闕の任に転じたのは貞元五年（789）とすべきであろう。

(29) 常盤大定・関野貞［1975］（『中国文化史蹟』巻六、京都、法蔵館）では、「真覚寺は、隋開皇十七年（西暦五九七）十一月二十四日、天台大師が石城に入寂するや、弟子等舁き帰りて、ここに葬ったによりて起った。「天台山志」には、之を全身龕塔といひ、（中略）宋の大中祥符元年（西暦一〇〇八）に至りて、真覚と改め、後久しく廃したが、明の隆慶年間（一五六七〜一五七二）真稔之を興し、嘉慶道光間、相国阮文達公、俸を捐ててさらに之を新たにした」（p. 19）とされる。

(30) 常盤・関野［1975］（p. 20）によれば、これはもともと大慈寺（すなわち修禅道場、仏隴道場）にあったもので、大慈寺の崩壊後、真覚寺に移されてきたものであるという。碑銘の拓文で確認したところでは、その前題には明確に「台州隋故智者大師修禅道場碑銘並序、右補闕翰林学士梁粛撰」とあり、そして奥書には「陳修古篆額　唐元和六年十一月十二日僧行満建」とある。したがって、この碑石は、唐代憲宗治世の元和六年、すなわち紀元八一一年の陰暦十一月十二日に、行満という僧によって建てられた、ということになる。

(31) 梁粛撰「天台智者大師仏隴道場記」という文献については、本書第三章第二節を参照。

(32) この推測は『天台法華宗学生式問答』のこの部分に見える独特な引用形式に基づいてなされたものである。たとえば、前掲引用文に先行する左渓玄朗に関する問答は、「問曰、「第七伝戒師玄朗和上行徳（徳行か）何如」。答曰、「謹案大唐天台故左渓大師碑文曰、「百億三昧、無非度門」乃至「仭劫無改」」」（『伝教大師全集』巻三。p. 789）とある。これを李華撰「故左渓大師碑」（『全唐文』巻三二〇）と比較すると、「百億三昧、無非度門」、「仭劫無改」はそれぞれ「故左渓大師碑」原文の冒頭と末尾の句であることが分かる。したがって、湛然に関しても、「唐台州国清寺故荊渓大師碑銘」の最初と最後の一句に相当する、と考えられるのである。

(33) 徐師曾『文体明弁序説』に、「凡碑面曰陽、背曰陰。碑陰文者、為文而刻之碑背也、亦謂之記。古無此体、至唐始有之。或他人為碑文而題其後、或自為碑文而発其未尽之意、皆是也」（p. 145）とある。

(34) たとえば、唐懿宗咸通二年（861）八月、舒州山谷寺で、禅宗の三祖と仰がれる僧粲のために碑石が立てられたが、その碑石には、陽面に独孤及撰「舒州山谷寺三祖鏡智禅師碑」、そして碑陰には張彦遠撰「三祖大師碑陰記」がそれぞれ刻まれている。この二篇の文章は『唐文粋』巻六十三に収められている。
(35) たとえば、唐代の柳宗元は、岳州聖安寺無姓和尚のために、「岳州聖安寺無姓和尚碑銘幷序」と共に、その「碑陰記」も著している。両作は現在、共に『全唐文』巻五八七や『唐文粋』巻六十四などに収録されている。
(36) 上掲の『天台法華宗学生式問答』と『内証仏法相承血脈譜』に見える引用文はいずれも碑石正面の碑銘に含まれるものと考えられる。特に、『天台法華宗学生式問答』の引用からわかるように、日本に伝わった「荊渓大師碑」の文面は、「浩蕩塵劫、悠然大空、独有法言、垂之無窮」という文をもって終るものである。最澄将来本の中に、荊渓碑の碑陰文に当たるような文献の名称は見当たらず、そして「五紙」とされる荊渓碑全体の分量からしても、その中には碑陰文は収められていないと考えられる。したがって、日本に伝わった荊渓碑の文面は、碑陰文を除く、正面碑銘の部分のみであった、ということになる。
(37) 宋代天台宗山外派の代表的人物の一人孤山智円（976-1022）は、その『閑居編』（ZZ101）巻四十六所収の「書荊渓禅師伝後二首」のうちの第二首において、「清風遺句満人間、滅後天台跡更閑。碑折塔摧人不顧、不堪冥目想空山」（95a5-6）と詠じている。ここに見える「碑」と「塔」とは湛然の塔と碑を指していると考えられる。したがって、智円の時代には、天台山仏隴にある湛然の塔はすでに著しく破損していたことがわかる。さらに十一世紀後半頃になると、湛然塔の保存状態はさらに悪化してゆき、塔の所在の確認すら難しくなった。たとえば、『宗元録』の記載によれば、元祐年（1086-1094）、永嘉法明院扶宗継忠法師の門人は、梁粛の「荊渓大師碑」に見える「〔智顗〕大師塋兆百歩」の記述に従って、ようやく湛然の塔を見つけたが、その中はすでに空虚であった、という（『釈門正統』巻二 ZZ130, 757a5-9）。
(38) ところで、『宋高僧伝』を始めとする諸伝記は、梁粛撰の碑陰文を盛んに引用しているにもかかわらず、なぜ、より重要と思われる碑表に触れようとはしないのであろうか。その理由として推測されるのは、宋代以降の中国では、すでに「荊渓大師碑」の全容を知ることが困難になっていた、ということである。このことを裏付ける根拠として、孤山智円の「書荊渓大師碑後序」に、「銭唐沙門釈智円、字無外、即荊渓九世之法孫也。嘗慨天台墳塔既毀、碑表亦滅、使先祖之徳善・梁公之論譔不明著於後世焉。遂（?）師僧之尊賢重道者、同立石于孤山瑪瑙院仏殿之右。庶観者既美其所称、又美其所為、抑亦恕我之不肖濫跂、及於孝子孝孫之用心乎。時大宋天禧二年歳次戊午（1018）夏六月五日也」（『閑居編』巻十二。ZZ101, 88a15-b4）という記述が挙げられる。その内容から、智円の時代以前に、天台山にあった湛然の墳塔はすでに破損しており、墓石の表面の碑銘（碑表）も消滅していたことがわかる。したがって、碑銘の中で褒め称えられていた湛然の高徳や梁粛（梁公）が評した内容は、智円の時代には伝わらなかったのである。そこで、この状況を残念に思い、智円たちは、孤山の瑪瑙院仏殿の右脇に改めて荊渓碑を建てたのであろう。

第二節　宋代以降の湛然伝の成立と変遷

《はじめに》

前節では主として個々の唐代資料に関する考察を行なったが、本節では、宋代以降に作成された種々の湛然伝とそれら相互の関連について考察する。荊渓湛然は中国仏教史上、有数の思想家・宗教家とされるだけに、その生涯を伝える史伝も種々多様に存在する。これらの伝記は、湛然の事跡を伝える唐代資料と較べれば、成立年代が遅れるものの、内容的にまとまっており、事跡の全体像を伝えているため、貴重なものである。さらに、それらの伝記は宋代以降の成立ではあっても、そこには唐代の資料が参照・引用されていることは否定できない(1)。したがって、湛然の事跡を伝える唐代資料が断片的にしか得られない現在では、宋代以降に成立した伝記は、湛然の生涯を研究するために必要不可欠なものであり、また、成立年代を異にする種々の資料を対比しながら検討することは、湛然の生涯をより正確に理解するための重要な基礎作業となるだろう。

湛然の生涯に関する従来のまとまった研究としては、日比宣正［1966］（『唐代天台学序説――湛然の著作に関する研究――』東京、山喜房仏書林）、Penkower, Linda L.［1993］（*T'ien-t'ai during the T'ang Dynasty : Chan-jan and the Sinification of Buddhism*. Ph. D dissertation, Columbia University, New York）、呉鴻燕［2002］（博士論文『『法華五百問

論』を介して見た湛然教学の研究』）などが代表的なものである。これらの先行研究は、湛然の伝記資料を網羅的に提示し、それらに基づいて湛然の事跡を明らかにしようと努めている。しかし、難を言えば、一つの事跡に対する記述内容が伝記によって異なる場合、これらの業績が、いかなる基準に従って伝記資料の選択を行なっているのかが明確でない例がしばしば存在するのである。このような状況を改善するためには、単に伝記資料を網羅してその中から必要な情報を引き出すだけではなく、それらの文献そのものの性格に着目し、その成立背景や著作の意図を考慮しながら、記事の信憑性を判定する必要があると思う。現存する湛然伝は、十世紀末から十八世紀前半までに成立したものだけでも十六種あり、しかも、それらの文献としての性質は種々雑多であると言え、仏教史伝類もあれば、仏寺志や地方志などの資料もある。そのうち、仏教史伝類と一括して称し得るものでも、撰述時代や編纂者も違えば、その宗派的立場も異なる、という事情を考慮しなければならないのである。

本節では、まず、湛然伝を含む種々の文献資料をその編纂者の所属宗派（所属宗派のない場合も含めて）によって分類し、次にそれぞれの湛然伝の内容から推察される資料相互の影響関係に基づいて系統付け、それを踏まえた上で、それらの資料に見える湛然伝の構成要素を採り上げて検討していくこととする。こうした検討は、最終的により正確な湛然伝をまとめるための基礎作業となるだけではなく、湛然の伝記が、編纂者の立場の相違と時代の変遷によって、変容していく様子を明らかにすることにも役立つであろう。

それでは、まず、本節で取り扱う湛然伝を収める十六種の文献資料の分類とその体系付けから、考察を始めよう。

第一項　湛然伝を収める文献資料の分類と系統付け

宋代以後に成立した湛然伝を収める文献資料は、現在のところ、およそ十六種類が確認できる。これらの文献は、編纂者の所属宗派（特定宗派に所属しない場合も含む）によって、以下のように四種類に分けられる（括弧内は成立年代）。

一、律　宗

北宋・賛寧『宋高僧伝』（九八八年）

二、天台宗

北宋・智円『涅槃経疏三徳指帰』（一〇一三年）

南宋・士衡『天台九祖伝』（一二〇八年）

南宋・良渚宗鑑『釈門正統』（一二三七年）

南宋・志磐『仏祖統紀』（一二六九年）

明・伝灯『天台山方外志』（一六〇一年）

三、禅　宗

南宋・石室祖琇『隆興仏教編年通論』（一一六四年）
南宋・本覚『釈氏通鑑』（一二七〇年序）
元・梅屋念常『仏祖歴代通載』（一三四一年）
元・曇噩『六学僧伝』（一三六六年）
清・湘雨紀蔭『宗統編年』（一六九七年）

四、その他
南宋・陳耆卿『嘉定赤城志』（一二二三年）
南宋・史能之『咸淳毘陵志』（一二六八年）
清・張聯元『台州府志』（一七二二年）
清・黄之雋『江南通志』（一七三六年）
清・沈翼機『浙江通志』（一七三六年）

次に、編纂者の所属宗派、文献の成立年代、そして各文献に見える湛然伝（あるいは湛然に関する記載）の内容から推察される影響関係に基づいて、これら十六種の文献の相互関係は、次頁のような系統図として構成できる（天台宗系統の資料中、破線の四角で囲った『宗元録』は散逸文献であるが、その内容が『釈門正統』に引用されているため、この系統図に表示することにした）。

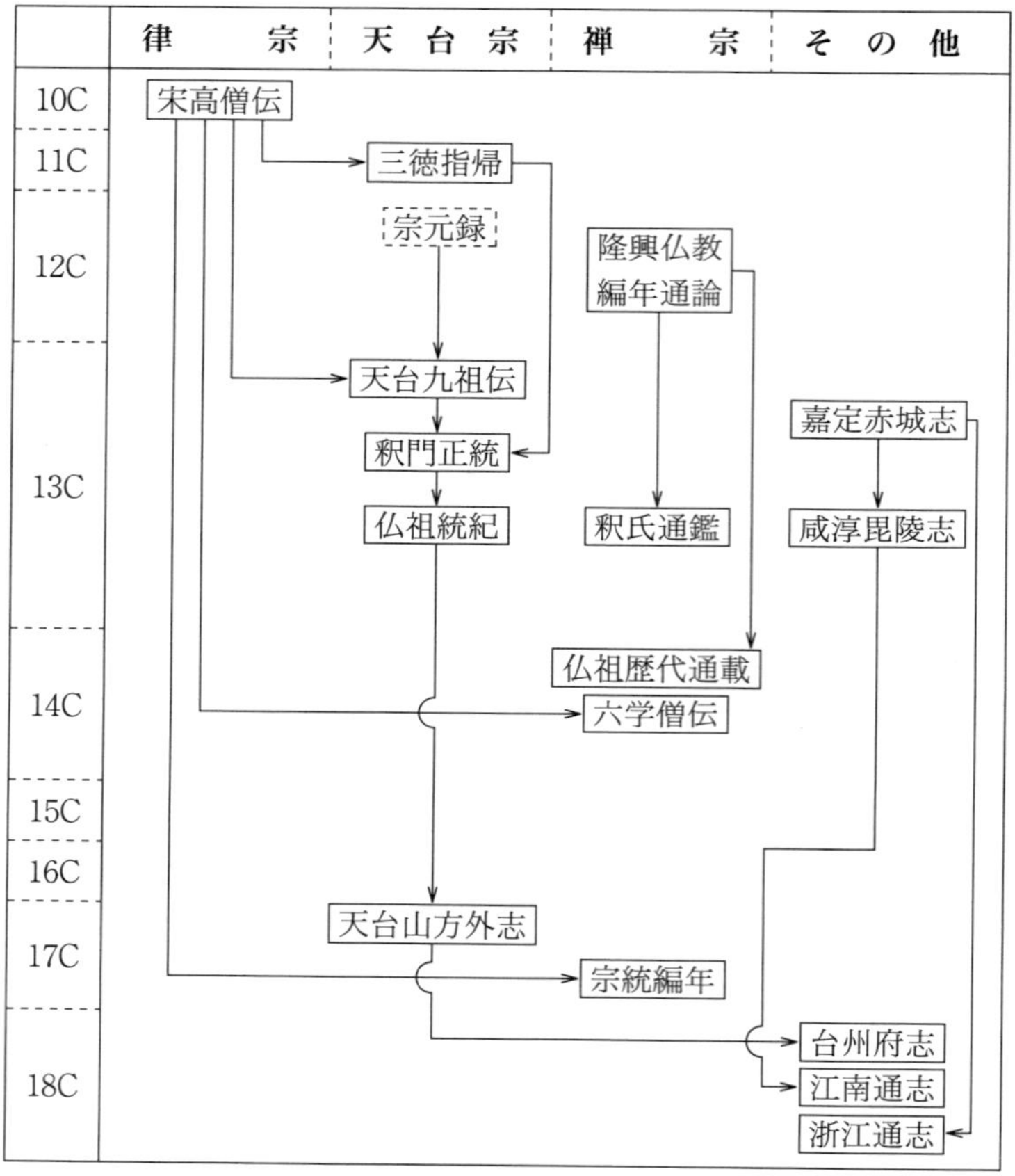

十世紀から十八世紀までに成立した文献における湛然伝の系統図

第二項　各系統の文献およびその中に現れる湛然伝の概観

前頁に提示した湛然伝の系統図は、律宗、天台宗、禅宗、その他という四つの系統の資料を左から右へという順に挙げているが、この順序は、各系統が有する資料的価値の大きさを表すものでもある。つまり、禅宗系統の史伝やその他の地方志などと比べて、律宗と天台宗という二つの系統に属する資料に見出される湛然伝はより豊富な内容を有していることから、研究上より重要な意味をもっていると思われるのである。

種々の文献の中で、律宗の賛寧『宋高僧伝』[2]（T50, No. 2061）に次いで、天台宗に属する孤山智円『涅槃経疏三徳指帰』（ZZ58. 以下、『三徳指帰』と略す）、士衡『天台九祖伝』（T51, No. 2069）、宗鑑『釈門正統』（ZZ130）という三つの文献に現れる湛然伝は、彼の伝記として主要なものと認められる。そのうち、『宋高僧伝』には現存最古の湛然伝が収録されているが、それ以外の諸資料、すなわち『三徳指帰』、『天台九祖伝』、『釈門正統』という三つの宋代天台宗資料は、『宋高僧伝』には見出せない湛然の事跡を独自に伝えており、価値が高い。

以下、この四つの文献に比重をおいて、律宗、天台宗、禅宗、地方志という四つの系統の文献に見える湛然伝（あるいは湛然に関する記載）について検討していきたい。

一　律宗系統の『宋高僧伝』における湛然伝

北宋の賛寧[3]（919-999）の『宋高僧伝』三十巻における「湛然伝」は、現存最古の湛然伝であると同時に、後世に成立した天台宗と禅宗との両系統の湛然伝に決定的な影響を与えた、最も重要な湛然伝でもある。同書は、賛寧が五年という歳月をかけて編集し、九八八年に朝廷に献上した著作である。[4]『宋高僧伝』は、『続高僧伝』を踏襲して十科構成であるが、[5]湛然伝は巻六の「義解篇」に収められている。

『宋高僧伝』における「湛然伝」の特色として、[6]次の三点を挙げることができる。第一は、金石資料の参照である。賛寧は『宋高僧伝』を作成するに当たって、伝記の素材として金石資料を多く採用したことがすでに指摘されているが、[7]「湛然伝」の場合もおそらく例外ではなかったと考えられる。その取材源とされた資料としては、既述のように、神邕「唐仏隴故荊渓大師讃」[8]や梁粛荊渓大師碑「碑陰文」[9]などがある。さらに、『宋高僧伝』「湛然伝」の冒頭に見える「釈湛然、俗姓戚氏、世居晋陵之荊渓、則常州人也。……以教言之、則然乃龍樹之裔孫也、智者之五世孫也、左渓朗公之法子也」(T50, 739b10–17)という叙述も注目に値する。この記述は、「荊渓大師碑」の正面碑文の逸文と推定される「公諱湛然、字某、俗姓戚氏、世居晋陵之荊渓、尊其教、因以為号。以教言之、則龍樹之裔孫、智者之五世孫、左渓朗公之法子也」[10]と極めて類似していることから、賛寧は「湛然伝」を作成する際に、「荊渓大師碑」の正面碑文を参照したと推察できる。

第二の特色は、『宋高僧伝』の「湛然伝」には、賛寧の湛然に対する評価が付されていることである。[11]賛寧の批評は、おおむね三つの部分からなる。[12]第一の部分が、梁粛撰荊渓大師碑の「碑陰文」からの引用であることはすでに考察した通りであるが、[13]その趣旨は要するに、湛然が智顗から玄朗に至る天台の伝承を「煥然として中興」したという功績やその多大な影響力を讃えるものである。第二の部分は、賛寧本人の湛然に対する評価であるが、それは主として、高僧(湛然)と鴻儒(梁粛)との交渉における湛然の影響力を捉え直したものである。第三の部分は、呉越国王銭氏によって湛然が「円通尊者」と追謚されたことに関する言及である。これらの記述はいずれも、『天台九祖伝』や『釈門正統』などの後世に成立する史伝に継承されていくこととなる。

第三の特色は、『宋高僧伝』「湛然伝」が後世の湛然伝の原型になったことである。たとえば、『天台九祖伝』の「湛然伝」は、二箇所に明確な相異を数えるほかは、ほぼ全文にわたって『宋高僧伝』の記述を踏襲している。(14) さらに、『釈門正統』や『仏祖統紀』の「湛然伝」は、『宋高僧伝』よりも内容的に増広されているが、全体の構成は『宋高僧伝』をほとんどそのまま継承している。

二　天台宗系統の文献における湛然伝

湛然伝を含む天台宗系統の文献としては、智円が撰述した『三徳指帰』があるほか、祖師伝としての性質を有する『天台九祖伝』、天台宗の立場から編纂された総合仏教史伝である『釈門正統』および『仏祖統紀』、そして、天台山の仏寺史に属する『天台山方外志』などが挙げられる。以下、これらの文献や、その中に見える「湛然伝」について概観する。

二・一　孤山智円『涅槃経疏三徳指帰』に見える湛然伝

現在、『卍続蔵』第五十八巻に収められている『三徳指帰』二十巻（うち巻十五は欠本）(15) は、宋代天台宗山外派の孤山智円(16)（976–1022）が撰述した、章安灌頂（561–632）の『涅槃経疏』に対する複注である。本書の序文によれば、この注釈書は、宋真宗大中祥符四年（1011）八月から書きはじめられ、同六年（1013）九月二十六日に完成したものである。(17) それが『涅槃経疏三徳指帰』と名づけられたのは、「経の所詮、疏の立義、尽く生仏無差一心三徳の理に在るを識らしむる」との意に基づく。(18)

『三徳指帰』は、灌頂の疏をもとに湛然が再治した『涅槃経疏』を注釈対象としているため、その中では「湛然」

という人名に対しても注釈が施されているが、その内容は、智円によってまとめられた湛然の略伝と見做すことができると思う。紀元一〇一三年に成立した『三徳指帰』は、九八八年成立の『宋高僧伝』からわずか二十五年しか隔っておらず、『釈門正統』や『仏祖統紀』などの祖本に当たる『宗元録』の百年前に成立した文献である。この成立年代の古さに加え、著者智円がかつて湛然大師碑を杭州で再建した人物であり、神邕撰「唐仏隴故荊渓大師讃」を引用していることも看過できない。[19] これら二つの湛然伝に関わる根本資料を入手できた人物によって撰述された『三徳指帰』は、無視することのできない資料的価値を有すると考える。

『三徳指帰』に見える「湛然伝」には、『宋高僧伝』からの影響が明確に認められる一方で、[20] 後者にはない記載内容が二箇所に見える。その一つは、湛然の得度年代に関する記述に現れる。二つ目は、「蘭陵」という地名の表記をめぐる相違である。この二つの相異に関する詳細な考察は次項に譲りたい。

二・二　天台宗の祖師伝『天台九祖伝』における「湛然伝」

宋代士衡の『天台九祖伝』には、天台宗の祖師と認められた龍樹、慧文、慧思、智顗、灌頂、智威、慧威、玄朗、湛然という九人の伝記が収められている。そのうちの「湛然伝」は、『宋高僧伝』の「湛然伝」をほぼそのまま踏襲しているが、二箇所にわたって明確な相異がある。その一つは、『宋高僧伝』冒頭に見える湛然の祖承に関する箇所を、『天台九祖伝』は採用していないことであるが、これについては、次項に詳細に検討する。二つ目は、『天台九祖伝』のみが蘇州開元寺「小石碑」の内容をその記載に反映させていることであり、それについてはすでに述べた通りである。[21]

この種の祖師伝としては、ほかに『天台山六祖略伝』と『九祖略伝』の二つが、その書名のみ伝えられている。この『天台山六祖略伝』が天台宗史上、最初に出現した「総合」祖師伝であることは、唐代成立の湛然の伝記資料を論じる際にすでに触れた[22]。なお、この祖師伝の後世における流布状況は全く不明であるが、『仏祖統紀』巻一「天台教文」に名称のみが挙げられる『九祖略伝』という書は、おそらく『天台山六祖略伝』をベースに拡張された伝記であろうと考えられる。現在では『九祖略伝』も逸失しており、具体的内容は確認できないが、その名称からは、天台宗の祖統論が、唐代の六祖説から九祖を中心とする説へと展開していったことが伺えよう。宋代士衡の『天台九祖伝』は、この九祖説を確定するものであると考えられる。

二・三　天台宗系統の総合仏教史伝における湛然伝

天台宗系統に属する総合仏教史伝と言えば、直ちに『釈門正統』と『仏祖統紀』が連想されるかもしれないが、実際に宋代天台宗の編纂者によって作られた総合史伝は、この二書だけに止まらない。現実問題として、そうした大部の仏教史書の製作が一世代の編纂者の力のみで結実したとは考え難く、やはりそれまでの積み重ねが重要な基礎をなしたのに違いない。また、事実、そのような歴代にわたる蓄積のあったことは、『仏祖統紀』巻一「叙古製」によって知られる。それによれば、天台宗の宗派史の編纂は十二世紀の初期に遡り、それから一世紀の間に、呉興元穎の『宗元録』、鎧菴呉克己の『釈門正統』、鏡菴遷法師の『宗源録』などの史書が作成されたと言われている[23]。ただし、これらの史伝はいずれも逸失しており、現在までに伝わったのは、そうした流れを汲んで成立した良渚宗鑑の『釈門正統』と志磐の『仏祖統紀』の二書だけなのである。この二書と、すでに逸本となった先行三書との関係を図式化すると、次頁の表のようになる。

このうち、良渚宗鑑の『釈門正統』は中国正史の紀伝体に倣って、仏教史を「本紀」、「世家」、「列伝」、「載記」、「諸志」という枠組みのもとに記述した斬新な仏教史伝であるが[24]、それぞれの内容について、陳垣［1955］巻五（『中国仏教史籍概論』上海、上海書店出版社）は、「『釈門正統』以天台宗為正統、立釈迦牟尼、龍樹為本紀、天台東土諸祖

目録の製作年代	著　者	天台宗史書の名称
北宋政和年間（1111-1118）	呉興元頴	宗元録
南宋慶元年間（1195-1200）	鎧菴呉克己	釈門正統
南宋嘉定年間（1208-1224）	鏡菴遷	宗源録
南宋嘉熙（1237-1240）初	良渚宗鑑	釈門正統
南宋咸淳五年（1269）	志磐	仏祖統紀

為世家、又有八志、志之後為伝、末有載記、倣『晋書』十六国例、以天台以外諸宗入載記」（p. 97）と述べている。

『釈門正統』の中で、「湛然伝」は巻二の「山門記主荊渓尊者世家」（ZZ130, 753b-757a）として収められている。

一方、志磐の『仏祖統紀』は、宗鑑『釈門正統』や仏教内外の史書典籍を参照しつつ完成したものであり[25]、これもまた紀伝体を採用し、「四仏紀」、「四祖紀」、「二世家」、「十一列伝」、「一雑伝」、「一未詳承嗣伝」、「二表」、「三十志」という構成になっている。その中で、「仏紀」と「祖紀」はあわせて「本紀」となっており、『釈門正統』が天台諸祖の伝記を「世家」に配当しているのとは対照的に、『仏祖統紀』は東土十七祖（龍樹から四明知礼まで）の伝記を「本紀」のうちの「祖紀」の中に収めている[26]。そのため、当時、天台第九祖とみなされていた湛然の伝記は、「祖紀」の中に掲載されているのである。

『仏祖統紀』に見える「湛然伝」[27]は、『釈門正統』の内容を踏襲しながら、若干の増減を加えたものであるため、重複する箇所が多く存在する[28]。もっとも、『仏祖統紀』には独自の記述もあり、その一例として、種々の史伝と比して、湛然の著作を最も多く紹介していることが挙げられる[29]。また、「湛然伝」の最後に、志磐は「賛言」として湛然に対する評価を、「疏以申経、記以解疏。夫然故旨義始帰於至当、而後人得以守其正説。大哉、『釈籤』妙楽『止観輔行伝弘決』之文、其能発揮天台之道、疇不曰厥功茂焉。不有荊渓、則慈恩・南山之徒、横議於其後者、得以並行而惑衆矣。師之言曰、「将欲取正、舎予誰帰」。誠然哉。宝訓也。本記言「搢紳受業者数十人」、知当時儒宗君子学此道者、若是之盛。今所聞梁〔粛〕、李〔華〕三四人耳、惜哉」（T49, 189b16-24）と述べている。

この『釈門正統』巻二所収の湛然伝は最も整備され充実したものであると考えられるが、その特徴として第一に挙げられるのは依拠資料の完備である。そこには、唐代成立の荊渓大師碑「碑陰文」が全文保存されているほか[30]、『宋高僧伝』成立以後に生じた状況、たとえば天台山湛然塔の破損状況などについても伝えているのである[31]。そして、第二の特徴は、『宋高僧伝』と比較して、湛然伝の内容を大きく変化させたことである。全体的な叙述としては、『宋高僧伝』「湛然伝」以来の構成を踏襲していることに変わりがないものの、内容的には、湛然の著作から大量に引用することによって、湛然の思想的立場を明らかにしようとする姿勢が極めて明確に顕れているが、そこで宗鑑は湛然の思想を次のように評している。

師痛念智者破斥南北之後、百余年間、学仏之士倶以双弘定慧、円照一乗為事、初無単輪隻翼之弊。豈期自唐以来、伝衣鉢者、唱於嶺嶠、談法界、闡名相者、盛於長安。是三者、率皆以道行卓犖、名播九重、且為帝王師範、故得侈時其学、自名一家。然而宗経弘論、判釈無帰、講『華厳』者、唯尊我仏、読唯識者、不許他経、与夫教外別伝、但任胸臆而已。師追援其説、一一弁明、誠欲指南、方位不易。雖横身受敵、不惜也。識者謂、非師荷負此宗、則円義永沈矣。(ZZ130, 754a8-18)

〔湛然〕師が痛念するには、智者大師が南北の諸師を破斥してから百年余の間は、仏教を学ぶ人々はみな定慧を共に弘め、一乗を円かに照らすことを大事とし、初めは単輪隻翼の弊害がなかった。しかし唐以来、衣鉢を伝える者〔禅宗〕は嶺嶠で説法するようになり、法界を談ずる者〔華厳宗〕や名相を論ずる者〔法相宗〕は長安に盛んになった。この三者は、いずれも道行卓犖で名は宮廷にまで知れ渡り、さらに帝王の師範ともなったため、その学風は一世を風靡し、それぞれ一家を自称した。しかし、経を宗とし論を弘めるにしても、彼らの判釈は帰するところを失っており、『華厳経』を講じる者はただ毘盧遮那を尊ぶのみであり、唯識を読む者は他の経典を許さず、教外別伝〔の禅宗〕となるとただ胸臆に任せるのみであった。〔湛然〕師はそれらの教説を順次に呈示し一々分析したが、それは真実、指南を与えようとするためであり、方位〔本来の立場〕は変えなかった。身を捨てて敵に攻撃されることをいとわないのである。識者が言うには、湛然師が天台宗を担わなかったら、円義は永遠に沈んでいたであろう、ということである。

宗鑑の湛然に対する評価は、天台宗の立場から下されたものであることは言うまでもないが、湛然がおかれた時代背景を考えるなら、宗鑑が示した思想史的評価はまさに当を得たものと言えるだろう。というのは、今日一般に認められているように、禅宗、華厳宗、法相宗などが興起した中唐代の仏教思想界において、智者大師の大成した天台教学を復興させるためには、湛然は、ほかの教学や宗派との思想的立場や実践方法の相違を明確にすることによって天台教学の時代的意義を確立し、その完全性と優位性を訴えなければならなかったからである。この意味において、『釈門正統』に示される湛然理解は、今日においても充分な注意を払うべきものである。

三　禅宗系史伝に見える湛然の関連記載

『宋高僧伝』や天台宗系の史書以外に、十二世紀後半以後に成立した禅宗系の編年体仏教史書の中にも、湛然に関する記載が現れる。成立年代順に言うと、南宋の石室祖琇『隆興仏教編年通論』(ZZ130)、本覚『釈氏通鑑』(ZZ131)、元代の梅屋念常『仏祖歴代通載』(T49, No. 2036)、曇噩『六学僧伝』(ZZ133)、清代の湘雨紀蔭『宗統編年』(ZZ147)などがそれである。諸書の中で、成立が最も古い『隆興仏教編年通論』巻十九に見える湛然に関する記載は、唐代成立の湛然「臨終遺旨」と荊渓大師碑「碑陰文」[32]から取材したものと考えられるが、[33]『宋高僧伝』などの記載とは相違する箇所もある。

第一には、従来の仏教史伝がほぼ一致して「建中三年(782)」としてきた湛然の没年を、『隆興仏教編年通論』は「興元元年(784)」としている。この説の根拠は資料の上では確認することができないことから、これは誤伝によったと考えられる。ただ、そこに、この史書の性格の一端が現れているとも言える。第二には、前節で述べたように、湛然碑の「碑陰文」には「嚮非命世而生、則何以臻此」（『釈門正統』巻二。ZZ130, 756b14-15）という一句があるが、『隆興仏教編年通論』では、これが「自非命世亜聖、曷以臻此」（ZZ130, 607a7-8）となっている。しかも、この二句は、『隆興仏教編年通論』だけではなく、『釈氏通鑑』巻九と『仏祖歴代通載』巻十四にも共通して見えるので、この時代の禅宗系編年体仏教史書における共通認識であったのだろう。[34]

なお、それ以後の禅宗系史伝――たとえば、元代曇噩『六学僧伝』の中にある湛然伝や、清代成立の禅宗編年体史書『宗統編年』の「建中三年」項に見える湛然に関する記載――は、『宋高僧伝』「湛然伝」を参照した形跡が顕著であり、『隆興仏教編年通論』からの影響は全く認められなくなるのである。

四　地方志に見える湛然に関する記載

最後に、歴代の地方志に現れる荊渓湛然に関する記載について述べておこう。唐代以降、仏教や道教の関係者が正史の中で取り上げられることはほとんどなくなるが、他方、宋元の時代から盛んに作られるようになった地方志の中には頻繁に登場してくる。この現象は、仏教や道教の土着化の結果であり、これらの人々の様々な実践やその人格の神話化・伝説化によって、新たな神域や史跡が生み出されていくという動向に対応するものと考えられる。

彼らの事跡は、大抵の場合、その出身地や主要な活動拠点の地方志に記される。たとえば、湛然は、宋代陳耆卿『嘉定赤城志』に名を挙げられており、また、その出身地に当たる毘陵の地方志である『咸淳毘陵志』にも登場している。[35]『嘉定赤城志』巻三十五に見える湛然に関する記載は、清代に成立した『浙江通志』[36]巻二百に受け継がれていく。一方、『咸淳毘陵志』巻二十五所載の湛然に関する記載には、『嘉定赤城志』からの影響が認められると同時に、天台宗の史伝を参照したと思われる要素も含まれるが[37]、その記事は、清代成立の『江南通志』に影響を及ぼしたと考えられる[38]。一方、天台山の所在地で台州の地方志『台州府志』に見える湛然の記事は、明代の『天台山方外志』における湛然伝に基づいて記されたものと思われ、上記の諸地方志とは系統を異にしている[39]。

地方志の記事で特に注目されるのは、湛然の『法華玄義釈籤』を連想させる「釈籤巌」という地名である。『嘉定赤城志』巻三十五と『咸淳毘陵志』巻二十五はいずれも、湛然が「天宝大暦間、優詔不起、晩帰台山、注天台教」した場所として、「赤城釈籤巌」という地名に言及している。「釈籤巌」という地名に触れる現存最古の文献は、臨済宗の北磵居簡[40]（1163-1246）が撰述した「釈籤巌記」（一二〇九年成立）であるとされる。「釈籤巌記」によれば、「釈籤巌」は湛然が『法華玄義釈籤』を撰述した場所である[41]。確かに、その場所に湛然がかつて滞在したという可能性はあるものの、そこの滞在時期、そして『法華玄義釈籤』の完成場所に関して、「釈籤巌記」の所説が歴史的事実に合うかどうかはいまだ検討の余地がある。しかし、釈籤巌という地名が生じたことは、天台仏教の地域密着性、そしてその代表者の一人である湛然の持つ影響力の浸透を象徴するものと言えよう。

第三項　湛然伝の変遷

前項では、湛然伝を載せる十六種類の文献、並びにその内容について概観してきた。その中でも、特に律宗系統の文献と天台宗系統のものが重要と考えられることは、前述の通りであるが、この両系統の文献の間には相互の影響が明瞭に認められる一方で、互いに相違する記載も見える。このような記載上の相異は、資料の新たな発見や情報の追加に起因する場合もあれば、同一の状況を伝えているにもかかわらず、記載が齟齬する場合もある。

後者の場合、湛然の正確な事跡を伝えるものとしていずれの記載を採用するかで意見の対立を招くことになる。この問題は、文献相互の影響関係を踏まえて、その内容を比較検討することで、ある程度解決することが可能となる。そこで、本項では、そのような記載上の相異のうち、特に三点を取り上げて考察していくこととするが、この考察は、同時に、湛然伝が歴史的に変遷していく様相の一端を明らかにするものでもある。

一　祖承源流に関する記述の問題――「法性宗」という表現をめぐって――

『宋高僧伝』「湛然伝」は、次のように始まる。

釈湛然、俗姓戚氏、世居晋陵之荊渓、則常州人也。昔仏滅度後、十有三世至龍樹、始用文字広第一義諦、嗣其学者、号**法性宗**。元魏高斉間、有釈慧文黙而識之、授南岳思大師、由是有三観之学。洎智者大師蔚然興於天台、而其道益大。以教言之、則然乃龍樹之裔孫也、智者之五世孫也、左渓朗公之法子也。（T50, 739b10-17）

釈湛然、俗姓は戚氏であり〔彼の家系は〕代々晋陵の荊渓に住したから、彼は常州の出身者ということになる。昔、仏滅度の後、十三代を経て龍樹に至って、初めて文字で第一義諦を広めるようになったが、この龍樹の教学を嗣ぐ者は「法性宗」と呼ばれた。元魏と高斉の間、釈慧文という者がおり、無言にして龍樹の法を理解し、それを南岳慧思に授けた。それによって三観の教学が生まれ、智者大師智顗が蔚然として天台山に興起するにおよんで、その道は益々大きなものになったのである。湛然は、教えの系譜で言えば、すなわち龍樹の裔孫、智者大師の五世の法孫であり、左渓玄朗の法子にあたるのである。

この部分は、要するに湛然の出身とその相承系譜を明かすものである。ところが、この記載の下線部分は、『三徳指帰』には似たような記述があるものの、『天台九祖伝』、『釈門正統』などの文献にはこれに関連する記述は見出せないのである。そこで、これらの文献と伝最澄撰『内証仏法相承血脈譜』（以下、『血脈譜』と略称）に引用された「荊渓大師碑」の該当箇所と比較してみると、次頁のような表にまとめられる（各記述を内容的にA～Dに四つの部分に分ける）。

この表を見れば、諸伝記の記述のうち、A、B、Dの部分は、「荊渓大師碑」の逸文とほぼ一致することが看取できるであろう。これに対し、Cの部分は、碑文に対応箇所がなく、ほかの文献からの引用であるか、あるいは『宋高僧伝』の撰者賛寧が新たに撰述した文と考えられる。諸伝記の中でCの部分を記載するのは、『宋高僧伝』のほかは『三徳指帰』だけである。『三徳指帰』は基本的に『宋高僧伝』の記述を踏襲していると思われるが、『宋高僧伝』がBの部分を欠くのに対して[42]、『三徳指帰』にはこの部分がある。そのほかの文献のうち、『釈門正統』にはAとBだけがあり、『天台九祖伝』に至ってはAの部分しかない。特に『天台九祖伝』の湛然伝は、ほかの部分はほとんど『宋高僧伝』を踏襲しているにもかかわらず、CとDの部分を採用しないのは、何らかの意図に基づく可能性が高いであろう。

また、Cの部分で、特に注目されるのは「法性宗」という表現である。「法性宗」という概念は、大乗三宗や性相二宗という教判体系に現れることが多い。唐代以降に提示された「大乗三宗」の枠組みは数種類にのぼるが[43]、その最初のものは、華厳教学の学匠清涼澄観（738‐839）の『大方広仏華厳経疏』巻三に見られる。その中で、澄観は自らの教判である「五教十宗」のうち、十宗の第九に「空有無碍宗」（終教）を、第十に「円融具徳宗」（円教）を配当し、さらにこの二つを併せて「法性宗」と呼んでいる[44]。

	A	B	C	D
「荊渓大師碑」（『伝教大師全集』巻三。pp. 789-790）	公諱湛然、字某、俗姓戚氏、世居晋陵之荊渓。	尊其教、因以為号。		以教言之、則龍樹之裔孫、智者之五世孫、左渓朗公之法子也。
『宋高僧伝』巻六（T50, 739b10-17）	釈湛然、俗姓戚氏、世居晋陵之荊渓、則常州人也。		昔仏滅度後、十有三世至龍樹、始用文字広第一義諦、嗣其学者、号法性宗。元魏高斉間、有釈慧文黙而識之、授南岳思大師、由是有三観之学。洎智者大師蔚然興於天台、而其道益大。	以教言之、則然乃龍樹之裔孫也、智者之五世孫也、左渓朗公之法子也。
『三徳指帰』巻一（ZZ58, 354b-355a）	湛然、即荊渓……姓戚氏、世居晋陵之荊渓、則常州人也。	人尊其教、因以荊渓為号。	仏滅度後、十有三世至龍樹菩薩、始用文字広第一義諦、嗣其学者、号法性宗。元魏高斉間、有慧文禅師黙而識之、授南岳思大師、由是有三観之学。洎智者大師蔚然興於天台、而其道益大。	以教言之、則荊渓乃龍樹之裔孫、智者之五世孫、左渓朗公之法子也。
『天台九祖伝』（T51, 102c6-7）	諱湛然、姓戚氏、世居晋陵之荊谿、則常州人也。			
『釈門正統』巻二（ZZ130, 753b6）	湛然、戚姓、常〔州〕之荊渓人。	人尊其教、因以為号。		

諸伝記相異表

また、「性相二宗」という教判においては、「法性宗」は「法相宗」の対概念とされるが、澄観は、「法相宗」と「法性宗」のインド的源流として、それぞれ那爛陀寺の戒賢と智光を挙げている。彼は、「戒賢遠承弥勒・無著、近踵護法難陀、依『深密』等経、『瑜伽』等論、立三種教、以法相大乗而為了義」（T35, 510b26-28）とし、また、「智光論師、遠承文殊・龍樹、近稟青目・清弁、依『般若』等経、『中観』等論、亦立三時教、以明無相大乗為真了義」（T35, 510c10-12）としている。[45] このように、澄観に至って、「法性宗」という概念が初めて龍樹の中観教学の系譜と結び付けられることになった。それ以来、「性相二宗」の説は定着しはじめ、後世になるとさらに広範に受け容れられるに至ったと考えられる。[46]

したがって、Cの部分、すなわち、「昔仏滅度後、十有三世至龍樹、始用文字広第一義諦、嗣其学者、号法性宗」に見える、龍樹教学の継承者（「嗣其学者」）を「法性宗」とする考え方は、澄観の説に基づくものと考えられる。さらに、これと同様な引用文が宋代山外派孤山智円の『三徳指帰』においても現れていることから、「法性宗」という概念規定や、天台宗は「法性宗」であるとする認識は、天台宗山外派によって受け容れられた、と推察できよう。ところが、十三世紀以降に成立した天台宗の諸史伝、たとえば『天台九祖伝』、『釈門正統』、『仏祖統紀』などに至ると、Cに関する部分が完全に姿を消してしまう。

二　湛然の啓蒙師「方巌和尚」をめぐって

種々の伝記文献の中で、律宗賛寧の『宋高僧伝』と並んで、天台宗に属する孤山智円の『三徳指帰』、士衡『天台九祖伝』、宗鑑『釈門正統』という三つの文献に現れる湛然伝は、彼の伝記として主要なものと認められる。そのうち、『天台九祖伝』に挙げられた湛然の伝記はおおむね『宋高僧伝』を踏襲したものと言えるが、両者の間には、前項で述べたように顕著な相異が二箇所数えられる。そのうちの一つは、『天台九祖伝』が蘇州開元寺「小石碑」の内容を反映していることである。

大暦十二年（777）七月、湛然は、天台三大部——『摩訶止観』、『法華玄義』、『法華文句』——の注釈書である『止観輔行伝弘決』、『法華玄義釈籤』、『法華文句記』の三書を蘇州開元寺の経蔵に寄贈したが、それに際して三書に湛然自身が付した書簡が、後に「小石碑」に録されることになった。[47] この「小石碑」の文面は、『天台九祖伝』には以下のように記載されている。

開元十六年、首遊浙東、尋師訪道。至二十年、於東陽金華、遇方巌和尚、示以天台教門、授止観等本。遂求学於左谿大師、蒙誨以大旨、自惟識昧、凡所聞見、皆紀於紙墨。暨至徳中、移隷此寺、乾元已来、攢成巻軸。蓋欲自防迷謬、而四方道流、偶復伝写。今自覚衰疾、諸無所任、留此本兼玄・疏両記共三十巻、以寄此蔵。儻於先師遺文、碑（裨）補万一、則不負比来之誠。幸衆共守護、以貽後学。大暦十二祀孟秋、沙門湛然記。（T51, 103a21–b1）

開元十六年（728）、初めて浙東に遊学し、師をさがしもとめて道をたずねた。開元二十年（732）に至って、東陽郡の金華で方巌和尚とめぐりあい、〔和尚から〕天台の教法を示して頂き、『摩訶止観』等のテキストを授かった。やがて左谿大師のもとで学ぶこととなり、大旨を教えて頂いたが、理解が明確でないと自ら考え、およそ見聞したところをそのまますべて筆記しておいた。至徳年間には開元寺に移籍し、乾元年間以来、〔研究筆記を〕数巻の書にまとめあげた。〔この書は、〕ただ自分が迷ったり誤ったりすることを防ごうとするために作ったものであったが、それがたまたま四方の道流によって伝写されるところとなった。今、私は自分の老衰病弱を実感し、何もできることがないが、この本および玄・疏両記併せて三十巻の書を残して開元寺の大蔵経に寄贈しよう。たまたま、先師の遺文をわずかにでもたすけおぎなうことができたのであれば、本来の誠意にそむかない。願わくは、皆が共に守護して後世の学人に残さんことを。大暦十二祀（777）孟秋、沙門湛然記す。

この記述は、湛然の主要著作の一つである『法華文句記』の成立時期[48]や『止観輔行伝弘決』の成立過程を理解する[49]ためにも重要であるが、それまでに知られていなかった湛然の若年期の状況を伺わせる内容が含まれていることにも注目すべきである。「小石碑」（傍線部分）の記述によれば、湛然は、玄朗と出会う以前に、東陽郡の金華で「方巌和尚[50]」という人物から止観を始めとする天台の教えを授かったことがわかる。しかし、「方巌和尚」について、『宋高僧伝』や『三徳指帰』には記載がなく、唯一『仏祖統紀』巻二十二に「金華方巌和尚、荊渓未入僧時、曾従之受止観、応是左渓門人」（T49, 245c12-13）とあるのに拠って、彼が左渓玄朗の弟子であり、また湛然を玄朗に紹介したのであろうと、近年までは推測されてきたのである[51]。

ところが、徐文明氏が一九九九年の論文の中で、「方巌和尚」は南宗六祖慧能の弟子「方巌玄策」であるとする見解を提示し[52]、また、日本でも秋田光兆氏が、李華[53]「衢州龍興寺故律師体公碑」（以下、「体公碑」と略す）および皎然「唐湖州仏川寺故大師塔銘」（以下、「塔銘」と略す）という二つの文献を根拠として、湛然伝に現れる「方巌和尚」が慧能の弟子で永嘉玄覚の同学であった玄策である可能性を示したのである[54]。もし、「方巌和尚」が実際に慧能の弟子玄策禅師を指しているのであれば、「方巌和尚」は湛然と南宗禅とを結びつける重要な接点となる。したがって、この問題の解明は、湛然研究に限らず、禅宗史研究にとっても重要となるため、その論証は慎重に進めていく必要がある。そこで、まず、「玄策」という人物にまつわる問題点を整理した上で、「方巌和尚」が「玄策」と同一人物である可能性について論じていくこととする。

南宗六祖慧能の法嗣である玄策は東陽玄策とも呼ばれ、その伝記は『景徳伝灯録』（T51, No. 2076）巻五に見える。[55] それによれば、彼はもともと婺州（東陽郡とも言う）金華の出身であり、かつて慧能に学び、後に金華で大いに活躍したと伝えられる。彼は慧能の法嗣であるだけに、禅宗史や慧能の研究ではしばしば言及される人物であり、[56] 柳田聖山［1967］（『初期禅宗史書の研究』京都、法蔵館）は、神会晩年頃の慧能伝には実在の人物に仮託した機縁が多いことを論証する際に、『曹渓大師別伝』に現れる「大栄禅師」は実際には（東陽）玄策の脱化ではないかと推測し、その一例として挙げているが（p. 296）、その際、南宗六祖慧能の門下「東陽玄策」について、柳田氏は以下のような脚注を施している。

> 東陽玄策は、左渓玄朗や永嘉玄覚と親交のあった人。続蔵の『曹渓大師別伝』には大栄とし[57]（Z.2乙, 19-486d）、『祖堂集』第三には六祖の門人として智策和尚（I-130）、永嘉玄覚の章には神策禅師（I-139）とし、『伝灯録』第五には、婺州玄策禅師（T.51-243c）とする。『宋高僧伝』第八、唐温州龍興寺玄覚伝に、東陽策禅師の策を、宋元の二本に栄として居り（T.50-758a）、段成式の『酉陽雑俎』第七に、王玄策を王玄栄とする例もあり、策と栄は何れが正しいか決し難いが、[58] すべて同一人のようである。但し、『別伝』の記載そのものが、どこまで史実かは問題であり、東陽玄策その人が、主として玄覚や玄朗との関係に於てのみ登場する点を考えると、或は李華の『衢州龍興寺故律師体公碑』（全唐文三一九）に見える衢州策律師の脱化ではなかろうか。此の人は、主題の体律師（672-763）や東陽超志法師などと共に法門の儀表とされた人であり、体律師は左渓玄朗に止観を受けた人である。（p. 277, n.8）

この論述からは、東陽玄策への言及が種々の文献資料に見え、文献によって名前の表記（東陽玄策、大栄、智策和尚、神策禅師、婺州玄策禅師、東陽策禅師）が相異するものの、同一人物を指すと推測されることがわかる。[59] さらに、「東陽玄策その人が、主として玄覚や玄朗との関係に於てのみ登場する点を考えると、或は李華の『衢州龍興寺故律師体公碑』（全唐文三一九）に見える衢州策律師の脱化ではなかろうか」と言い、「東陽玄策」と「衢州策律師」との関連性を示唆している。しかし、東陽玄策禅師と衢州策律師とは、それぞれ「東陽」と「衢州」と表記されているため、両者は明らかに出身地を異にしているし、さらに、各々「禅師」と「律師」と呼ばれていて、立場の相異も伺われることから、「策」という一字だけが共通することに拠って両者を関連づけるのには、やはり無理があるだろう。さらに、次に論じる仏川慧明との関連からも明らかなように、玄策が玄覚や玄朗との関係以外にも登場することから、それを必ずしも実在人物の脱化と見なければならない必要性もなくなるのである。

柳田［1967］は、別のところで仏川慧明[60]（697-780）に関説する時、「方巌策公」という表現を含む唐代資料、すなわち皎然の「塔銘」に言及している。ただ、その際には、「体公碑」の場合と違って、方巌策公と東陽玄策とを結び付けて考えようとはしていない。しかし、この「塔銘」の内容を丹念に読み解いていくと、その中に現れる「方巌策公」は、東陽玄策と決して無関係ではないことがわかるのである。このことを明確に示すために、まず、『全唐文』巻九一七所収の「塔銘」の内容に注目したい。その中には、仏川大師慧明の伝承系譜やその出身・生涯に関して、以下の通りの叙述が見える。

〔釈迦本師〕以八万四千正法首付飲光、飲光以下二十四聖、降及菩提達摩、継伝心教、有七祖焉。第六祖曹渓能公能公伝方巌**秉**策公乃永嘉覚荷沢会之同学也方巌**即**仏川大師也。大師諱恵明、俗姓陳氏、漢太丘長寔之後、世居穎川。顕祖某、永嘉南遷、為司徒掾。陳氏受禅、四代祖仲文有佐命之勲、封丹陽公。祖某、双渓・穀熟二県宰。考某、蘭陵人也。……年漸及丱、方祈捨俗、大人従之、至受具時、即開元七年（719）也。耳未誘於声戒、眼不瑕於色塵。清行剋終、如鑑寒玉。嘗謂人曰、昔者繁刑首作、伯成子高遁焉。吾雖不捨律儀、而悪乎浄（諍）論紛若。心即心之法至矣哉。西詣方巌、頓開心地。於戯。冥冥其機、赫赫其師。寂乎大空之淵而不疑、放乎万縁之律而不変。……建中元年（780）春、忽顧左右、愀然而歎曰、「夫人生百年、蓋一念耳。昧者安知掲日月以趨新哉。吾将往浄方、爾曹勉之」。於時報年八十四、僧臘五十一。以其年（780）正月十一日有疾、其日庭木春悴、山雨昼冥、猛虎繞垣、悲嘯而去。十二日、奄然長往。二月十二日、建塔於仏湘川西山。

引用文中の下線を引いた部分は問題を含む箇所であり、そこには句読点を入れないままにしておいたが、この内容を柳田［1967］に引用された「第六祖曹渓能公、能公伝方巌策公、乃永嘉覚・荷沢会之同学也。方巌即仏川大師也[61]」という文と較べてみると、まず「能公伝方巌」と「策公乃永嘉覚荷沢会之同学也」との中間に「秉」の一字が介在していることがわかる。この相異はひとまず置くとして、次に、この引用文から浮かび上がる、慧明の師承関係における不審点について指摘したい。

柳田［1967］は、「慧明の史伝は、皎然（-790?）の『唐湖州仏川寺故大師塔銘』（全唐文九一七）によって、極めて信ずべきであり、此の人は永嘉玄覚（675-713）、荷沢神会と双ぶ慧能門下の重鎮として七祖に目せられる人である」（p. 191）という。もし、このように、現行本に見える記述をそのまま容認すれば、我々は、慧明という人物が方巌策公や仏川大師とも呼ばれ、南宗六祖慧能から法を授かり、その門下の永嘉玄覚や荷沢神会と同学であったと認めなければならない。しかしながら、慧明が、「仏川大師」以外に、「方巌」や「策公」という呼称も持っていた、とするのはいささか不思議である。というのは、蘭陵出身の慧明[62]は湖州仏川寺を中心に活動し、そこで亡くなったため、同寺に因んで「仏川大師」と呼ばれたと考えられるが、その彼の名に「方巌」や「策公」と冠される理由は「塔銘」からは全く浮かび上がってこないからである。特に、「策公」というのは人名と思われるが、慧明はなぜ「策公」と通称されたのだろうか。

さらに、もし、実際に慧明が南宗六祖慧能から直接に禅法を授かったならば、「塔銘」はなぜその機縁について全く触れようとしないのであろうか。むしろ、「塔銘」の記述は、慧明が悟りを開いた機縁は、「慧能」とは別の人物によるものとしているようにも読み取れるのである。ここで、上掲引用文を振り返ってみると、慧明は、則天武后神功元年（697）に生まれ、開元七年、二十三才の時に具足戒を受けたと推察される。さらに、慧明の悟りの機縁に関しては、一箇所に、ただ「西詣方巌、頓開心地」と記載されるだけであるが、その中に見える「方巌」は慧明を悟りへと導いた禅師を指していると思われる。したがって、この記事は、慧明が、開元七年以後、方巌禅師に詣で、そこで大悟を開いた、という意味になるであろう。そして、これが実際の状況であったとすれば、慧能の門下とされる慧明は、一体、いつ慧能について修行をしたのであろうか。もし、それが「西詣方巌」以前のことであれば、彼は慧能の門下では結局悟れなかったことになり、慧能の直弟子、たとえば玄覚・神会と同学であったとは称し得なくなる。また、もし、慧能との出会いは「西詣方巌」以後のことであったとすると、その年代は開元七年をさらに下らなければならなくなるが、しかし、その時期には慧能（638-713）はすでに亡くなっていて、両者の出会った時期を設定するのには無理がある。[63]

このように、「塔銘」に基づいて見てくると、慧明が禅法を南宗六祖慧能から直接に受けた、というのは歴史的事実として認め難くなる。[64] 現存資料の中で、実際に慧能と慧明とを関連づける記載は、「塔銘」に見える「第六祖曹渓能公能公伝方巌秉策公乃永嘉覚荷沢会之同学也方巌即仏川大師也」という箇所を除けば、ほかには一切存在しないのである。[65] したがって、我々は、慧能と仏川慧明とを結びつける記載をほかに求め得ることができない以上、今一度、「第六祖曹渓能公能公伝方巌秉策公乃永嘉覚荷沢会之同学也方巌即仏川大師也」という記載の解釈を見直してみるべきではなかろうか。

従来は、この記載に基づいて、慧能の法嗣方巌がすなわち仏川慧明であることは疑われなかった。しかし、このような解釈を受け容れてしまえば、これまで指摘してきたような様々な齟齬も同時に容認せざるを得なくなるのである。そこで、この際、これまで全く考えられてこなかったもう一つの可能性について考えてみたいのである。それは、「第六祖曹溪能公能公伝方巌秉策公乃永嘉覚荷沢会之同学也方巌即仏川大師也」の中に現れる「方巌策公」という人物は、慧明本人ではなく、彼を悟りに導いたと伝えられる「方巌」を指しており、そして、この「方巌」こそが慧能の直弟子であり、玄覚・神会の同学であったという可能性である。

この推測を成り立たせるには、現行本「塔銘」に「第六祖曹溪能公能公伝方巌**秉**策公乃永嘉覚荷沢会之同学也方巌**即**仏川大師也」と現れている箇所はそのまま信用すべきではなく、この中には誤字・脱字が二箇所にわたって含まれていると考えなければならない。その第一として、「第六祖曹溪能公能公伝方巌**秉**策公乃永嘉覚荷沢会之同学也」の中に見える「秉」は衍字ではなく、もともとは「策」字であったが、伝写されるうちに「秉」と書かれるに至ったと考えるのである。第二に、「方巌**即**仏川大師也」という一文の中に見える「即」は誤字で、本来は「伝」であったか、あるいは「方巌即」と「仏川大師也」との間に脱文があると考える。このような推察に基づき問題の二箇所を訂正すると、「第六祖曹溪能公能公伝方巌**秉**策公乃永嘉覚荷沢会之同学也方巌**即**仏川大師也」という記載は、「第六祖曹溪能公、能公伝方巌**策**、策公乃永嘉覚・荷沢会之同学也。方巌**伝**仏川大師也」と書き直されることになる。すると、この一文は、第六祖曹溪慧能が心法を方巌策に伝えたため、策公はすなわち永嘉玄覚や荷沢神会の同門になり、方巌策はさらに禅法を仏川大師（慧明）に伝えた、という意味になり、したがって、慧明は、方巌策の直弟子であり、慧能にとっては孫弟子となるのである。

慧能の門下にあって、玄覚や荷沢神会の同学である「方巌策」と言えば、それは東陽玄策その人以外には考えられないであろう。そして、「方巌策」と東陽玄策が同一人物と考える理由は二つある。その第一の理由は、両者は共に慧能の門下にあったとされ、名前にも「策」という共通の字が見えるからである。第二の理由は、「方巖策」という呼称そのものの中に存在する。この「方巖策」という呼称のうち、「策」は人名であるが、「方巖」というのは東陽金華付近にある山の名前であって、「東陽」と「方巖」とは無関係ではないからである。

以上、東陽玄策を衢州策律師と関連づける従来の見方を否定したうえで、玄策は仏川慧明の師方巖策と同一人物であろうと推測した。そこで、再び湛然の伝記資料である「小石碑」に視線を向けてみたい。「小石碑」には、「〔開元〕二十年（732）、於東陽金華、遇方巖和尚」（T51, 103a21-22）という記載があり、そこに「東陽金華」や「方巖和尚」という固有名詞が現れている。この「方巖」とは師の名を直接記すことを避けて、その駐錫する山に因んでの呼称であろう。前述したように、方巖玄策すなわち東陽玄策の伝記によれば、玄策は婺州（東陽郡とも言う）金華の出身であり、慧能に学んだ後、金華で大いに活躍したと伝えられているのである。[67] つまり、方巖玄策と方巖和尚とは、名前（方巖）が一致するだけでなく、活動した時代や地域（東陽金華）も共通することになり、同一人物である可能性があると言えよう。さらに、すでに柳田［1967］の前掲文に指摘があったように、東陽玄策は左渓玄朗や永嘉玄覚と親交のあった人である。この接点も考慮に入れると、湛然が開元二十年頃、東陽金華で出会った「方巖和尚」は、南宗禅の六祖慧能の弟子である東陽玄策、または仏川慧明が開元七年以後に師事した「方巖策」とは同一人物である可能性が非常に高いと思われるのである。

従来、『景徳伝灯録』巻五に見える「永嘉玄覚禅師……丱年出家、遍探三蔵、精天台止観円妙法門。於四威儀中、常冥禅観。後因左谿朗禅師激励、与東陽策禅師同詣曹谿」（T51, 241a27-b1）という記述によって、玄朗と玄覚との親交や天台仏教と南宗禅との交渉が知られてきた。もし、湛然の啓蒙師である「方巖和尚」が、実際に南宗六祖慧能の門下である「東陽玄策」その人であれば、ここにもまた、唐代における天台復興運動の中心人物と南宗禅の代表的人物とのもう一つの重要な接点が存在したことになる。

従来、特に祖統論をめぐって、禅宗の祖統論の確立は天台宗の影響を受けたものであり、禅宗に対して否定的であった湛然は天台仏教の立場から禅宗の祖統論に批判的な態度を示していると理解されてきた。確かに、唐代における天台仏教の復興運動の一環として、祖統論の提唱による天台止観伝承の正統化はきわめて重要であった。しかし、湛然の時代においては、自らの伝承の正統性と優越性を主張しようとする志向は一種の時代的風潮のようなものであり、決して独自の発想ではなかろう。その典型的な一例として、禅の東山法門では、北宗系統とは相違するという自覚に立って、南宗、牛頭禅、四川の剣南智詵、および洪州馬祖の系統がそれぞれ自らを正統とする伝灯説を主張していた[68]ことが挙げられよう。そして、湛然の場合、その師匠玄朗が南宗の玄覚と親交を持っただけではなく、さらに彼自身も、かつて慧能の門下であり神会の同門にあたる方巌和尚に学ぶ経験を有していたということも判明してくれば、湛然の正統主張は、むしろ神会を中心として興起した南宗の正統標榜運動から影響を受けていたとしても不思議ではない。したがって、唐代における天台仏教の復興運動を論じる際に、禅宗との対抗関係から明らかにすることも重要であるが、天台仏教の復興ないし天台宗の確立と南宗禅の興起との間に存在する共通点や類似性も無視してはならないと考える。さらに、天台仏教と南宗禅はほぼ同じ時代に、同様に中国南方地域において興った、という社会的宗教的現象に注目し、その性質を解明することは、必ずや、その時代の仏教に対する我々の理解を深めてくれるであろう。

三　湛然の得度・受戒年代をめぐる問題

諸種の湛然伝の間には、その年齢や事跡の年代など、数字をめぐる喰いちがいが数例存在する。たとえば、既述のように、湛然が初めて故郷を離れ、浙東へ求道のために旅立つ年代を、『釈門正統』や『仏祖統紀』は湛然が「年十七」の時としているが、一方、『天台九祖伝』が引用する開元寺「小石碑」の記載によれば、それは湛然が十八才になる「開元十六年（728）」のこととされている。この場合は、唐代資料に基づく「小石碑」の記載に従うべきと考えるが、これよりもやや複雑なのは、湛然の得度・受戒年代をめぐる問題である。

まず、湛然の得度・受戒年代に言及する諸文献の記載を比較すると、左の表のようになる。

『宋高僧伝』巻六	『三徳指帰』巻一	『釈門正統』巻二	『仏祖統紀』巻七	『伝法偈』
天宝初年、解逢掖而登僧籍。（T50, 739b25-26.『天台九祖伝』もこれと同様に「天宝初年」とのみする）	天宝初年〈時年三十七〉、解逢掖而登僧籍。（ZZ58, 354b16）	天宝初、解逢掖而登僧籍〈時年三十八矣〉。（ZZ130, 753b16–17）	天宝七載（748）、始解縫掖、著僧伽梨〈時年三十八、受業於宜興君山郷浄楽寺。縫掖、儒士布衣。僧伽梨、翻為大衣、二十五条也〉。（T49, 188c14–15）	唐天宝六載（747）、即登名僧籍。（『伝教大師全集』巻五。pp. 22–25）

これを整理すると、湛然の「解逢掖而登僧籍」の年代をめぐっては、少なくとも三つの説があることがわかる。第一は、『宋高僧伝』のように、ただ「天宝初年」とするものである。第二には、『三徳指帰』あるいは『伝法偈』のように、湛然が三十七才になる天宝六年（747）とする説である。第三には、『釈門正統』や『仏祖統紀』のように、湛然が三十八才になる天宝七年（748）とする説である。[69]

このように資料の記載が相異すれば、当然、研究者の見解にも相違が生じてくる。たとえば、日比［1966］は、境野黄洋［1929］（『支那仏教史講話』下巻、東京、共立社。pp. 231－232）が『宋高僧伝』の「天宝初年」を天宝元年（742）とする理解を退け[70]、「天宝七年（七四八）、湛然が三十八歳のときとする線が有力である」（p. 58）と述べている。

この日比［1966］の説は『釈門正統』や『仏祖統紀』に基づくものであろう。

近年、こうした文献間の記載の相違を解消しようとする説が、呉鴻燕［2002］によって提起されている。同氏は、「湛然は天宝三年（744）三十四歳の時（あるいはその後）に出家し、天宝六年（747）三十七歳で僧籍に登録し、翌七年（748）三十八歳で具足戒を受けたと考えるのが最も合理的であると思われる」（p. 38）という。これは、「解逢掖」と「登僧籍」とを別のことがらとして解釈することによって、上記の三つの年代をすべて生かそうとする試みである。こうした推論は必ずしも不可能ではなかろうが、ただ、二十年近くも寺院で修行を積み、年齢も三十代後半になろうという湛然が、得度してから僧籍に登録するまで、さらに三年も要するものであるのか、疑問である。同氏は、『大唐六典』や『全唐文』巻九六六に見える奏議を引用して、唐代では、僧籍は三年、五年あるいは十年に一度作られることが法律に定められており、当該の「開元十九年から天宝八年までの間は、僧籍は三年毎に作られていた」と述べ、「天宝六年に僧籍に登録する頃は、三年に一度の登録機会を待たなければならなかった。湛然が天宝六年に僧籍に入ったとすると、彼は天宝三～五年の間に出家したことになる」（p. 37）と結論づけている。もし、この結論が正しければ、この時代の出家志願者はすべて、「三年、五年あるいは十年に一度」しか、正式の得度の機会に恵まれなかったことになるし、法難も発生していないのに、十年もの長きにわたって、ただ一人として正式な得度が許されない、という事態も生じていたことになる。しかし、おそらく、呉氏は、数年間に一度行なわれた全国規模の僧籍の更新を僧の公度と混同したと考えられ、したがって、同氏の見解は是認し難いのである。

それでは、いずれの記載に従うべきであろうか。それを決めるには、まず、資料の記載内容を十分に理解することが重要である。そこで、『宋高僧伝』などに見える「解逢掖而登僧籍」という表現の意味を明らかにすることから考察を進めたい。第一に、「解逢掖」の意味であるが、「逢掖」は、もともと『礼記』「儒行」に伝えられる孔子の言葉「丘少居魯、衣逢掖之衣、長居宋、冠章甫之冠」を出典とする表現である。『礼記』の鄭氏注には、「逢、猶大也。大掖之衣、大袂禅衣也」とされている。[71]そして、逢掖の衣が儒者の服であることから、後に「逢掖」は儒者を象徴する表現となり、儒者が出家することを「逢掖を裂く」[72]、「縫掖を棄てる」[73]などと表現するようにもなった。したがって、湛然の伝記に見える「逢掖を解く」という表現も、儒者出身の湛然が出家得度したことを表していると考えられる。

次に、「登僧籍」の意味について検討してみたい。中国では、僧侶には兵役をも含む徭役を免除するという特典が与えられていたため、徭役を避けることを目的とする出家を取り締まるため、国家は出家得度に制限を加え、国家公認の僧は僧籍に録し、その証明に度牒を交付するようになった。[74]諸戸立雄［1990］（『中国仏教制度史』東京、平河出版社）によれば、唐代の武徳七年令において、「一般の人々に対して三年一造籍が規定された際に、僧道に対しても同様のことが規定され、その事務は鴻臚寺崇玄署が取り扱ったと見られるのである。そしてその際に、僧籍登載者に対し、身分証明書として崇玄署より度牒の支給がなされた」（p. 230）、と推測されている。したがって、唐代において、「僧籍に登る」というのは、国家の公度制度[75]によって出家し、僧籍に登録されて国家公認の僧となることである。

以上を踏まえて、「解逢掖而登僧籍」という表現の意味を考えると、これは、湛然は儒者の身分を棄てて、公度によって出家得度し、国家公認の僧となった、と理解される。では、湛然が公度を得た年代はいつなのであろうか。この問題を解明する鍵は湛然の法臘にある。湛然が、建中三年（782）二月に七十二才で亡くなった時に、彼の法臘は三十四年であった。「法臘」の「臘」とは年末のことであり、比丘は具足戒を受けてから毎年の夏に安居を行なうが、その安居が終る時が比丘にとっての年末であり、それを越すと比丘の法臘が一つ増えることになる。[76]唐代では、夏安居は四月十六日に結夏して七月十五日に解夏するものと一般的に考えられていたが、[77]湛然は建中三年二月に亡くなったため、その歳の法臘は加算できなかったと考えられる。したがって、「三十四」という法臘は、建中二年（781）の七月十五日以後のものであり、その年から逆算すると、湛然が具足戒を受けた年代は、天宝六年（747）七月以後、天宝七年（748）四月までの間であると推定される。さらに、湛然の出家するまでの長い修学経歴や三十代後半という年齢と考え合わせると、得度して間もなく具足戒を受けたと考えてもよかろう。そうであれば、湛然が天宝七年初頭に得度し、その直後に受戒したという可能性も否定できないが、しかし、本貫の常州宜興（荊渓）君山郷の浄楽寺で得度した湛然は、会稽開元寺にいた曇一の下に遥々律を学びに行ったと伝えられることから、得度してすぐ浄楽寺を離れたとは考え難く、具足戒を受けるまでにはある程度の時間的隔たりがあったと考えられる。したがって、得度と受戒を同年に行なったとするより、湛然は天宝六年、三十七才にして得度し、その翌年の四月までに具足戒を受けた、とするほうが自然であろう。

以上の推論が成り立つならば、『釈門正統』と『仏祖統紀』に見える年代はどう解釈すべきであろうか。前述したように、『三徳指帰』は、『釈門正統』と『仏祖統紀』の祖本である『宗元録』より百年も早く成立している。だとすれば、『宗元録』あるいは『釈門正統』が成立するまでに存在した天台宗の諸史伝は「湛然伝」を作成するにあたって、『宋高僧伝』のほか、『三徳指帰』も参照した可能性は否定できないであろう。そうすると、『釈門正統』巻二に見える「天宝初、解逢掖而登僧籍（時年三十八矣）」という記載は、『三徳指帰』巻一「天宝初年（時年三十七）、解逢掖而登僧籍」という記述を継承した可能性が生じてくる。そして、『釈門正統』が抄写流伝されていく過程で、本来の「三十七」という年齢が「三十八」と誤記されてしまい、さらに、『釈門正統』に拠りつつ成立した『仏祖統紀』に至ると、「年三十八」という数字がそのまま継承されただけではなく、逆に、その年齢に基づいて、湛然の「始解縫掖著僧伽梨」の年代が「天宝七載（748）」と算出されたのであろう。

これまで、二項目にわたって、中国の宋代から清代までに、律宗、天台宗、禅宗、さらには在俗の編纂者によって製作された十六種類の文献資料について、それらの成立と性質にも気を配りながら、その中に含まれる湛然の伝記、あるいはその事跡に関する記載を中心に、検討してきた。この考察を通して、十世紀から十八世紀までの間に、時代や立場を異にする僧俗の編纂者によって、湛然伝の内容はどのように継承され、または変容をさせられてきたのかについて、一応ながら、辿ることができたと考える。

また、種々の文献に見える湛然伝の特徴をつかむために、記載内容を異にする他の文献との比較を繰り返してきた結果、律宗賛寧の『宋高僧伝』「湛然伝」の存在感と影響力が圧倒的であることと共に、天台宗系統の史伝、資料に現れる湛然伝の重要性も、改めて確認されることとなった。これらの資料を、前節で紹介した唐代資料と併せて、注意深く活用することによって、湛然の事跡の更なる解明を進めるとともに、現在の視点に立った新しい湛然伝を生み出すことが求められていると感じるのである。

注記

（1）前節で紹介したように、『天台九祖伝』に伝えられる蘇州開元寺の「小石碑」や、『釈門正統』を始めとする諸史伝が伝える荊渓大師碑「碑陰文」などは、いずれも宋代成立の伝記資料に保存された唐代資料である。

（2）『宋高僧伝』は、南朝梁・慧皎『高僧伝』（T50, No. 2059）と唐・南山道宣『続高僧伝』（T50, No. 2060）を継ぐものである。

（3）賛寧の伝記は、宋・王禹偁撰『小畜集』巻二十所収の「右街僧録通恵大師文集序」が詳しい。また、『釈氏稽古略』巻四、『十国春秋』巻八十九などにも見える。「右街僧録通恵大師文集序」によれば、賛寧は、もともと江南地域の出身であり、宋太平興国三年（978. なお塚本善隆・牧田諦亮［1955］（「宋高僧伝解題」『国訳一切経』和漢撰述部・史伝部十二。p. 1）が、太平興国三年を九七六年とし、太平興国八年を九八〇年としているのは間違いである）、呉越国忠懿王銭弘俶が版図を携えて北宋に帰伏する際に、賛寧も王に伴なわれ入朝し、後に宋太宗から「通恵大師」の号を下賜されることになった。太平興国八年（983）、賛寧が勅命を受けて杭州旧寺（祥符寺、「右街僧録通恵大師文集序」は「杭州旧寺」とするのみであるが、この「旧寺」とは、おそらく賛寧が得度した「杭州祥符寺」のことであろうと思われる。『釈氏稽古略』巻四に引用された「銭塘塔記」によれば、賛寧は「後唐明宗天成中、杭州祥符寺で出家した」とされている）で五年を費やして完成し、九八八年に進上したのが『大宋高僧伝』三十巻である。

（4）塚本・牧田［1955］が、「（九八八年）七十才の賛寧は、これ（『宋高僧伝』）を太宗に上進するため再び入京した」（p.1）とするのは厳密さを欠く。なぜなら、『釈氏稽古略』巻四は、『帝王年運詮要』を引用して、「端拱元年（988）冬十月、遣弟子顕忠、智輪詣闕上表以進。璽書賜帛奨諭、勅入大蔵流通。十一月、詔寧赴闕」（T49, 861a5-7）としていることから、『宋高僧伝』を献上するために上京したのは弟子顕忠、智輪であり、賛寧本人が勅命によって上京したのはその翌月の十一月とわかるからである。

（5）陳垣［1955］巻二（『中国仏教史籍概論』上海、上海書店出版社。p.31）によれば、『宋高僧伝』の構成は、『続高僧伝』を継承して、訳経、義解、習禅、明律、護法、感通、遺身、読誦、興福、雑科という十科を設けており、その中、正伝は五三二人、附伝として一二五人が収録されている。

（6）歴代の高僧伝の中で、『宋高僧伝』は唯一、『欽定四庫全書』に収められている（子部十三、釈家）。『四庫全書総目提要』は、『宋高僧伝』の特色を、「伝の後に論断が附されており」、「伝授の源流についても最も賅備である」、「誄銘志記を残らず摭採し、〔内容は〕まことに詳博と称すべき」としている。『宋高僧伝』に関する批評として『四庫全書総目提要』の記述は重要ではあるが、その中には問題も存することは、すでに陳垣［1955］巻二（pp.34-36）によって指摘されている。

（7）陳垣［1955］巻二（p.31）。

（8）『宋高僧伝』「湛然伝」に、「有会稽法華山神邕作真讃」（T50, 740a14-15）と見える。神邕の「真讃」については、前節第二項を参照。

（9）前節第二項を参照。

（10）この碑文の内容は、『内証仏法相承血脈譜』の中から見出されるものである。そこには、「謹案「唐台州国清寺故荊渓大師碑銘」云、公諱湛然、字某、俗姓戚氏、世居晋陵之荊渓、尊其教、因以為号。以教言之、則龍樹之裔孫、智者之五世孫、左渓朗公之法子也」（『伝教大師全集』巻三。pp.789-790）とある。「荊渓大師碑」に関する詳細な議論は前節第二項を参照されたい。

（11）陳垣［1955］巻二（p.30）によれば、道宣が『続高僧伝』の各部門（十科）の最後に総論を加えているのに対して、『宋高僧伝』は各伝記の直後に評論を付する場合が多いと言われている。

（12）『宋高僧伝』「湛然伝」の後半部分に、以下の記述がある。本文の叙述と対応させるために、番号を付して分節する。【一】「詳其然師始天宝終建中、以自証之心説未聞之法。経不云乎、云何於少時大作仏事。然師有焉。其朝達得其道者、唯梁粛学士、故摛鴻筆、成絶妙之辞。彼題目云、「嘗試論之。聖人不興、其間必有命世者出焉。自智者以法伝灌頂、頂再世至于左渓。明道若昧、待公而発、乗此宝乗、煥然中興。蓋受業身通者三十有九僧、搢紳先生、高位崇名、屈体承教者又数十人。師厳道尊、遐邇帰仁。向非命世而生、則何以臻此」。【二】「観夫梁学士之論、儗議偕斉。非此人何以動鴻儒、非此筆何以銘哲匠。蓋洞入門室、見宗廟之富、故以是研論矣。吁吾徒往往有不知然之道。詩云、維鵲有巣、維鳩居之。梁公深入仏之理窟之謂歟。有会稽法華山神邕作真讃」【三】「至大宋開宝中、呉越国王銭氏、追重而誄之、号「円通尊者」焉。可不是歟」（T50, 740a3-9）。

（13）詳細は前節第二項を参照。

（14）詳細は本項二を参照。

（15）『三徳指帰』の第十五巻は、日置孝彦［1971］（「涅槃経疏三徳指帰巻第一五について」『金沢文庫研究』一七八）によって金沢文庫蔵本の存在が報告されている。また、日置孝彦［1973］（「東京大学総合図書館所蔵『涅槃経疏三徳指帰』断簡について」『金沢文庫研究』二四八）は、『三徳指帰』の写本断片を紹介している。

（16）智円は、宋代天台山外派の重要人物の一人である。その伝記は、『仏祖歴代通載』（T49, No. 2036）に、以下のように見える。「杭州孤山智円法師〔一〇二二年〕卒、字無外、自号中庸子、或称潜夫。生銭唐徐氏、父母令入空門、八歳受具。二十一聞奉先源清師、伝天台三観之旨。問弁凡二年、而清歿、遂居西湖孤山、学者帰之如市。……乾興元年（1022）二月十七也、寿四十有七。……崇寧三年、賜謚法恵大師。其所撰述、般若経・遺教経疏各二巻、瑞応経・不思議法門経・無量義経・普賢行法経・弥陀経等疏及四十二章経注各一巻、『首楞厳経疏』十巻。又撰『闡義鈔』三巻（釈『請観音疏』）、『索隠記』四巻（釈『光明句』）、『刊正記』（釈『観経疏』）、『表微記』一巻（釈『光明玄』）、『垂裕記』十巻（釈『浄名略疏』）、『発源機要記』二巻（釈『涅槃玄』）、『百非鈔』一巻（釈『涅槃疏』「金剛身品」百非之義）、『三徳指帰』二十巻（訳『涅槃疏』）、『顕性録』四巻（釈金錍）、『摭華鈔』二巻（釈圭峯『蘭盆疏』）、『西資鈔』一巻（釈自造『弥陀疏』）、『詒謀鈔』一巻（釈自造『心経疏』）、『谷響鈔』五巻（釈自造『楞厳疏』）、『折重鈔』一巻（釈自造『文殊般若疏』『大論』、有云折重令軽）、『正義』一巻（釈『十不二門』）、『閑居編』五十一巻（雑著詩文）。皆仮道適情、為法行化之傍賛云」（T49, 661b21-c21）。

（17）同書の序文によって知られる。

（18）成田昌信［1966］（「涅槃経疏三徳指帰」条『仏書解説大辞典』巻八。p. 406）。

（19）『三徳指帰』は現存資料の中で、神邕撰「唐仏隴故荊渓大師讃」の内容を唯一伝えている資料である。詳細は前節第二項を参照。

（20）『三徳指帰』の「湛然伝」の中には、『宋高僧伝』と共通する記述が多く見られ、特に最後の部分には『宋高僧伝』からの引用文も載せられている。また、賛寧と同様、智円も蘇州開元寺の「小石碑」の存在に気づかなかったのか、『三徳指帰』にも、湛然がかつて方巌和尚に学んだことは言及されていない。方巌和尚については次項参照。

（21）蘇州開元寺「小石碑」について、前節第一項を参照。

（22）前節第二項を参照。

（23）これらの諸書の成立について、『仏祖統紀』巻一は以下のように述べている。「徽宗政和間（1111-1118）、呉興〔元〕穎師始撰『宗元録』、述天台一宗授受之事、自北斉至本朝元祐（1086-1094）、為之図以繫道統、於是教門宗祖始粲然有所考矣。寧宗慶元中（1195-1200）、鎧菴呉克己、因『穎録』増広之、名曰『釈門正統』、未及行而亡。嘉定間（1208-1224）、鏡菴遷法師、復取穎本及鎧菴『新図』、重加詮次、増立新伝六十余人、名『宗源録』」（T49, 130c24-131a1）。

（24）『仏祖統記』巻一「理宗嘉熙（1237-1240）初、銭唐良渚〔宗〕鑑法師、取呉本、放（倣）史法、為本紀・世家・列伝・載記・諸志、仍旧名曰『釈門正統』」（T49, 131a2-4）。

（25）『仏祖統紀』巻一「明今述」で、志磐は、「今之所述。蓋是用『宗源録』、『釈門正統』、参対文義、且刪且補、而復取大蔵経典、教門疏記、儒宗史籍、諸家伝録之辞、及琇師『隆興統紀』、修師『釈氏通紀』用助援引。依史氏法、為四仏紀・四祖紀・二世家・十一列伝・一雑伝・一未詳承嗣伝・二表・三十志、成一家之全書。至若一伝之後、賛以述徳。一事之下、論以釈疑。及文有援古、事有余義、則必兼注於下、俾覧者之易領云（若拠此中弁前釈列伝文、則知諸師列伝原有十一巻。本紀既遺其文、唯以十巻為数）」（T49, 131a9-18）と述べている。

（26）陳垣［1955］巻五（p. 97）。

（27）明代の天台宗の伝灯による『天台山方外志』（一六〇一年成立）という天台山仏寺史にも「湛然伝」が収められているが、これは、ほぼ『仏祖統紀』「湛然伝」を簡略化し、『仏祖統紀』「澄観伝」の一部を併せてまとめたものと考えられる。

（28）ただ、現行本『仏祖統紀』には年代に関する誤写の多いことも認めざるを得ない。たとえば、その中で、湛然が玄朗に師事した年代を開元十八年、二十才の時からと言うが（「開元十八年、始従学左渓（時年二十）」T49, 188c9-10）、これは、「小石碑」の記載に拠って、開元二十年、二十二才の時からとするのが正しい。さらに、『仏祖統紀』が湛然の法臘を「夏四十三」（T49, 189a23）としているのも明らかな誤写であると思われる。

（29）この点については、第三節第二項を参照。

（30）詳細は第一節第二項を参照。

（31）『釈門正統』巻二は『宗元録』を引用して「元祐間（1086-1094）、永嘉忠遺門人掃塔。草棘荒蕪、卒難弁認、即按梁公碑云「大師塋兆百歩」尋而獲之、其龕已空、唯乳香一塊。夜夢元弼山神謂曰、昨者天神遺多人取全身去也。不須再懐猶予。乃就旧基建石塔焉」（ZZ130, 757a5-9）としている。

（32）荊渓大師碑「碑陰文」と湛然「臨終遺旨」に関しては、第一節第二項を参照。

(33)『隆興仏教編年通論』巻十九「興元元年」（卍続蔵本は「元興元年」となっているが、唐代には「元興」という元号はないため、「興元」と訂正する）条に、「荊渓湛然禅師臨終謂其徒曰、大道無方無体、生歟死歟、其旨一貫。吾帰骨此山、報尽今夕。聊与汝等談道而決。夫一念無相謂之空、無法不備謂之仮、不一不異謂之中。在凡為三因、在聖為三徳。爇炷則初後同相、渉海則浅深異流。自利利人、在斯而已。爾其志之。言訖而化。翰林梁肅題其碑陰曰、聖人不興、必有命世者出焉。自智者以法付灌頂、頂再世而至左渓。明道若昧、待公而発。乗此宝乗、煥然中興。其受業身通者三十有九人、而搢紳先生、高位崇名、屈体受教者数十。師厳道尊、遐邇帰仁、自非命世亜聖、曷以臻此」（ZZ130, 303b14-304a8）とあるが、前節で述べた唐代史料と関連づけて言えば、その前半部分は湛然の「臨終遺旨」、そして後半は荊渓碑の「碑陰文」からの引用であろう。

(34)『仏祖歴代通載』はそもそも『隆興仏教編年通論』を受けて成立したもので、その中に見える湛然の記事が一致しているのはむしろ自然なことである。『釈氏通鑑』巻九についても同様のことが言えるが、湛然伝の記載について言うと、湛然「遺旨」の部分を欠き、「碑陰文」の抜粋文しかない。しかし、その内容は『隆興仏教編年通論』に見えるのとほぼ同様である。このほか、覚岸編、宝洲再治『釈氏稽古略』（T49, No. 2037）巻二に見える湛然関連の記載（二句のみ）に関しても、同様の特徴が指摘できる。

(35)この二部の地方志は、現存する地方志文献の中でも古い層に属する貴重な資料であり、現在『宋元方志叢刊』の中に収められている。そのうち、『嘉定赤城志』巻三十五に「常州人、戚姓、号荊渓禅師。天宝大暦間、優詔不起、晩帰台山、注天台教、今赤城釈籤巌是也。一日説法竟、隠几而化。今号天台教主云」という記事が見えるが、この記述がいかなる文献に取材したものかは定かでない。

(36)『浙江通志』巻二百に「『赤城志』。常州人、戚姓、号荊渓禅師。天宝大暦間、優詔不起、晩帰台山、注天台教、今赤城釈籤巌是也。一日説法竟、隠几而化。人（『嘉定赤城志』は「今」としている）号天台教主云」とあり、『赤城志』の記事をそのまま引用している。

(37)『咸淳毘陵志』巻二十五に「円通尊者、名湛然、姓戚氏、荊渓人。初往越州曇一法会、晩帰台山、伝天台教、今赤城釈籤巌是也。天宝大暦間、優詔不起。一日説法、隠几而化。以骨塔附智者大師兆。呉越時追贈今（円通尊者）号」と見える。

(38)『江南通志』巻一七四に、「常州府」の方外人物として湛然を挙げて、「姓戚氏、宜興人。初往越州、晩帰天台山、伝天台教。天宝大暦間、累詔徵不起。一日説法、隠几而化。呉越時追謚円通尊者」と記すが、『咸淳毘陵志』記事との類似は一目瞭然である。

(39)『台州府志』（一七二二年成立）の中に「釈湛然、姓戚氏、世居晋陵荊渓、号荊渓尊者。天宝大暦間、三詔並辞疾不起、晩居天台山。建中二年、示疾而化。呉越時追贈円通尊者」という記載が見える。その内容は、既述の諸地方志の記事と一見類似しているように見えるものの、実際には、一六〇一年成立の『天台山方外志』における湛然伝を参照したと考えられる。『天台山方外志』の湛然伝は、『仏祖統紀』における湛然伝を簡略化したものであるが、湛然の没年を「建中二年」とする誤りを犯している。そして、『台州府志』が湛然の没年を「建中二年」としていることによって、『天台山方外志』を踏襲していることは明らかである。

（40）釈居簡の伝記は、『続灯正統』巻十一に「杭州府浄慈北磵居簡禅師、字敬叟、潼川龍氏子。世業儒、依邑広福院得度、閲卍菴語有省、後参仏照、機契。追随一十五年、出世台之般若、遷報恩光孝。大参真西山。時為江東部使者、以東林力致、不可、乃退隠飛来峰北磵十年、故称北磵。起応雪之鉄仏西余、常之顕慶碧雲。蘇之慧日、湖之道場、後奉旨遷浄慈寺。……宋理宗淳祐丙午（1246）春、示疾、索筆書偈、紙尾復書「四月一日珍重」六字、至期索浴罷、仮寐而逝。寿八十三、臘六十二、葬全身於月堂昌塔側、遵遺命也。有『北磵集』十九巻行世」（ZZ144, 621a17-622a10）とある。

（41）南宋・釈居簡『北磵集』巻二には、一二〇九年春前後に書かれた「釈籤巌記」が収められている。その中には、「天宝間、荊谿然公避寇眷此、窮独惕然而作曰、「易演於羑里、春秋作於歴聘不遇合之後。吾以儒冠換伽黎、敢忘吾両聖人所事哉」。巌栖磵槃、糝不逮藜、夜龕雲屋、拾葉記事、不数年抱成書而出、名曰「釈籤」。妙玄之道於是大明。它日妙楽輔行、則又釈止観文句。天台以来、駕其説於文字作者鮮麗」とある。

（42）Bの部分は、もともと「荊渓大師碑」からの引用文であることはすでに述べた通りである。そして、『宋高僧伝』に全面的に依拠したと思われる『三徳指帰』にはBの内容が見えるにもかかわらず、『宋高僧伝』がBだけを欠いているのは、いささか不思議に思われる。『宋高僧伝』が流布伝写される間に欠落してしまったという可能性もあるが、この点に関しては、とりあえず、『宋高僧伝』は、湛然を「唐台州国清寺湛然」と規定しており、伝記の本文に「以〔荊渓〕為号」と記して、最初の規定と齟齬が生じることを防ぐために、この一句を意図的に落としたと考えておきたい。

（43）澄観『大方広仏華厳経疏』巻三（T35, 521c5-6）、延寿『宗鏡録』巻五（T48, No. 2016, 440a22-23）における引用文、法成『大乗稲芉経随聴疏』（T85, No. 2782, 544c）に基づいて、澄観（738-839）、宗密（780-841）、法成（?-869）という唐代三師の大乗三宗の説をまとめると、以下のようになる。

澄観	**宗密**	**法成**
法相宗	法相宗	唯識中宗＝応理円実宗＝立相宗
無相宗	破相宗	依経中宗＝勝義皆空宗＝破相宗
法性宗	法性宗	依論中宗＝法性円融宗＝法性宗

（44）澄観『大方広仏華厳経疏』巻三に「今総収一代時教、以為十宗。第一我法倶有宗、謂犢子部等。（中略）七三性空有宗、謂遍計是空、依円有故。八真空絶相宗、謂心境両亡、直顕体故。九空有無碍宗、謂互融双絶而不碍両存、真如随縁、具恒沙徳故。十円融具徳宗、謂

事事無碍、主伴具足、無尽自在故。然此十宗後後深於前前、前四唯小、五六通大小、後四唯大乗、七即法相宗、八即無相宗、後二即法性宗。又七即始教、八即頓教、九即終教、十即円教」（T35, 521a12-c7）とある。この記述に基づいて、澄観における大乗の「三宗」と「五教」、「十宗」との対応関係をまとめると次のようになる。

大乗
- 法相宗——大乗始教——七、三性空有宗
- 無相宗——大乗頓教——八、真空絶相宗
- 法性宗
  - 大乗終教——九、空有無碍宗
  - 円　教——十、円融具徳宗

(45) 澄観『大方広仏華厳経疏』巻二に「第二叙西域者、即今性相二宗、元出彼方、故名西域。謂那爛陀寺同時有二大徳、一名戒賢、二名智光。戒賢遠承弥勒・無著、近踵護法・難陀、依『深密』等経、『瑜伽』等論、立三種教、以法相大乗而為了義、即唐三蔵之所宗師。……二智光論師、遠承文殊・龍樹、近稟青目・清弁、依『般若』等経、『中観』等論、亦立三時教、以明無相大乗為真了義」（T35, 510b23-c12）とある。なお、ナーランダ寺の戒賢と智光に関する所説は、もともと、法蔵『華厳経探玄記』（T35, No. 1733）巻一に見えるものである。その中で、法蔵は、文明元年（684）、長安西太原寺で翻訳に努めていた中天竺出身の三蔵法師地婆訶羅（「日照」とも漢訳される）に会い、その三蔵から聞いた「西域諸徳」の「於一代聖教分判権実」の内容として、戒賢と智光の伝承を挙げている（T35, 111c7-112a3）。しかし、法蔵においては、いまだ「性相二宗」の分類は見えておらず、戒賢と智光の伝承を、初めて法相宗、法性宗と結びつけたのは、澄観であると考えられる。

(46) たとえば、宋代の法雲『翻訳名義集』（T54, No. 2131）巻六は、「性相二宗」を解説して、「性相二宗、肇分於竺国、南北之党、弥盛於斉朝。故西域那爛陀寺戒賢大徳、遠承弥勒・無著、近踵法護・難陀、依『深密』等経、『瑜伽』等論、立法相宗。……其寺同時智光大徳、遠稟文殊・龍樹、近遵青目・清弁、依『般若』等経、『中観』等論、立法性宗」（T54, 1159b14-20）と述べ、澄観の説をほぼそのまま踏襲している。

(47) 『天台九祖伝』に「述三部記成、師（湛然）親書寄姑蘇開元寺大蔵、語刊小石碑、至今存焉」（T51, 103a18-20）と見える。ただし、この「小石碑」が具体的にどのようなものであったのかは不明である。

(48) 湛然の天台三大部注釈書のうち、『止観輔行伝弘決』と『法華玄義釈籤』の完成時期は、それぞれの序文によって明らかであるが、『法華文句記』だけは序文を欠いており、その完成年代を特定することが難しい。しかし、「小石碑」の記事によれば、湛然が大暦十二年孟秋（七月）に、『法華文句記』を含めた三部作を開元寺の経蔵に寄贈していることは明らかであるため、同書は遅くともそれ以前

に完成していたと推察できる。詳しくは本章第一項参照。

（49）本書第二章第二節参照。

（50）この人物について、『天台九祖伝』所収の「小石碑」や『仏祖統紀』は「方巖」とし、『釈門正統』は「芳巖」とする。日比［1966］（p. 40）は「芳巖」という表記を採用するが、本書では一貫して「方巖」と表記する。

（51）Penkower［1993］（p. 46）。

（52）徐文明［1999］「此湛然非彼湛然」（『中土前期禅学思想史』北京、北京師範大学出版社）。しかし、徐氏の説はこの結論を裏付ける根拠と論証を欠いている。

（53）李華に関する研究は、山崎宏［1969］（「唐代後期居士類型考」『福井博士頌寿記念　東洋文化論集』東京、早稲田大学出版社）、Vita, Silvio［1988］（"Lihua and Buddhism", in *Tang China and Beyond*; edited by Antonio Forte, Kyoto: Istituto Italiano di Cultura）、河内昭円［1996］（「李華年譜稿」『真宗総合研究所研究紀要』十四）がある。

（54）秋田光兆［1999］（「唐代における天台教学の動向」『山家学会紀要』二）に「慧能の弟子、玄覚の同行である玄策の記述か。龍興寺経律院和尚碑には「本州策律師、東陽超志同講義……請左渓大師講止観」とある。玄策は、智策、神策、大策、『湖州仏川寺故大師銘幷序（皎然撰、全唐文九一七）』は方巖策公と称される。もし仏祖統紀、湛然伝に記される金華方巖であれば、湛然が最初に天台止観を受学したのは玄策であることになる」（p. 54, n.14）と見える。呉鴻燕［2002］（p. 32）の見解は、基本的にこれと同じである。

（55）『景徳伝灯録』巻五に「婺州玄策禅師者、婺州金華人也。出家遊方、届于河朔。有智隍禅師者、曾謁黄梅五祖、庵居二十年、自謂正受。師知隍所得未真、往問曰、汝坐於此作麼。……隍聞此説、遂造于曹谿、請決疑翳、而祖意与師冥符、隍始開悟。師後却帰金華、大開法席」（T51, 243c14-29）とある。

（56）たとえば、宇井伯寿［1935］（『第二禅宗史研究』東京、岩波書店）、柳田聖山［1967］（『初期禅宗史書の研究』京都、法蔵館）、駒澤大学禅宗史研究会［1978］（『慧能研究――慧能の伝記と資料に関する基礎的研究――』東京、大修館書店）などがある。

（57）『曹渓大師別伝』巻一に「開元十一年（723）、有潭州瑝禅師曾事忍大師、後時帰長沙禄山寺、常習坐禅、時時入定、遠近知聞。時有大栄禅師、住曹渓事大師経三十年。大師常語栄曰、汝化衆生得也。栄即礼辞帰北、路過瑝禅師処、栄頂礼問瑝曰、承和上毎入定、当入定時、為有心耶、為無心耶。……〔瑝〕歎曰、我三十年来空坐、而往曹渓、帰依大師学道」（ZZ146, 972b8-973a3）とある。

（58）宇井［1935］（p. 262）では、「栄」は「策」の俗字であるとされている。

（59）柳田［1967］のほか、宇井［1935］（p. 262）も、『曹渓大師別伝』に見える「大栄」、『祖堂集』に見える「智策和尚」、『宗鏡録』巻九十七に見える「智策和尚」、さらには『景徳伝灯録』に見える「婺州玄策禅師」もすべて同一人物と考えている。

(60) 仏川慧明は、文献によって「恵明」とも書くが、本書では「慧明」という表記を採用する。
(61) ここで示した引用文、並びに句読点の付け方は、柳田［1967］(p. 195, n.32) に従った。
(62)「塔銘」に「考某、蘭陵人也」と見えることから推測できる。
(63) 柳田［1967］は、慧能の寂年には慧明がいまだ十七歳であり、そして彼が受具した年には慧能はすでに亡くなっていたことに気づき、そこで、「神会や永嘉玄覚と同門と言われる点を重視するならば、慧明は実際には神会に学んだ人であったかもしれぬ」(p. 202) という結論を導き出している。
(64) これと関連する問題として、二人の慧明をめぐる議論にも注意すべきであろう。『宋高僧伝』には「唐袁州蒙山慧明伝」(巻八)、「唐湖州仏川寺慧明伝」(巻二十六) という、二人の慧明伝が存在する。そのうち、蒙山慧明が慧能の弟子であることは明確に示されるのに対して、仏川慧明については、ただ「西詣方巌、頓開心地」と見えるのみである。この二人の慧明について、宇井［1935］(p. 157) は、二人を共に慧能の門下と認めるとともに、それぞれ別人であると断定している。しかし、柳田［1967］(p. 190) は、宇井説を退け、蒙山慧明は実在せず、あくまでも仏川慧明を仮託した人物ではないかと考えている。柳田氏の仮説は、仏川慧明という人物の歴史的な実在性や「永嘉玄覚 (675-713)、荷沢神会と双ぶ慧能門下の重鎮として七祖に目せられる人」(p. 191) とする彼の地位に対する確信の上に築かれたものと言ってもよかろう。しかし、もし仏川慧明が実際には慧能の直弟子ではないことになると、柳田氏の仮説には無理が生じてくるであろう。
(65) たとえば、「塔銘」に基づいて成立した『宋高僧伝』巻二十六「唐湖州仏川寺慧明伝」も慧能と慧明との師承関係については全く言及していない。この点について、宇井［1935］は、「清昼 (皎然) は六祖慧能が恵明に法を伝えたから、永嘉覚や荷沢会と同門であるといひ、宋高僧伝は此点を省いて居る」(p. 157) と指摘している。もし、「塔銘」の記述が慧能から慧明への伝授関係の存在を伝えるものであったとすれば、なぜそのような重大な事実を、『宋高僧伝』は省かなければならなかったのであろうか。宇井［1935］は、「両者共に西、方巌に詣りて頓に心地を開いたとなすから、清昼は之を以て慧能の法を伝えたとなすのであるが、宋高僧伝はさう見ないのである」(p. 157) として、その理由を伝記撰者の見解上の相違に求めようとする。しかし、このような解釈だけでは、上掲の不審点をすべて解決することもできなければ、「塔銘」の記載が前後で矛盾するものと認めることになるだろうし、これは、その時代を代表する文学僧であった皎然の作品としては、ほとんど考えられない程のミスということになる。
(66) 方巌山について、『浙江通志』は『永康県志』を引いて、「在〔東陽郡永康〕県東二十里、高二百丈、周六里、平地抜起、四面如削、惟南通一道至山腰而絶」という。
(67)『景徳伝灯録』巻五 (T51, 243c14)。

(68) 柳田［1967］(p. 102)。

(69)『釈門正統』の本文は「天宝初、解逢掖而登僧籍」とするが、その割注には「時年三十八矣」とある。湛然は建中三年（782）に七十二才で示寂しているので、彼が三十八才になったのは天宝七年であると逆算できる。同様に『三徳指帰』も、湛然が「解逢掖而登僧籍」した年代を「天宝初年」とするが、割注は「時年三十七」としていて、前述の方法で逆算すると、それは天宝六年になる。

(70) 日比［1966］(pp. 59-60, n.13) によれば、「境野黄洋氏は、『宋高僧伝』の初年とする説と、『仏祖統紀』の七年とする説を全く別箇のものと考え、氏は初年（七四二）説をとる」と分析している。境野［1929］の天宝元年説に対する詳しい反論は、呉鴻燕［2002］(p. 35, n.14) に見える。

(71)『御定佩文韻府』巻二一一「逢掖」。

(72) 宋・慧洪『禅林僧宝伝』(ZZ137) 巻二十三「泐潭真浄文禅師伝」「〔真浄和尚〕聞耆宿広公説法、感泣、裂縫掖而師事之」(532b12-13)。

(73) 梁・僧祐『弘明集』(T52, No. 2102) 巻九「棄縫掖、襲横衣」(57b23)。

(74) 唐代までの僧籍と度牒制度の確立については、諸戸立雄［1990］(『中国仏教制度史』東京、平河出版社) の第一章第一節「中国における度牒初授の年代について」(pp. 216-232) を参照。

(75) 唐代の公度制については、「北魏と異なり公度を得た者に対する度牒と僧籍の制が整えられた……官許を得て出家得度した者には度牒を与え、終身携帯を義務づけ、さらに僧籍に載せ、公度僧として徭役免除の特典を認め、また告牒（度牒）を以て徒一年に当て、笞・杖刑を苦使に換刑するという刑法上の特典を与えるとともに、私度に対する罰則を規定し、唐の公度制はここ〔貞観九年（635）、度僧於天下詔、『全唐文』巻五所収〕に確立をみるに至ったのである」と、諸戸［1990］第二章第三節「唐代における度僧制について」(p. 294) に述べられている。また、唐神龍二年（706）より、定期的に行なわれた選抜試験による試経度僧と、臨時の特別許可による特恩度僧の両者の位置づけが明確となり、以後、唐代を通じ、度僧の主流となった、とされる（諸戸［1990］p. 296）。

(76) 織田得能『仏教大辞典』「法臘」(p. 1616a)。

(77) 玄奘『大唐西域記』(T51, No. 2087) 巻八「印度僧徒依仏聖教、皆以室羅伐拏月前半一日入両（雨）安居、当此五月十六日。以頞湿縛庾闍月後半十五日解両（雨）安居、当此八月十五日。印度月名依星而建、古今不易、諸部無差。良以方言未融、伝訳有謬、分時計月、致斯乖異、故以四月十六日入安居、七月十五日解安居也」(918c17-23)。これによれば、玄奘は五月十六日から八月十五日までがインドの夏安居の期間であると伝える一方で、翻訳の誤りなどにより、唐では、四月十六日から七月十五日までを夏安居の期間としていると述べている。

第三節　湛然の生涯と著作

《はじめに》

本章ではこれまで、荊渓湛然（711-782）の事跡を伝える文献資料に着目し、特に唐代資料と宋代以降に成立した文献とに分けて、個別に検討を加えてきた。このような準備を重ねた結果、ようやく、湛然の生涯や人物像の全体的な把握を試みることのできる段階に辿りついたと考える。そこで、本節では、湛然の生涯とその著作の総体を概観してみたい。

第一項　湛然の生涯

昔、仏滅度の後、十三代を経て龍樹に至って、初めて文字で第一義諦を広めるようになったが、この龍樹の教学を嗣ぐ者は「法性宗」と呼ばれた。元魏と高斉の間、釈慧文という者がおり、無言にして龍樹の法を理解し、それを南岳慧思に授けた。それによって三観の教学が生まれ、智者大師智顗が蔚然として天台山に興起するにおよんで、その道は益々大きなものになったのである。[1]湛然は、教えの系譜で言えば、すなわち龍樹の裔孫、智者大師の五世の法孫であり、左渓玄朗の法子にあたるのである。

湛然は、唐睿宗景雲二年[2]（711）、晋陵郡荊渓[3]（現在の常州宜興[4]）の儒家である戚氏に生まれた。人々は彼の教えを尊び、その故郷に因んで「荊渓」と呼んだ。[5]湛然は、儒家の家系に連なるにもかかわらず、生まれながらに超然として俗を去ろうとする志があり、童丱[6]にして邈焉[7]としていて世俗の常倫に異なっていた。[8]開元十六年（728）、湛然は十八才で故郷を離れ、浙東へ向けて求道の旅に出た。開元二十年（732）、東陽郡金華で南宗慧能の法嗣、方巌玄策と出会い、[9]天台教門および止観のテキストなどを授かった。[10]その後、湛然は二十余才にして左渓玄朗[11]と出会い、教えを受けることとなった。[12]左渓玄朗はたちまち湛然の尋常ならざる素質を見抜き、ある日、「お前はどんな夢を見たのだ」と尋ねてみたところ、湛然は、「僕は、先日の夜、自分が僧服を着て、二輪を両わきに抱えたまま、大河の中に浮かんでいる夢を見ました」と答えた。これを聞いて、玄朗は、「ああ、お前はきっと、止観の二法によって生死の淵にいる衆生を救うことになるだろう」と賛嘆し、本師から伝えられた止観を湛然に授けたのである。[13]湛然は、風格が洗練されており、気概は突出していた。その密識と深行は、智慧とその働きは調和し、心はそのまま自然の道にかなっていた。それから、彼は処士の身分のまま、道を伝えはじめたところ、学徒らが悦んで付き随う様子は、まるで多くの流れが大きな川に注ぎ込むかのようであった。[14]

唐玄宗天宝七年（747）、湛然は、本籍の常州義興県（宋代には、宜興県と呼ばれる）君山[15]の浄楽寺[16]で、儒服を脱ぎ捨てて出家得度し、国家公認の僧として、僧籍に名を記されることになった。[17]湛然は、その後、越州へ往き、曇一律師[18]の法集に交わり、広く持犯開制の律範を修学した後、呉郡（蘇州）の開元寺で止観について講義した。[19]天宝十三年（754）九月十六日に玄朗が入寂すると、[20]湛然は、密蔵を携えて一人東南に運んだと伝えられる。[21]天宝十四年（755）、安史の乱が勃発し、以後九年間にわたって戦乱が続いたが、まさにその年に、湛然は臨安で、後に『止観輔行伝弘決』として知られる『摩訶止観』の注釈書の製作に取り掛かった。[22] 著述活動に目覚めた当初、湛然は門人に向かって、次のように語った。「仏道を行うのはまことに難しい。私はそれを知っている。古来の聖人は、静をもってその根本を観じ、動をもって衆生に応じた。二つながら倶にとどまらなければ、すなわち正しい道を実行することになる。今の人々は、ある者は空にまよい、ある者は有にこだわる。自分も病み、他も病ませ、道のはたらきは振わない。正を取ろうとしているのに、私以外の、いったい、誰に頼ろうというのか[23]」。

それからというもの、湛然は、大いに上法を説いて、あらゆる行を網羅し、尽く諸相を摂めて、無間に入った。文字に即して観に達し、語黙を導いて源に還る。そうして、伝えられてきた章句を祖述する注釈はおよそ十数万言にのぼったのである。心は諸禅に渉り、身は矩を踰えず、三学は倶に盛んになり、群疑は日に潰え、玄珠を求め影を問うようなことも、少しずつ罔象（象罔）の功行を見ることとなった。[24] 止観が盛んに行じられるようになったのは、まさに湛然の力によるのである。その目覚ましい活躍が朝廷の目にとまり、天宝の末、大暦の初め頃、しばしば詔書が下され、しきりに湛然を招こうとしたが、病気を理由に固辞して応じようとしなかった。数十年間、戦乱や飢饉に遭っても、ひたすら僧侶たちを奮い立たせて、学徒らはいよいよ多くなり、師の堂室を瞻望して頼り来ると、湛然は慈みながら彼らに接すると同時に、自身は謹み、律したのである。自らは大布を一枚身にまとい、一床に居るほど、極めて簡素な生活をしながら、身をもって人に教え、晩年まで休むことがなかった。[25]

大暦年間には、湛然は、蘇州、常州、天台山などの地域で伝道活動を続けていた。[26] 大暦十年（775）、彼が蘇州で止観、法華経疏、維摩経疏などを講義した時、聴講する者の中に澄観がいたと伝えられる。[27] それから一年後、湛然は、江南地域の四十数人の僧とともに五台山巡礼を行なった際に、澄観と再会した。また、五台山では、唐代宗（r.762–779）の勅命を受けて山中で功徳を修めていた、不空（706–774）の弟子含光と出会い、会話したと伝えられる。[28] 五台山を後にして天台山へ向う途中、大暦十二年（777）七月頃、蘇州の開元寺に立ち寄った。その時、自らが撰述した

『止観輔行伝弘決』、『法華玄義釈籤』、『法華文句記』という天台三大部に対する注釈書を同寺の経蔵に寄贈した。[29]

建中元年（780）頃、湛然は最終的に天台山に帰り、再び国清寺を訪れ、そこに智顗の御影堂を建てようとするが、完成しないうちに死期が迫り、この宿願を弟子に委嘱した。[30] 建中三年（782）二月五日、湛然は仏隴道場で病気になり、臨終の際には、学徒を顧みて最後の教示を下した。「道には形がなく、性には実体がない。生であっても死であっても、その旨は一貫している。私は骨をこの山に還し、命は今夕にも尽きようとしているがお前たちと道について話してから訣別しなければならない。そもそも、一瞬として現象にこだわることがないことを空という。法として備わらないものがないことを仮という。一ならず異ならざることを中という。凡にとっては三因であり、聖にとっては三徳である。蠟燭を点ければ初後の相は同じであり、海を渉れば浅深で流を異にする。自ら利し人を利するのは、この教えがあるだけである。お前たちはこれを志せ」。このように言い終って、机に寄りかかって、安らかに亡くなった。その時、湛然は、春秋七十二、法臘三十四であった。門人は号泣し、咽び泣いた。そして、師の全身を奉じて塔を起て、智者大師の塋兆の西南の隅に葬ったのである。[31]

湛然の死後、会稽法華山の神邕は彼のために「真讃」を作り、[32] 在俗の弟子梁粛は師のために碑文を撰述したが、その碑陰文には以下のように書いた。「聖人が現れなければ、その間には必ず優れた者が現れてくるのである。智者が教法を灌頂に伝え、灌頂以後の数世代を隔てて左渓玄朗に至った。偉大な天台法門ははっきりしないものになっていた。湛然が現れると、智者大師の教えに基づいて天台法門を華々しく復興させた。思うに〔湛然から〕指導を受け、神通を顕した出家者は三十九人におよび、士大夫や社会的地位が高く著名であるにもかかわらず、自ら進んで教えを請うた者も数十人に上る。師は威厳に溢れ、その教えは素晴らしかったため、人々はあちこちから師のもとに集まってきた。生まれつき高徳な方でなければ、どうしてここまで人々を感化することができようか[33]」と記して、湛然の功績を高く評価している。時代が下った大宋の開宝年間に、呉越国王の銭氏が湛然に追諡して「円通尊者」という尊号を下賜した。

第二項　湛然の著作

天台仏教、さらには中国仏教に対する荊渓湛然の貢献は多岐にわたるものであったが、時間と空間を越えて、特に多大な影響を与え続けてきたのは、何と言ってもその豊富な著述である。しかし、その多くは法難や戦乱のため中国本土では失われ、むしろ、日本や朝鮮半島に伝わったものが伝存し、さらには中国に逆輸入されることにもなった。中国の宋代まで伝わったものとして、『宋高僧伝』では全十三部、『釈門正統』では十四部が挙げられているのに対して、一二六九年成立の『仏祖統紀』は最も多く、都合二十四部を掲げている（次頁の図表参照）。

この表に出ないもので、湛然の著作として日本や朝鮮半島に伝わったものには、『法華玄義科文』、『法華観音品科文』、『法華経大意』、『法華五百問論』、『覚意三昧文句』、『涅槃後分科文』、『阿弥陀経決十疑』、『請四十二賢聖儀』、『摩訶止観大科文』、『顕法華義抄』、『観無量寿経疏記』という十一部がある。[34]

日比宣正［1966］（『唐代天台学序説――湛然の著作に関する研究――』東京、山喜房仏書林）は、伝記と目録の合わせて十部[35]を検討して、湛然の撰述として伝えられるものが合計三十三部あることを明らかにし、そのうち、著者が別人であると疑問視される三つの著作も含めて、現存している二十四部の著作に対して基礎的な文献研究を行なっている。[36]その中で、日比［1966］は、『仏祖統紀』に見える「『浄名広疏記』（六巻）」、「『観心補助儀』（二巻）」は、それぞれ『〔浄名疏〕記』三巻と『法華三昧補助儀』一巻の重複所伝と考えているが、[37]巻数や名称に相異が見られることから、これに俄かには従えない。したがって、もし、『浄名広疏記』六巻と『観心補助儀』一巻も加えるとすれば、湛然撰と伝えられる著作は全部で三十五部が数えられることになる。その中から、明らかに別人の撰述と考えられる『三観

『宋高僧伝』巻六 (T50，739c24-28)	『釈門正統』巻二 (ZZ130，756b5-10)	『仏祖統紀』巻七 (T49，189a24-b4)
法華釈籤（十巻）	法華釈籤（十巻）	法華釈籤（十巻）
十妙不二門	十不二門	釈籤別行十不二門
法華疏記（十巻）	法華疏記（十巻）	文句記（十巻）
止観輔行伝弘訣（十巻）	止観輔行伝弘決（十巻）	止観輔行伝弘決（十巻）
法華三昧補助儀（一巻）	法華三昧補助儀（一巻）	法華三昧補助儀（一巻）
方等懺補闕儀（二巻）*	方等懺補闕儀（二巻）*	方等懺補助儀（二巻）*
略維摩疏（十巻）	略維摩疏（十巻）	略浄名疏（十巻）
維摩疏記（三巻）	〔維摩疏〕記（三巻）	〔浄名疏〕記（三巻）
重治定涅槃疏（十五巻）	重治定涅槃疏（十五巻）	治定涅槃疏（十五巻）
金錍論（一巻）	金錍論（一巻）	金剛錍（一巻）
止観義例	止観義例（一巻）	止観義例（一巻）
止観大意	止観大意（一巻）	止観大意（一巻）
止観文句*		止観文句（一巻）*
	止観科（六巻）	止観科（六巻）
	文句科（六巻）	文句科（六巻）
	「此外製述，逸而不伝」	止観捜玄記（十巻） 始終心要（一巻） 華厳骨目（二巻） 授菩薩戒文（一巻） 観心誦経記（一巻） 三観義（一巻） 涅槃後分疏（一巻）* 浄名広疏記（六巻）* 観心補助儀（一巻）*

※表中の著作の配列は、比較しやすいように『宋高僧伝』の配列に順って調整した。
※表中の著作名は、原文のままの表記を踏襲した。
※現存しない文献には*印を付けた。

義』、『阿弥陀経決十疑』、『観無量寿経疏記』という三点を取り除くと、湛然の著作であろうと思われるものは合計三十二部となる。

以下では、これら三十二部の著作をおおむね、(1)止観（禅観、三昧）類、(2)法華経関係、(3)維摩経関係、(4)涅槃経関係、(5)華厳経関係、(6)儀軌類、に分類して概観していきたい。

(1) 止観（禅観、三昧）類

①『止観輔行伝弘決』十巻（T46, No. 1912）

同書は、天台智顗の講義の内容を弟子灌頂が編集した『摩訶止観』に対する注釈書である。これを撰述するために、湛然は実に十年以上の年月を費やしており、この注釈書を『止観輔行伝弘決』と名づけたのは、「仏一代の諸教を以て止観の妙行を輔翼し、一実止観の妙行に依て一代の教旨を伝弘す。此の経行相資の旨を顕すに、或は咨稟口決し、或は審理要決し、若しくは決疑し決択する等を以てせしこと、即ち釈義の旨趣を掲げて標題としたのである」と言われる。[38]『止観輔行伝弘決』に関する考察は本書の中心的課題であるため、詳細な考察は次章以降に譲る。

②「摩訶止観科文」五巻（ZZ43）

『卍続蔵』には、唐湛然撰『法華三大部科文』十六巻（ZZ43）という書が収められている。同書は、「天台法華玄義科文」五巻、「妙法蓮華経文句科文」六巻、「摩訶止観科文」五巻から構成される。これらの科文は、湛然が天台三大部を注釈して、『法華玄義釈籤』、『法華文句記』、『止観輔行伝弘決』を撰述する際に、併せて作成されたものである。[39]この『法華三大部科文』の第十二巻から十六巻までに収められているのが「摩訶止観科文」である。

③『止観義例』二巻[40]（T46, No. 1913）

同書は、『摩訶止観』の要義を第一所伝部別例、第二所依正教例、第三依正消釈例、第四大章総別例、第五心境釈疑例、第六解行相資例、第七喩疑顕正例という七科にわけて、天台観門の大筋を明らかにしたものである。

④『摩訶止観輔行捜要記』十巻（ZZ99）

同書は、『止観輔行伝弘決』を削略して要点をとりまとめたものである。同書の製作年代に関して、建中元年（780）とする説もあるが、[41] 現在有力なのは七六五年以降とする日比［1966］（pp. 257–289）の見解である。

⑤『止観大意』一巻[42]（T46, No. 1914）

同書は、湛然が李華のために撰述した天台止観の綱要書であり、その中で、天台観門の伝統や教観二門および十義融通の理論を明らかにすることを通して、『摩訶止観』の十大章の要領を簡潔にまとめ上げている。同書は、伝統的に、天台止観の入門書として必読とされてきた。

⑥『摩訶止観文句』二巻（逸失）

最澄『伝教大師将来台州録』（T55, No. 2159. 以下『台州録』と略す）に、「摩訶止観文句二巻（荊渓和尚撰）（七十八紙）」（1055c7）と見えるところから、湛然は『止観輔行伝弘決』のほかに二巻本の『文句』を著していることがわかる。[43]

⑦『摩訶止観大科文』一巻（逸失）

同書に関する記載は、諸伝記・目録の中では、円珍『智証大師請来目録』（T55, No. 2173. 以下『智証録』と略す）に「摩訶止観大科文一巻（妙楽）」（1104b22）とある一箇所に見えるだけである。

⑧『覚意三昧文句』一巻（逸失）

題名から、智顗の『覚意三昧』に対する注釈書であろうと推測できる。以下の三目録に、それぞれ次のように現れる。『台州録』「学（覚）意三昧文句一巻（荊渓和尚撰）（二十紙）」（T55, 1056b11）。玄日『天台宗章疏』（T55, No.

2178. 以下『玄日録』と略す）、「覚意三昧文句一巻（湛然述）」（1136a11）。永超『東域伝灯目録』（T55, No. 2183. 以下『永超録』と略す）、「覚意三昧文句一巻（湛然）」（1162b23）。

⑨『始終心要』（『修禅止観坐禅法要』〈T46, No. 1915〉附録）

同書は、僅かに二八七字の短篇であるが、従来、天台宗観道の要義をことごとく網羅したものとして重要視され、宋代の神智従義（1042–1091）による注釈書『始終心要注』（ZZ100）が伝えられている。(44)

(2) 法華経関係

①『法華玄義釈籤』十巻（T33, No. 1717）

同書の序文によれば、湛然が天台山で『法華玄義』を講義した際に学生の籤問に応じて随時になされた解説を基本とし、後に故郷毘陵での修治を経て、唐代宗広徳二年（764）に最終的な完成をみたものである。従来の『法華玄義釈籤』の成立に関する論考としては日比［1966］（pp. 192–209）が最も重要である。同氏は、「天宝年間に湛然が『法華玄義』の講義をしたとき、その原本が作成され、その後乾元から上元にかけて、具体的な記述がすすめられ、文勢の生起、分節句逗が委細にせられて一応の完成をみた。……その後広徳二年（七六四）に本書は完全に成立したものと考えられる。すなわち、本書の成立には、原本（籤下所録）・整理本・完成本の三段階が考えられる」（p. 203）としている。この構想は基本的に正しいと思われるが、ただその中には年代的錯誤が含まれているため、修正を要するだろう。同書の成立については、本書の第二章で詳論する。

②「天台法華玄義科文」五巻（ZZ43）

現行の「天台法華玄義科文」（223–357）は、『法華三大部科文』十六巻の第一巻から第五巻に収められている。これも、湛然が『法華玄義』の注釈書『法華玄義釈籤』を撰述する際に作成したものであろう。

③『十不二門』一巻[45] **(T46, No. 1927)**

『法華玄義釈籤』から、「十不二」を説く部分を別行したものである。いつ、誰が別行したのかについては、田島徳音［1935］(『仏書解説大辞典』巻五「十不二門」項)、平了照［1961］(「指要鈔に見える旧本十不二門について」『印度学仏教学研究』十七〔九―一〕)、日比［1966］(pp. 205–207) などの論があるが、いまだ確定されるには至っていない。

④『法華文句記』十巻 (T34, No. 1719)

『妙法蓮華経文句』(T33, No. 1718) の注釈書である。従来、この中に、いわゆる五台山巡礼や含光との遭遇のことが記されているため、大暦年間 (766–779) 末期の成立とする説や[46]、大暦五年以後から本格的に記述しはじめ大暦十二年 (777) 以前に完成したとする説がある。[47] しかし、すでに本章第一節で考察したように、湛然の五台山巡礼は従来考えられた七七四年頃ではなく、七七六年以降であったことは明らかである。したがって、五台山巡礼の記事を留める『法華文句記』の完成時期は、七七六年以降、そして七七七年七月までの間と考えられる。

⑤「妙法蓮華経文句科文」六巻 (ZZ43)

現存する「妙法蓮華経文句科文」は、『法華三大部科文』十六巻の第六巻から第十一巻の中に収められている。これは、湛然が『法華文句』の注釈書『法華文句記』を撰述する際に作成したものであろう。

⑥『法華五百問論』三巻 (ZZ100)

法相宗の基 (633–682) の『法華玄賛』を破斥する著作。同書については、日比［1966］(pp. 290–319)、呉鴻燕［2002］(博士論文『『法華五百問論』を介して見た湛然教学の研究』) があり、特に後者によって解明が進んだ。

⑦『法華経大意』一巻 (ZZ43)

日比［1966］によれば、湛然撰と伝えられる『法華経大意』では、「法華経二十八品の各品が、それぞれ、(一) 大意、（二）釈名、（三）入文判釈の三門に分けられて解釈される。第一の大意においては、その品の大旨がのべられ（作者がもっとも力を注いだ点と考えられる）、第二の釈名には各品名の簡単な解釈がなされ、第三の入文判釈には、法華本文の科段が分かたれ、文の起尽が明らかにせられ、各品の要旨が鮮明にされている」（p. 465）という。このような内容を持つ『法華経大意』が湛然本人の撰述と考え得るかどうかについては、これまで度重なる議論がなされてきたが、いまだに「真偽未詳」とされたままである。[48]

⑧『顕法華義抄』十巻（逸失）

『永超録』に「顕法華義抄、十巻（妙楽釈、七巻、云云。件書天台宗前後目録不出之、但依口伝、入之恒可勘定耳）」（T55, 1150b4-5）とある。日比［1966］は、「妙楽釈、七巻」について、「妙楽の釈が七巻あったという意味と思われるが、口伝によっている点、湛然の真撰書としてただちに取り扱うことは出来ない」（p. 127）と論じている。この「七巻云々」とは、「同書は十巻でなく、七巻から成るという説もある」という意味であるかもしれない。

⑨『法華観音品科文』一巻（逸失）

『玄日録』には湛然撰と伝えられるが、『永超録』には明曠撰とある。日比［1966］は、「おそらく玄日が誤ってその撰号を附したと考えられる」（p. 125）とする。

(3) 維摩経関係

①『維摩経略疏』十巻[49]（T38, No. 1778）

同書は、智顗の『維摩経文疏』二十七巻の略抄本であり、湛然が広徳二年（764）に天台山の仏隴で完成させたものである。

②『維摩経疏記』三巻（ZZ28）

同書は、従来、智顗『維摩経文疏』（広疏）に対する注釈と考えられてきたが、[50] 内容を見ると、『維摩経略疏』に見える難解な語句表現に対する解釈と考えられる。特に、孤山智円が『維摩経略疏』を注釈した『維摩経略疏垂裕記』（T38, No. 1779）の中に、同書のほぼ全文が引用されていることからも、同書と『維摩経略疏』との対応関係は明白である。同書は、本格的な注釈書というより、湛然が『維摩経略疏』を製作する際に使用した、『維摩経文疏』の研究ノートであると考えられる。

③『浄名広疏記』六巻（逸失）

『仏祖統紀』に「『浄名広疏記』六巻」とあるほか、義天『新編諸宗教蔵総録』（T55, No. 2184. 以下、『義天録』と略す）にも、「〔維摩経〕広疏記六巻」（1170a11）とある。日比［1966］（p. 116）は、三巻本『維摩経疏記』の重複所伝であるとするが、前述の通り、巻数の相異があるため、その見解には従えない。『維摩経疏記』が『維摩経文疏』の研究ノートであるなら、同書は『広疏』に対する注釈にあたるのではないだろうか。

(4)　涅槃経関係

①『大般涅槃経疏』三十三巻[51]（T38, No. 1767）

智顗の弟子章安灌頂が著した『大般涅槃経疏』を修治したもの。その中で、灌頂の仏性義を批判し、非情有仏性を主張したところが注目される。本書の製作について、日比［1966］は、「湛然は、『金錍論』に涅槃経の「迦葉品」の文を引き、非情仏性を論じているので、従って、『涅槃経疏』を研究してから『金錍論』を作成したのではないか」（p. 458）と推測している。

②『金剛錍』一巻[52]**（T46, No. 1932）**

同書は、非情有仏性を説く著述として注目を集めてきた。[53]『止観輔行伝弘決』にも現れた非情有仏性の十義を基盤に、非情有仏性の理論を集中的に展開している。この著作は、その理論や方法の洗練と円熟から、「湛然の最後をかざる著作」と考えられている。[54]

③『涅槃後分科文』一巻（逸失）

『台州録』、『智証録』、『天台教観目録』、『玄日録』、『永超録』に書名が見えるが、現存していない。

④『涅槃後分疏』一巻（逸失）

『天台教観目録』、『仏祖統紀』に書名が見えるが、現存していない。

(5)　華厳経関係

①『華厳経骨目』二巻（T36, No. 1742）

八十巻本『華厳経』の綱要を二巻にまとめたものである。湛然の著作としては奇異な感じもするが、偽撰説はなく、成立年代未詳の著作とされている。[55]

(6)　儀軌類

①『授菩薩戒儀』一巻（ZZ105）

別称、『受菩薩戒文』、『妙楽十二門戒儀』。菩薩戒である「三聚浄戒」と梵網「十重禁戒」の正授儀軌を記す。同書のテキストとしては、神奈川県金沢文庫所蔵の湛睿本（一三一五年書写）、『卍続蔵』本に加え、近年、上海図書館の所蔵品から、[56] 称名寺旧蔵の写本（八一一年書写）が発見された。[57]

②『法華三昧行事運想補助儀』一巻[58]（T46, No. 1942）

別称、『法華三昧補助儀』。智顗の『法華三昧懺儀』の注釈書である。

③『方等懺補助（闕）儀』二巻（あるいは一巻、逸失）

書名や巻数は資料によって相異する。『宋高僧伝』には「方等懺補闕儀二巻」とある。『釈門正統』、『仏祖統紀』は、「方等懺補助儀二巻」とする。『台州録』、『智証録』、『天台教観目録』、『永超録』では、「方等懺補闕儀一巻」とされている。

④『観心補助儀』一巻（逸失）

『仏祖統紀』の「湛然伝」にのみ見える。日比［1966］（p. 116）は、『法華三昧補助儀』一巻の重複所伝であるとするが、前述のように書名の相違から別本と考える。

⑤『観心誦経記』一巻[59]（逸失）

『仏祖統紀』、『台州録』、『玄日録』、『天台教観目録』、『永超録』に見える。湛然の著作であると思われるが、現存していない。

⑥『請四十二賢聖儀』一巻（逸失）

『台州録』（「聖四十二賢聖儀一巻、荊渓和尚撰、三紙」T55, 1056a13）、『玄日録』（「請四十二賢聖儀一巻、湛然述」T55, 1137a7）、『永超録』（「四十二賢聖儀一巻、同上〔湛然〕」T55, 1162b25）に伝えられるが現存していない。

注記

（1）『宋高僧伝』に「昔仏滅度後十有三世至龍樹、始用文字広第一義諦。嗣其学者、号法性宗。元魏高斉間、有釈慧文黙而識之、授南岳思大師、由是有三観之学。洎智者大師蔚然興於天台、而其道益大。以教言之、則然乃龍樹之裔孫也、智者之五世孫也、左渓朗公之法子也」（T50, 739b11-17）とある。

（2）湛然の出生年代（711）は、湛然の円寂年代と年齢（建中三年〔782〕、七十二歳）に拠って逆算し、得たものである。また、『仏祖統紀』巻七の「湛然伝」の小字注に「睿宗景雲二年生」（T49, 188c8）と見える。

（3）『宋高僧伝』を始めとする諸伝記は、湛然の出身地について、「世居晋陵之荊渓、則常州人也」と記している。この「晋陵」とは、唐代の「晋陵郡」を指していると考えられる。「晋陵郡」の歴代にわたる行政沿革については、『旧唐書』巻四十「地理志」巻二十や『咸淳毘陵志』巻二なども参照できるが、ここでは、宋・楽史撰『太平寰宇記』巻九十二「江南東道四　常州」の記述を取り上げる。その中に、「晋武省校尉、以属毘陵郡。其後東海王越太子毘食采毘陵、後為石勒所没。元帝命少子哀王沖為嗣、因諱毘字、改為晋陵郡、移居丹徒。其後歴宋・斉、陳因之。隋平陳、省晋陵郡、於蘇州常熟県置常州、州名因県不改、因県之旧字也。煬帝初、州廃、又為毘陵郡。唐武徳三年（620）、杜伏威帰化、置常州、領晋陵・義興・無錫・武進四県。六年（623）、復陥輔公祏、公祏平、復置常州、於義興置南興州。八年（625）、州廃、義興来属、省武進入晋陵。天宝元年（742）、改為晋陵郡。乾元元年（758）、復為常州、元領五県、今（宋代）四、晋陵・武進・無錫・宜興」とある。これによれば、「晋陵」は、晋代には「毘陵郡」であったが、後に東海王越太子毘の諱を避けるため「晋陵」と改名され、隋煬帝の時に再び「毘陵郡」となった。唐高祖武徳三年には「常州」と改められて、晋陵・義興・無錫・武進という四県を下においた。武徳八年（625）からは、常州の管領地は晋陵（武進を含む）・義興・無錫という三県となる。そして、唐玄宗の天宝元年（742）に、再び「晋陵郡」と改められてから、粛宗の乾元元年（758）まで続いた。したがって、湛然が生まれた時には、この地域は「晋陵郡」と呼ばれたことがわかる。

（4）湛然の出身地「荊渓」をめぐっては、先行研究の間に分岐がある。島地大等［1929］（『天台教学史』東京、明治書院。p. 124）境野黄洋［1929］（『支那仏教史講話』巻下、東京、共立社。p. 230）上杉文秀［1935］（『日本天台史』名古屋、破塵閣書房。p. 88）日比宣正［1966］（『唐代天台学序説――湛然の著作に関する研究――』東京、山喜房仏書林。p. 60）呉鴻燕［2002］（p. 30）などは、諸伝記の記載に従い、「晋陵之荊渓」としたままで、具体的にその所在地を特定していない。一方、望月信亨等（編）［1933］巻四（『望月仏教大辞典』世界聖典刊行協会。p. 3524）をはじめ、Penkower, Linda L.［1993］（*T'ien-t'ai during the T'ang Dynasty : Chan-jan and the Sinification of Buddhism.* Ph. D dissertation, Columbia University, New York. p. 39）、鎌田茂雄［1999］（『隋唐の仏教』中国仏教史巻六、東京、東京大学出版会。p. 575）などは、湛然の出身地を現在の江蘇省常州武進県と特定してはいるが、その根拠は全く示されていない。このほか、日本の荒槇純隆［1987］（「唐中期における天台教勢──湛然の法統をめぐって──」『大正大学大学院研究論集』十一。p. 111）や中国の頼永海［1993］（『湛然』台北、東大図書公司。p. 21）、朱封鰲［2002］（『天台宗史迹与典籍研究』上海、上海辞書出版。p. 220）、潘桂明［2001］（『智顗評伝』南京大学出版社。p. 291）、董平［2001］（『天台宗研究』上海、上海古籍出版社。p. 223）などは、湛然が常州宜興の出身であると考えている。これら諸説の中では、常州宜興とする見解が正しいと考えるが、その理由は、宋・楽史撰『太平寰宇記』巻九十二「江南東道四　常州」を調べたところ、常州宜興県の南に、「荊渓」という有名な川が存在することが確認できた（「荊渓、在〔宜興〕県南二十歩。『漢志』云、「中江首受蕪湖、東至陽羡入海、即此渓也」。劉穆之云、沿義興至通江、至蕪湖分水、北溢為丹陽湖、東北迴為洮潮、又東入震沢」）だけではなく、さらに、「宜興県」がかつて「荊渓」と呼ばれたことも判明したからである（『太平寰宇記』は、周処『風土記』を引用して「本名荊渓」と言う）。当地は、漢代には「陽羡県」、隋代からは「義興県」と呼ばれていたようである。そして、「唐武徳三年、杜伏威帰化、廃国山・義興二県、於義郷置「鵝州」。七年（624）、平輔公祏、改「鵝州」為「南興州」、又置陽羡・臨津両県。八年（625）、廃州及陽羡・臨津両県、以義興属常州」といった沿革を経て、宋代からは「宜興県」と呼ばれることになった。したがって、『宋高僧伝』などで「晋陵之荊渓」と言われる場所は、晋陵郡（すなわち常州）の「義興県」、あるいは「宜興県」であり、すなわち現在の常州宜興なのである。

（5）これは、智円『涅槃経疏三徳指帰』（以下、『三徳指帰』）に見える「人尊其教、因以荊渓為号」（ZZ58, 354b）によって補った。この表現は、前述したように、もともと、梁粛「荊渓大師碑」に見えるものと思われ、『三徳指帰』以外、『釈門正統』巻二、『仏祖統紀』巻七、ならびに『天台法華宗伝法偈』（以下、『伝法偈』）にも所載されている。

（6）童丱、「指童子、童年。丱、丱角、児童髪式。北斉顔之推『顔氏家訓』「勉学」「蛮夷童丱、猶能以学成忠」（『漢語大詞典』巻八。p. 390）。

（7）邈焉、「はなれるさま。晋明帝「蟬賦」に「邈焉独処、弗累于情」とある」（『大漢和辞典』巻十一。p. 202c）。

（8）紀元七一一年から七二八年までの事跡は、基本的に、『宋高僧伝』巻六「湛然伝」の「釈湛然、俗姓戚氏、世居晋陵之荊渓、則常州人也……家本儒墨、我独有邁俗之志、童丱邈焉異於常倫」（T50, 739b10-18）と見える記載に基づいた。

（9）本章第二節第三項二を参照。

（10）紀元七二八年から七三二年にかけての事跡は、『天台九祖伝』に引用された開元寺「小石碑」の内容から伺える。その中に「開元十六年、首遊浙東、尋師訪道。至二十年、於東陽金華、遇方巖和尚示以天台教門、授止観等本」（T51, 103a20-22）と見える。一方、『釈門正統』巻二では「年十七、訪道浙東、遇金華芳巌和尚示以天台教門及授止観等本」（ZZ130, 753b9-11）とされており、『仏祖統紀』はこれに従う。この二書では、湛然が求道の旅に出た年代が、「小石碑」の記載より一年繰り上げられているが、本書では、唐代資料である「小石碑」に従う。

(11) 玄朗の伝記を伝える資料として、李華「故左渓大師碑」(『全唐文』巻三二〇)、『宋高僧伝』巻二十六「唐東陽清泰寺玄朗伝」などが重要である。

(12)『宋高僧伝』に「年二十余、受経於左渓」(T50, 739b18) と見える。

(13) この夢の逸話はすべての「湛然伝」に伝えられるものである。ここでは、『宋高僧伝』に「(年二十余、受経於左渓。) 与之言、大駭。異日、謂然曰、汝何夢乎。然曰、疇昔夜夢披僧服、掖二輪、遊大河之中。左渓曰、嘻、汝当以止観二法、度群生於生死淵乎。乃授以本師所伝止観」(T50, 739b18-22) と見える記載に基づいた。

(14)『宋高僧伝』に「然徳宇凝精、神鋒爽抜。其密識深行、沖気慧用、方寸之間、合於天倪。至是始以処士伝道、学者悦随、如群流之趣於大川也」(T50, 739b23-25) と見える。

(15)「君山」、『太平寰宇記』巻九十二によれば、「君山在〔宜興〕県南二十里、旧名「荊南山」、在荊渓之南。『風土記』「漢時、県令袁玘常言、死当為神。一夕与天神飲酔、逆知水旱、無病而卒、風雨失其柩。夜聞荊山有数千人噉声、人往視之、棺已成冢、因改為「君山」、立祠其下」」とされる。

(16) 湛然が得度後に受業した場所について、『釈門正統』巻二には「今宜興亦有君山郷、郷有浄楽寺、即荊渓受業」(ZZ130, 577b9-10) と見え、『仏祖統紀』もこれを受けて、「受業於宜興君山郷浄楽寺」(T49, 188c14-15) としている。このほか、南宋の周必大による乾道二年 (1165) の遊記「汎舟(遊山)録」(『説郛三種』巻六十五上) には、「(君山) 静楽寺、荊渓尊者湛然此地人、後伝天台教、建中三年没、梁粛撰碑」と見えることから、宜興の君山には「静楽寺」もあったことがわかる。この寺について、『咸淳毘陵志』(一二六八年成立) 巻十五には「静楽山(寺?) 在(宜興) 県南三十里君山之東麓、唐湛然禅師道場」と見える。ただし、『江南通志』巻四十五によれば、「静楽寺、在宜興県西南三十里銅官山(君山) 側、唐乾元初(758) 建」とされているため、この寺は、湛然が天宝六年 (747) から受業した道場ではありえないことがわかる。したがって、同様に宜興君山にあり、また湛然と因縁のあった場所であるにせよ、浄楽寺と静楽寺とは別の寺院であることになる。そして、湛然が得度の直後に受業したのは、宜興君山浄楽寺だったと考えられる。

(17) 湛然の得度に関する議論は、本章第二節第三項三を参照。

(18) 曇一律師の事跡を伝える資料としては、梁粛「越州開元寺律和尚塔碑銘并序」(『全唐文』巻五二〇) や、『宋高僧伝』巻十四(「唐会稽開元寺曇一伝」) などが重要である。

(19)『宋高僧伝』に「天宝初年、解逢掖而登僧籍。遂往越州曇一律師法集、広尋持犯開制之律範焉。復於呉郡開元寺敷行止観」(T50, 739b25-27) とある。

(20) 李華「故左渓大師碑」(『全唐文』巻三二〇) に「天宝十三載九月十六日就滅、春秋八十二、僧夏六十一」とある。

(21)『宋高僧伝』に、「無何朗師捐代、挈密蔵独運於東南」(T50, 739b28) とある。

(22)「摩訶止観科文序」に「昔天宝十四年、臨安私記」(ZZ43, 508) と見える。「摩訶止観科文序」に関する解説は、本章の第一節第一項一を参照。また、当時の歴史的状況や、『止観輔行伝弘決』の製作過程に関しては、本書第二章を参照。

(23)『宋高僧伝』に「謂門人曰、道之難行也、我知之矣。古先至人、静以観其本、動以応乎物。二俱不住、乃蹈于大方。今之人、或蕩於空、或膠於有、自病病他、道用不振。将欲取正、捨予誰帰」(T50, 739b28-c3) とある。

(24)「求珠問影」や「罔象之功行」とは、いずれも『荘子』の寓話に典拠を有する表現である。「罔象」は、「象罔」とも書き、『荘子』の寓話に出る人物である。功行は、功績と徳行。『荘子』「天地」の中に「黄帝遊乎赤水之北、登乎崑崙之丘而南望、帰還、遺其玄珠。使知索之而不得、使離朱索之而不得、使喫詬索之而不得也。乃使象罔、象罔得之」と見える。王先謙『集解』では、宣穎の解釈を引用して、「似有象而無実、蓋無心之謂」という。その後、罔象求珠は有名な典拠となり、多くの文学作品に使用されることとなる。南朝斉の張融「答周顒書」に「但敷生霊以竦志、庶足下罔象以捫珠」とあり、唐・趙嘏「成名年献座主僕射兼呈同年」に「曾失玄珠求象罔、不将双耳負伶倫」と見えるのはその例である。

(25)『宋高僧伝』に、「於是大啓上法、旁羅万行、尽摂諸相、入於無間。即文字以達観、導語黙以還源。乃祖述所伝章句、凡十数万言。心度諸禅、身不踰矩。三学俱熾、群疑日潰。求珠問影之類、稍見罔象之功。行止観之盛始、然之力也。天宝末、大暦初、詔書連徴、辞疾不就。当大兵大飢之際、掲厲法流、学徒愈繁、瞻望堂室、以為依怙。然慈以接之、謹以守之、大布而衣、一床而居、以身誨人、耆艾不息」(T50, 739c3-12) と見える。

(26)『宋高僧伝』や『天台九祖伝』の湛然伝には「天宝末、大暦初、詔書連徴、辞疾不就」という記載の直後に、「当大兵大飢之際、掲厲法流」と続く。しかし、『釈門正統』(一二三七年成立) 巻二では、この二段の記述の間に「始居蘭陵、中詣清涼、晩帰台岳」という記載が現れている。さらに、『仏祖統紀』(一二六九年成立) 巻七では、五台山巡礼についての言及が、『法華文句記』に基づいてやや拡大されているものの、『釈門正統』の主旨と類似する表現が見える (「師始居蘭陵、嘗与江淮名僧四十人、同礼五台（中略）。晩帰台嶺」)。このほか、日本成立の『伝法偈』にも、「始居於蘭陵、中詣於清涼、晩帰於台岳」(『伝教大師全集』巻五。pp. 22-25) という記載がある。

従来、『釈門正統』などに拠って、「始居蘭陵、中詣清涼、晩帰台岳」は、湛然の大暦年間以降の事跡であると推測されている。ただ、「蘭陵」という地名の解釈をめぐって、学者の見解が分かれるところとなった。代表的な見解としては、田島徳音 [1937]（「止観義例著作考」『山家学報』十。p. 15) のように「蘭陵」を山東省滕県とする説と、日比 [1966] の如く、「山東省の嶧県」(p. 76) に当てる考えがある。

ただ、湛然の伝記資料の中で、「蘭陵」という地名がこの一箇所にしか現れていないのは実に気になる。さらに、『釈門正統』より二百数十年も先立って成立した『三徳指帰』（一〇一三年成立）を見ると、この箇所は、「始居呉郡・晋陵、中諳五台、後居天台、皆敷行止観」（ZZ58, 354b17-18）となっている。この中に見える「始居呉郡」という表現は、『宋高僧伝』などが伝える「復於呉郡開元寺敷行止観」という事跡を指していると思われるが、問題は、『釈門正統』などが「蘭陵」とする地名が、『三徳指帰』では「晋陵」となっていることである。『三徳指帰』の該当箇所を、他の文献に見える箇所と較べると、以下のようになる。

『三徳指帰』巻一	『釈門正統』巻二	『仏祖統紀』巻七	『伝法偈』
始居呉郡、晋陵、	始居蘭陵、	師始居蘭陵、	始居於蘭陵、
中諳五台、	中諳清涼、	嘗与江淮名僧四十人、同礼五台。（中略）	中諳於清涼、
後居天台。	晩帰台岳。	晩帰台嶺。	晩帰於台岳。

これを見れば判るように、表現としては非常に類似しており、『釈門正統』は『三徳指帰』を参照した、と確実には言えないものの、否定することもできないであろう。もし成立が圧倒的に早い文献を信用するならば、「晋陵」としなければならなくなる。そして、「蘭陵」という地名は、他の湛然に関わる伝記資料や著作の中には全く現れないため、それは「晋陵」の誤伝、あるいは誤写であった可能性が高い。

(27)『宋高僧伝』巻五「澄観伝」に「十年、〔澄観〕就蘇州、従湛然法師習天台止観、法華・維摩等経疏」（T50, 737a15-16）という記事が見える。

(28)『法華文句記』巻十下に「適与江淮四十余僧往礼台山、因見不空三蔵門人含光奉勅在山修造。〔含光〕云与不空三蔵親遊天竺、彼有僧問曰、「大唐有天台教跡、最堪簡邪正、暁偏円。可能訳之、将至此土耶」。豈非中国失法、求之四維、而此方少有識者、如魯人耳」（T34, 359c13-19）とある。

(29)『天台九祖伝』に「述三部記成、師（湛然）親書寄姑蘇開元寺大蔵、語刊小石碑、至今存焉」（T51, 103a18-20）と見える。ただし、この「小石碑」が具体的にどのようなものであったのかは不明である。

(30)最澄編『天台霊応図本伝集』巻二に収められた「国清寺智者大師影堂記」の中に、「荊渓言、帰属群盗肆毒、砕金牓於鋒鏑、又爇花

幢於巨焔、慮禍不全、已遏影宇之能輯、遂以旧轍反毘陵之故居。一昨建中之初（780）、訪吾師之遺躅、欲徴郢匠、代他材、構之以虹梁、集之以鴛瓦、功未剋備、而逝波将及、顧謂門人曰、吾生涯有期、過隙難駐、無反本之余恨、有丹誠之未愜。曰何哉。曰吾師帰真、歳月逾邁、既追遠之有日、思飾献而無位、期爾輩而崇之」（『伝教大師全集』巻四。pp. 223-224）と見える。

(31)『宋高僧伝』に「建中三年二月五日、示疾仏隴道場。顧語学徒曰、道無方、性無体。生歟、死歟、其旨一貫。吾帰骨此山、報尽今夕、要与汝輩談道而訣。夫一念無相謂之空、無法不備謂之仮、不一不異謂之中、在凡為三因、在聖為三徳。爇炷則初後同相、渉海則浅深異流、自利利人、在此而已。爾其志之。言訖、隠几泊然而化。春秋七十二、法臘三十四。門人号咽。奉全身起塔、祔于智者大師塋兆西南隅焉」（T50, 739c12-21）とある。

(32)『宋高僧伝』に「有会稽法華山神邕作「真讃」」（T50, 740a14-15）とある。

(33)『釈門正統』巻二に「梁粛於師碑銘後復論之曰「聖人不興、其間必有命世者出焉。自智者以法付灌頂、頂再世至于左渓。明道若昧、待公而発。乗此宝乗、煥然中興。蓋受業身通者三十有九僧、搢紳先生、高位崇名、屈体承教者又数十人。師厳道尊、遐邇帰仁。嚮非命世而生、則何以臻此。入室弟子元晧、以粛嘗摳衣公堂、獲知徳善与教之所由然也。俾刻金石、紀于旧山、辞無所愧、因不敢譲」（ZZ130, 756b10-17）と見える。

(34)日比［1966］（pp. 120-122）。

(35)『宋高僧伝』（九八八年成立）、『天台九祖伝』（一二〇八年成立）、『釈門正統』（一二三七年成立）、『仏祖統紀』（一二六九年成立）、『台州録』（八〇五年成立）、『智証録』（八五八年成立）、玄日『天台宗章疏』（九一四年成立）、遵式『天台教観目録』（一〇二九年成立）、義天『新編諸宗教蔵総録』（一〇九〇年成立）、『永超録』（一〇九四年成立）。

(36)日比［1966］（pp. 82-130）。

(37)日比［1966］（p. 116）。

(38)中里貞隆［1966a］（『仏書解説大辞典』巻四「止観輔行伝弘決」項。p. 164）。

(39)日比宣正［1975］（『唐代天台学研究――湛然の教学に関する考察――』東京、山喜房仏書林。p. 146）。

(40)同書に対する注釈書に、宋代の神智従義の『止観義例纂要』六巻（ZZ99）や、処元による随文注釈書『止観義例随釈』六巻（ZZ99）などがある。中里貞隆［1966b］（『仏書解説大辞典』巻四「止観義例随釈」項）は、「本書は専ら観心門に関する破邪的著作である。僅に二三十紙の短文ではあるが、天台止観の総括的意義を捜り、華厳家より見たる天台教学の批評に対する一家の主張を見る上に極めて重要な一著である」（p. 160）と述べている。『止観義例』の成立に関しては、日比［1966］（pp. 161-191）を参照。その思想面に対する研究には、池田魯参［1977］（「『摩訶止観』の読み方――『止観義例』の解釈学を通して――」関口真大（編）『仏教の実践原理』東京、山喜房仏書林）、池田魯参［1981a］（「『止観義例』第七章の研究」『駒澤大学仏教学部研究紀要』三十九）、池田魯参［1981b］（「湛然教学における頓漸の観念――澄観教学との対話――」『南都仏教』四十七）がある。これらの池田氏による研究成果は池田魯参［1986］（『摩訶止観研究序説』東京、大東出版社）の第一章「荊渓湛然の解釈学」（pp. 9-115）の中に吸収されている。このほか、佐藤泰雄［1988］（「『止観義例』に関する一考察――喩疑顕正例を中心として――」『天台学報』三十。pp. 161-163）などもある。

（41）中里貞隆［1966c］（『仏書解説大辞典』巻十「摩訶止観輔行捜要記」項。p. 258）。

（42）本書の成立に関して、日比［1966］（pp. 210-235）が詳しい。内容や思想をめぐる研究は、池田魯参［1986］第二章「『摩訶止観』の構成内容」（pp. 117-219）が代表的である。

（43）『仏祖統紀』には「止観文句一巻」（T49, 189a26）と伝えられる。

（44）この内容は、日比［1966］（pp. 459-462）に基づく。

（45）本書に関する思想的研究として、池田魯参氏の以下の論文が重要である。
①池田魯参［1967］（「十不二門について」『駒澤大学大学院仏教学研究会年報』一）、②池田魯参［1978］（「十不二の範疇論（一）――『指要鈔』を通路として――」『駒澤大学仏教学部研究紀要』三十六）、③池田魯参［1979］（「十不二の範疇論（二）――『指要鈔』を通路として――」『駒澤大学仏教学部研究紀要』三十七）、④池田魯参［1980］（「十不二の範疇論（三）――『指要鈔』を通路として――」『駒澤大学仏教学部研究紀要』三十八）。

（46）中里貞隆［1966d］（『仏書解説大辞典』巻十「法華文句記」項。pp. 84-85）。

（47）日比［1966］（pp. 320-346）。

（48）この問題に関わる研究として、中里貞隆［1966e］（『仏書解説大辞典』巻十「法華経大意」項。p. 42）、塩入亮忠［1966］（『仏書解説大辞典』巻十「法華経二十八品由来各品開題」項。pp. 47-48）、日比［1966］（pp. 465-483）、Penkower［1993］（pp. 281-299）、松森秀幸［2005］（「湛然述『法華経大意』の真偽問題」『印度学仏教学研究』一〇七〈五十四―一〉）などがある。

（49）研究としては、日比［1966］（pp. 236-253）のほか、山口弘江［2004］（「『維摩経文疏』と『維摩経略疏』の比較研究（一）――書誌学的分析と湛然削略の特色について――」『駒澤大学大学院仏教学研究会年報』三十七。pp. 71-88）がある。

（50）日比［1966］（pp. 347-373）。

（51）日比［1966］（pp. 451-458）。

（52）同書のテキストや成立に関する研究には、日比［1966］（pp. 374-396）や、岩城英規［1988］（「『金剛錍論』のテキストについて」

『天台学報』三十。pp. 1-6）などがある。

（53）同書における非情有仏性説に注目した先行研究として、以下の論著が挙げられる。

①島地［1929］、②安藤俊雄［1953］（『天台性具思想論』京都、法蔵館）、③坂本幸男［1959］（「非情に於ける仏性の有無について——特に湛然・澄観を中心として——」『印度学仏教学研究』十四〔七—二〕）、④大久保良順［1961］（「金剛錍論と大乗起信論との関係」『天台学報』三）、⑤幣道紀［1968］（「無情仏性について」『駒澤大学大学院仏教学研究会年報』二）、⑥池田魯参［1974］（「『金剛錍論』の問題（その1）」『駒澤大学仏教学部研究紀要』三十二）、⑦池田魯参［1991］（「荊渓湛然の仏性説——『金剛錍』の一斑を窺う——」『塩入良道先生追悼論文集　天台思想と東アジア文化の研究』山喜房仏書林）、⑧白土わか［1998］（「草木成仏説について——その形成と展開——」『仏教学セミナー』六十八）、⑨呉鴻燕［1999］（「荊渓湛然の『金剛錍』の問題点」『印度学仏教学研究』九十五〔四十八—一〕）。

以上の日本語論著のほかに、Penkower［1993］や、頼永海［1993］などの外国語による研究も重要である。特に、Penkower［1993］においては『金剛錍』の初めての英語訳注が公表されており、注目に値する。

（54）日比［1966］（p. 394）。

（55）日比［1966］（pp. 409-427）を参照。

（56）上海図書館（編）［1999］（『上海図書館蔵吐魯番文献』上海、上海古籍出版社）巻四の最後に、日本古写本が九点載せられている。そこに、「上図附9（861087）V」として、「天台沙門湛然述」とされる『授菩薩戒儀』一巻が載せられている。この写本について、林鳴宇［2004］（「元称名寺蔵「戒儀」の発見」『宗学研究』四十六）のほか、釈宗舜［2002］（「湛然『授菩薩戒儀』初探」http://www.jcedu.org/edu/wenji/zongshun/index.htm）が、「新校定本『授菩薩戒儀』」という翻刻校定本を公開している。

（57）林鳴宇［2004］によれば、金沢文庫所蔵の湛叡書写本は『卍続蔵』本とほぼ一致し、同一の系統のものであり、一方、八八一年に書写された上海本は比叡山延暦寺所蔵本を原本としており、日本天台の初期に伝わった菩薩戒の実態を反映するものと考えられている。

（58）日比［1966］（pp. 442-450）を参照。

（59）日比［1966］（pp. 428-432）を参照。

第二章　荊渓湛然の天台仏教復興運動の原点を求めて
――社会の動乱と『止観輔行伝弘決』の撰述――

第一節　至徳・広徳年間における湛然の事跡の再考察

《はじめに》

唐玄宗の治世（712-756）の天宝十四年（755）に勃発して、以後八年にわたって黄河流域を戦場と化し、人民を戦乱に巻き込んだ安史の乱がもたらした被害は計り知れず、戦場となった地域では仏教教団といえどもその禍を免れることはできなかった。一方、時を同じくして天台山を含む江東地域の仏教教団も、何者かの破壊的活動による被害を受けている。そして、江東地域の仏教教団が同時期に被ったこの破壊の原因は、安史の乱と完全に無関係とは言えないまでも、直接的には別に存したと考えられる。本節では、至徳・広徳年間（756-764）における荊渓湛然（711-

782）の足跡を追っていくが、この期間の中でも、特に上元・宝応年間（760-763）に天台山に迫った危機の正体を突き止めることによって、当時の江東仏教に容赦ない打撃を浴びせた反乱勢力の実体を明らかにしてみたい。

従来の湛然の伝記研究を見ると、特に至徳・広徳年間における湛然の行動の追跡過程に混乱があるように思われる。この混乱とは、主として文献解釈の際に生じた、年代特定の誤り、重要な表現の看過であり、それらの結果、あるいはそれらの原因となった、とも言うべきか、文脈を無視した強引な解釈がなされていることである。それでは、なぜ、このようなことが起こるのであろうか。それには二つの原因が考えられる。

その第一は、至徳・広徳年間は中国北方が安史の乱に巻き込まれた時期であったため、研究者は、北方の教団の被害状況を念頭に置き、当時の北方に関わる歴史状況をそのまま江南にも当てはめようとしたことである。そして、第二の原因は、一度、安史の乱の影響によるものだろうという先入観に囚われてしまえば、それ以後、文献の読解作業はそのような前提、観点に立って進められていくことは避け難くなることである。しかし、虚心に文献を読み解いてみると、至徳・広徳年間に江東地域で発生した異変は安史の乱とは性質を異にし、また、数年遅れて勃発していることが明らかになる。したがって、この時期の湛然の行動は、当然ながら、安史の乱に対応して取るであろう行動とはかなり異なるものであったに違いない。事実、文献に現れる湛然の行動、特に彼の移動の経路とその時期を見ると、安史の乱の影響を受けてのものとは考え難いのである。しかし、これまでの研究は、時代背景に安史の乱を設定し、それに無理に合わせようとしたため、多くの齟齬が生じることとなった。具体的には、まず年代の特定を誤り、さらにはそれが江南の異変に関わることを示す諸表現を看過し、結局、湛然の移動方向とその目的を全面的に誤解することになったと思われる。

そこで本節では、まず、従来の研究における文献解読上の誤りと見落としを指摘することから考察を進め、次に筆者の解釈を提示し、当時の湛然の足跡および周囲の状況を明らかにしていきたい。

第一項「摩訶止観科文」の解釈上の疑問点

従来、天宝十四年（755）より宝応年間（762-763）までの湛然の足跡を示す好資料として、「摩訶止観科文」冒頭に見える以下の一文が最も重視されてきた。(1)

昔天宝十四年、臨安私記。元年建巳、国清再書。校勘未周、衆已潜写。属海隅喪乱、(2)法侶星移、或将入潭衡、或持往呉楚。宝応於浦陽重勘、雖不免脱漏、稍堪自軌。（ZZ43, 508）

昔、天宝十四年（755）、〔私は〕臨安で(3)〔本書を〕個人的に書きはじめた。元年（762）の建巳月（四月）、国清寺で再び書き直した。まだ校勘も終っていないものだったが、僧衆たちはすでに〔これを〕潜かに写しはじめた。ちょうどその時、海隅〔の諸州〕が喪乱に遭い、法侶たちは星のように散り移り、ある者は〔その書を〕携えて潭州や衡州〔の江南西道の地域〕に入り、ある者は〔それを〕持って呉州や楚州〔といった北方〕へ往くこととなった。宝応年間、〔私は〕浦陽において〔同書を〕重勘し、脱漏は免れないものの、やや軌範とすることができるものにした。

この一文は、極めて単純明快なものに見えるが、実際には少なくとも以下の三つの難点を含んでいるのである。第一は、「元年建巳」という年代の特定に関わる問題である。第二は、「或将入潭衡、或持往呉楚」という一句の主語は誰なのかという問題である。第三は、「属海隅喪乱」とは一体どの時期に、どこで、誰によって起こされた「喪乱」を指しているのかという問題である。本項では、以下、これら三つの問題について、順次、考察していくこととするが、ただし、第三の問題点は本書における最も中心的な問題――湛然の当時の行跡――と直接に関わるものであるため、本項では、従来の解釈の問題点を指摘した上で、それとは異なる解釈を提示するに止め、詳細な考察は第二項に譲ることにしたい。

一 「元年建巳」の年代特定

「元年建巳」という年代表記の最も特異なところ、そして長い間、湛然の研究者を悩ませてきたところは、この表記には「元号」が欠けているように見えることである。代表的な先行研究では、この「元年」は、天宝十四年(755)から宝応元年(762)までの期間に含まれる、至徳年間(756-758)、乾元年間(758-760)、上元年間(760-762)のいずれかの年号の「元年」であろうと推測し[4]、この「元年」は安史の乱勃発の翌年の「至徳元年(756)」である、と結論づけるに至ったのである[5]。

ところが、中国史には、元号を称さずに、ただ「元年」と呼ばれた期間がおよそ六ヶ月間にわたって存在していた。そして、この「元年」は、唐粛宗の上元二年(761)九月二十一日の勅[6]によって同年十一月一日に改元されてから、翌年四月十五日に代宗が年号を「宝応」に改元するまでの期間に相当するのである[7]。その間、年はただ「元年」と称されており、月はそれぞれの斗建によって名づけられたため、十一月から四月までは、順次に「建子月」、「建丑月」、「建寅月」、「建卯月」、「建辰月」、「建巳月」[8]と呼ばれていた。また、「元年」という年代表記は七六二年四月十五日に新しい年号「宝応」に改められることとなったため、いわゆる「元年建巳」とは七六二年四月一日から十四日までの期間に当たるのである。そして、この半月間は、湛然が国清寺において『止観輔行伝弘決』（T46, No. 1912）を再製した時期でもある。

ここで再び「摩訶止観科文」本文に戻るならば、上掲引用文の冒頭に「昔天宝十四年、臨安私記。元年建巳、国清再書」とあるので、湛然が臨安にいた天宝十四年（755）と国清寺にいた元年建巳（762. 四月）との間には、およそ七年の隔たりがあることになる。この天台山登嶺に先立つ七年間における湛然の行跡を見ておくならば、湛然は、天宝十三年（754）に師玄朗が入滅した際には浦陽の左渓山にいたと言われているが、[9] その後（755）、臨安に赴いたことがわかっている。そして、至徳年間（756–757）、湛然は呉郡（蘇州）開元寺に移籍したと伝えられる。[10] このように、浦陽から、臨安を経て、蘇州に至るという湛然の移動経路を見ると、この時期の彼が南から徐々に北上して行ったことは明らかである。それ以後、湛然は蘇州よりさらに北へ向い、最終的には毘陵[11]に至ったと考えられる。なぜならば、後に、湛然は毘陵から出発して、天台山の国清寺に赴いたことが明らかだからである。[12]

湛然がその弟子らと、[13] いつ毘陵を出発し、いつ天台山ないしは国清寺に到着したかは不明であるが、彼は天台山には数年間滞在し、そこで学徒のために講義をしていたと考えられる。[14] そして、七六二年に、戦乱を避けるために、彼は止むを得ず天台山を下り、西の浦陽を経て、[15] 毘陵に帰ったが、[16] 再び天台山に戻り仏隴に登ったのは七六四年の夏であった。[17]

二 「法侶星移」云々の解釈

続いて第二の問題、すなわち「摩訶止観科文」に見える「属海隅喪乱、法侶星移、或将入潭衡、或持往呉楚」という箇所の解釈について考えたい。従来の研究では、この一文を構成する前の二句すなわち「属海隅喪乱、法侶星移」

と後の二句「或将入潭衡、或持往呉楚」の繋がりを無視し、「或将入潭衡、或持往呉楚」における「或」を「あるいは」という意味に捉えて、「入潭衡」、「往呉楚」などの行動の主体を湛然一人に帰するように解釈する場合が多い[18]。

しかし、Chen 氏は、このような解読は文脈からして無理がある、と指摘している[19]。Chen 氏は、「或将入潭衡、或持往呉楚」の主語を見極めるためには、その直前にある「法侶星移」という一句に着目する必要があり、この「法侶」とはすなわち湛然の弟子たちを指すのであって、彼らこそが「或将入潭衡、或持往呉楚」の主語である、と主張している[20]。この Chen 氏の説に基づいて、「法侶星移、或将入潭衡、或持往呉楚」を解釈し直すならば、戦乱を避けるために、湛然の弟子たちは各地に離散することになり、彼らの中には、師の著作を持って潭州や衡州へ向かった者もいれば、呉郡や楚州方面へ逃げた者もいた、という当時の僧衆四散の状況が浮かび上がってくるのである。

ところで、もし「潭衡」や「呉楚」へ避難したのが湛然自身ではなく、彼の弟子たちであるとすれば、「潭衡」と「呉楚」についても見直す必要性が生じてくる。というのは、従来の研究は、「潭」、「衡」、「呉」、「楚」を湛然自身の移動経路と理解していたため、潭から衡へ、さらに呉を経て楚へ、という順に湛然の足跡を辿り、さらには、「潭」、「衡」、「呉」、「楚」をそれぞれ「湖南省長沙市」、「湖南省衡陽県」、「江蘇省蘇州」、「江蘇省淮安県」の各都市に特定しようとすることにこだわり過ぎた感があるからである。

そもそも事の発端は「海隅喪乱」という歴史的事件、動乱であり、この難は湛然個人ではなく、天台山の僧衆すべてに及んだと考えるのが妥当であろう（「法侶星移」）。そして、この動乱が「海隅」、すなわち沿海地域を震源とするものであるならば、天台山から見て南や東に位置する台州や明州といった沿海地方ではなく、その反対の方向、すなわち西や北の[21]「潭衡」[22]や「呉楚」[23]の方角へ、天台山の僧衆が避難したと見るのが自然ではなかろうか。さらに、「潭衡」や「呉楚」が特定の都市を示すと考える必要もないのではないか。思うに、「潭衡」とは現在の湖南省あたりの江南西道の地域を指し、「呉楚」とは現在の浙江省より北方面にある江淮下流地域を指すのではあるまいか。つまり、ここで言う「潭衡」や「呉楚」とは、それぞれ西方面と北方面の地域を示す表現であり、これらの表現は、特定の目的地を表すものではなく、あくまでも僧衆全体が流れていく方向を示すものであるように思われる。

三　「海隅喪乱」とは何か

それでは、天台山の仏教教団を突如として混乱に陥れた「海隅の喪乱」とは、一体、どういう歴史事件であったのか。従来の研究では、この時期に発生した戦乱は、地域を問わず、一括りに安史の乱と結びつけて考える傾向が強い[24]。しかし、「海隅の喪乱」が「安史の乱」と一体化した事件であれば、なぜ、「海隅」、すなわち海岸地域に関わる事件であったことを殊更に強調しなければならなかったのか。しかも、これと類似する表現として、湛然『止観輔行捜要記』にも「海孽東残」（ZZ99, 221a8）という一句が現れる。「海隅」という地域、そして「海孽」と呼ばれる者は、いずれも「海」という属性と不可分の存在として意識されているように思える。

日比宣正［1966］（『唐代天台学序説――湛然の著作に関する研究――』東京、山喜房仏書林。p. 146）は、これらの表現に見られる地域的性格に着目し、「海孽」を「海隅にあって孽をなすものの意」と解釈するには至ったが、氏はその歴史的性質を「安史の乱をはじめとして、その後に続起する一連の戦乱」であったと想定するに止まっている。日比氏が江南地域に「一連の戦乱」があったことに気づきながら、その戦乱を安史の乱から派生したものに過ぎないと考え、「海隅喪乱」の具体的性格の探求へと考察を進めなかったのはなぜであろうか。

これまでの湛然の伝記研究においては、至徳・広徳年間（756–764）における湛然の行跡には安史の乱が最も深刻かつ直接的に影響した、という前提あるいは先入見が存在したため、特にその年代の特定に問題が生じ、したがって史料の調査範囲もずれてしまったことが、その原因であると考える。前述したように、従来の研究は、湛然が国清寺で『止観輔行伝弘決』を再書したとされる「元年建巳」を安史の乱が勃発した翌年の至徳元年四月に同定したが、これは誤りで、実際の「元年建巳」は、それより六年後の七六二年四月なのである。先行の諸研究が「元年建巳」を七五六年四月と誤認し、この時期の歴史的状況の中に「海隅喪乱」の痕跡を追い求めたために、正確な歴史像を描くことができなかったのではないか。したがって、「海隅喪乱」とそれによって湛然や当時の天台山が直面せざるを得なかった実際の歴史的状況を再現するには、まず「元年建巳」を七六二年四月という正確な年代に設定し直し、この前提に立って資料調査を再開する必要があるだろう。それでは、「元年建巳」、つまり七六二年四月の天台山周辺には、どのような歴史状況が展開していたのであろうか。

当時の天台山を襲った危機は、遠方に望見される安史の乱の戦火に起因するものではなく、実際に目睫の近きに迫るものであった。その生々しい状況について、湛然は自ら、「自上元・宝応之際、此邦寇擾、緇錫駭散」(梁粛「台州隋故智者大師修禅道場碑銘」[25]、常盤大定・関野貞[1975]『中国文化史蹟』巻六、京都、法蔵館。p. 16)と記し、その原因を「帰属群盗肆毒、砕金牓於鋒鏑、爇花幢於巨焔、慮禍不全、已遏影宇之能輯」(曇羿「国清寺智者大師影堂記」、『天台霊応図本伝集』巻下所引、『伝教大師全集』巻四。p. 223)と語っている。普門も「釈籤縁起序」において、「間者島夷作難、海山不寧」(T33, 815a13)のため、湛然の天台山における『法華玄義』の講義が中断を余儀なくされたことを伝えている。これらの記載を見ると、沿海地域と天台山(「海山」)の平和を打ち破ったのは、どうやら「島夷」の仕業であったことが伺える。そして、この「島夷」という表現、呼称は、前述の「海隅」や「海孽」と同様に、海に関わるものである。

これまでに考察したことをまとめると、当時の天台山を襲った危機の性質として、以下の三点が挙げられるだろう。

第一、天台山の危機は、上元・宝応年間(760-763)に生じたものであろう。

第二、「海隅」地域を不安に陥れた「寇」や「盗」と呼ばれる者は、当時の社会では反乱者と見做される人であったろう。そして、「島夷作難」や「海孽東残」といった表現から判断すれば、それらの反乱勢力はもともと海島において蚖結・盤踞し、そこから大陸の海岸地域へ攻勢をかけ、さらに次第に東方面に移っていった、と推察される。

第三、国清寺などの寺院が破壊された状況から判断すると、その反乱勢力は、台州はもちろん、天台山中にも侵入してきたと考えられる。

これらの三条件をすべて満たしている歴史事件が、当時確かに発生していた。それは、袁晁（d. 764）に主導された農民反乱（762. 八月～763. 四月）にほかならない。

第二項　袁晁の乱と湛然の避難

袁晁の乱については、すでに松井秀一［1954］（「八世紀中葉頃の江淮の反乱――袁晁の反乱を中心として――」『北大史学』二）、寧可［1961］（「唐代宗初年的江南農民起義」『歴史研究』一九六一―三）、西川素治［1974］（「唐中期の江南における農民反乱をめぐって――袁晁の乱を中心として――」『中国農民戦争史研究』四）によってその歴史的背景と全貌がほぼ究明されており、ここでは、主として袁晁反乱軍の進退経路と時期を中心に考察し、それが湛然の行動にいかなる影響を与えたかについて明らかにすることを試みる。

一　袁晁の乱

袁晁は、もともと台州臨海県出身の、郷県で鞭背を掌する胥吏であったが、宝応元年（762）、明州翁山（浙江定海県）で数万の衆を集め、八月辛未（二十五日）に台州を陥れて反乱を起こした。反乱軍は、台州を拠点に浙東の各州県を攻略していくが、そのために兵馬を北・西・南の三路にわけて進めていった、と考えられている。

まず北路では、明州と越州へ向けて進撃していったと思われる。反乱軍は明州の鄮県を同年の十月十日までに占領したと伝えられるが、越州方面に向けては、台州の唐興県を経て越州の沃州、剡県に入り、そこから会稽へ進もうとしていたと考えられる。反乱軍は、会稽で政府軍と交戦するが、最終的にこれを陥れたのは、浙東八州の中では比較的遅く、おそらく同年の十月以後のことであったと考えられる。

西路では、反乱軍は十二月までに婺州、睦州、そして衢州を次から次へと占領し、同時に南路では、十月頃、明州とほぼ同じ時期に温州を攻克し、その後すぐに括州も陥れたと考えられる。これで、越州以外の浙東全域が、袁晁反乱軍によって征圧されることとなった。この浙東の変に臨み、越州と浙西の諸州はみな兵士を徴募して防衛態勢を整え、唐政権は河南道副元帥李光弼に袁晁反乱軍を討伐するように命じたが、袁晁反乱軍はついに越州を制圧すると、その年の十二月、台州の臨海において偽政権を設立し、年号を「宝勝」とした。この時期は、言わば反乱勢力の絶頂期であったと言えるであろう。

その後、反乱軍は、衢州よりさらに西の信州へ進もうとしたが、常山で洪州観察使張鎬軍の伏兵に襲撃され、上饒に突入した袁晁軍三千人は全滅することとなったのである。そして、宝応元年の十二月三十日に衢州で李光弼部隊に敗北した反乱軍は、これ以降、戦線を急速に東へ後退させることとなる。これを追って、まず、李光弼の部将柏良器が浙西より婺州に入り[50]、さらに、御史中丞袁傪は李自良[51]・張伯儀[52]・王栖曜[53]・李長栄[54]らの部将を率いて東討し、反乱軍を台州へ追い込んでいく。宝応二年（763）の春、袁晁軍が唐興県より寧海県へ敗退する途中、王栖曜、李長栄らと連日にわたって十数回交戦し、ついに三月四日に関嶺山石塁寨で完敗し[55]、賊首袁晁が生擒されて、十六の浙東郡邑が政府軍に収復された[56]。袁晁の弟袁瑛は、五百人と共に寧海の紫渓洞に逃げ込み、脱出できずに全滅したと伝えられる[57]。

二　農民反乱の影響

最盛期には浙東全域を占領した袁晁の乱が、それぞれの地域の政治・経済に与えた打撃は甚大であったが、とりわけ明州・越州・台州の三州がこの時期に受けた被害は、その直後の行政[58]・経済政策上[59]の変化からも、その深刻さが伺えるのである。

袁晁の乱は、古くから、それに関する資料の乏しさが指摘されてきており、仏教教団がそれによって受けた被害を伝える記録も断片的にしか残っていない。李華「衢州龍興寺故律師体公碑」に「群盗拠州、寺半為墟」（『全唐文』巻三一九）とあり、これは、袁晁の乱が衢州の仏教教団に及ぼした被害を反映するもの[60]と考えられる。さらに、僧伝史料としては、『宋高僧伝』（T50, No. 2061）中の以下の二つの記載に注目すべきである。その一つは「唐明州慈渓香山寺惟実伝」であり、そこには「時属海寇袁晁蜂蠆屯聚、分以剽劫、殺戮無辜、至于香山、衆皆奔竄」（877a15-19）とあり、これによって袁晁の乱に際し、明州ないし慈渓香山が受けた破壊の凄まじい実態が知られる。惟実に関するこの記事は、ほかに『寧波府志』巻三十二「仙釈」にも収められており、その中でも、袁晁軍の略奪の実状が「海寇袁晁党散掠居民、僧衆皆逃避」（p. 2）と伝えられている。

第二は「唐越州称心寺大義伝」であり、それには「天宝中、〔大義〕遂築北塢之室、即支遁沃州之地也。初夢二梵僧曰「汝居此、与二十日」。至宝応初、復夢曰「本期二十日、今満矣。魔賊将至、不宜更処」。無何、海賊袁晁窃拠剡邑、至于丹丘」（T50, 800a28-b3）という逸話が伝えられており、これは越州の沃州寨にも袁晁軍が侵入した史実を物語るものである。

この沃州は、かつて支遁が隠棲していたと伝えられる地であり、台州の天台山とは隣接し、いわば台州と明州とをつなぐ境界地域に当たるところである。前述したように、袁晁軍は、台州の唐興県を経て越州の沃州山、剡県に入り、そこから会稽へ進もうとしていたと考えられる。だとすれば、天台山も反乱軍の勢力下に入ったことになり、沃州の場合と同様に、袁晁の乱による影響・被害を受けたことは想像に難くない。事実、第一項で見たように、上元・宝応年間には、天台山において湛然を中心として形成されていた教団に離散を余儀なくさせるような状況が発生したが、その危機の原因は、まさにこの袁晁の乱であっただろう。ここで、袁晁の乱と天台山との関係をまとめれば、

第一、袁晁の乱は、宝応二年の八月から台州において勃発しており、この時期は、天台山の危機が上元・宝応年間[61]に発生したとされるのと一致する。

第二、袁晁を中心とする農民反乱勢力は、もともと明州の翁山に虬結・盤踞していたが、そこから明州・台州・越州を始めとする海岸地域（「海隅」）に上陸して根拠地とし、浙東、さらには浙西へと勢力範囲を拡大していった。ただし、彼らは本来舟山群島付近で活動していたため、「海賊袁晁」[62]や「海寇」[63]と呼ばれていた。袁晁反乱に関わるこれらの事実と天台山異変の記述とは合致する。

第三、袁晁の反乱勢力は台州臨海で偽政権を設立したが、それに先立って天台山を経由して明州へ侵入している。また賊首袁晁は、明州から台州へ後退する途中で政府軍に敗れて捉えられたと伝えられており、天台山付近は官軍賊軍が何度も通過し、したがって、集中的に被害を受けた場所と考えられる。

このように、袁晁の乱という歴史事件は、第一項の末尾でまとめて示したような天台山を襲った危機の性質をすべて具えていることになる。上元・宝応年間に湛然らの僧衆を天台山から退去せしめたのは、袁晁の反乱勢力であると言っても間違いはなかろう。

三　湛然の足跡

ここで、これまでの考察によって明らかになった諸事実、特に天台山を取り巻く当時の歴史状況の中に、本論の主題である湛然を置いて、今一度、彼の足跡を辿り直してみたい。

第一項では、湛然の足跡について、主として「摩訶止観科文」を始めとする諸資料の記述に基づいて分析した。それらの記載によれば、湛然は、元年建巳（762. 四月一日～十五日）には天台山の国清寺に滞在していたが戦乱を避けるために天台山を下り、宝応年間（762. 四月十六日～763. 七月十一日）には天台山の西北に位置する婺州の浦陽に至り、その後さらに北上して毘陵に帰り、再び天台山仏隴に戻ったのは七六四年の夏（四月～六月）であった、と考えられる。

このような湛然の移動が袁晁の乱を避けるためのものであったならば、彼は元年四月に『止観輔行伝弘決』を再治した後もなお国清寺に滞在し、天台山を退去したのは、袁晁の乱が台州臨海で勃発する宝応元年八月二十五日以後のことであったと考えられる。なぜならば、第一項で引用した湛然の言葉、当時の状況の描写[64]は極めて具体的で真に迫ったものであり、湛然自身が目撃した事実を反映しているように思えるからである。そして、湛然は同年八月以降に天台山を下りて、反乱軍が向かおうとした越州を避けて西北にある婺州へ赴き、浦陽、つまり師玄朗がいた左渓山の教団に身を寄せたのであろう。湛然は浦陽には九月中に到着したと考えられるが、しかし、袁晁の乱が治まる兆候は一向に見られず、婺州さえも危険な状況になってきた。そこで、同年十月頃袁晁軍が婺州に押し寄せてくるまでに、湛然はさらに北上しなければならなくなり、結局、彼は、先に天台山へ登嶺するために南下した路を逆に遡って、常州毘陵（「以旧轍反毘陵之故居」「国清寺智者大師影堂記」『伝教大師集』巻四。p. 224）へ帰っていったのであろう。そして翌年の宝応二年三月四日に袁晁が捕まり、四月七日、李光弼が袁晁を生擒したと奏上し、浙東の諸州県が完全に平定されるに至って、湛然も翌年の夏（四月～六月）までに天台山に帰山したと考えられる。

《おわりに》

以上、至徳・広徳年間における荊渓湛然の行跡に関して、先行諸研究の成果に含まれる疑問点や問題と思われる箇所を検討し、その上で、上元・宝応年間における天台山仏教教団および湛然の動向を、当時の歴史状況の中に置いて見直してみた。その結果、中唐期における袁晁の乱という、天台山、さらには江東仏教を危機に陥れた歴史事件の存在が浮かび上がってきたのである。

袁晁の乱は、中原地域の安史の乱によって江淮流域に誘発された一連の震動の一環であり、さらに視野を広げるならば、安史の乱を契機に転換期を迎えた中世中国の社会状況の表象の一つとも言えるだろう。この社会的転換期に発生した諸変動に震撼したのは世俗世界だけではなく、仏教の信仰的世界もまた大きく動揺せずにはいられなかった。天台山がこの時期に受けた衝撃の歴史的本質はこのようなものであっただろう。

しかし、湛然に筆を取らせたのは、まさに、この衝撃にほかならなかったと考える。安史の乱が勃発した直後に彼は臨安で『止観輔行伝弘決』を記しはじめたと伝えられ、その筆記の再製は六年後に一応の完成をみたが、その後すぐ袁晁の乱に遭い、避難生活に追い込まれたにもかかわらず、再製から半年以内にその大作の校勘を終え、続けて『法華玄義釈籤』十巻（T33, No. 1717）と『維摩経略疏』十巻（T38, No. 1778）の二作をまとめ上げたのである。そして、これらの校勘、撰述は一年足らずの天台山退去中に完成を急がれているのである。戦乱が湛然から筆を奪うことなく、かえってそれをより急速に走らせることになったように見えるのはなぜであろうか。

その答えは、迫り来る袁晁反乱軍を背に、湛然の弟子達が未校勘の『止観輔行伝弘決』を携えて各地へ落ち延びて行く姿の中に求められるだろう。唐帝国の盛勢が急速に衰えはじめ、社会全体が崩壊していくものの、来るべき新時代の姿は見えない。このような過渡期にあった社会の各階層に属する人々は、社会に新たな均衡が生まれるまで、殊に真剣かつ慎重に対処し、次世代の到来に備えなければならなかったであろう。これは、当時の仏教教団を構成する人々にとっても同様であったに違いない。そして、湛然の著作活動にも、そのような歴史的課題に対応しようとする意図が無いはずはあるまい。なにしろ、湛然にとって、著作こそが、時間と空間を超えて天台大師智顗の面授を得ることを可能にする、唯一の船筏であったからである。

湛然は、袁晁の乱による危機が去った後に、天台山の仏隴に登った。この場所は、彼にとって、天台仏教、否、中国仏教のまさに根源地であった[65]。思うに、彼の自覚した使命とは、単なる宗派的自覚というよりも、それまで統合されていなかった江東仏教を団結させ、智顗に発する中国仏教の慧命を存続させる担い手たらんとする極めて主体的なものであっただろう。

本節の考察は、湛然の伝記研究のために一つの歴史的背景を補充しようとするに止まらず、中唐時代という大きな社会的転換期における天台仏教ないし江東仏教の新たな展開に対する認識の深まりを促すためのものでもあると言える。

注記

（1）この一文は、日比宣正［1966］（『唐代天台学序説——湛然の著作に関する研究——』東京、山喜房仏書林。p. 66）、Penkower, Linda L. [1993]（*T'ien-t'ai during the T'ang Dynasty : Chan-jan and the Sinification of Buddhism*. Ph. D dissertation, Columbia University, New York. p. 76), Chen, Jinhua [1999a]（"One Name, Three Monks : Two Northern Chan Masters Emerge from the Shadow of Their Contemporary, the Tiantai Master Zhanran 湛然（711-782）." Journal of the International Association of Buddhist Studies 22.1. pp. 26-27）という三つの湛然研究書によって、それぞれ引用・注釈がなされている。

（2）「屬、副詞、表示時間。正、適値。『左伝』「成公二年」「屬当戎行、無所逃隠」。「杜預注」「屬、適也」」（『漢語大字典』巻二。pp. 982-983）。

（3）『旧唐書』巻四十「地理志」に「臨安、垂拱四年（688）、分余杭・於潜、置於廃臨水県」（p. 1589）とある。

（4）日比［1966］（p. 66）。

（5）日比［1966］（p. 66）、Penkower［1993］（p. 76）、Chen［1999a］（p. 26）。

（6）『新唐書』巻六「本紀」第六「粛宗上元二年」条に「九月壬寅（二十一日）、大赦、去「乾元大聖光天文武孝感」号、去「上元」号、称「元年」、以十一月為歳首、月以斗所建辰為名」（p. 164）とあり、また粛宗は、この年号改革の理由ついて、『旧唐書』巻十「本紀」第十「粛宗」条に「欽若昊天、定時成歳、春秋五始、義在体元、惟以紀年、更無潤色。至于漢武、飾以浮華、非前王之茂典、豈永代而作則。自今已後、朕号唯称皇帝、其年号但称元年、去上元之号」（p. 262）と述べている。

（7）胡適［1970］（『神会和尚遺集』再版、台北、胡適紀念館。pp. 372-76）に詳しい。Chen［1999a］（pp. 4-5, n. 9）は、胡適の研究を紹介し、趙明誠（1081-1129）『金石録』に見える四つの文献（Nos.1377-1380）に現れる同様の紀年「元年建辰月」を「七六二年」と特定することに成功しているが、しかし、Chen［1999a］（p. 26）は、なぜか「元年建巳」の場合には同様の見解を示さず、この「元年」を「至徳元年」とするのである。

（8）日比［1966］（p. 66）は、「建巳」を「建巳の月」と把握し、Chen［1999a］は、より明確に「the jianyi（fourth） month」（p. 26）と訳している。ただし、Penkower［1993］は「元年建巳」を「after the new reign had begun」（p. 76）と英訳するが、これは「建巳」を「建已」と誤解しているのではなかろうか。

（9）日比［1966］（p. 62）。

（10）『天台九祖伝』（T51, No. 2069）を見ると、湛然は蘇州開元寺に寄せた書信のなかで、「暨至徳中、移隷此寺」（103a24）と自ら述べている。

（11）湛然の伝記には、毘陵、毘壇、あるいは晋陵、蘭陵といった地名がしばしば現れる。本節中でも、それらの幾つかに触れるため、ここで、少し説明を加えておこう。『宋高僧伝』を始めとする諸伝記には、湛然の出身地について、「世居晋陵之荊渓、則常州人也」と記されている。この「晋陵」とは、唐代における「晋陵郡」を指していると考えられる。晋陵郡は、すなわち隋代の「毘陵郡」にあたり、唐高祖武徳三年（620）に設置された「常州」でもあり、ここは唐玄宗の天宝元年（742）から粛宗の乾元元年（758）までは「晋陵郡」と呼ばれていた（『旧唐書』巻四十。p. 1585）。晋陵郡には、晋陵・義興・無錫・武進という四つの轄県がある。そのうち、義興県（すなわち今日の江蘇省宜興市）は、すなわち湛然の出身地荊渓である。また、晋陵県は、『咸淳毘陵志』巻二では「古延陵邑……秦隷会稽、前漢改曰毘陵、新莽改曰毘壇、後漢復旧名、隷呉郡、晋隷毘陵郡、避世子（東海王越世子毘）諱、改曰晋陵、隋置常州、復隷焉」（p. 5）とされており、晋陵、毘壇、毘陵が同一の場所であることがわかる。最後に、武進県は、梁武帝天監初年蘭陵県と改められ、唐高祖武徳三年に復置し、貞観八年（634）からは晋陵県に属することとなったが、垂拱二年（686）に復された。すなわち、蘭陵県とは武進県のことであり、また晋陵郡（常州）に属する県であることがわかる。

（12）まず、普門子「釈籤縁起序」（七六四年成立）には「洎毘壇以至於国清、其従如雲矣」（T33, 815a12）とあり、または長安沙門曇羿「国清寺智者大師影堂記」（七八八年成立）に「荊渓言。帰属群盗肆毒、砕金牓於鋒鏑、爇花幢於巨焔、慮禍不全、已遏影宇之能輯、遂以旧轍反（返）毘壇之故居」（『天台霊応図本伝集』巻下所引、『伝教大師全集』巻四。pp.223-224）とある。これらの記載（特に傍線部分）によれば、湛然が天台山国清寺に行くまでは毘陵にいたことがわかる。

（13）前注（12）の普門子「釈籤縁起序」の引用文を参照。

（14）『法華玄義釈籤』巻第一の冒頭で、湛然自身が「昔於台嶺、随諸問者籤下所録、不暇尋究文勢生起、亦未委細分節句逗。晩還毘壇、輒添膚飾、裨以管見」（T33, 815b5-7）と語っている。同書は、普門子がその序文を書いた年代（764）に完成したもの（日比［1966］p. 198）とすれば、この年代と、湛然が国清寺を離れ浦陽に出発した七六二年とは、わずか二年の差しかないことになる。しかし、『法華玄義』の講義が「昔、台嶺に於いて」行われた、と湛然自身が言っている。すると、湛然は七六二年に先立つ数年前から天台山にいたと推察されるのである。ただし、湛然が天台山にいた年数と、国清寺に住んだ年数とが一致するとは限らない。

（15）「摩訶止観科文」には「宝応於浦陽重勘」とある。

（16）湛然『止観輔行捜要記』巻第一に「属海孽東残、脱身西下。唯持記本、間行而出。退而省之、進而思之。豈慚辞陋、而擁異無聞。却還毘壇、方露稿本」（ZZ99, 221a8-10）とある。または、注（12）、曇羿「国清寺智者大師影堂記」の引用文や、注（14）、『法華玄義釈籤』の引用文を参照。

（17）梁粛「維摩経略疏序」に「［維摩経略］疏成之歳、歳在甲辰（764）、吾師自晋陵帰於仏龕（隴）之夏也」（『全唐文』巻五一八）とあ

るため、七六四年夏前に、湛然はすでに仏隴に到着していたと考えられている（日比［1966］p. 244）。

（18）日比［1966］は「湛然は当時『止観輔行伝弘決』をもって……国清寺から「潭」、すなわち湖南省長沙市に行き、次いで「衡」、すなわち湖南省衡陽県に行き、そして「呉」、すなわち江蘇省蘇州府呉県（唐代に呉という場合、蘇州を指すとみるのが正しいようである）に行き、さらに「楚」、すなわち江蘇省淮安県（唐代に楚州とした）に至った」（pp. 66-67）と解釈している。また、Penkower［1993］（p. 80）もこの説を支持している。

（19）Chen［1999a］（p. 27, n. 80）。

（20）Chen 氏による「属海隅喪乱、法侶星移、或将入潭衡、或持往呉楚」の英訳を以下に示しておく。“When war broke out in the coastal area, dharma-brothers scattered like stars. Some of them brought their copies of the text into Tan and Heng, while others carried theirs to Wu and Chu.”（Chen［1999a］pp. 26-27）ここで、Chen 氏が「或」を「some of them」、「others」というように、「ある者」つまり名詞として捉えている点が、従来の解釈とは異なっている。

（21）ここで言う「西や北」として、あくまでも江淮流域以南の地域範囲内、つまり江蘇省南部や浙江省からみての西方面や北方面の地域を、筆者は想定している。というのは、淮水流域以北の地域では、安史の乱による被害が深刻だったからである。

（22）「潭衡」は、文字通り、潭州（現在、湖南省北部に当たる）と衡州（湖南省南部）を指すのであろう。潭州は「唐改長沙郡置、属江南道、治長沙。取昭潭為名」（劉鈞仁［1980-81］『中国歴史地名大辞典』東京、凌雲書房。p. 1220）、衡州は「唐改衡山郡置、属江南道、治衡陽」（劉鈞仁［1980-81］p. 1763）とされている。その具体的な所在や周辺の地域との位置関係を確認するには、譚其驤［1985-87］巻五（『中国歴史地図集』「隋唐五代十国時期　江南西道」上海、上海地図出版。pp. 57-58）の地図が参考になる。

（23）「呉楚」は、文字通りには、呉郡と楚州を指すだろう。呉郡は「東漢改会稽郡置、属揚州、治呉……隋初改蘇州。尋復揚州、為呉郡、治呉。唐改蘇州」（劉鈞仁［1980］pp. 295-296）、楚州は「隋改山陽郡置。尋廃。唐復置。属淮南道、治山陽。天宝中、嘗為淮陰郡」（劉鈞仁［1980］p. 975）、とされている。なお、譚其驤［1985-87］巻五（「隋唐五代十国時期　江南東道　淮南道」pp. 55-56, 54）の地図を参照。

（24）たとえば、日比［1966］は「『止観科』にはその後、海隅が喪乱したとあるが、これは天宝十四年の安禄山の乱であるといえる」（p. 66）と言うが、この説は以後の研究にも踏襲され、現在では一つの定説となっている。

（25）この碑銘に関しては、本書第三章第二節第三項を参照。

（26）『旧唐書』巻四十「地理志」に「臨海、漢回浦県、属会稽郡。後漢改為章安。呉分章安置臨海県。武徳四年、於県置台州、取天台山為名」（p. 1591）とある。

(27)『新唐書』巻六（p. 167）。

(28) 安史の乱以後の江南における胥吏層の動向については、鈴木正弘［1988］（「安史の乱後の江南支配――特に胥吏統制に着目して――」『立正史学』六十三）に詳しい。また、それまでの胥吏をめぐる研究の展開については、同論文（pp. 17-19, n. 1）に纏められている。

(29)『新唐書』「韓滉伝」に「滉曰「袁晁本一鞭背史、禽賊有負、聚其類以反」」（『旧唐書』巻一二六。p. 4435）とあるのによって、従来の研究では、袁晁の本来の身分は「鞭背史」であり、盗賊の取り締まりに失敗し、敢えて反乱に踏み切った、と推測されている。また、『四庫全書総目提要』巻二十九は、杜甫「喜雨」詩における「安得鞭雷公、滂沱洗呉越」について、杜甫の自注「浙右多盗賊」を参考し、この一句は「宝応元年袁晁之乱」を指しているという。

(30) 翁山について「開元二十六年（738）、以鄮県為明州、析鄮地別置県曰奉化・慈渓・翁山」（『至正四明続志』巻一）という記述がある。『寧波府志』によれば、この島は「孤懸海外、形如巨艦」のため、「舟山」と呼ばれるようになり（巻五之七）、戦略上の重要性から、まさに「全浙之咽喉、亦即東南諸州之咽喉」に当たる場所と言われている（巻十五）。しかしながら、この海防上の重鎮は、唐大暦六年（771）から宋熙寧六年（1073）までの間、廃県されていたのである。その原因は、『唐会要』（宋代王溥編、全百巻）と『太平寰宇記』（北宋楽史編、全二百巻）とがいずれも袁晁の乱のためであると伝えている。これらの記事を信用すれば、翁山は当時袁晁軍の重要拠点になっていただろうと考えられる。また、寧可［1961］（p. 48）も指摘したように、袁晁の軍が「海寇」（李華「登頭陀寺東楼詩序」に「王師雷行、北挙幽朔。太尉公分麾下之旅、付帷幄之賓、与前相張洪州夾攻海寇、方収東越」『全唐文』巻三一五）と呼ばれたことや、海島遇仙の逸話（『太平広記』巻三十九「慈心仙人」）からすれば、この反乱軍が舟山群島付近の海上に出没し、政府軍を攻撃していたと考えられる。ところで、翁山廃県の時期について、『唐会要』巻七十一「州県改置下」と『太平寰宇記』巻九十八とはそれぞれ、「広徳元年（763）三月四日、因袁晁賊廃」、「大暦六年、因袁晁反於此県、遂廃之」とし、意見が分かれている。翁山廃県は、『新唐書』「地理志」などによれば、確かに大暦六年に正式に実行されたと考えられる。ただし、「袁晁作乱、攻陥浙東諸州、乃棄翁山県、徙鄮県於三江口以避之」（『寧波府誌』巻三十六）、さらに、袁晁らが「拠鄮・翁山」、「久不克復、遂廃翁山不治」（同書巻二）という記述から、袁晁軍によって占領されて以来、県治の機能はすでに破壊されており、広徳元年（763）の三月、政府軍は袁晁を捉え、翁山県を奪回したものの、新たな統治機構を復活させなかったため、その時期からすでに実質的に廃県されたと考えてよかろう。

(31) 袁晁の乱が台州で勃発したことを記載した史料は三つある。ただし、『旧唐書』巻十一（p. 270）は、時期を「八月」とするのみで、『新唐書』巻六（p. 167）は「八月辛未」と明示している。これらよりも詳しく当時の状況を伝える史料である『冊府元亀』「李光弼討袁鼂詔」（詔文にはもともと「李鼂」とされているが、しかし、内容の全体から、これは明らかに「袁鼂」の間違いであることがわかる。故に、現行本『冊府元亀』の「李鼂」は誤写であり、正しくは「袁鼂」と訂正すべきである。ちなみに、「鼂」は「晁」の異形であり、『新唐書』巻六「本紀」第六（pp. 166–168）においては「袁晁」のかわりに「袁鼂」と書かれている）には、「代宗宝応元年八月、台州賊李（袁）鼂攻陥台州、刺史史叙脱身而逃、因尽陥浙東諸県、有衆数万。越及浙西諸州、咸理兵以禦。詔河南道副元帥李光弼討之。二年四月、李（袁）鼂平」（『冊府元亀』巻一二二。p. 12a）とある。

(32)『旧唐書』巻十一（p. 270）。『冊府元亀』巻一二二（p. 12a）。

(33) この進軍経路に関して、おおむね、寧可［1961］（p. 49）に従うが、細部に及ぶと、特に袁晁反乱の及んだ範囲に関しては、氏の見解に同意できない点がある。それらの諸点は、議論を進めていく中で指摘していく。

(34)『旧唐書』巻四十「地理志」に「鄮、漢県、属会稽郡。至隋廃。武徳四年、置鄞州。八年、州廃為鄮県、属越州。開元二十六年、於県置明州。奉化・慈渓・翁山、已上三県、皆鄮県地。開元二十六年、析置」（p. 1590）とある。

(35)『新唐書』巻六（p. 168）、『資治通鑑』巻二二二（p. 7132）。

(36) 唐興県、すなわち始豊県、『旧唐書』「地理志」に「唐興、呉始平県、晋改始豊、隋末廃。武徳四年（621）復置」（p. 1591）とあり、また、『唐会要』巻七十一「州県改置下」によれば、「唐代貞観八年（634）置、上元二年（675）二月六日、改為唐興県」とされている。

(37)『宋高僧伝』「唐越州称心寺大義伝」（T50, 800a28-b3）。

(38)『旧唐書』巻四十「地理志」に「衢州、武徳四年、平李子通、於信安県置衢州。（中略）拱二年（686）、分婺州之信安・龍丘置衢州、取武徳廃州名。天宝元年（742）、改為信安郡。乾元元年（758）、復為衢州、又割常山入信州」（p. 1593）とある。この地は、「居浙右之上游、控鄱陽之肘腋、掣閩越之喉吭、通宣歙之声勢、東南有事、此其必争之地（中略）争両浙而不争衢州、是以命与敵也」（『衢州府志』巻二。4b）と言われるほどの戦略上の要地である。

(39) 袁晁軍の西方における活動に関する史料は極めて乏しく、不明確なところが多い。ただし、袁晁軍は、会稽を陥れてから衢州も制し、さらにそこより常山を突破しようとしたことがわかる（独孤及「唐故洪州刺史張公遺愛碑并序」（『全唐文』巻三九〇）。この一戦は、遅くとも、七六二年十二月三十日に李光弼の部隊と衢州で対戦する（『新唐書』巻六。p. 168）以前のことと考えられる。

(40)『新唐書』巻六（p. 168）。『資治通鑑』巻二二二（p. 7132）。

(41) 唐・戴孚『広異記』巻二八〇「夢五・鬼神上　豆盧栄」に「宝応初、臨海山賊袁晁攻下台州。公主女夜夢一人被髪流血、謂曰「温州将乱、宜速去之。不然、必将受禍」。……又夢見栄、謂曰「……浙東将敗……无徒恋財物」。……他日、女夢其父云「浙東八州、袁晁所陥。汝母不早去、必罹艱辛」。言之且泣。公主乃移居括州、括州陥、軽身走出、竟如夢中所言也」とある。この怪談の信憑性はともかくとして、ここに示された袁晁軍の浙東南部における推進経路は重要である。それによれば、浙東八州はすべて袁晁に陥れられることになるが、そのうち、温州、そして括州の失陥は比較的遅かったようである。

（42）伝記は、『旧唐書』巻一一〇（pp. 3303-3311）や『新唐書』巻一三六（pp. 4583-4590）に見える。

（43）前述した「李光弼討袁鼂詔」（『冊府元亀』巻一二二。p. 12a）は、袁晁反乱の勃発直後に出されたものではなく、袁晁軍が台州を制し、明州・温州などの浙東諸州も占領したが、まだ越州と浙西諸州へは及んでいなかった十月と、越州を攻陥した十月末までの間に下されたものである、と考えられる。

（44）『新唐書』「李光弼伝」（『新唐書』巻一三六。p. 4589）。『資治通鑑』巻二二二（p. 7130）。

（45）袁晁軍の信州攻陥は、『新唐書』巻六「本紀」六によれば「〔宝応元年（762）九月〕癸卯（二十七日）」（p. 168）とされており、これを『資治通鑑』「唐紀」もそのまま踏襲している（『資治通鑑』巻二二二。p. 7132）。しかし、この記載は信用できないものと考える。衢州は江東から江西へ渡るためには必経の地であり（注（38）を参照）、当然ながら政府軍も必死に守ろうとしたに違いない。袁晁軍は衢州の信安を占領しているが、これは、東北の睦州、東の婺州、そして東南の括州の三方から包囲する作戦をとることによって成功したと考えられる。しかし、信安よりさらに信州へ向けて進出するには、常山の嶺路を突破する必要があるが、それが可能であったかどうか疑問である。事実、政府軍の張鎬は上饒の隘と常山の関という地利を得て反乱軍を挫敗しているのである。これらの史実は、いずれも袁晁軍が信州に侵入するどころか、常山すら越えられなかったことを物語っている。

（46）『旧唐書』巻四十「地理志」に「常山、咸亨五年、分信安置、属婺州。垂拱二年、改属衢州。乾元元年、属信州、又還衢州」（p. 1594）とある。常山嶺路の開通は陳天嘉初に遡られるが、以後衢州より西へ信州を通って鄱陽郡に行くには必ず常山に由らなければならない（『常山府志』巻十四参照）。したがって、常山は戦略上極めて重要な位置を占めており、「実浙江両尽之地、巒嶺逼蹙、形勢峻絶……仮設為攻守之論、以浙拒江者、封草萍之関、則西師之万騎可遏。以江拒浙者、塞漁渓之津、則東師之一縷莫通。昔人謂為雄鎮、不其然哉」（『衢州府志』巻二）と言われるほどである。

（47）『旧唐書』巻四十「地理志」に「乾元元年、割衢州之常山、饒州之弋陽、建州之三郷、撫州之一郷、置信州。又置上饒・永豊二県。上饒、乾元元年置、州所理也」（p. 1594）とある。

（48）独孤及「唐故洪州刺史張公遺愛碑並序」（『全唐文』巻三九〇）は「公〔張鎬〕命左軍屯上饒之隘、塞常山之口、斬其唐突者三千余人」としているが、『新唐書』巻一三九「列伝」六十四では「斬首二千級」（p. 4631）とされている。ここでは『全唐文』に従う。

（49）『新唐書』巻六（p. 168）、『新唐書』巻一三六（p. 4589）、『資治通鑑』巻二二二（p. 7130）。

（50）『新唐書』巻一三六（p. 4596）、『全唐文』巻六三八。

（51）『旧唐書』巻一四六（p. 3957）、『新唐書』巻一五九（p. 4950）。

（52）『新唐書』巻一三六（p. 4593）。

(53)『旧唐書』巻一五二（p. 4096）、『新唐書』巻一七〇（pp. 5171–5172）。

(54)『旧唐書』巻一五二（p. 4096）。

(55)石塁寨について、『嘉定赤城志』巻三十九に「天台県北五十里関嶺山、塁石為之。側有李相公廟、蓋唐広徳元年、王師討袁晁処、今遺蹟尚存、父老皆能言之」とある。

(56)『旧唐書』巻一五二（p. 4096）、『新唐書』巻一七〇（pp. 5171–5172）。

(57)『台州府志』巻二によれば、紫渓洞は、寧海県の北四十里にあり、「地幽阻、僅一綫道……晁弟瑛従五百騎遁入洞中。光弼駐兵絶其糧道、其徒皆餓死」と伝えられている。

(58)たとえば、前述した翁山県の廃止はそれである。

(59)「免越州今歳田租之半、給復温・台・明三州一年」（『新唐書』巻六。p. 171）、または、『冊府元亀』巻一〇六に「唐太（代）宗広徳二年（764）、浙東諸州以討平賊帥袁晁、瘡痍初復、乃加賑恤」（p. 1）とある。

(60)寧可［1961］（p. 49, n. 7）。

(61)袁晁の乱が勃発した年代は、精確に言うと、確かに宝応元年つまり七六二年の八月であるが、しかしその年は四月に改元するまでは上元二年でもあった。すると、上元・宝応年間とは、七六二年を指す年代と考えられる。また、「上元・宝応」という年代と袁晁の乱とを結びつけた例としては、ほかに陳諫「劉晏論」に「上元・宝応間、如袁晁・陳荘・方清・許領等、乱江淮、十余年乃定」（『全唐文』巻六八四）とあるが、これらの反乱の中では、袁晁の乱が時期的に最も早かった。

(62)前文に引用した、『宋高僧伝』「唐越州称心寺大義伝」（T50, 800b3）。

(63)前文に引用した、『宋高僧伝』「唐明州慈渓香山寺惟実伝」（T50, 877a15）、または、李華「登頭陀寺東楼詩序」（『全唐文』巻三一五）。

(64)特に、「国清寺智者大師影堂記」に引用された湛然の言葉が重要である。

(65)湛然にとって、仏隴の持つ意義に関しては、本書第三章第二節第三項を参照。

【附録　年表】

年代	月	日	出来事
七五五（天宝十四年乙未）			湛然、臨安で『止観輔行伝弘決』を私記す。※1
七六一（上元二年辛丑）	九	二十一（壬寅）	粛宗は、「上元」という元号を廃して、「元年」と称し、十一月を歳首とし、月は星斗の建辰に従って名付けよ、と命じる。※2
七六一（元年辛丑）	十一（建子月）	一（壬午）	この日より、「上元」の元号は廃され、年はただ「元年」とのみ呼ばれるようになる。※3
七六二（元年壬寅）	四（建巳月）		湛然が国清寺で『止観輔行伝弘決』を再書す。※4
		十六（乙丑）	粛宗がこの年の年号を「宝応元年」と改める。※5
七六二（宝応元年壬寅）	八	二十五（辛未）	台州人袁晁が反乱を起こし、台州をはじめ浙東の諸州県を陥れる。※6
			湛然が浦陽において『止観輔行伝弘決』を重ねて校勘する。※7
	九	二十七（癸卯）	袁晁が信（婺）州を陥れる。※8
	十		張鎬、撫州刺史として赴任する。※9
	十	十（乙卯）	袁晁が温州と明州を陥れる。※10
			袁晁が括州を陥れる。※11
			代宗が李光弼に袁晁討伐を命じる。※12
			宝応の初頃、海賊袁晁が剡邑を陥れ、さらに丹丘に至る。※13
			反乱軍が越州を攻める。※14

			反乱軍が衢州を陥れる。※15
	十二（建巳月）		袁晁が反乱政権を立て、元号を「宝勝」とし、建丑を正月とする。※16
			代宗が即位してまもなく張鎬を撫州の刺史として起用する。張鎬は上饒に兵士を駐屯させ、侵入を企てた反乱軍二千人を斬首する。※17
		三十（甲戌）	李光弼とその部将たちが袁晁軍と衢州で交戦し勝利をおさめる。※18
七六三（宝応二年癸卯）			李光弼は柏良器に浙西を守らせる。広徳年間、反乱軍が江東の十州まで陥れた頃、柏公の部隊が婺州の堅守に貢献する。※19
	三	四（丁未）	袁傪の部隊が反乱軍を浙東で破る。※20
	四	七（庚辰）	李光弼が袁晁を捕えたことを上奏し、浙東の諸州県を尽く取り戻す。※21
	七	一（壬寅）	張鎬が逝去する。※22
七六三（広徳元年癸卯）	七	十一（壬子）	代宗が年号を「広徳」と改元する。※23
			湛然が天台山仏隴に帰山する。※24
七六四（広徳二年甲辰）	七	十四（巳酉）	李光弼が逝去する※25
	十一	二十（癸丑）	袁晁が処刑される。越州の田租が半減され、温州・台州・明州が給付を一年分受けることとなる。※26

※1 「摩訶止観科文」(ZZ43, 508)。

※2 『新唐書』巻六「去上元号、称元年、以十一月為歳首、月以斗所建辰為名」(p. 164. また、『旧唐書』巻十。p. 262)。

※3 『新唐書』巻六「去上元号、始称元年」(p. 164)。

※4 「摩訶止観科文」(ZZ43, 508)。

※5 『旧唐書』巻十「〔乙丑、詔曰、〕其元年宜改為宝応、建巳月為四月、余月並依常数、仍依旧以正月一日為歳首」(p. 263)。

※6 『新唐書』巻六「台州人袁鼂反」(p. 167)。『旧唐書』巻十一「台州賊袁晁陥台州、連陥浙東州県」(p. 270)。

※7 「摩訶止観科文」(ZZ43, 508)。

※8 『新唐書』巻六「〔九月〕癸卯、袁鼂陥信州(婺州?)」(p. 168)。また、『資治通鑑』巻三十八「代宗　宝応元年」に「袁晁陥信州(信州、本呉鄱陽郡之葛陽県、陳改葛陽為弋陽。唐乾元元年、分饒州之弋陽、衢州之常山・玉山及割建・撫之地置信州、治上饒県、以其旁下饒州、故以名県。晁、馳遥翻)」(p. 7132)。

※9 独孤及「唐故洪州刺史張公遺愛碑」「宝応元年冬十月、公朝服受命、至自臨川」(『全唐文』巻三九〇)。

※10 『新唐書』巻六「十月乙卯、〔袁鼂〕陥温・明二州。詔浙江水旱、百姓重困、州県勿輙科率、民疫死不能葬者為瘞之」(p. 168)。また、『資治通鑑』第二二二「代宗　宝応元年」に「冬十月、袁晁陥温州・明州(温州、永嘉郡、治永嘉県。明州、余姚郡、治鄮県、今之鄞県是也)」(p. 7132) とある。

※11 『広異記』巻二八〇「袁晁陥括州」。

※12 『冊府元亀』巻一二二「詔李光弼討袁晁」(p. 12a)。

※13 『宋高僧伝』「唐越州称心寺大義伝」「天宝中、大義遂築北塢之室、即支遁沃州之地也。至宝応初、海賊袁晁窃拠剡邑、至于丹丘」(T50, 800a28-b3)。

※14 独孤及「唐故洪州刺史張公遺愛碑」「臨海賊袁晁、狃於会稽之役、侵我東鄙」(『全唐文』巻三九〇)。寧可〔1961〕(p. 49, n. 6) では、反乱軍は、九月に信州を陥れる以前から、越州攻撃を開始していた、と推測されている。また、同氏は、劉長卿「送朱山人放越州賊退後帰山陰別業」(『劉随州詩集』巻一) に見える「越州(一作中)初罷戦」、「空城垂故柳」といった描写によって、袁晁軍は越州を陥れた、と主張している。

※15 李華「衢州龍興寺故律師体碑」「陥衢州」。寧可〔1961〕(p. 49, n. 7) では、李華「衢州龍興寺故律師体公碑」に見える「群盗拠州、寺半為墟」によって袁晁軍が衢州を占領していたことが判明するし、反乱軍の進出経路からすればそれは信州を制する前のことであろう、と判断されている。

※16 『新唐書』巻一三六「浙東賊袁晁反台州、建元宝勝、以建丑為正月、残剽州県」(p. 4589)。また、『資治通鑑』巻二二二「唐紀」三十八「代宗　宝応元年」「台州賊帥袁晁攻陥浙東諸州、改元宝勝、民疲於賦斂者多帰之（考異曰。柳璨正閏位暦、宋庠紀元通譜皆改元「昇国」。今従新書）」(p. 7130)。

※17 『新唐書』巻一三九「(代宗初、起〔張鎬〕為撫州刺史、遷洪州観察使、更封平原郡公。) 袁晁寇東境、江介震騒、鎬遣兵屯上饒、斬首二千級」(p. 4631)。また、独孤及「唐故洪州刺史張公遺愛碑並序」「臨海賊袁晁。狃於会稽之役。侵我東鄙。江介大恐。民斯繹騒。公（張鎬）命左軍屯上饒之隘、塞常山之口、斬其唐突者三千余人。自是姦党散落。不敢南向而射。邦人安焉」(『全唐文』巻三九〇)。

※18 『新唐書』巻六「李光弼（部将）及袁鼂戦于衢州、敗之」(p. 168)。衢州の交戦について、『新唐書』巻一三六「列伝」第六十一「李光弼」にも「光弼遣麾下破其衆於衢州」(p. 4589) とあり、また、『資治通鑑』巻二二二「唐紀」三十八「代宗　宝応元年」にも「李光弼遣兵撃晁於衢州、〔衢州、春秋時越姑蔑之地、秦以為太末県、漢分立新安県、晋改信安、唐置衢州、以三衢山名。昔洪水派山為三道、故曰三衢。斂、力贍翻。〕破之」(p. 7130) とある。浙東地域で袁晁軍と戦った部将には、①李自良や②王栖曜らがいた。

①「李自良、兗州泗水人。初、禄山之乱、自良従兗鄆節度使能元皓、以戦功累授右衛率。後従袁傪討袁晁・陳荘賊、積功至試殿中監、隷浙江東道節度使薛兼訓」(『旧唐書』巻一四六「列伝第九十六　李自良」p. 3957)。「李自良、兗州泗水人。天宝乱、往従兗鄆節度使能元皓。以戦多、累授右衛率。従袁傪討賊袁晁、積閥至試殿中監、事浙東薛兼訓節度府」(『新唐書』巻一五九「列伝第八十四　李自良」p. 4950)。

②「上元元年、王璵為浙東節度使、奏〔王栖曜〕為馬軍兵馬使。広徳中、草賊袁晁起乱台州、連結郡県、積衆二十万、尽有浙江之地。御史中丞袁傪東討、奏栖曜与李長〔栄〕為偏将、聯日十余戦、生擒袁晁、収復郡邑十六、授常州別駕、浙西都知兵馬使」(『旧唐書』巻一五二「列伝第一百二　王栖曜」p. 4069)。「王栖曜、濮州濮陽人。安禄山反、尚衡裒義兵討賊、署牙将、徇兗・鄆諸県下之、進牙前総管。……袁晁乱浙東、御史中丞袁傪討之、表為偏将。与賊戦、日十余遇、生禽晁、収州県十六、授常州別駕、浙西都知兵馬使。時江介未定、詔内常侍馬日新以汴滑軍五千鎮之。中人暴横、賊蕭廷蘭乗衆怨逐日新、劫其衆。栖曜方游弈近郊、賊脅取之、与囲蘇州。栖曜乗賊怠、挺身登城、率城中兵出戦、賊衆大敗、遷試金吾大将軍」(『新唐書』巻一七〇。pp. 5171-5172)。

※19 『新唐書』巻一三六「柏良器、字公亮、魏州人。……父友王奐為光弼従事……乃薦之光弼。授兵平山越、遷左武中郎将。以部兵隷浙西、予平袁晁・方清」(p. 4596)。李翺「唐故特進左領軍衛上将軍兼御史大夫平原郡王贈司空柏公神道碑」「〔李光弼〕召

〔柏良器〕与言、遂授以兵、使平安越之盗。累授左武衛中郎将。以所将兵隷於浙西。広徳歳中、盗陥江東十州、公帥所将兵来婺州。功多進左武将軍」（『全唐文』巻六三八）。

※20 『旧唐書』巻十一「袁傪破袁晁於浙東」（p. 272）。また、『新唐書』巻六「李光弼（部将）及袁鼂戦、敗之」（p. 168）。

※21 『新唐書』巻一三六「広徳元年、〔光弼〕遂禽晁、浙東平。詔増実封戸二千、与一子三品階、賜鉄券、名蔵太廟、図形凌煙閣」（p. 4590）。『旧唐書』巻十一「〔宝応二年〕四月……庚辰、河南副元帥李光弼奏生擒袁晁、浙東州県尽平」（p. 272）。また、『資治通鑑』巻二二二「代宗　広徳元年」「夏四月庚辰、李光弼奏擒袁晁、浙東皆平。時晁聚衆近二十万、〔近、其靳翻。〕転攻州県、光弼使部将張伯儀将兵討平之」p. 7142）。

※22 独孤及「唐故洪州刺史張公遺愛碑並序」「張鎬、在癸卯七月壬寅薨於位」（『全唐文』巻三九〇）。

※23 『新唐書』巻六「〔広徳元年七月、壬子〕大赦、改元」（p. 169）。

※24 梁粛「維摩経略疏序」（『全唐文』巻五一八）。

※25 『旧唐書』巻十一（p. 275）。

※26 『新唐書』巻六「袁晁伏誅。免越州今歳田租之半、給復温・台・明三州一年」（p. 171）。

第二節 『止観輔行伝弘決』の成立過程に関する再考察

《はじめに》

前節では、至徳・広徳年間（756-764）における荊渓湛然（711-782）の事跡に関して考察した。その際、先行諸研究に含まれる疑問点や問題点を検討し、その上で、上元・宝応年間（760-763）における天台山仏教教団および湛然の動向を当時の歴史状況の中に置いて見直してみた。その結果、中唐代における天台山および江東仏教教団の動向の一端が判明するとともに、従来の湛然の伝記、特に至徳・広徳年間における湛然の動向についての混乱と誤解を修正することもできたと考える。本節では、この成果が湛然の思想研究にどのような影響をもたらすかを考えたい。

一般的に言って、ある人物の生涯のうちの数年間の行動を把握するだけでは、その人物の思想の構造や思想史的意義に、直接に迫ることにはならない。しかしながら、湛然の場合、その事跡を正しく把握することは、その思想の特質や展開を解明するための前提となる彼の著作の成立時期を解明することと直結する。実際、思想研究に用いられている湛然の著作の成立過程や年代は、湛然の事跡を検討、参照して結論付けられていることが少なくない。そして、それが多くの場合通説となっている。したがって、湛然の事跡の理解に大幅な修正が加えられた場合には、それをベースに構築された著作の成立に関する従来の認識も必然的に修正を迫られることになるであろう。

湛然の著作の成立に対する従来の理解は、日比宣正［1966］（『唐代天台学序説――湛然の教学に関する研究――』東京、山喜房仏書林）に基づくところが非常に大きい。同書では、湛然撰として伝えられる著作を包括的に調査するために、およそ十種類の伝記と目録を検討している。[1] その結果、湛然の撰述として伝えられるものが合計三十三部あることを明らかにし、そのうち、著者が別人であると疑問視される三つの著作も含めて、現存している二十四部の著作に対して基礎的な文献研究を行なっている。[2] その際、日比［1966］は、湛然の現存する著作を、湛然の生涯の第三期および第四期の著作、成立年代未詳の著作、そして湛然作かどうか真偽未詳の著作、と大きく三つに分類をした上で考察を進めている。ここで、本節では一つの問題を提起したい。それは、日比［1966］が湛然の第三期の著作に分類する『止観輔行伝弘決』の成立過程をめぐってである。以下、この著作の成立に関わる問題を再考察することを通して、湛然の事跡と著作の成立との関係を見ていきたい。

第一項　湛然の止観修学を顧みて

湛然の生涯を伝える資料は史実性が強く、他の天台祖師のような神秘的色合いや伝奇的要素――奇跡や超自然的な現象など――に関する記事はほとんど見出せない。それだけに、湛然と玄朗との会話として伝わる夢に関する逸話の特異性が際立つのである。それによると、[3] 玄朗は、ある日、湛然に次のように尋ねた。「お前はどんな夢を見たのだ」。これに対して、湛然は、「僕は、先日の夜、自分が僧服を着て、二輪を両わきに抱えたまま、大河の中に浮かんでいる夢を見ました」と答えた。すると、玄朗は、「ああ、お前はきっと、止観の二法によって生死の淵にいる衆生を救うことになるだろう」と予言し、自らの師匠から授かった止観の法を湛然に伝授した、という。この逸話に関しては、その史実としての信憑性を云々するより、むしろ、湛然が背負うことになる当時の天台仏教の課題と彼に託された大きな期待が、そこには集約的に表現されていると見るべきであろう。

ただし、開元寺の「小石碑」によれば、湛然の止観修学は玄朗との出会い以前に遡り、すでに開元二十年（732）には東陽金華で方巌和尚に出会い、方巌から天台法門や『摩訶止観』等を授かったと伝えられる。[5] その後の湛然は、玄朗に従っての本格的な修学を経て、天宝六年（747）に故郷荊渓の君山郷の浄楽寺で得度してから、[6] 越州開元寺の曇一律師のもとで戒律も修め、後に呉郡（蘇州）開元寺で止観を講義するに至った。[7] 方巌や玄朗らについて止観を修めていた湛然の修学態度は極めて熱心かつ虚心であり、修学の際に見聞したことを筆録したと伝えられる。[8] こうした勤勉な研鑽と教育の経験は後に結実したが、その最も偉大な成果としては、智顗によって説かれた『摩訶止観』に対する現存最古の注釈書、すなわち『止観輔行伝弘決』を湛然が天台仏教の発祥地である天台山仏隴で完成させたことが挙げられるだろう。

第二項　『止観輔行伝弘決』の成立過程に関する解釈とその問題点

現行本の『止観輔行伝弘決』には、湛然の弟子普門が書いた序文が付されている。その序文には「時永泰首元、興唐八葉之四載」（T46, 141b6-7）——つまり、唐が興起してから第八代目の皇帝（代宗）の治世の四年目にあたる永泰元年（765）——という紀年が記されているため、一般的に、『止観輔行伝弘決』という文献がその時に最終的な完成をみたものと考えられている。この判断そのものには疑問とすべきところはないが、問題は、『止観輔行伝弘決』の成立過程に関する従来の解釈に存在する。

前述したように、『止観輔行伝弘決』は、湛然の長年にわたる『摩訶止観』修学、研鑽の結晶であり、それはある時期に一気に纏め上げられたものではなく、幾度かの修正を重ねて漸く完成をみたものと考えられる。本書の成立過程を、日比［1966］は五期に分けて考えているが、(9) それを図式化すると、次頁の図のようになる。

前節で指摘したように、日比［1966］の湛然の事跡に対する理解には一つの誤りが含まれている。そして、その誤りは日比氏の『止観輔行伝弘決』の成立過程に関する推論にも大きな影響を与えることになった。ここではその問題点を指摘する前に、まず、日比［1966］がどのようにして上述の五期からなる構想を立てたかについて見てみることにする。そのうち、「⑸第二期完成」を永泰元年に設定するのは普門の「止観輔行伝弘決序」に基づいていることは明らかであり、これに関しては問題がないように思われる。したがって、ここでは、それ以前の――第⑴期から第⑷期までに区分された――『止観輔行伝弘決』の成立過程がどのように導き出されたのかを中心に探ってみたい。

日比［1966］の構想は、基本的には、湛然の「摩訶止観科文序」の内容、つまり「昔天宝十四年、臨安私記。元年建巳、国清再書。校勘未周、衆已潜写。属海隅喪乱、法侶星移、或将入潭衡、或持往呉楚。宝応於浦陽重勘、雖不免脱漏、稍堪自軌（昔、天宝十四年（755）、〔私は〕臨安で〔本書を〕個人的に書きはじめた。元年（762）の建巳月（四月）、国清寺で再び書き直した。まだ校勘も終っていないものだったが、僧衆たちはすでに〔これを〕潜かに写しはじめた。ちょうどその時、海隅〔の諸州〕が喪乱に遭い、法侶たちは星のように散り移り、ある者は〔その書を〕携えて潭州や衡州〔の江西道の地域〕に入り、ある者は〔それを〕持って呉州や楚州〔といった北方〕へ往くこととなった。宝応年間、〔私は〕浦陽において〔同書を〕重勘し、脱漏は免れないものの、やや軌範とすることができるものにした）」(10)（ZZ43, 508）と見える記載に拠っている。まず、「昔天宝十四年、臨安私記」という一句に拠って、日比氏は、天宝十四年に『止観輔行伝弘決』が「第一期完成」を見たと考えた（日比［1966］p. 153）。次に、「或将入潭衡、或持往呉楚。宝応於浦陽重勘」という一句から、同氏は、湛然が湖南省の長沙（潭）、衡陽（衡）、江蘇省の蘇州（呉）、淮安（楚）などの地域を転々と

年　代	湛然の行跡	『止観輔行伝弘決』の成立過程（日比［1966］）	典　拠
開元年間（713-741）		(1) 準備時代（金華・呉郡等）	
天宝十四（755）	臨安	(2) 第一期完成（755. 臨安）	天宝十四年、臨安私記（止観科序）
至徳元（756）	天台山国清寺→	◎→（756. 国清再書）	元年建巳、国清再書（止観科序）
至徳二（757）	潭→衡→呉		
乾元元（758）	毘陵	(3) 応用時代（乾元―上元、毘陵）	
乾元二（759）			
上元元（760）			
上元二（761）			
宝応元（762）	楚→浦陽	(4) 重勘期（宝応年間、浦陽）	宝応於浦陽重勘（止観科序）
広徳元（763）			
広徳二（764）	天台山仏隴		
永泰元（765）		(5) 第二期完成（765. 仏隴）	時永泰首元、興唐八葉之四載（止観輔行伝弘決序）

した後、宝応元年に浦陽に到着し、そこで『止観輔行伝弘決』のテキストを重勘した、と推測している（p. 153）。

さらに、『止観輔行伝弘決』の重勘が宝応元年[11]に行なわれたのであれば、「元年建巳、国清再書」という出来事は、当然それよりも以前のことでなければならない。そこで、日比氏は、「元年建巳」とはすなわち「至徳元年の建巳の月」、つまり紀元七五六年の四月である、と判断したのである（p. 148）。天宝十四年から宝応年間にかけては、至徳元年（756）、乾元元年（758）、上元元年（760）などの「元年」も存在するが、湛然が国清寺で『止観輔行伝弘決』を再書したと伝えられる「元年の建巳」に至徳元年の四月を当てはめたのは、日比［1966］が、「摩訶止観科文序」にいわれるところの「海隅喪乱」は天宝十四年に勃発した安史の乱を指すものと考えたことと（p. 146）、ここに現れる「元年」が唐粛宗上元二年（761）の十一月一日から翌年四月十四日まで使用された特殊な元号である、という事実を見落としたことに起因する。そして、この一見してささいな年代特定のミスは、『止観輔行伝弘決』を始めとする湛然の著作の成立過程に関する認識に大きな影響を与えたのである。

確かに、至徳元年の四月――これは、実際には存在しない日付である[12]――の時点で、すでに湛然が国清寺で『止観輔行伝弘決』のテキストを「再書」し、弟子らもそれを書写するような状況が整っていたとするならば、「昔天宝十四年、臨安私記」という一句は、「天宝十四年に『止観輔行伝弘決』の初本が完成した」と解釈するよりほかはなかったであろう。これが、日比氏が天宝十四年を「第一期完成」と規定せざるを得なかったことの真相であろう。しかし、「摩訶止観科文序」に見える「天宝十四年、臨安私記」という一句は、果たして、『止観輔行伝弘決』の原本がその時に完成をみたということを意味するものなのだろうか。事実、湛然は、『止観輔行伝弘決』の執筆のために天宝十四年から永泰元年にわたる十年もの歳月を惜しまなかったのである。そのような労作の原本が、わずか一年足らずのうちに完成できたものだろうか。

そして、日比［1966］もこのような疑問が生じるであろうことを認識していた[13]。そこで、同論文は、『止観輔行伝弘決』が天宝十四年に「第一期完成」をみたとする説に妥当性をもたせるために、撰述の準備期間の存在を想定して、それを天宝十四年以前に求めようとした。そして、考えられたのが、「(1)準備時代、開元中期—天宝十四年」という規定である。ここで言う「準備時代」とは、開元中期、すなわち湛然が方巌や玄朗に就いて修行した時期から、『止観輔行伝弘決』の第一期の完成をみたと考えられた天宝十四年までの期間を指している。[14] 本節第一項でも考察したように、湛然が方巌と玄朗にしたがって修学した時期に筆記を続けたことは事実であり、それらが後の著作の素材になったことも否定できない。ただし、天宝十四年に『摩訶止観』の注釈に着手するまで、湛然が本格的な著述活動に従事したことはなかったと思われる。[15] このことと、現行本『止観輔行伝弘決』の分量やそこに見られる豊富な引用資料と考え合わせると、たとえ同書成立の前提となる「事実上の準備期間」と参考された筆記の存在が認められるとしても、『止観輔行伝弘決』そのものの原本が天宝十四年中に纏め上げられたとは、筆者には考え難いのである。

最後に、「(3)応用時代、乾元—上元年間、於毘陵」という規定について見てみよう。「摩訶止観科文序」に「元年建巳、国清再書。校勘未周、衆已潜写。属海隅喪乱、法侶星移、或将入潭衡、或持往呉楚」という表現が見えることは前掲の通りである。これによれば、湛然は「元年」には天台山の国清寺におり、その後、「海隅喪乱」を避けるために天台山を離れたことになる。さらに、ほかの資料によって、湛然が避難するために故郷毘陵（毘壇）に帰っていたことも判明している。[16] これらの記載に基づいて、日比［1966］（p. 153）は、至徳元年以後、湛然は天台山を後にしてから、湖南省の長沙（潭）、衡陽（衡）、江蘇省の蘇州（呉）を経て、[17] 乾元の初め（758）頃に毘陵に至り、そこに「恐らく、乾元から上元年間（七五八—七六二）、すなわち七六二年に浦陽に至るまでは」滞在していた、と考えている。[18] 日比氏が、乾元・上元年間（758-762）中の毘陵滞在を「応用時代」と認識するのは、湛然が毘陵避難中に『法華玄義釈籤』を整理・記述した際に、[19]『止観輔行伝弘決』を参照し利用したことを理由としている（p. 153）。しかし、「元年建巳（762.4）」は、実際には、日比［1966］が推測した年代（至徳元年＝756）より五年も遅れるため、湛然の毘陵滞在期間は、日比氏が考えたように浦陽重勘（762）以前のことではなく、逆にそれ以後――宝応元年（762）から広徳二年（764）の夏前まで――だったことになる。だとすれば、いわゆる『止観輔行伝弘決』の応用時代があったとしても、その期間は乾元・上元年間にはならないであろう。

以上のように、『止観輔行伝弘決』の成立過程に関する日比［1966］の解釈の根拠と展開を追ってきた。その結果、「元年」の年代特定のミスに起因する湛然の行跡に対する誤解が、日比氏の『止観輔行伝弘決』の成立年次に関する理解に対しても影響を及ぼしたことがわかった。そこで、新たに判明した歴史的事実と湛然の行跡に関する解釈に照らしながら、『止観輔行伝弘決』の成立過程について改めて考えていきたい。

第三項　『止観輔行伝弘決』の成立過程の再構築

第二項では、『止観輔行伝弘決』の成立過程について、先行研究に含まれる疑問や問題点を中心に検討してきたが、その結果、湛然の畢生の労作である『止観輔行伝弘決』は、一体どのような過程を経て最終的に完成したのかについて見直す必要が生じてきたと考える。そこで、『止観輔行伝弘決』の成立時期の区分方法に関する、筆者の新たな構想を提示したい。これは、日比［1966］の研究成果を踏まえながら、上述の考察に基づく修正も加えたものである。それは次の五期からなる。

(1)　初本製作開始：天宝十四年（755）、於臨安
(2)　初本完成：乾元年間（758-760）

(3) 再治本初成：元年建巳（762. 四月）、於天台山国清寺
(4) 再治本重勘：宝応元年（762）七月～十月、於浦陽
(5) 最終的完成：永泰元年（765）、於天台山仏隴

この構想を図式化すると、次頁の図のようになる。

ここに呈示した『止観輔行伝弘決』の成立時期の各区分は、同書の成立過程を考える上で重要な年代(1)～(5)によって画してみたのであるが、あわせて、同書成立の過程が一つの段階性を有していることを表わそうとしたものでもある。これらの五つの重要年代の呈示あるいは解釈に関して、「(5)最終的完成：永泰元年」は、従来通り、普門「止観輔行伝弘決序」の紀年に拠って変わりないが、(1)から(4)までに示した年代に関しては、いずれも従来の説と理解を異にしているところがある。そこで、以下、『止観輔行伝弘決』の成立過程を、「(1)初本製作開始：天宝十四年」～「(2)初本完成、乾元年間」という初本成立の段階、「(3)再治本初成：元年建巳」～「(4)再治本重勘：宝応元年七月～十月」という再治本成立の段階、そして「(5)最終的完成：永泰元年」の最終段階という三つの段階に分けて、それぞれ検討していきたい。

一 『止観輔行伝弘決』初本の成立——天宝十四年から乾元年間まで——

従来、『止観輔行伝弘決』の成立過程を考察する際には、「摩訶止観科文序」の記載が最も重視されてきた。たとえば、その中に見える「天宝十四年、臨安私記」という一句から同書の製作開始年代が伺われ、さらに、その記載を湛然の止観の修学歴や講義経験と考え合わせて、湛然が天宝十四年に臨安で『摩訶止観』の注釈を始めただけではなく、

年代	湛然の行跡	『止観輔行伝弘決』の成立過程	典拠
開元年間（713-741）			
天宝十四（755）	臨安	(1) 初本製作開始（755. 臨安）	天宝十四年、臨安私記（止観科序）
至徳元（756）	呉郡開元寺へ移隷		
至徳二（757）			暨至徳中、移隷此寺（小石碑）
乾元元（758）		(2) 初本完成（乾元年間）	
乾元二（759）			乾元已来、攢成巻軸（小石碑）
上元元（760）			
上元二（761）			
元年（761. 十一月-762. 四月）	天台山国清寺→	(3) 再治本初成（762. 国清寺）	元年建巳、国清再書（止観科序）
宝応元（762）	浦陽→毘陵	(4) 再治本重勘（762. 浦陽）	宝応於浦陽重勘（止観科序）
広徳元（763）			
広徳二（764）	毘陵→仏隴		
永泰元（765）		(5) 最終的完成（765. 仏隴）	時永泰首元、興唐八葉之四載（止観輔行伝弘決序）

年内に『止観輔行伝弘決』の第一期製作を完成させた、とまで考えられている。『止観輔行伝弘決』に現れる厖大な参考資料が一年以内に蒐集されたかどうかはさておき、これまで、この問題を論じる際に、もう一つの重要な文献の記載が見落とされていることを指摘しておかなければならない。

その文献とは、蘇州開元寺の「小石碑」である。その中に、「開元十六年、首遊浙東、尋師訪道。至二十年、於東陽金華、遇方巌和尚、示以天台教門、授止観等本。遂求学於左谿大師、蒙誨以大旨、自惟識昧、凡所聞見、皆紀於紙墨。曁至徳中、移隷此寺、乾元已来、攢成巻軸。蓋欲自防迷謬、而四方道流、偶復伝写。今自覚衰疾、諸無所任、留此本兼玄・疏両記共三十巻、以寄此蔵（開元十六年（728）、初めて浙東に遊学し、師をさがしもとめて道をたずねた。開元二十年（732）に至って、東陽郡の金華で方巌和尚とめぐりあい、〔和尚から〕天台の教法を示して頂き、『摩訶止観』等のテキストを授かった。やがて左谿大師のもとで学ぶこととなり、大旨を教えて頂いたが、理解が明確でないと自ら考え、およそ見聞したところをそのまますべて筆記しておいた。至徳年間には開元寺に移籍し、乾元年間以来、〔研究筆記を〕数巻の書にまとめあげた。この書は、ただ自分が迷ったり誤ったりすることを防ごうとするために作ったものであったが、それがたまたま四方の道流によって伝写されるところとなった。今、私は自分の老衰病弱を実感し、何もできることがないが、この本および玄・疏両記併せて三十巻の書を残して開元寺の大蔵経に寄贈しよう）」（T51, 103a21-27）という記述が見える。この内容は、一見すると、湛然の天台三大部注釈書――『止観輔行伝弘決』、『法華玄義釈籤』、『法華文句記』――という三つの書物を話題にしているようではあるが、「此本兼玄・疏両記」という表現を吟味すると、『法華玄義釈籤』、『法華文句記』が「玄・疏両記」という表現で呼ばれているのに対して、『止観輔行伝弘決』だけが「此本」と呼ばれており、それまでに述べられた――「開元十六年、首遊浙東」から「乾元已来、攢成巻軸、蓋欲自防迷謬、而四方道流、偶復伝写」までの――内容は、すべて「此本」、つまり『止観輔行伝弘決』に関して記述されている、と考えられるのである。

「小石碑」によれば、湛然は、開元十六年以来の求道の中で、方巌和尚に引き続いて左谿玄朗から教えを授かってきたが、彼は勉学する際に常に筆記を取っていた（「自惟識昧、凡所聞見、皆紀於紙墨」）。その後、至徳二年[20]（757）に、湛然は、以前に止観を講義したことのある呉郡（蘇州）開元寺へ移籍し、乾元年間（758-760）以降には、あるものを「攢成巻軸」した、という。この「小石碑」の記述だけで考えれば、その「巻軸」に纏められたのは湛然の止観修学筆記であると考えることもできようが、しかし、この記述を「摩訶止観科文序」に見える「天宝十四年、臨安私記」という記載と考え合わせれば、乾元年間以降に「攢成巻軸」されたのは、無秩序に増えつつある筆記ではなく、むしろ、湛然がそれまでに手がけてきた『止観輔行伝弘決』の初本に当たるテキストであったと考えられる。そうであれば、その初本は、従来考えられてきたように、天宝十四年内に纏められたのではなく、それが一応まとまった形に整ったのは、それより数年後、乾元年間以降の時代になると考えるべきである。

さらに、『摩訶止観』そのものの豊富な引用文献――一〇六部にも及ぶ仏教内典と十八種の外典[21]――を考慮に入れると、『摩訶止観』を注釈する目的で製作される『止観輔行伝弘決』の最初のテキストを完成させるためには、付加資料を除外しても、『摩訶止観』そのものに引用されている文献の蒐集と参照が不可欠の前提となる。さらに、現行本『止観輔行伝弘決』を一見すればわかるように、そこに登場する引用文献の種類が豊富であるだけではなく、その引用の仕方は直接的な場合もあれば、ある程度まとまった分量を短く要約して引用される場合も多い。このような引用は記憶だけを頼りにしてなされたものとは考え難く、やはり製作中に経論のテキストを直に参考にしたに違いない。そうであったとすれば、資料蒐集に費やされた時間を考慮するほかに、それらの多種多様な内外経論をどこで入手し、どこで集中的に閲読できたかということも考えざるを得なくなる。

そこで注目されるのは、湛然が、至徳中（757）、常州から呉郡（蘇州）開元寺へ移籍したという事実である。「開元」という年号を戴く開元寺は、唐政権によって州郡毎に設立された政府直轄の寺院であるだけに、同地域にある他の寺院よりは経済的に安定し、施設も整備され、また集まる人材にも恵まれており、寺院設備の一環としての蔵書も豊富であったと考えられる。「小石碑」が天宝年間に触れず、至徳中の開元寺移籍と『止観輔行伝弘決』の成立を関連させて記しているのは、この間の状況を伝えるものであろう。つまり、呉郡開元寺への移籍は、湛然のキャリアにおいて重要な転機になったと同時に、『止観輔行伝弘決』の初本製作に必要な条件を満たすことになったと思われる。こうして、湛然本人の意欲的な著作活動を支える客観的な条件が整備されることによって、『止観輔行伝弘決』の初本は乾元年間以降に完成することが可能になったのであろう。こうしてみると、後に三大部注釈書が全部完成した時に、湛然がそれらを呉郡開元寺の経蔵に寄贈したのは、むしろ当然のなりゆきであったと考える。[22]

二 『止観輔行伝弘決』再治本の成立――元年から宝応元年まで――

乾元年間以降、元年建巳以前の期間における湛然の事跡はほとんど伝わっておらず、唯一知られているのは、彼が天台山国清寺に赴くまで毘陵にいたということだけである。[23] 湛然がいつ毘陵を離れ、またいつ天台山地域に到着したかは不明であるが、「摩訶止観科文序」の記載（「元年建巳、国清再書」）によれば、彼は遅くとも「元年建巳」までには天台山に来ていたことになる。従来、至徳元年の四月と解釈されてきた「元年建巳」は、実は、唐粛宗の上元二年（761）九月二十一日の勅によって同年十一月一日に改元されてから、[24] 翌年四月十六日に代宗が年号を「宝応」に改元するまでの期間に使用された、特殊な元号なのである。[25] その間、年はただ「元年」と称されており、月はそれぞれの斗建によって名づけられたため、十一月から四月までは、順次に「建子月」、「建丑月」、「建寅月」、「建卯月」、「建辰月」、「建巳月」と呼ばれていた。「元年」という元号は、建巳月（762. 四月）十六日に「宝応」に改元されたため、いわゆる「元年建巳」とは、七六二年四月一日から十五日までの半月間に相当することになる。これらの事実を「元年建巳、国清再書」の解釈に取り込むと、湛然が国清寺において『止観輔行伝弘決』の再治本を完成させたのは、七六二年四月一日から十五日までの間であったことが明らかとなる。

その再治本は、書き終えるや否や、校勘も終らないうちに、すでに弟子らの間に広まって好評を博した（「校勘未周、衆已潜写」）。ところが、宝応元年（762）八月、袁晁の乱が台州臨海で勃発すると（「属海隅喪乱」）、反乱の被害を避けるために、湛然の弟子たちは各地に離散することになり、彼らは師と別れ（「法侶星移」）、『止観輔行伝弘決』再治本の抄写本を持って潭州や衡州（「或将入潭衡」）、呉郡や楚州方面へ逃げていかなければならなくなった（「或持往呉楚」）[26]。湛然本人も天台山を下りて、反乱軍が向かおうとした越州を避けて西北にある婺州へ赴き、浦陽、つまり師玄朗がいた左谿山の教団に身を寄せたのであろう。湛然は浦陽には九月中に到着したと考えられるが、しかし、袁晁の乱が治まる兆候は一向に見られず、婺州さえも危険な状況になってきた。そこで、同年十月頃袁晁軍が婺州に押し寄せてくるまでに、湛然は常州へ向かって出発したと思われる[27]。もしそうであったとすれば、湛然はこの時、すなわち宝応元年の九月から十月にかけて浦陽に滞在していた間に、『止観輔行伝弘決』の再治本の校勘を完成したことになる（「宝応於浦陽重勘」）。

前述したように、『止観輔行伝弘決』の初本は乾元年間以降に成立したばかりであるが、それが元年建巳に再治されることになったのは、初本のテキストに対して修正、増補を行う必要があったからと考えられる。その必要性を生じさせたものは、湛然の『摩訶止観』に関する造詣の深化にほかならないが、その契機として、天台山国清寺の存在は無視できない。なぜなら、湛然が国清寺で『止観輔行伝弘決』の初本を書き直したという事実は、偶然というより、国清寺の蔵書を参考にできたことがその背景になっていると思われるからである。その際、呉郡開元寺でも入手不可能な、国清寺ならではの貴重な文献――特に、天台大師智顗の著作と智顗に関する資料――の参照、利用が許された、という可能性は排除できない。さらに、『止観輔行伝弘決』の再治とも関連するもう一つの重要な出来事に注目すべきである。それは、湛然がこの度の天台山滞在中に『法華玄義』を講義したことであるが、このことに関しては本章の附録で論じることにする。

三　再治本の応用と最終的完成──宝応元年から永泰元年まで──

宝応元年十月頃、湛然は浦陽から北上して故郷の毘陵に帰ったが、宝応二年（763）四月に袁晁の反乱が平定されると、その翌年広徳二年（764）に再び毘陵から天台山へ戻り仏隴に登嶺した。[28]この時の仏隴滞在中に、湛然はたて続けに三つの著作を完成したと伝えられている。最初は、広徳二年夏に完成をみた『維摩詰経略疏』[29]である。同年七月には、智顗『法華玄義』に対する注釈書『法華玄義釈籤』が成立した。[30]この二作に引き続き、翌永泰元年に、『止観輔行伝弘決』も、湛然の弟子普門が序文を付して、最終的な完成をみたのである。[31]

この期間、すなわち宝応元年十月頃から永泰元年までの間に、『止観輔行伝弘決』の再治本にさらに手が加えられたかどうかは不明であるが、ただ、そのテキストが『法華玄義釈籤』の撰述に積極的に援用されたことは明らかである。日比［1966］によれば、現行本『法華玄義釈籤』中のおよそ百数十箇所に『止観輔行伝弘決』の名が現れており[32]（pp. 199–202）、『法華玄義釈籤』の整理・記述に当たって、『止観輔行伝弘決』がその「最大の依拠」（p. 199）とされたのである。広徳二年七月に完成した『法華玄義釈籤』製作の時期は、それ以前の湛然が毘陵に滞在していた頃まで遡れるため、日比［1966］（pp. 153–154）が、湛然の毘陵滞在期間を『止観輔行伝弘決』の「応用時代」とする見解そのものは正しいと思われる。ただし、上述の如く、「応用時代」と称すべき湛然の毘陵滞在は、日比氏の考える乾元～上元年間のそれではなく、宝応元年十月以降、広徳二年の夏前の滞在に修正する必要があるだろう。

注目すべきことは、この応用時代に入ろうとする時期から、湛然の撰述意識に現れはじめた大きな変化である。その変化を明確にするために、まず、応用時代に至るまでの『止観輔行伝弘決』初本の製作期を振り返ってみる。天宝十四年、四十五歳の湛然が、止観修学時代の筆記を素材に『摩訶止観』の本格的な注釈作業に踏み切ったことは、『止観輔行伝弘決』の成立過程に限って見れば、画期的な出来事であったと言える。しかし、湛然自身にとっては、それはある意味では、長年にわたる止観研鑽の積み重ねの自然な成り行きでもあった。彼がこの作業を始めたのは、弟子からの要請でもなければ、講義の教案作りのためでもなく、あくまでも「自防迷謬」に主要な目的があった。(33) したがって、『止観輔行伝弘決』の製作初期の湛然には、他人に対して自らの教学理論と思想をアピールし、著作によって同時代や後世に対して影響を与えようとする明確な意識はほとんどなかったと考えられる。

というのは、湛然にとって、それまでに沈黙を続けてきた「止観伝授」の伝統による制約と束縛から抜け出すためにはそれなりの葛藤があり、また一つの覚悟が必要であったからである。『摩訶止観』が成立してから湛然の時代に至るまで、凡そ二百年近くの年月が経ったにもかかわらず、それに対する注釈書などは現れなかった。この現象について、湛然は、『止観輔行捜要記』(ZZ99) 巻一の冒頭に、「釈典大体、進行為先。一家教門、修習為本。況茲一部、偏申上乗、師資所伝、宣述而已」(221a3-4) と述べている。つまり、伝統的に、仏典というものは修行を進展させることを肝要とし、天台という教えもまた実践を根本とすることが強く認識されていた。その中でも、特に『摩訶止観』のような偉大な典籍には極めて優れた教えだけが説かれているため、それを師匠から弟子へ授けていく際には、師匠はただ自分が教わった通りに伝えるのが基本的な姿勢であったことがこの文から伺える。これは、湛然の時代まで行われていた止観伝授の実態であったと考えられる。

このような伝統を受け継ぐ湛然も、必然的に、その制約を受けざるをえなかったと思われる。『止観輔行捜要記』巻一において、上掲文に続けて、湛然はさらに以下のように述べる。

自蒙慈誨、無遺見聞、皆繫之於心、並形之於墨。十章十観、屢考其根源。十境十乗、頻研其出没。兼括諸論以潤色、傍遮異執以顕宗。捜求漸頓以融通、片奪儒道以隔弊。唯私備之、誰敢伝之。(ZZ99, 221a4-8)

教えを授って以来、見聞したことがあれば忘れることなく、それらをすべて心にとどめ、同時に文面に記録した。十章十観に関して、たびたびその根源をきわめ、十境十乗について、しきりにそのあらわれを研鑽した。広く諸論を引いて文章を飾り、その傍ら異執を遮り根本を顕らかにした。漸教と頓教〔の共通点〕を見きわめ〔両者の〕融通をはかり、儒教と道教〔の影響〕を取り除いて弊害を隔てた。〔ただし、この著作は、〕ただ自分用に備えただけであり、それを敢えて誰にも伝えようとはしなかった。

このように、湛然は、師より授かった教えをことごとくしっかりと心にとどめ、さらに筆記として書き綴った上で、ついに『摩訶止観』の体系に沿った注釈書、すなわち『止観輔行伝弘決』の初本を作り上げたのである。しかしながら、彼はそれまでの伝統を守り、この著作を自身の修道のマニュアルとするのみで、積極的に周囲の人に勧めようとはしなかったのである。しかし、予期せぬことが起こった。つまり、元年(762)の四月に湛然は国清寺で『止観輔行伝弘決』の初本にさらに手を加えて再治を終えたが、校勘もまだ終らないうちに、弟子たちは彼に断りもせずにそれをひそかに写しはじめたのである[34]。さらに、同年の八月に袁晁の反乱が台州で突発した際、僧衆は分散して避難することを余儀なくされた。その時、迫り来る袁晁反乱軍を背に、湛然の弟子達は各地へ落ち延びたが[35]、その結果、校勘未完の『止観輔行伝弘決』再治本も各地へ流出することとなったのである。

湛然自身も『止観輔行伝弘決』再治本のテキスト(「記本」)を持って、天台山を下り西の浦陽へ向かった[36]。避難先の浦陽で彼が再治本の校勘を急いで仕上げた背景には、校勘の及んでいない再治本テキストの伝播に対する不安が存在したに違いない。校勘が終ると湛然は一安心もしたが、[37] ただ、以前に流出したものはやはり気になり、それとの区別をつけるために、彼は校勘本のテキストに現行本「摩訶止観科文序」に見える如き注を付け、その最後を「忽恐伝写、見無此注、可以弁別」(ZZ43, 508)と結んだのである。この注を書き記した前後、湛然の心には、『止観輔行伝弘決』の流伝とその影響に対する明確な意識と期待が芽生えはじめたと言ってもよかろう。

《おわりに》

宝応元年十月以降、故郷の毘陵に帰るまで、湛然が『止観輔行伝弘決』の再治本の公開についてなお思い悩んでいた様子が、『止観輔行捜要記』巻一の記述、つまり「属海孽東残、脱身西下、唯持記本。間行而出、退而省之、進而思之。豈塹辞陋、而擁異無聞(ちょうど海賊らが東へ侵入してきた頃、〔私は〕西へ避難しようと、ただ『記』のテキストだけを持ってこっそりと天台山から出た。〔避難中には、〕退くときも省み、進むときもまた思った。どうして言葉の疎漏を恥じるというだけで、異説を抱いたまま周囲に知らせないでおくことができようか)」(ZZ99, 221a9)という表現から伺える。そうした葛藤が続く中で、湛然の内部で「豈塹辞陋、而擁異無聞」という反省の念が徐々に強まっていったのか、毘陵に到着するや否や、彼は遂に意を決して、初めて自ら『止観輔行伝弘決』再治本を公開し、[38] さらに、同書に基づきつつ、ほかの著作の撰述にも積極的に取り掛かりはじめたのである。湛然が葛藤の末に下した決断は、『止観輔行伝弘決』の撰述だけに止まらず、それ以降の湛然の撰述活動全体に大きく広い道を開いたと言えるだろう。

いわゆる『止観輔行伝弘決』の「応用時代」は、湛然その人が、宗教者としてだけではなく、思想家としても大きな成長を遂げていく重要な転換点であったと同時に、まさに天台仏教の歴史伝統にとっての革命期になったと言えよう。湛然の中で、天台仏教の授法伝統は超克すべきものであるという認識が生まれ、また、その超克が自らが担うべき歴史的課題であるという自覚が確立された時、その必然性と思想的根拠を天台仏教の源である天台大師智顗に求めていくことは、極めて自然な発想であろう。このように湛然の基本的発想を捉えることができるなら、湛然とその弟子たちの世代において、天台仏教の祖統論が発達することになるのも、そして、湛然が『摩訶止観』を始めとする智顗の天台三大部に対する注釈を基軸に自らの思想体系を構築していったことの必然性も見えてくる。このような意味で、『止観輔行伝弘決』は、まさしく唐代天台仏教復興運動の原点と言うべきなのである。

注記

（1）『宋高僧伝』（九八八年成立）、『天台九祖伝』（一二〇八年成立）、『釈門正統』（一二三七年成立）、『仏祖統紀』（一二六九年成立）、最澄『伝教大師将来台州録』（八〇五年成立）、円珍『智証大師請来目録』（八五八年成立）、玄日『天台宗章疏』（九一四年成立）、遵式『天台教観目録』（一〇二九年成立）、義天『新編諸宗教蔵総録』（一〇九〇年成立）、永超『東域伝灯目録』（一〇九四年成立）。

（2）日比［1966］（pp. 82-130）。

（3）この逸話は、『宋高僧伝』を始めとする多くの史伝に記載されている。たとえば、『宋高僧伝』巻六に「〔湛然〕年二十余、受経於左渓。与之言、大駭。異日、謂然曰、汝何夢乎。然曰、疇昔夜夢披僧服、掖二輪、遊大河之中。左渓曰、嘻、汝当以止観二法、度群生於生死淵乎。乃授以本師所伝止観」（T50, 739b18-22）とある。

（4）方巌については、『仏祖統紀』巻二十二に「金華方巌和尚、荊渓未入僧時、曾従之受止観。応是左渓門人」（T49, 245c12-13）と伝えられているのみである。なお、方巌についての詳しい考察は、本書第一章第二節第三項二を参照。

（5）「小石碑」に「開元十六年、首遊浙東、尋師訪道。至二十年、於東陽金華、遇方巌和尚示以天台教門、授止観等本」（T51, 103a21-

b1）と見える。「小石碑」に関しては本書第一章第一節第一項を参照。

（6）『涅槃経疏三徳指帰』や『天台法華宗伝法偈』の記載による。

（7）『宋高僧伝』には「遂往越州曇一律師法集、広尋持犯開制之律範焉。復於呉郡開元寺敷行止観」（T50, 739b26-27）とある。

（8）「小石碑」に「自惟識昧、凡所聞見、皆紀於紙墨」（T51, 103a23-24）とある。また、湛然は『止観輔行捜要記』において「自蒙慈誨、無遺見聞、皆繋之於心、並形之於墨」（ZZ99, 221a4-5）と、その序文に自ら述べている。

（9）日比［1966］（p. 154）は、『止観輔行伝弘決』の成立過程として以下の「五期」を想定している。

㈠ 準備時代、開元中期―天宝十四年、於金華・呉郡等
㈡ 第一期完成、天宝十四年、於臨安
㈢ 応用時代、乾元―上元年間、於毘陵
㈣ 重勘期、宝応年間、於浦陽
㈤ 第二期完成、永泰元年、於仏隴

（10）「摩訶止観科文序」に関しては、本書第一章第一節第一項を参照。

（11）確かに、「摩訶止観科文序」に「宝応於浦陽重勘」とは見える。ところが、宝応年間は七六二年四月から七六三年七月までに相当する期間であるが、この序文に見るところの「宝応」が、なぜ「宝応元年」と特定できたのかについて、日比［1966］は明らかにしていない。

（12）「至徳」という元号は、天宝十五年（756）七月に唐粛宗が玄宗から皇位を継いだ時に初めて用いたものであるため、至徳元年にはそもそも建巳月（＝四月）は無いのである。

（13）日比［1966］には、「『止観輔行』は湛然にとって大部作（大正蔵経で約三百頁）であり、且つ畢生の労作であり、『摩訶止観』が克明に注釈されている。したがって、それが短期間に成立をみたとは考えられないからである」（p. 152）と述べられている。

（14）日比［1966］は「湛然は既に金華芳厳和尚に受学したときから『摩訶止観』を勉学し、天宝年間には、それを敷衍しているのであるから、開元年間の中頃から、天宝年間は、本書を製作するための事実上の準備期間であったとみて差し支えないであろう」（pp. 152-153）と述べている。

（15）「小石碑」には「凡所聞見、皆紀於紙墨。暨至徳中、移隷此寺（呉郡開元寺）、乾元已来、攅成巻軸」（T51, 103a24-25）と述べられている。この記事を「摩訶止観科文」の前掲文とあわせて考えれば、以下のことが分かる。つまり、湛然は、天宝十四年に臨安で、それまで折に触れて記した筆記に基づいて、後に『止観輔行伝弘決』の原形となる書物を著しはじめ、それを乾元年間以降に一応「巻

軸」に纏め上げた、と考えられるのである。

(16) 湛然『止観輔行捜要記』巻一に「属海孽東残、脱身西下、唯持記本。間行而出、退而省之、進而思之。豈慙辞陋、而擁異無聞。却還毘壇、方露稿本」(ZZ99, 221a8-10) とある。

(17) 実際に、これらの地域に分散して行ったのは湛然本人ではなく、彼の弟子だったことはすでに本章第一節で指摘した。

(18) 日比 [1966] (pp. 68-69)。

(19) 『法華玄義釈籤』巻一の冒頭で、湛然自身が「昔於台嶺、随諸問者籤下所録、不暇尋究文勢生起、亦未委細分節句逗。晩還毘壇、輒添膚飾、裨以管見」(T33, 815b5-7) と語っている。

(20) 「小石碑」には「至徳中、移隷此寺」と見えていることは前述の通りである。通常、「至徳中」という表現は、基本的に至徳年間 (756-758) を指すものとも理解されるが、この至徳年間は、至徳元年 (756)、至徳二年 (757)、至徳三年 (758) ――七五八年の二月に「乾元」と改元されるが――という三年からなっているため、至徳元年を至徳初、至徳二年を至徳中、至徳三年を至徳末と言い換えることもできる。したがって、「小石碑」に見える「至徳中」は、至徳二年、つまり七五七年を指していると考えるのである。

(21) これらの数字は、中国仏教研究会 [1987] (『『摩訶止観』引用典拠総覧』東京、中山書房仏書林) に基づいて算出した。

(22) 「小石碑」には「留此本 (『止観輔行伝弘決』) 兼玄疏両記共三十巻、以寄此蔵。儻於先師遺文、碑 (裨) 補萬一、則不負比来之誠。幸衆共守護、以貽後学」(T51, 103a27-29) とある。

(23) まず、普門「釈籤縁起序」(七六四年成立) には「泊毘壇以至於国清、其従如雲矣」(T33, 815a12) とあり、または長安沙門曇羿「国清寺智者大師影堂記」(七八八年成立) には、「荊渓言、帰属群盗肆毒、砕金牓於鋒鏑、爇花幢於巨焰、慮禍不全、已遏影宇之能輯、遂以旧轍反 (返) 毘壇之故居」(『天台霊応図本伝集』巻下所引、『伝教大師全集』巻四。pp. 223-224) とある。これらの記載 (特に下線部分) によれば、湛然が天台国清寺に行くまでは毘陵にいたことがわかる。

(24) 『新唐書』巻六「本紀」第六「粛宗上元二年」条に、「九月壬寅 (二十一日)、大赦、去「乾元大聖光天文武孝感」号、去「上元」号、称「元年」、以十一月為歳首、月以斗所建辰為名」(p. 164) とあり、また粛宗はこの年号改革の理由ついて、『旧唐書』巻十「本紀」第十「粛宗」条に、「欽若昊天、定時成歳、春秋五始、義在体元、惟以紀年、更無潤色。至于漢武、飾以浮華、非前王之茂典、豈永代而作則。自今已後、朕号唯称皇帝、其年号但称元年、去上元之号」(p. 262) と述べている。

(25) 『新唐書』巻六「本紀」第六「代宗」項に、「粛宗去上元三年号、止称元年、月以斗所建辰為名。元年建巳月、粛宗寝疾、乃詔皇太子 (後の代宗) 監国、而楚州献定国宝十有三、因曰、楚者、太子之所封。今天降宝於楚、宜以建元。乃以元年為宝応元年」(p. 166) と見える。また、同書巻六「本紀」第六「粛宗」項によれば、改元詔書の頒布日は、建巳月乙丑、つまり七六二年四月十六日であった

（「乙丑、皇太子監国。大赦。改元年為宝応元年、復以正月為歳首、建巳月為四月」p. 165）。

(26) これらの叙述は、「摩訶止観科文序」に見える「校勘未周、衆已潜写。属海隅喪乱、法侶星移、或将入潭衡、或持往呉楚」（ZZ43, 508）に基づく。

(27) 袁晁の乱と湛然の足跡との関連に関する議論は本章第一節を参照。

(28) 梁粛「維摩経略疏序」に「歳在甲辰（764）、吾師自晋陵帰於仏龕（隴）之夏也」（『全唐文』巻五一八）とあるため、七六四年夏前に、湛然はすでに仏隴に到着していたと考えられている。日比［1966］（p. 244）を参照。

(29) 梁粛「維摩経略疏序」に「〔維摩経略〕疏成之歳、歳在甲辰、吾師自晋陵帰於仏龕（隴）之夏也」（『全唐文』巻五一八）とある。

(30) 湛然の『法華玄義釈籤』には、普門「釈籤縁起序」が冠されている。その序文が撰述された紀年は、「天王越在陝郛之明年、甲辰歳紀月貞於相（＝七月）」（T33, 815a23-24）と記されている。一般に、この序文に記された紀年が、『法華玄義釈籤』が最終的な完成をみた年代と考えられている。

(31)『止観輔行伝弘決』の序文もまた湛然の弟子普門が書いたものであり、その文末に、「君山除饉男普門子敬序。時永泰首元（765）興唐八葉之四載」という普門本人の署名と紀年が記されている。一般に、この序文に記された紀年が、『止観輔行伝弘決』の最終的完成年代と考えられている。

(32) 日比［1966］は、現行本の『法華玄義釈籤』に、『止観輔行伝弘決』の名がおよそ百五十箇所にわたって見えるとしているが、筆者が確認した結果、その百五十箇所のうち、六ヶ所は実際には見つからず、さらに、五箇所の見落としがあることがわかった。つまり、現行本の『法華玄義釈籤』には、『止観輔行伝弘決』の名が「止観記」として、およそ百四十九箇所に見えることが確認できた。

(33)「小石碑」には、「乾元已来、攢成巻軸、蓋欲自防迷謬」（T51, 103a25-26）とある。

(34)「摩訶止観科文序」に「元年建巳、国清再書。校勘未周、衆已潜写」（ZZ43, 508）とある。また、「小石碑」には「乾元已来、攢成巻軸、蓋欲自防迷謬、而四方道流、偶復伝写」（T51, 103a25-26）とある。

(35)「摩訶止観科文序」に「属海隅喪乱、法侶星移、或将入潭衡、或持往呉楚」（ZZ43, 508）とある。

(36)『止観輔行捜要記』巻一に「属海孽東残、脱身西下、唯持記本」（ZZ99, 221a8-10）とある。

(37)「摩訶止観科文序」に「宝応於浦陽重勘、雖不免脱漏、稍堪自軌」（ZZ43, 508）とある。

(38)『止観輔行捜要記』巻一に「却還毘壇、方露稿本」（ZZ99, 221a9-10）とある。

附　録　『法華玄義釈籤』の成立過程に関する一考察

《はじめに》

『法華玄義釈籤』（T33, No. 1717. 以下、『釈籤』と略す）は、智顗の天台三大部に対して唐代天台教学の学匠荊渓湛然（711-782）が撰述した注釈書の中では、最初に完成したものである。同書は、湛然が天台山で『法華玄義』（T33, No. 1716）を講義する際に学生の籤問に応じて随時になされた解説を基本とし、後に故郷毘陵での修治を経て、唐代宗広徳二年（764）に最終的な完成をみたことは、その序文からほぼ推察できる。[1] 従来の『釈籤』の成立に関する論考としては日比宣正［1966］（『唐代天台学序説──湛然の著作に関する研究──』東京、山喜房仏書林）が最も詳細かつ重要であるが、日比氏は、「天宝年間に湛然が『法華玄義』の講義をしたとき、その原本が作成され、その後乾元から上元にかけて、具体的な記述がすすめられ、文勢の生起、分節句逗が委細にせられて一応の完成をみた。……その後広徳二年（七六四）に本書は完全に成立したものと考えられる。すなわち、本書の成立には、原本（籤下所録）・整理本・完成本の三段階が考えられる」（p. 203）、としている。

『釈籤』の成立過程を三段階に分ける日比氏の構想は基本的には容認できるものである。しかし、その成立段階の区切り方、特にその年代に錯誤があることを見過ごしてはならないであろう。本書の第二章において、日比［1966］

の湛然の事跡に対する理解には一つの誤りが存在し、その誤りが日比氏の『止観輔行伝弘決』の成立過程に関する推論に大きな影響を与えたことを指摘した。その際に考察したのと類似する問題は、同氏の『釈籤』の成立過程に対する認識の中にも含まれるように考える。そこで、この「附録」においては、本書第二章の検討と考察を踏まえつつ、先行研究に存在する問題点を指摘した上で、『釈籤』成立過程の再構築を試みたい。

第一項　先行研究の問題点

まず、『釈籤』の成立過程に関する日比［1966］の理解を、その論述に基づいて、次頁のように図式化してみた。表の「典拠」欄からも明らかなように、日比［1966］は、主として『釈籤』の序文、すなわち巻頭に附された普門の「釈籤縁起序」と、巻一の冒頭に書き記された湛然の「自序」に基づいて、三段階の区切りを決したものと考えられる。そのうち、最も確実なのは、(3)の完成年代である。この年代の決定は、普門の「釈籤縁起序」の最後に見える「天王越在陜郛之明年甲辰歳紀、月貞於相」（T33, 815a23-24）という記載に基づくが、これについて、日比［1966］は、主として痴空と本純の注釈を参照して、「唐の第八代の代宗のときであり、吐蕃が侵京して代宗が陜城にのがれた広徳元年の翌年、広徳二年（七六四）の七月であった」（p. 198）と解読している。[2] もし、「広徳二年（七六四）の七月」に「釈籤縁起序」が冠されたとすれば、『釈籤』はその時に最終的な完成をみたものと考えられる。したがって、この(3)をめぐる日比［1966］の推論にはほとんど問題がないように思える。[3]

考えるべき問題は、それに先立つ、「(1)原本（籤下所録）」と「(2)整理本」という二つの段階の年代設定にある。この二つの年代は、主として湛然の「自序」に見える「昔於台嶺、随諸問者籤下所録、不暇尋究文勢生起、亦未委細分

年　代	湛然の行跡	『法華玄義釈籤』の成立過程（日比［1966］）	典　拠
天宝元～十三年（741-754）		(1) 原本（天宝年間、天台山）	昔於台嶺、随諸問者籤下所録（湛然「自序」T33, 815b5）
天宝十四（755）	臨安		昔天宝十四年、臨安私記〔止観〕（「止観科序」ZZ43, 508）
至徳元（756）	天台山国清寺→潭→衡→呉	◎元年＝至徳元年	元年建巳、国清再書〔止観記〕。校勘未周、衆已潜写。属海隅喪乱、法侶星移、或将入潭衡、或持往呉楚（「止観科序」ZZ43, 508）
至徳二（757）			
乾元元（758）	毘陵	(2) 整理本（乾元～上元、毘陵）	晩還毘壇、輒添膚飾、裨以管見（湛然「自序」T33, 815b6-7）
乾元二（759）			
上元元（760）			
上元二（761）			
宝応元（762）	楚→浦陽		宝応於浦陽重勘〔止観記〕（「止観科序」ZZ43, 508）
広徳元（763）			
広徳二（764）	天台山仏隴	(3) 完成（764. 七月仏隴で）	天王越在陝郛之明年甲辰歳紀、月貞於相（普門「釈籤縁起序」T33, 815a23-24）

節句逗。晩還毘壇、輒添膚飾、裨以管見」（T33, 815b5-7）という記述に拠るものであろう。日比［1966］は、「(1)原本（籤下所録）」の段階を、湛然が台嶺で『法華玄義』を講じ、学生の問に答えた記録をもとに『法華玄義釈籤』の原本（「籤下所録」）を作成した時期とするが、その年代は、湛然が国清寺で『止観輔行伝弘決』を再書したとされる「元年建巳」よりは前の「天宝年間」と考えている（p. 195）。一方、「(2)整理本」の段階に関して、日比［1966］は、湛然が「元年建巳」以後の毘陵滞在中に、『止観輔行伝弘決』を参照しつつ『釈籤』の整理・記述を行なった期間であると考えている（p. 208）。では、このような(1)と(2)の年代設定に問題があるとすれば、それはいったいどこにあるのであろうか。

問題の鍵は、『止観輔行伝弘決』の場合と同様、やはり「元年建巳」という年代の特定にあるように思う。この年代は、『釈籤』の成立過程を区切る年代として、直接には注目されてはいない。しかし、『止観輔行伝弘決』成立過程の考察のみならず、日比氏が『釈籤』の編集過程を探求し、(1)と(2)の年代を設定する際にも決定的な影響を与えている。たとえば、「(1)原本（「籤下所録」）」が成立したといわれる「天宝年間」について見てみよう。現在までのところ、種々の伝記資料を見ても、天宝年間（742-756）における湛然の動向としては、わずかに、天宝六年（747）に常州（毘陵）で得度し、翌年から会稽開元寺の曇一について律を学び、さらに呉郡開元寺で止観の講義をした、というほどのことしか知ることができない。したがって、湛然が「天宝年間」に天台山で『法華玄義』を講義したとする設定は、特に資料的な裏付けがあったわけではなく、あくまでも、『止観輔行伝弘決』の「国清再書」の年代「元年建巳」が至徳元年（756）であろうという仮説の上に築かれた、いわば二重の仮説なのである。つまり、湛然が天台山国清寺にいたと伝えられる「元年建巳」が七五六年であるとすれば、湛然は七五六年以前から天台山に来ていたことになるため、「昔於台嶺、随諸問者籤記所録」という表現が指している天台山滞在の年代は、七五六年以前に遡ることになる。さらに、湛然がその「台嶺」滞在中に、『法華玄義』という大部の著作を学生に講義していたとすれば、その滞在は数年ほど続いたものと思われる。そうだとすれば、湛然は七五六年より数年前、つまり天宝年間には、天台山に来ていたことになるであろう。これが、日比［1966］が「(1)原本（「籤下所録」）」成立期の年代を導き出した筋道であろう。

次に、「(2)整理本」成立の年代は、「元年建巳」以後、乾元・上元年間（758-762）とされている。具体的には、日比［1966］では、「元年」以後、湛然が天台山を後にして、乾元年間の初め（758）頃に毘陵に至り（pp. 68-69）、この毘陵滞在中に、『止観輔行伝弘決』を参照しつつ『釈籤』を整理・記述した（p. 153）、と推測されている。このように(2)の年代設定にも、明らかに、「元年」を至徳元年とする仮説が影響を与えている。

このように見てくると、『釈籤』の成立過程に関する日比［1966］の構想においては、「元年建巳」という年代の特定が極めて重要な意味を持つことは明らかである。したがって、仮に、その「元年建巳」を至徳元年とする日比氏の理解が誤っているならば、その構想も必然的に修正を迫られることになるであろう。実際に、「元年建巳」は、日比［1966］が想定した至徳元年の四月ではなく、それよりも六年遅れる七六二年の四月であったことはすでに前節でも指摘した通りである。[4] したがって、『釈籤』の成立過程に関する日比［1966］の所説はそのままには認め難く、ある程度の修正を加えなければならなくなるのである。

第二項　『法華玄義釈籤』の成立過程の再構築

前項では、『釈籤』の成立過程をめぐる先行研究における問題点を指摘したが、本項では、そうした問題点を修正し、『釈籤』の成立過程を再構築していきたい。本書が考える『釈籤』の成立過程は、具体的には、以下のようなものである。

(1)『法華玄義』の講義（乾元年間以降〜七六二年、於天台山）

(2)『釈籤』を製作（七六二年十月以後〜七六四年夏前、於毘陵）

(3) 最終的完成（七六四年七月、於天台山仏隴）

これを図式化すると、次頁の図表のようになる。

本書ではこのように『釈籤』の成立過程に三段階を設定した。一見すれば明らかなように、これは基本的に日比[1966]の構想を継承するものであるが、改変を、主に「(1)『法華玄義』の講義」と「(2)『釈籤』の製作」の段階の年代設定に加えたのである。これは、上述の如く、「元年建巳」が紀元七六二年四月を指すことが明らかになったことに伴い、加えた修正である。従来、「元年建巳」は至徳元年（756）の四月と解釈されてきたが、この「元年」とは、唐粛宗の上元二年（761）九月二十一日の勅によって同年十一月一日に改元されてから、翌年四月十六日に代宗が年号を「宝応」に改元するまでの期間に使用された特殊な元号である。(5) したがって、湛然が国清寺で『止観輔行伝弘決』を再書したのは、七六二年四月一日から十五日までの間であったことが明らかとなる。さらに、湛然は、それから四ヵ月後の宝応元年（762）八月、袁晁の乱が台州臨海で勃発すると（「属海隅喪乱」）、天台山を下り、婺州浦陽を経て、同年十月頃に常州（毘陵）へ帰郷し、再び天台山へ戻り仏隴に登嶺したのは、袁晁の反乱が平定された翌年の広徳二年（764）であったことも判明している。(6) そして、湛然が天台山仏隴に着いた七六四年の七月に、『釈籤』は、普門の「釈籤縁起序」が冠されて、最終的な完成をみたのである。

それでは、七六二年四月に湛然が天台山国清寺にいたとすれば、彼はいつ天台山に行き、そしてどれくらいの期間

年代	湛然の行跡	『法華玄義釈籤』の成立過程	典拠
天宝十四（755）	臨安		昔天宝十四年、臨安私記〔止観〕（「止観科序」ZZ43, 508）
至徳元（756）	移隷呉郡開元寺		
至徳二（757）			曁至徳中、移隷此寺、乾元已来、攢成巻軸（「小石碑」T51, 103a21-b1）
乾元元（758）		(1)『法華玄義』の講義(於天台山)	昔於台嶺、随諸問者籖下所録（湛然「自序」T33, 815b5）
乾元二（759）			
上元元（760）			
上元二（761）			
元年（761. 十一月-762. 四月）	天台山国清寺	◎元年建巳＝（762. 四月）	元年建巳、国清再書〔止観記〕。校勘未周、衆已潜写。属海隅喪乱、法侶星移、或将入潭衡、或持往呉楚（「止観科序」ZZ43, 508）
宝応元（762）	浦陽→毘陵		宝応於浦陽重勘〔止観記〕（「止観科序」ZZ43, 508）
広徳元（763）		(2)『釈籤』の製作（於毘陵）	晩還毘壇、輒添膚飾、裨以管見（湛然「自序」T33, 815b6-7）
広徳二（764）	毘陵→仏隴	(3) 最終的完成（764. 七月於仏隴）	天王越在陝郛之明年、甲辰歳紀、月貞於相（普門「釈籤縁起序」T33, 815a23-24）

にわたって『法華玄義』を講義したのであろうか。実は、湛然の伝記資料の中には、乾元年間以降、「元年建巳」までの間（758-762）における彼の行跡を伝える記載が乏しいため、その時期における湛然の事跡は、主として現行本『釈籤』の序文に基づいて推測されている。そのうち、湛然の「自序」には、「昔於台嶺、随諸問者籤下所録、不暇尋究文勢生起、亦未委細分節句逗。晩還毘壇、輒添膚飾、裨以管見」（T33, 815b5-7）と見えることから、『釈籤』の本格的撰述は、湛然が天台山を離れ毘陵へ帰ってから行なわれたが、それに先立って、湛然は天台山（「台嶺」）で『法華玄義』を講じていたことが伺える。もちろん「自序」の記載のみによっては、講義の行なわれた具体的年代は直ちに決め難いが、ある程度の見当はつくと考える。

というのは、『釈籤』は七六四年の七月に最終的な完成をみたものであるが、その完成年代と、湛然が天台山を後にした七六二年との間にはわずか二年の差しかないにもかかわらず、『法華玄義』の講義が「昔、台嶺に於いて」行われた、と述べられていることから、湛然は七六二年に先立つ数年前から天台山に来ており、そこで『法華玄義』を講義していたことがわかるからである。ただ、その到着年代は早くとも乾元年間（758-760）以前には遡れないであろう。なぜなら、湛然は至徳二年（757）に呉郡開元寺に移籍したばかりであるため、同寺から離れ得たのは、やはり、『止観輔行伝弘決』の初本が一応纏った乾元年間以降になると思われるからである。以上のことを総じて見れば、湛然は、乾元年間以降に天台山に到着し、宝応元年までの期間、そこで、『法華玄義』の講義をしたことになる。したがって、「(1)『法華玄義』の講義」という段階の年代は、乾元年間以降から宝応元年までとすべきであろう。

さて、この期間に行われた『法華玄義』の講義の状況はどのようなものだったのであろうか。これに関して、湛然の「自序」には、ただ「随諸問者籤下所録」としか見えないが、普門の「釈籤縁起序」の中に見える以下の記載は注目に値する。

泊毘壇以至於国清、其従如雲矣。間者島夷作難、海山不寧、徇法之多、仄身巌宇。[7] 或謂身危法喪、莫如奉法全身。僶俛遂行、[8] 暴露原野。是楽法者、請益悦随、且法実無辺、身則有待、弘敷未暇、籤訪有憑、因籤以釈、思逸功倍。
（T33, 815a12-17）

〔そもそも〕毘壇から国清に至るまで、〔師に〕追随してきた者は雲のように多かった。その後、一時、島夷の反乱に遭い、台州の沿海も山岳地帯の情勢も不安定であったにもかかわらず、仏法を求めようとする者はさらに多く増えて、巌宇に身を寄せ合わなければ〔全員が〕入りきれないほどであった。ある者は、身が危険にさらされ法も喪びるより、法を奉じたまま身を全うするほうがましだ、と言う。〔彼らは〕勤勉に修行をなし遂げ、野宿して身を外に暴露《さら》すことも厭わなかった。これらの求道者は、〔みな師から〕教えを請い、悦んで〔師に〕追随しようとしていた。ただし、仏法は実に無限であるのに、身には限界がある。〔『法華玄義』について〕くわしく講じるには充分な時間がないため、〔学徒らが〕籤に質問を書き込み、それによって師に尋ね、〔師は〕籤に書かれた質問に対して解説すれば、講義は思うがままに進み、効果も抜群だったのである。

これによれば、たくさんの学徒を抱えた湛然は、限られた時間をより有効に使うために、学徒に『法華玄義』に関する質問を籤に書かせて、その質問籤に対して解説する形で講義を進めていたことが伺える。これが、湛然「自序」に見える「随諸問者籤下所録」の意味するところであり、さらには、『法華玄義釈籤』という題名の由来にもなったのであろう。

次に、『法華玄義』の講義が行なわれた場所については、上掲の普門の記述によれば、湛然が天台山に向かう途上からすでに多くの学徒が同行し、天台山滞在中にその人数はなおも増え続けたことがわかるが、これだけの大集団が国清寺などの寺院で生活できたのであろうか。少なくとも、普門の序文に見える「仄身巌宇」や「暴露原野」という表現からは、湛然を中心とする集団は、当初、山中や野外で暮らしていたであろうことが推察される。また、もし湛然らが天台山の寺院で共同生活をしていたとすれば、湛然「自序」にも、単に「昔於台嶺、随諸問者籤下所録」とするだけではなく、やはり具体的な寺院名が記載されていただろう。

　ここで、天台山の南門とも呼ばれる赤城山[9]に、「釈籤巌」という史跡が存在していることに注目したい。『嘉定赤城志』（一二二三年成立）を始めとする種々の地方志に、湛然が「天台教を注した」場所として挙げられている「釈籤巌」は、現在、「悟月洞」とも呼ばれており、石窟の規模については、「赤城山の腹部にあり、洞窟内部の高さは約二、三メートルで、最も高いところは五、六メートルあり、洞窟の幅は約二十メートルある」と言われている。[10] 悟月洞の内壁に刻まれている「釈籤」という二文字は唐代国清寺の清観[11]（-853-）の筆跡であるとも伝えられるが、[12]「釈籤巌」という史跡に関する現存最古の記載は、宋代北磵居簡[13]の「釈籤巌記」（一二〇九年成立）までにしか遡れない。もし、この「釈籤巌記」の記載を信用するならば、湛然は当初多くの弟子を随伴して天台山に到着したが、彼らは赤城山の悟月洞を中心とする場所で集団生活を始め、湛然はそこで弟子らのために『法華玄義』の講義をしていた、ということになる。

　以上、『釈籤』の成立過程における「(1)『法華玄義』の講義」の段階を中心に考察してきたが、次に、「(2)『釈籤』の製作」という規定について見てみよう。前述したように、湛然は元年建巳以後、戦火を避けるために故郷毘陵（毘壇）に帰り、再び天台山へ帰山したのは数年後の広徳二年であった。日比氏は、至徳元年以後、湛然は、天台山を後にしてから、湖南省の長沙（潭）、衡陽（衡）、江蘇省の蘇州（呉）を経て、乾元の初め（758）頃に毘陵に至り、そこに「恐らく、乾元から上元年間（七五八—七六二）、すなわち七百六十二年に浦陽に至るまでは」滞在していた、と考えており（日比［1966］pp. 68-69）、そして、その毘陵滞在中に、湛然は『止観輔行伝弘決』を参照しつつ、『釈籤』

を整理・記述した、と言う（p. 153）。ところが、「元年建巳（762.4）」は、実際には、日比［1966］が推測した年代（至徳元年）より五年も遅れるため、湛然の毘陵滞在期間は、日比氏が考えたような浦陽重勘（762）以前のことではなく、逆にそれ以後、すなわち、宝応元年から広徳二年の夏前までという時期に相当するであろう。だとすれば、いわゆる『止観輔行伝弘決』を援用して『釈籤』が本格的に撰述されたと推定される「(2)『釈籤』の製作」の年代は、宝応元年から広徳二年の夏前までとすべきである、と考える。

《おわりに》

本書の第二章第一節で、至徳・広徳年間（756-764）における荊渓湛然の事跡を考察する際に、先行諸研究に含まれる疑問点や問題点を検討し、その上で、上元・宝応年間（760-764）における天台山仏教教団及び湛然の動向を当時の歴史状況の中に置いて、見直そうとした。その結果、中唐代における天台山および江東仏教教団の動向の一端が判明するとともに、従来の湛然の伝記、特に至徳・広徳年間における湛然の動向についての誤解を修正することもできたと考える。

この「附録」は、上の成果が湛然の著作の研究に及ぼす影響を明らかにする試みの一環であり、同時に、新たに判明した歴史的事実や湛然の行跡に関する再解釈に基づき、『釈籤』の成立過程を再構成するものである。結果として、主に日比［1966］の研究成果を踏まえながら、その中に見られる歴史学的問題点を修正する形で、『釈籤』の成立過程に関する構想を改めて提示することができたと考える。ただし、『釈籤』という文献の内容上の新旧からなる多層的構造や、湛然本人の思想的変化に関して触れるには至らなかったため、これらの問題の解決は今後の課題にしたいと考えている。

注記

(1) 現行本『釈籤』には、序文に当たるものが二つある。その一は、湛然の弟子普門によって書かれた「釈籤縁起序」であり、その二は、巻一の冒頭に見える湛然本人による簡単な「自序」である。そのうち、湛然の「自序」に見える「昔於台嶺、随諸問者籤下所録、不暇尋究文勢生起、亦未委細分節句逗。晩還毘壇、輒添膚飾、裨以管見」(T33, 815b5-7) という記述や、さらに、普門の「釈籤縁起序」に見える「天王越在陜郛之明年、甲辰歳紀 (764)、月貞於相 (七月)」(T33, 815a23-24) という記載を考え合わせれば、『釈籤』の撰述過程の概容やその完成年代を伺いうる。

(2) 日比 [1966] の解釈は痴空と本純の注釈に基づくものである。痴空の『法華玄義釈籤講義』には、「天王、唐第八主代宗皇帝。越、遠也。陜、河南陜州。広徳元年、帝遠去京、避乱於陜城。歳紀、以歳経紀四時。貞、正也。相、七月異名、謂正当七月」(『仏教大系』巻十七。p. 8) とある。一方、日比 [1966] (p. 198) の引用文によると本純『法華玄義釈籤籤録』巻一上には、「天王代宗帝。越遠也。陜州在河南本弘農郡。郛公羊伝恢郭也、注郭城外大郭。唐史本紀広徳元年吐蕃入京、車駕至陜」とある。

(3) ただし、細部の解釈において若干、問題点を指摘できる。次頁表中の「広徳二年」の典拠中、「越在陜郛」の「越」とは、遠いという意味であり、「在」とは特に帝王が都を離れて、地方に滞在することを表現する動詞である。「陜郛」について、痴空と本純は「陜城」と解釈しているが、しかし「陜城」は実在しない地名であり、「陜郛」は古典では珍しい表現である。これは、おそらく「陜服」の誤写であると考えられる。「越在陜服」とは、郭子儀「請乗輿還京師疏」(徐乾学等編注『御選古文淵鑑』巻三十二に所収) に見出される有名な表現である。この疏は、広徳元年 (763)、唐将郭子儀が首都長安を吐蕃から奪回して、十二月二十六日に代宗を長安に迎え入れる直前に、陜州避難中の代宗に進上したものであり、その中に、「又宦豎掩迷、庶政荒奪、遂令陛下彷徨暴露、越在陜服」と見える。

また、湛然の在世中で、「甲辰歳紀」と数えられる年はただ一つ、すなわち唐代宗治世中の広徳二年 (764) のみである。その前年 (763) 七月に吐蕃貴族が唐境を突破し、十月十一日にその先頭部隊が都長安の近くまで迫ってくると、代宗はその翌日長安から陜州 (治陜県、今の河南三門峡西) へ逃げ出し、十月十四日に長安は吐蕃軍の手に落ちた (王仲犖 [1985]『隋唐五代史』上、上海、上海人民出版社。p. 162)。その後、唐将郭子儀が都を奪回して、十二月二十六日に代宗を長安に迎え入れた (王仲犖 [1985] p. 163)。いわゆる「天王越在陜郛 (服)」とは、この時の長安陥落と代宗避難のことを指していると考えられる。

(4) 本章第一節を参照。

(5) 元号の使用が廃止されていた間は、年はただ「元年」と称されており、月はそれぞれの斗建によって名づけられたため、十一月から四月までは、順次に「建子月」、「建丑月」、「建寅月」、「建卯月」、「建辰月」、「建巳月」と呼ばれていた。「元年」という年号は、建巳月（762. 四月）十六日に「宝応」に改元されたため、いわゆる「元年建巳」とは、七六二年四月一日から十五日までの半月間に相当することになる。この、「元年建巳」という年代をめぐる議論の詳細は、本章第一節を参照されたい。

（6）袁晁の乱と湛然の足跡との関連に関する議論は、本章第一節を参照。

（7）仄身、すなわち側身、「猶近其身、置其身也」（『中文大辞典』巻三。p. 188b）。

（8）僶俛、僶勉とも書く。努力、勤勉。

（9）「赤城山」は、岩石が霞色であり、遠くから眺めると城の雉堞の形とよく似ているため、「赤城」と名づけられたと伝えられる。徐霊府『天台山記』（T51, No. 2096）に、「自天台観東行一十五里、有赤城山。山高三百丈、周迴七里、即天台南門也、古今即是於国家醮祭之所。其山積石、石色絶然如朝霞、望之如雉堞、故名赤城、亦名焼山。故『〔遊天台山〕賦』云、赤城霞起以建標、即此山也。半山有飛霞寺、即是梁岳王母為居此寺也、今則廃矣。山下有石室、道士居之。其中山趾有寺、曰中巌寺、即是西国高僧白道猷所立也」（1054b8-16）と言われるように、この山は古来、修行者の隠遁場所として注目され、山中には、晋代曇猷ゆかりの「中巌寺」を始めとする仏教史跡が伝わっている。さらに、『嘉定赤城志』巻二十一に、「〔赤城山〕上又有巌二、曰「結集」、曰「釈籤」、蓋灌頂、湛然遺蹟也」とあるように、赤城山には、章安灌頂が天台教典をまとめあげた場所と伝えられる「結集巌」や、荊渓湛然が『法華玄義』を講じたと言われる「釈籤巌」がある。

（10）朱封鰲［2002］（『天台宗史迹与典籍研究』上海、上海辞書出版社。p. 100）。

（11）『宋高僧伝』「唐天台山国清寺清観伝」は、「釈清観、字明中、臨海人也、姓屈氏。初誕弥、手足指間有幕蹼、属相著焉、仏経所謂網漫相也。迨為童孺、神俊挺然、乃有出塵之志。遂詣国清寺、投元璋律師、執侍瓶鉢。非父母不沮之、若迦楼羅鳥、啄幾万重囲矣。年十八、納形倶法。良由善根深植、悟解天然。台嶺教文、洞明三観。兼得深定、神異通感、皆莫我知。少覧百家、弥通三教。仍善属文、長於詩筆。……大中初、天下寺刹中興、観入京、請大鐘帰寺鳴撃、幷重懸勅額、則集賢院学士柳公権書題也。柳復有詩序送其東帰、復請蔵経帰寺。大中癸酉（853）、江表荐飢、殍踣相望、観遂併糧食施之。……人皆異之、遠近瞻礼、日別盈満、喧擾可厭、乃逃往翠屏山蘭若独棲。続天台山衆列請為僧正、乃佯狂隠晦。州牧杜雄遂奏昭宗、宣賜紫衣、観聞之若愁思不楽、後無疾而終焉」（T50, 842a27-b25）と伝える。

（12）明代伝灯撰『天台山方外志』巻十八「碑刻考、巌鐫」には、「結集、釈籤。右四字倶小篆、在赤城巌、唐清観法師書」とある。この記載を信用すれば、廃仏政策が停止される九世紀の中頃、天台山地域で活躍した清観が、赤城山の仏教史跡として有名な石巌にそれぞれ「結集」と「釈籤」と題したのは、天台山の仏教再興運動の一環とも考えられる。

（13）釈居簡の伝記は『続灯正統』巻十一（ZZ144, 621a17-622a10）に見える。

第三章　『止観輔行伝弘決』と天台止観伝承の正統化
――天台宗祖統論の確立と顕彰――

序　節

前章では、湛然が『止観輔行伝弘決』の撰述に従事していた十年間に焦点をしぼり、その歴史的状況、さらには、その期間における湛然の動向とその心境の変化について分析してきた。彼の心中で徐々に固まっていった決意は後に結実し、天台仏教の復興運動として歴史の中で具現されることになるが、その原点となったのは、やはり『止観輔行伝弘決』そのものと言っても過言ではないだろう。唐代における天台仏教の復興運動が、『止観輔行伝弘決』の撰述から実質的に開始されることとなったのは、その運動の担い手である湛然が受け継ぐ伝承の性質からして必然的であり、さらに突き詰めて言えば、この運動の究極的な目標は、天台止観伝承の正統化と天台止観実践法の正規化の実現にあったからである。本章では、まず、湛然とその門下は、どのようにして天台止観伝承の正統化を成し遂げたのかについて考察していくこととする。

湛然の時代、自らの伝承の正統性と優越性を主張しようとする志向は一種の時代的風潮のようなものであり、決して珍しい発想ではない。その典型的な一例として、禅の東山法門では、北宗系統とは相違するという自覚に立って、南宗、牛頭禅、四川の剣南智詵、および洪州馬祖の系統がそれぞれ自らを正統とする伝灯説を主張していたことが挙げられよう。[1]そして、湛然自身、かつて六祖の門下であり神会の同門にあたる方巌和尚に学ぶ経験を持つだけではなく、彼の師匠玄朗もやはり南宗の玄覚と親交を持った人物であるという事実を思い起こせば、湛然は、神会を中心として興起した南宗の正統標榜運動から影響を受けたとまでは言い切れなくても、少なくとも、それについて無知ではなかった、とは認められよう。

そこで、考察の焦点を天台止観の伝承に当てた場合、李華によって作成された二つの碑文に見える記述が興味深い。その一は、彼が玉泉系止観の系譜に属する蘭若恵真（673-751）のために撰述した「荊州南泉大雲寺故蘭若和尚碑」（『全唐文』巻三一九）の中に見える「昔智者大師受法於衡岳祖師、至〔恵真〕和尚六葉、福種荊土、龍象相承。……荊南正法、大士相伝、灌頂尊記、乃吾師焉（昔、智者大師は法を衡岳祖師（慧思）より受けて、〔恵真〕和尚に至るまで六代にわたって、福を荊南の地に植え続け、優れた僧によって相承されてきた。……荊南の正法は大士が伝えたものであり、灌頂はそれを丁重に記して、我が師〔恵真〕に至ったのである）」という記述である。恵真は心要を弘景（634-712. または宏景、恒景）から受けたと言われ、そして弘景は灌頂の弟子道素を受け継ぐ者であるとされるため、[2]「六葉」とは、慧思、智顗、灌頂、道素、弘景、恵真の六人を指していると考えられるが、ここでは、この荊南正法こそが天台止観伝承の正統とされている。この記述は、唐代の天台止観伝承をめぐる、最も早くに現れた正統主張である。

ところが、そのわずか三年後、李華は、玄朗の弟子清弁からの依頼を受けて「故左渓大師碑」（『全唐文』巻三二〇）を撰述することとなるが、そこには、「至梁陳間、有慧文禅師、学龍樹法、授恵思大師。南岳祖師是也。思伝智者大師、天台法門是也。智者伝灌頂大師、灌頂伝縉雲威大師、縉雲伝東陽威大師、左渓是也。又弘景禅師得天台法、居荊州当陽、伝真禅師、俗謂蘭若和尚是也。左渓所伝、止観為本（梁陳両朝の間に至ると、慧文禅師があって龍樹の法を学び、恵思大師に授けた。すなわち〔この恵思が〕南岳祖師である。恵思は智者大師に伝えたが、これが天台法門である。智者は灌頂大師に伝え、灌頂は縉雲〔智〕威大師に伝え、縉雲は東陽〔慧〕威大師に伝え、〔その次が〕左渓〔玄朗〕である。また、弘景禅師は天台の教法を得て荊州当陽に居住し、〔これを恵〕真禅師に伝えた。〔恵真禅師は〕俗に蘭若和尚と呼ばれる。左渓が伝えた法は、止観を根本とするものである）」と記している。ここでは、すでに、縉雲智威—東陽慧威—左渓玄朗の系統のほうが優位とされ、より重要なものとして扱われているのは明らかである。そして、天台復興の先鞭を左渓系統がつけたとすることは歴史的事実に反するとしても、[3] この「故左渓大師碑」の表現からは、他の系統の伝承を退け、復興運動を主導しようとする気運が玄朗の門下においてはすでに明確な形で現れていたことが看取される。そして、敢えて、「荊州南泉大雲寺故蘭若和尚碑」と同一の著者に碑文撰述を依頼した動機も、この気運と同根であろう。

もし、湛然が天台止観伝承の正統化を目指して起ちあがったのもこのような風潮に促されてのことであったならば、最終的に成功を収めたのが湛然であったのはなぜだったのかは大きな問題であろう。その理由は、湛然の天台止観祖統論の構想そのもの、そして彼とその門下による正統性の宣揚活動に求めうる、と考えるが、湛然は、主として『止観輔行伝弘決』の中で、『摩訶止観』「灌頂序」に示された天台止観祖承説を再構成することによって、自己の天台止観祖統論の基盤を築き上げている。したがって、湛然が展開した祖統論の特徴と意義を把握するためには、まず、その土台となった「灌頂序」の説を知る必要があろう。そこで、「灌頂序」に示される止観祖承説について検討することから、本章の考察を始めたい。

注記

（1）柳田聖山［1967］（『初期禅宗史書の研究』京都、法藏館。p. 102）。

（2）大久保良順［1951］（「唐代に於ける天台の伝承について」『日本仏教学会年報』十七。p. 90）。

（3）大久保［1951］（p. 96）。

第一節　『摩訶止観』「灌頂序」における天台止観の祖承説

《はじめに》

天台大師智顗（538-597）の教学は、教観二門の双美を特色としている。そのうち、「観門」に属す実践法の体系を集約的に述べる著作としては、『釈禅波羅蜜次第法門』（T46, No. 1916）、『六妙法門』（T46, No. 1917）、『摩訶止観』（T46, No. 1911）が最も重要である。この三部の著作は、それぞれ、「漸次止観」、「不定止観」、「円頓止観」という三種止観の体系を明らかにするものである。[1] その中で、『摩訶止観』は、智者大師が開皇十四年（594）荊州玉泉寺で夏安居中に（四月二十六日から）講説した内容を、[2] 弟子の章安灌頂（561-632）が聴記・整理したものである。この書が、灌頂による再三の修治を経て、[3] 最終的に現行本の形に整えられたのは、大業二年（606）より灌頂入寂の貞観六年（632）までの間であろうと考えられる。[4] 本書のテキストは、荊渓湛然（711-782）の時代にはまだ三種類存在していたが、[5] そのうちの「第一本」と「第二本」のテキストは後に失伝し、唯一完本として現存しているのは、湛然が『止観輔行伝弘決』の底本とした「第三本」、すなわち『摩訶止観』と題される十巻の現行本だけである。ほかの二本は、『止観輔行伝弘決』の中で、第三本と比較される形で言及される箇所から、その内容の一端が伺えるのみである。[6]『摩訶止観』の第一本から第二本へ、さらに第二本から第三本へという修治の際に、「灌頂序」も大幅に書き改められ、特に付法相承に関する部分は、「第一本ではこの部分を欠いていたかと思われるが、灌頂は師資の相承を明示する必要から、第二本に至って「祖承」の一段を設けた」といわれている。(7) したがって、現行本『摩訶止観』の「灌頂序」に見える止観祖承の相関所説は、「師資の相承を明示する必要」に応じて、慎重な考慮と改訂の結果、成立したものと考えられる。灌頂の止観相承説は、唐代の湛然以降に確立する天台止観祖統論、さらに、宋代における天台宗祖統論の確立のための祖形となる理論として重要な意味を持っている。この理論は従来注目されてきたとはいえ、しかしながら、それが必ずしも正確に理解されているとは思えない。その理解をめぐる大きな問題はおよそ三つの面にわたって存在すると考える。

第一に、『摩訶止観』の序文から伺える灌頂の師資相承説は、湛然が『止観輔行伝弘決』で示した解釈に沿って理解される傾向が非常に強い。たとえば、関口真大［1969］（『天台止観の研究』東京、岩波書店）は、「摩訶止観では、付法蔵因縁伝がそのままに記されているのであるが、それは天台止観における付法相承が、本来、いわゆる金口相承に重点がおかれていて、この金口相承はいわば今師相承を立てるための一前提たるべきもの」（p. 165）と述べている。ここに言う「金口相承」および「今師相承」とは、もとより『摩訶止観』に見える表現ではなく、『止観輔行伝弘決』において初見する呼称であることに注意したい。研究者は極めて自然に、湛然が示した祖承説の組織に依って『摩訶止観』の所説を理解しようと努めており、そのような理解の仕方がいつの間にか常識的なものになった。そして、『摩訶止観』の序文に見える灌頂の相承説そのものの内容分析やその理論構造に着目した考察は、ほとんどなされてはこなかったのである。

第二に、灌頂の相承説の内部構造が解明されない限り、その説が持つ特徴も当然ながら浮かび上がってこない。従来、灌頂がその相承説を提示した理由は、ただ彼を取り巻く外的な状況の中にのみ、想定されてきた。現在でも、灌頂が『摩訶止観』の序文で師資相承説を打ち出した背景について、隋煬帝という外護者に向かって、そして地論宗や三論宗の興隆に対抗して、「天台教学の権威を保持する」ためであったとされている。(8) 確かに、教団の維持や教学上の対抗関係といった歴史的状況を想定することは間違いではないが、それらがいずれも外的要因に過ぎないことには注意すべきである。しかし、そのような外的要因のみに促されて、灌頂は相承説を打ち出したのであろうか。灌頂自身あるいは当時の天台教団や教学そのものの内にも、祖承説を生み出す動因が存在したのではないか。ここで、あらためて、それを探求する必要性を感じるのである。

第三に、『摩訶止観』の「灌頂序」に見える師資相承説の影響力を過大視する傾向も看過できないのである。灌頂の所説の重要性はもちろん否定できないものの、それが提唱されるや否や直ちに周囲に衝撃的な影響を与えたわけではないと考える。しかし、一部の禅学研究者は、隋代にはすでに「天台宗」が実体として存在したと認めた上で、隋唐代における羅漢群像の造営は「天台宗」あるいは智顗の「天台教学」の影響によるものと想定している。議論は後文に譲るが、この見解は、いわば因果関係を転倒させたものである、としか言いようがない。

そこで、本節では、上述の諸問題を解決すべく、『摩訶止観』の「灌頂序」に見える師資相承説の内容そのものに着目して丁寧に読み解き、その中から灌頂の本意を見出すことに努めたい。そのために、灌頂説をより広い歴史的・思想史的視野の中におきながら、その時代的意義を探り、さらにその説が及ぼした影響を正確に評価することを試みる。そこで、以下、「灌頂序」における師資相承説の相関箇所をその文脈に沿って読み解くことから出発することとする。

第一項　灌頂説の全容とその時代的意義

一　灌頂説の提示される文脈

一・一　灌頂の設問――「天真独朗」か「従藍而青」か――

灌頂が「祖承説」を提示するに至った状況とその意図を追究するには、まず灌頂の説がいかなる文脈の中で、どのように展開されたものなのかについて見ていくしかない。「灌頂序」は以下のような内容をもって始まっている。

止観明静、前代未聞。智者大隋開皇十四年四月二十六日、於荊州玉泉寺、一夏敷揚、二時慈霔。雖楽説不窮、纔至見境、法輪停転、後分弗宣。然挹流尋源、聞香討根。『論』曰、「我行無師保」。『経』云、「受莂於定光」。書言、「生知者上、学而次良」。法門浩妙、為天真独朗、為従藍而青。（T46, 1a7-13）

止観の明静たる本質に迫る教説として、〔本書は〕前代未聞のものである。〔それは、〕隋開皇十四年四月二十六日、智者大師（智顗）が荊州玉泉寺における夏安居中に、毎日朝晩二回の説法で説き明かしたものである。〔大師は〕説法をさらに続けたいと願っていたかもしれないが、かろうじて〔第七境の〕「諸見境」まで説いたところで、夏安居の講説（法輪）は終了し、後の部分まで説くことはなかった。しかしながら、川を遡れば源に辿りつき、香を嗅ぎながら追っていけばその匂いを発する根が求め得られる〔が、天台の止観にもそのような根源があるだろうか〕。『大智度論』には、「釈尊の偉大な悟りは指導者の導きによらずに完成された」とあり、『太子瑞応本起経』は、「〔釈尊は前世に、〕定光仏から記別を授かった」と説く。『論語』「季氏」には「生まれながらに知る者は最も優れ、後天的に学び取る者はそれに次ぐ」という。〔それでは、天台の止観〕法門は浩妙であるけれども、それは、〔天台智顗が〕生まれつきの素質によって一人で悟ったものなのか、あるいは、師より伝承しながら、かつそれを超えたものなのか。

つまり、止観の明静たる本質に迫る教説（円頓止観）は、まさに「前代未聞」のものであったとされている。それが初めて世に知られるようになったのは、隋開皇十四年、智者大師（智顗）が荊州玉泉寺で夏安居中に説き明かしてからである。したがって、この円頓止観は斬新で独自な行法と言える。ただし、どのような流れにもその源があり、香を追っていけばその匂いを発する根が求め得られるように、天台の止観にもそこから遡るべき根源があるのだろうか。仏教の開祖釈尊の偉大な悟りは指導者の導きによらずに完成された、と『大智度論』は主張している。他方、『太子瑞応本起経』は、釈尊は前世で菩薩としての行を積み重ねる間に、定光仏から記別を授かったと説く。仏典以外にも、俗典の『論語』「季氏」には「生知者上、学而次良」とあって、生まれながらに知る者は最も優れ、後天的に学び取る者はそれに次ぐと考えられている。ここで灌頂は問うのである。天台の止観法門は網羅的であって素晴らしいものであるが、それは、天台智顗が生まれつきの素質によって一人で悟ったものなのか、それとも、師より伝承しながら、かつそれを超えたものなのであろうか、と。これが、灌頂の序文における核心的な問題の一つである。

思うに、「止観明静、前代未聞」という一句から始まる上掲文の前半と、「挹流尋源、聞香討根」以後の後半の内容は矛盾している。あるいは矛盾とまでは言えなくとも、前半から後半への展開には、一つの飛躍が見られる。つまり、前者は明らかに天台止観の独自性を強調する表現であるが、後者は、天台止観と仏教一般との共通性、あるいは両者の間に歴史的連続性を求めようとする試みを予想させる表現なのである。序文の冒頭に含まれるこれらの相反する二つの要素とその関係の中に、天台止観の独自性を宣揚した上で、それと仏教一般との関連性を明確にしようとする意図が看取できる。そして、灌頂が、止観法門もやはり仏教の基盤の上に屹立するものであることを主張しようとし、そのために、天台止観の教法ではなく、その実践主体にまず着目したのであろうことは、彼が示した二つの典拠から想像できる。「法門浩妙、為天真独朗、為従藍而青」という問題意識の根本には、灌頂が天台止観の大成者である智顗自身を仏教の歴史の流れに位置づけようとする意志が存在するように思えるのである。

一・二　灌頂の回答——「聞付法蔵、則識宗元」——

「法門浩妙、為天真独朗、為従藍而青」という質問を設けながら、灌頂は以下のような回答も自ら添えている。

行人若聞「付法蔵」、則識宗元。

大覚世尊、積劫行満、渉六年以伏見、挙一指而降魔、始鹿苑、中鷲頭、後鶴林。法付大迦葉、迦葉八分舎利、結集三蔵。法付阿難、阿難河中入風三昧、四派其身。法付商那和修、修手雨甘露、現五百法門。法付毱多、多在俗得三果、受戒得四果。法付提迦多、多登壇得初果、三羯磨得四果。法付弥遮迦。迦付仏駄難提。提付仏駄蜜多。多授王三帰、降伏算者。法付脇比丘。比丘出胎髪白、手放光取経。法付富那奢、奢論勝馬鳴、剃髪為弟子。鳴造頼吒和羅妓、妓音演無常苦空、聞者悟道。法付毘羅、羅造無我論、論所向処、邪見消滅。法付龍樹、樹生生身龍成法身。法付提婆、婆鑿天眼、施万肉眼。法付羅睺羅、羅識鬼名書、降伏外道。法付僧佉難提、提説偈試羅漢。法付僧佉耶奢、奢遊海見城説偈。法付鳩摩羅駄、駄見万騎記馬色、得人名分別衣。法付闍夜那、那為犯重人作火坑、令入懺悔、坑成池、罪滅。法付盤駄、駄付摩奴羅、羅分恒河為二分、自化一分。法付鶴勒夜那。那付師子、師子為檀弥羅王所害、剣斬流乳。付法蔵人、始迦葉、終師子、二十三人。末田地与商那同時、取之則二十四人。諸師皆金口所記、並是聖人、能多利益。(T46, 1a13-b9)

修行者は、「付法蔵」〔が示す仏法の伝承過程〕を聞けば宗元〔尊ばれる根源〕を識ることができる。

大覚世尊は、遥か過去より種々の修行を積み重ね、現世においても六年にわたって苦行を積んで諸見を除き、一指を挙げて諸魔を降伏〔して偉大な悟りを開き成仏〕し、鹿野苑を初めに、霊鷲山を経て、最後に娑羅樹林で法を説いた。〔世尊は涅槃に入る前に、〕正法を大迦葉に伝えたが、大迦葉は仏舎利を八等分し、三蔵の結集につとめた。大迦葉は正法を阿難に伝えたが、阿難は河の中で風奮迅三昧に入り、其の身を四散させ〔て入滅し〕た。阿難は正法を商那和修に伝えたが、商那和修は手から甘露を降らせて、五百の法門を示現し〔て入滅し〕た。商那和修は正法を毱多に伝えたが、毱多は在俗の時から三果を得ており、受戒してさらに四果を得た。毱多は正法を提迦多に伝えたが、提迦多は壇に登って初果を得、三羯磨を受けて四果を得た。提迦多は正法を弥遮迦に伝え、弥遮迦は仏駄難提に伝え、仏駄難提は仏駄蜜多に伝えた。仏駄蜜多は王に三帰依を授け、占い師を降伏した。仏駄蜜多は正法を脇比丘に伝えたが、脇比丘は生来髪が白く、手から光を放って経を読んだ。脇比丘は法を富那奢に伝えたが、富那奢は馬鳴を論破し、剃髪させて弟子とした。馬鳴は「頼吒和羅妓」を作り、その「頼吒和羅妓」の響きは無常・苦・空を演じており、聞く人に道を悟らせた。馬鳴は正法を毘羅に伝えたが、毘羅は「無我論」を作り、その論の読まれたところでは邪見が滅びた。毘羅は正法を龍樹に伝えたが、龍樹は生身を生じ、意は法身を成じた。龍樹は正法を提婆に伝えたが、提婆は大自在天像の目を抉り出し、自らの肉眼を一万回にわたって天神に施した。提婆は正法を羅睺羅に伝えたが、羅睺羅は鬼名の書に通じ、外道を降伏した。羅睺羅は正法を僧佉難提に伝えたが、僧佉難提は偈を説いて羅漢を試した。僧佉難提は正法を僧佉耶奢に伝えたが、僧佉耶奢は海を渡り城を訊ねて〔城主に〕偈を説き〔教化した〕。僧佉耶奢は正法を鳩摩羅駄に伝えたが、鳩摩羅駄は万騎を見ても、それぞれの馬の色、人名、衣服まで記憶することができた。鳩摩羅駄は正法を闍夜那に伝えたが、闍夜那は火坑を作り、重罪を犯した人をそこに入れて懺悔させると、火坑は池となり、罪は滅びた。闍夜那は正法を盤駄に伝え、盤駄は摩奴羅に伝えたが、摩奴羅は恒河流域を二分し、自ら〔その北〕半分を教化した。摩奴羅は正法を鶴勒夜那に伝え、鶴勒夜那は師子に伝えたが、師子は檀弥羅王に殺害され、剣で斬られた所から乳が流れ出た。法蔵を伝えた人々は、迦葉に始まり師子に終るまで二十三人いた。末田地は、商那和修と同世代であるから、彼も数えれば二十四人になる。諸師はみな釈尊の教説の中〔金口〕に予言されていて、全て聖人であり、多くの衆生に利益をもたらした。

つまり、天台の止観法門は実践者の生得の卓越した素質によって自力で明かされたものか、それとも青は藍から生ずる様に、あくまでも師の存在が前提であって、師の導きに従って体得されたものなのかを判断するためには、「付法蔵」の伝えを聞かなければならない。それを聞けば、初めて天台止観の「宗元〔尊ばれるみなもと〕」を識ることができると言う。

この「付法蔵」とは、『付法蔵因縁伝』六巻（T50, No. 2058）に伝えられるところの、仏滅後のインドにおける付法相承の次第因縁にほかならず、灌頂は上掲の如く、釈尊に続く、大迦葉から師子までの二十三代（二十四人）に及ぶ付法相承を極めて簡略にまとめ上げている。この「付法蔵」を灌頂が援用したのは、「法蔵」を次第継承する二十三代（二十四人）の聖人の存在と彼らの相承関係（「付法蔵」）こそが、インドにおける仏教の歴史的展開そのものとして理解されているからだと考えられる。さらに、ここで灌頂がインド仏教の歴史的展開を提示したのは、それを次に繰り広げていく論証の前提にするためであろう。その際に、「付法蔵」の系譜の中でも、特に二人の存在が重要となってくる。その一人は仏教の開祖に当たる釈尊であり、もう一人は大迦葉から十三代目に数えられる龍樹である。

それでは、インド仏教の歴史的展開が把握されれば、天台止観の根源は判明するのであろうか。逆に言うと、中国隋代の智顗によって明かされた天台止観という実践行法は、その根源をインドの仏教伝承に求め得るのであろうか。そこで、灌頂は、天台止観の実践主体である智顗その人に着目して、以下のような論証を繰り広げるのである。

此之止観、天台智者説己心中所行法門。智者生光満室、目現双瞳。行法華経懺、発陀羅尼、代受法師講金字般若、陳隋二国宗為帝師。安禅而化、位居五品。故経云、施四百万億那由他国人、一一皆与七宝、又化令得六通、不如初随喜人百千万倍、況五品耶。文云、即如来使、如来所使、行如来事。大経云、是初依菩薩。智者師事南岳。南岳徳行不可思議、十年専誦、七載方等、九旬常坐、一時円証、大小法門朗然洞発。南岳事慧文禅師、当斉高之世、独歩河淮、法門非世所知、履地戴天、莫知高厚。文師用心一依『釈論』、『論』是龍樹所説、付法蔵中第十三師。智者『観心論』云帰命龍樹師、験知龍樹是高祖師也。(T46, 1b1–27)

ここに記した止観の教えは、天台の智者大師(智顗)が自己の心中の実践法門を説き明かしたものである。智者大師が生まれた時にはその部屋に光が満ち溢れ、目の瞳は二重であった。法華経懺を実践して、初旋陀羅尼を発し、〔慧思に〕代わって法師をつとめ金字『般若経』を講じ、陳・隋二国の帝師となった。安らかに坐禅して入滅し、その境地は五品であった。故に『法華経』(「随喜功徳品」)に、「四百万億那由他もの無数の国々のすべての人々に布施し、その一人一人にそれぞれ七宝を与えて、さらに教化して六神通を得させたとしても、初めて随喜した人の徳の百千万分の一にも及ばない」と説かれている。ましてや、〔大師が得た〕五品の境地となると、どれほど素晴らしいものであろうか。『法華経』（「法師品」）には「すなわち如来の使者であり、如来に使わされ、如来のなされることを行ずる」とある。『涅槃経』には「初依の菩薩である」と説かれる。[9]

智者は南岳慧思に師事した。南岳の徳行は不可思議であって、十年間は専ら読誦し、七年間は方等三昧を実践し、九十日間常坐三昧を実践した結果、たちまち法華三昧を証し、大小乗の法門は明らかとなり自由自在に説くことができるようになった。南岳は慧文禅師に師事したが、〔慧文は〕北斉の時代に、黄河から淮水までの地域では右に出る者がいないほどの人物であり、その教えが世に知られていない有様は、まるで大地を踏み空に覆われていながらも、その天の高きことも地の厚きことも知られずにいるようなものである。慧文禅師の心の用い方は専ら『大智度論』に依ったが、この『大智度論』は龍樹の説いたもので、その龍樹は付法蔵の伝承の中で十三代目の祖師にあたる。智者の『観心論』に「龍樹師に帰命す」とあって、龍樹が高祖師であることが明かされている。

灌頂は、まず、「此之止観、天台智者説己心中所行法門」と述べて、天台の止観は天台の智者大師智顗が自己の心中の実践法門を説き明かしたものである、と表明してから、次に、その実践主体である智顗について、その到達した階位と師承関係という二つの方面にわたって位置づけを試みている。

第一に、天台止観の大成者である智者の到達した階位に注目した論証では、生涯を通じて輝かしい実績を挙げた智顗は最終的に五品弟子の位に登るに至った。したがって、智顗は「初依菩薩」であり、「如来の使者であり、如来に使わされ、如来のなされることを行ずる」者とされる。つまり、智顗には、四依菩薩のうちの「初依菩薩」という地位が与えられ、如来から直接遣わされた者という権威も確保される。このように、「五品位」の外凡である智者は、インド仏教の系譜に現れ、「金口所記、並是聖人」（T46, 1b8-9）と言われる二十四人の諸師と比べれば劣る存在ではあるが、他方、「如来の使者」として、智者は歴史を超えて釈尊と直結する存在となり、インドの諸聖人と同等な地位を与えられることになる。そして、その智者が自らの「心中所行」に基づいて大成した天台止観法門は菩薩の修行法門であり、それを宣布するのは正に仏に仕え、仏の事業を行うためである、ということにもなる。このような視点から捉えることによって止観法門はその根源を如来自身に遡って求め得るべきものと認められているのである。

第二には、智顗の師承関係を遡ることによって、智顗を位置づけることも試みられている。智者の師承に関しては、彼が南岳慧思に師事し、慧思が慧文禅師を師としていることは一般に知られている。灌頂によれば、慧文は北斉時代の黄河・淮水流域間の地域において独歩していた行者であり、彼の「用心」は、専ら『大智度論』に依ったとされる[10]。この『大智度論』は伝統的には龍樹説とされているため、慧文がそれを全面的に依用したということは、彼が龍樹の教法を受け継いだことになる。さらに灌頂は、智者の『観心論』に見える「帰命龍樹師」という表現を根拠に、龍樹を智者の師承系譜の中の「高祖師」の位置においた[11]。また、龍樹はインドの付法伝承においては第十三師とされる人物でもあるため、龍樹を高祖師とすることで智顗自身もまた龍樹を媒介としてインドの付法伝承と関連をもつことになる。したがって、両者の関連性が立証されれば、智顗を仏教の歴史的展開の中に位置づけることに成功するのであろう。

二　灌頂説が本来有する構造の特徴

以上、『摩訶止観』「灌頂序」に現れる、いわゆる「祖承説」の相関箇所の内容を検討した結果、天台止観という修行体系の独自性を強調しながら、同時にその仏教一般との共通性および仏教史との関連性を立証するために、灌頂は、天台止観の実践主体である智顗自身に着目して、智顗を釈尊そして龍樹と関連づけることを通して、彼とインド仏教の伝承系譜とを結び付けようと試みたことが明確になった。灌頂説がこのような脈絡を有するものと理解すると、灌頂が提示したとされる「祖承説」は、従来の理解とは異なる構造をもっている可能性が出てくる。

　灌頂の「祖承説」の組織については、従来、湛然が『止観輔行伝弘決』で示した理解に基づいて、インドにおける付法伝承である「金口祖承」と、智顗自身の師承を表す「今師祖承」という二つの系統を軸として構成されている、と考えられてきた。しかし、上述したように、このような見方が灌頂の本意を正確に反映しているかどうか、再度検討してみる必要があると思う。そこで、今一度、灌頂説が本来持つ構造の特徴を、前項で明らかになった文脈に基づいて作成した図式を見ながら考えていきたい。

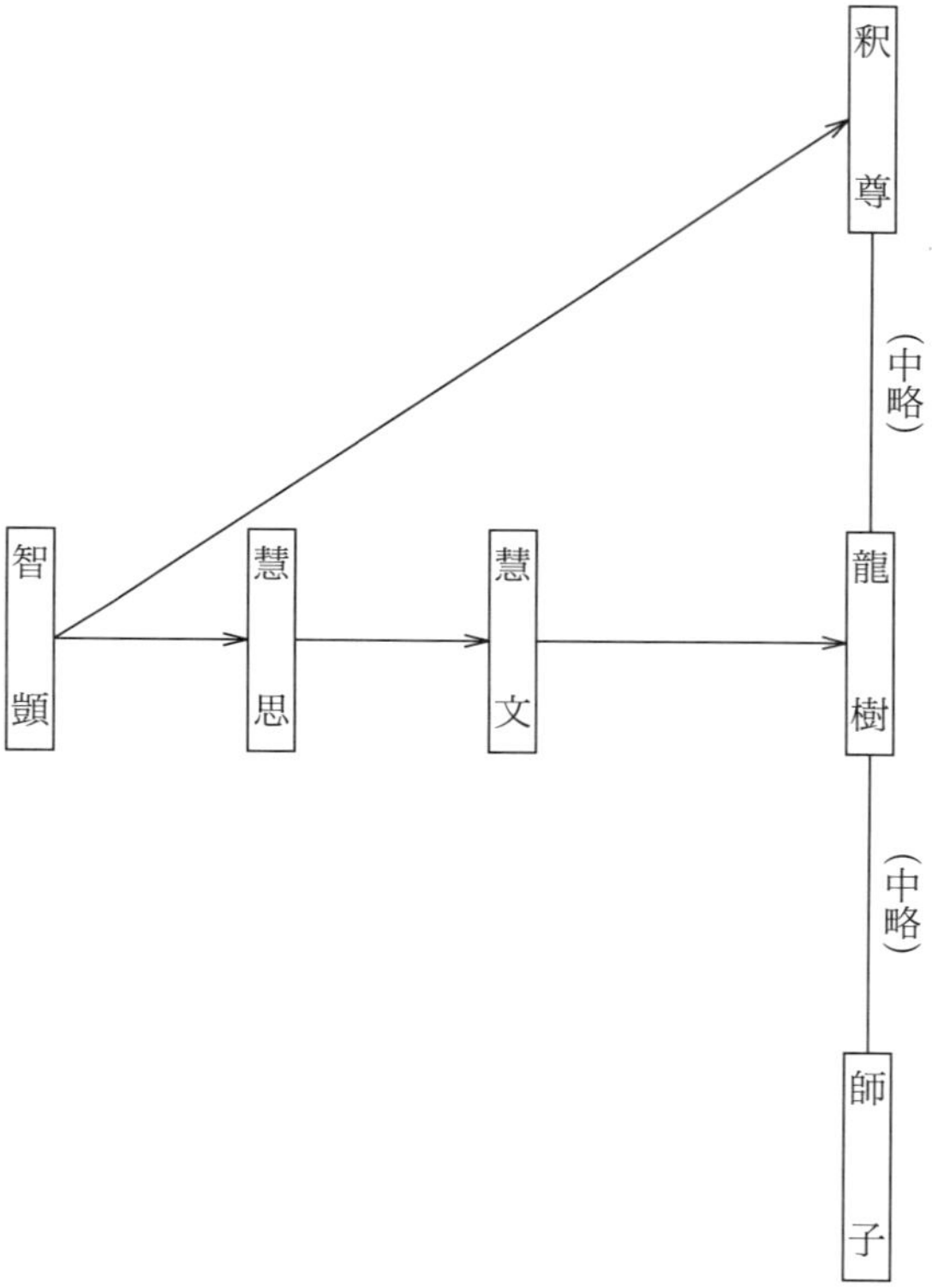

まず、縦軸で示したのは、灌頂が『付法蔵因縁伝』を典拠にまとめあげた、釈尊の「金口所記」の聖人によって代々に伝えられてきたインドにおける仏教の伝承系譜である。この系譜には、前述したように、迦葉から師子までの全二十三代が挙げられているが、最後の師子比丘が殺害されたために、この伝承はインドで断絶することとなる。これが、後に湛然が「金口祖承」と名づけた伝承系譜である。縦軸が仏教のインドにおける展開を表しているのに対して、横軸はいわば中国における展開を示すものである。智顗は横軸の左端に位置するが、灌頂が「祖承説」を提起した目的は、いわば、右図の左端に居る智顗と、右端の縦軸とを結びつけることにあった。つまり、智顗とインド仏教の相承とを繋げることによって、天台の止観法門と釈尊の教えとの関連を明らかにしようとしたのである。そのために灌頂が提示したのが、右図の矢印で表した二つの継承関係である。

その一は、智顗を、直接、釈迦如来と結びつける試みであり、図では両者を直接結ぶ斜めの線で示される。三宝の中心に据えられる「仏」は、仏教においては、常に原点であり頂点である。仏教徒であれば誰もが、自己と「仏」との関係を意識せざるを得ない。灌頂は、智顗を「初依菩薩」や「如来使」とすることによって、如来を直接継承する者としての地位を智顗に確保させようとした。このような如来と菩薩との関連づけは、いわば超歴史的なものであると認めざるを得ないが、その背後には『法華経』「如来寿量品」に見える本迹二身説に基づく「本仏」と「迹仏」という仏身観が働いていると考えられる。この観点に立てば、迹仏としての釈尊を継承するインドの二十四人の聖人と比べて、智顗は本仏の如来に仕える菩薩として、前者と同等、あるいはより高い地位に立っている、ということにすらなるのである。ただし、この智顗を釈尊と直接結びつける灌頂の発想は、後述するように、「金口祖承」と「今師祖承」という二つの系譜を軸とする構想においては完全に看過されることになる。

その二は、図中、智顗から龍樹に向かう横線で示されるように、智顗の師承関係を遡ることによって彼とインドの付法伝承とを関連づけようとする試みである。具体的には、智顗の師匠慧思（515-577）の師に当たる慧文[12]（n. d）と、付法蔵伝承の中で十三代目に数えられる龍樹とを結びつける方法を採るのである。ただ、慧文の生存年代と龍樹の生きた三世紀中頃との間には実に三百年の開きがあり、両者を歴史的に関連づけることには無理がある。そこで、灌頂は、慧文が龍樹説とされる『大智度論』から影響を受けたとされることを根拠に、慧文と龍樹との関係を強調するのである。こうして、智顗が、慧思と慧文を通して、付法蔵の聖人龍樹へと関連づけられると、智顗の仏教の歴史的展開過程における智顗の位置づけが明確になるばかりではなく、特に大乗仏教の先駆とされる龍樹との師承関係が確立されることによって、智顗の権威は大乗仏教の継承者としても宣揚されることになったのである。この系譜は、後に湛然によって「今師祖承」と名づけられる。

このように見てくると、灌頂のいわゆる「祖承説」は、あくまでも、智顗を仏教全体の中で位置づけようと試みた結果、出来上がったものである。灌頂が提示した「祖承説」の構造は、従来考えられてきたような「金口祖承」と「今師祖承」という二つの系譜のみからなるものではない。灌頂は、あくまでもインド仏教の付法伝承を前提にした上で、それと天台大師智顗とを二つの経路で結ぶものである。その一つは、智顗から慧思、慧文を経て龍樹に至り、インドの仏教伝承に辿りつく流れであり、いわば「金口祖承」と「今師祖承」の結合によって導き出される、一応の「歴史的」師承関係である。しかし、灌頂は、重要なもう一つの系譜を、「如来使」である智顗と「本仏」である如来の直接的な、いわば「超歴史的」な結びつきの中にも見出そうとしたのである。

三　灌頂説の時代的意義

前述したように、現行本『摩訶止観』に見られる「祖承説」に関する部分は、もともと、第一本には現れず、第二本において初めて加えられることになったと考えられている。つまり、もともとの「灌頂序」は、主として法門そのものの特徴・組織・展開をその内容としていたが、第二本に至ると、灌頂は、止観の実践体系を概観する前に、その実践の主体者かつ大成者である智顗に着目しつつ、止観の仏教的源流（「宗元」）に遡る展開を加えたのである。それでは、止観法門という教法そのものを究明することによってもその仏教的源流を見定めることが不可能ではないにもかかわらず、なぜ灌頂は、天台止観の仏教的根源を、天台止観の実践者である智顗を仏教史に位置づけることを通して、追い求めようとしたのであろうか。

まず考えられるのは、その時代背景となる当時の仏教受容の様相である。塚本善隆氏によれば、中国仏教における仏教受容の第一段階は「釈迦伝」を中心とし、第二段階に至って「釈迦の法」を中心とする仏教へと展開していったが、この第一、第二の段階において仏教は「印度の釈迦が仏になった教」として捉えられており、いまだ外来色を払拭しきれていなかった。それに次ぐ第三段階になって、中国人が主体的に「中国の我々はいかにして救われるか」を追究する「中国国民の仏教」へと発展していったのである。[13] そして、この第二段階から第三段階への転換期こそが南北朝の末から隋代にかけてであり、まさに智顗や灌頂が生きた時代であった。彼らが大成した天台止観は、そうした時代的背景のもとに、中国の仏教者が、インドに端を発した仏教の教法を主体的に受け止め、自らの覚悟と解脱を完成するために築き上げた実践体系にほかならないのである。

そうしたインド的仏教伝統を継承し超克しようとする中国仏教の発展動向は、智顗その人の思想の成熟過程においても顕著に現れている。たとえば、智顗早年の著作『禅門修証』十巻が慧思から継承した教学思想、すなわち「インドにおいて成立し発達した禅観法門の総集篇とも称すべき内容」を伺わせるものであるのとは対照的に、『摩訶止観』は「インド的禅観法門の規制を脱却して天台大師による独自の禅観法門を樹立したものである」[14]といわれている。『摩訶止観』に繰り広げられている天台仏教の実践体系の独自性を、編集者の灌頂は、誰よりも明確に認識し、誇り高く思っていたに違いない。そうした認識が、『摩訶止観』のテキストの冒頭を飾る「止観明静、前代未聞」（T46,

1a7）という一句において、堂々と表明されていると言えよう。

ただし、中世中国（A. D. 220-960）という歴史的環境においては、その思想的独自性の故に、かえって伝統との継続性を強調する必要があった。それは、インドに根源を有する外来宗教である仏教の場合はなおさらのことである。通常、仏教の中国的受容は漢訳仏典に基づいてなされたものであり、中国の仏教者にとっての仏教的伝統も漢訳経典を通して求められる。そもそも、「止観」という言葉は漢訳仏典における訳語として中国語の世界に登場したものであり、多くの漢訳経典に散見される。したがって、智顗における「止観」の意味解釈がそれらの経論中の用例とは異なる独特なものであっても、経論に散見される表現によって、天台止観という行法の源流をインドの仏教伝統に求めることは可能であったろうが、ただし、その場合、主張すべき天台止観の独自性は少なからず薄められることになる。

そこで、天台止観の独自性を強調しながら、同時に、それが仏教伝統を継承していることを確認するために、灌頂が思いついたのが、止観法門の実践者、つまり智顗を仏教伝統の系譜に位置づける、すなわち、智顗は仏教伝統の継承者である、と歴史的に裏付けることによって、天台止観の正当性と権威を立証するという方法であったと考える。灌頂による祖承説の提示は、新しい段階に入りつつあった中国仏教が要請した方法であると同時に、そのような展開をさらに推し進めるものであったろう。それは、従来考えられてきたように、単なる宗派的意識や教団の維持、パトロンの確保などを主たる目的とするものでは決してない。歴史的に視野を広げて見れば、天台止観の祖承説が樹立されていく根底には、仏教の中国的展開過程において徐々に強まってきた受容する側、すなわち中国仏教者の主体的意識、そして仏教の中国的体系を確立しようとする積極的な役割の自覚が存在しているように思えるのである。

第二項　『摩訶止観』の西天付法相承説の思想史的意義
――特に灌頂説形成の思想的背景を中心として――

一　問題の所在

これまで、『摩訶止観』の序文に現れる灌頂の師資相承説の内容に即して、その全体的な構造の特徴と、その特徴から伺える灌頂説の根本的意図についてみてきた。本項では、灌頂の祖承説のうち、特に多くの複雑な問題を抱えていると思われる西土（インド）付法相承の部分に着目して、その形成の背景を解明するとともに、その影響を見直すことを試みたい。この課題の解明は、天台学に限らず、とりわけ初期禅宗の西天祖統論の研究にとっても非常に重要であると考える。なぜなら、これまでの禅宗研究者の天台祖承説に対する認識には疑問とすべき点が少なからず含まれるからである。

従来の初期禅宗の西天祖統論をめぐる研究方法は、金石史料の活用をその特徴とすると言ってもよかろう。特に、河南省洛陽付近の龍門石窟を始めとする仏教遺跡から発見された羅漢群像が注目され、その石像の数や、彫像と共に刻まれた録文の内容などからは、西天祖統論の歴史的形成過程を追及するための有力な根拠が多く得られてきた。そうした石窟の造営と中国仏教諸宗派の思想との関連性について、最近の禅学研究者は、「大規模な石像の造営の裏には、だいたいそれぞれの時代に活躍している宗派の思想的はたらきが見える」という観点から、隋代に造営された河南省安陽県霊泉寺大住聖窟から発見された二十四祖の石像の造営は「智顗の天台教学が隋の一代を魅了したことを意味するもの」と考え、さらに、唐代則天武后時代に造営された「擂鼓台洞二十四祖像[15]」の各像の右側に「『付法蔵因縁伝』の文が刻まれている」のは、「明らかに天台宗の影響をうけて造営されたものである」という結論を下している[16]。この論調は、隋唐初期からいわゆる「天台宗」が実在し、天台教学がその時代に広く影響を及ぼしていた、という認識をベースに築かれたものと言えよう。その認識の正否を問うに先立ち、ここでは、この説にも現れる、特に禅研究の立場から天台のインド付法伝承説を取り扱う際に生じがちな問題を指摘しておこう。

まずは、問題というほどではないが、しばしば誤解されるため、ここで確認しておきたいことがある。それは、『付法蔵因縁伝』を典拠として二十三代（二十四人）という形でインドにおける付法伝承の系譜を纏め上げる説が現行本『摩訶止観』に見出されることは事実であるが、ただ、それは智顗の説ではなく、あくまでも、灌頂による序文の中に、灌頂自身の説として現れていることに注意しなければならない、と考える。

次に、灌頂の相承説の相関部分は、前述したように、『摩訶止観』成立の最初の段階から存在したのではなく、第二本に至って、灌頂が改めて追加したものである。したがって、インド祖承説に関する言及が初めて天台教学に登場したのは、智顗が『摩訶止観』を説出した時点（594）ではなく、第二本が成立したと思われる時期（606–632）と考えるべきであろう。したがって、開鑿年代が隋文帝開皇九年（589）に遡る霊泉寺の二十四祖像の造営を「智顗の天台教学」の影響と考えるのは、年代的にも無理なのではないだろうか。

第三に、龍門擂鼓台中洞の場合も、やはり、その中に見える羅漢群像の造営が「天台宗の影響」を受けたものとされているが[17]、両者の関連性は、年代の上では否定できないものの、直接に結び付けるにはいまだ検討の余地があると思う。さらに、この関連づけに際しても、上述の霊泉寺石窟と同様、羅漢群像の数、すなわち二十四体という数だけに拠っているかのような印象を受ける。このような判断の前提として、「二十四祖説」を天台学の特徴的な西天祖統論とする見方が存在していると考えられる。しかし、『摩訶止観』「灌頂序」は、本当に「二十四祖説」を主張するものなのであろうか。そして、播鼓台羅漢像の造営は、「灌頂序」の主張とされる「二十四祖説」の影響力を物語る例になり得るのであろうか。この播鼓台羅漢像は、以前から、「二十三祖説」と「二十四祖説」をめぐる議論の中で注目を集めてきた。この議論は一つの仮説が立てられたことにより一応の終息を見たが、しかし、その仮説には深刻な問題が含まれると思われる。そして、この問題を検討することなしには、播鼓台羅漢像の造営と灌頂説との実際の「関連性」はいつまでも明らかにはならないであろう。

これまで、禅学研究の立場から早期天台の西天祖統論を捉える際にしばしば見られる問題点を取り上げてきたが、上述の問題を総じてみれば、文献上では『摩訶止観』「灌頂序」に初めて登場する天台西天祖承説についてはしばしば言及されるものの、その説が成立した背景およびそれが及ぼしたと思われる時代的影響に関しては、意外なほど多くのことが正確には知られていない、という研究状況に気づかざるを得ないのである。この西天祖承説の思想史的位置づけが不明確なままであることが、上述した種々の誤解を生み出してきた原因と考える。そして、この課題の解決は、いわゆる「宗派思想」や宗派抗争の観点からだけではなく、天台西天祖承説の発生と展開の様相をより広い思想史的視野の中で捉えることによって図られるべきであると考える。

そこで、以下、まず、「二十四祖説」と「二十三祖説」をめぐる従来の議論を振り返って、その議論が残した問題点を指摘し、両説の相互関係を捉え直してみる。そして、灌頂にインド付法伝承説を形成させた思想的背景を追及し、灌頂説の隋末唐初における影響を見直した上で、当説の思想史的位置づけを試みたい。

二 「二十三祖説」と「二十四祖説」をめぐる議論の検討

田中良昭氏は、一九八一年に公表した論文「『付法蔵因縁伝』の西天祖統説」（『宗学研究』二十三）の中で、『付法蔵因縁伝』は夜奢を含む「西天二十五祖説」を主張するものだとする従来の見解を批判して、「『付法蔵伝』の西天祖統説は、夜奢を第二十二祖（末田地を第三祖に加えれば第二十三祖）とするものではなく、智顗[18]が『摩訶止観』の巻頭にいう通り、本来西天二十三祖説であり、末田地を第三と数えれば二十四祖説となる、というのが正しい見解である」（p. 185）という結論を下している。同論文では、『付法蔵因縁伝』は「二十五祖説」を主張するものとした先行研究として、水野弘元［1960］（『宗学研究』二）、関口真大［1964］（『禅宗思想史』東京、山喜房仏書林）、［1967］（『達磨の研究』東京、岩波書店）、胡適［1963］（「胡適之博士の手紙」『禅学研究』五十三）、柳田聖山［1967］（『初期禅宗史書の研究』京都、法蔵館）が挙げられているが、最初の三人の論説は具体的な祖師名や根拠が不明であるため、田中氏の論証は主として柳田［1967］の説を批判する形で展開されている。

この田中［1981］の批判を柳田［1967］の見解とつき合わせながら検討してみると、両者の議論は主として二つの点において対立していることがわかる。次頁の表で示したように、その一つは、『付法蔵因縁伝』が主張するとされるインド伝承系譜に関するもので、二つ目は、『摩訶止観』「灌頂序」に示された理解の是非に関するものである。

柳田［1967］は、「二十五祖説」を主張する一方で、やはり同書においては『付法蔵因縁伝』が基本的に夜奢（第二十三祖）を含む「二十四祖説」を主張するものと認め、そのため、『摩訶止観』「灌頂序」が夜奢を採り上げなかったのは、「『付法蔵経』の第二十三祖夜奢比丘を、誤って次の鶴勒夜奢と同視する」（p. 142）ことに起因するとしている。これに対して、田中［1981］（p. 185）は、『付法蔵因縁伝』の本文を虚心に読めば、夜奢が付法人とはされてい

『付法蔵因縁伝』		『摩訶止観』「灌頂序」
柳田聖山［1967］ 二十五祖＝(二十三祖＋夜奢)＋末田地	田中良昭［1981］ 二十四祖＝二十三祖＋末田地	柳田聖山［1967］ 二十四祖＝二十三祖＋末田地
迦葉	大迦葉	大迦葉
阿難	阿難	阿難
商那和修	商那和修	商那和修
(摩田提)	(末田地)	(末田地)
憂波毱多	毱多	毱多
提多迦	提迦多(提多迦)	提迦多
弥遮迦	弥遮迦	弥遮迦
仏陀難提	仏駄難提	仏駄難提
仏陀蜜多	仏駄蜜多	仏駄蜜多
脇比丘	脇比丘	脇比丘
富那奢	富那奢	富那奢
馬鳴	馬鳴	馬鳴
比羅	毘羅	毘羅
龍樹	龍樹	龍樹
迦那提婆	提婆	提婆
羅睺羅	羅睺羅	羅睺羅
僧伽難提	僧佉難提	僧佉難提
僧伽耶舎	僧佉耶奢	僧佉耶奢
鳩摩羅駄	鳩摩羅駄	鳩摩羅駄
闍夜多	闍夜那(闍夜多)	闍夜多
婆修槃陀	盤駄	盤駄
摩奴羅	摩奴羅	摩奴羅
夜奢		
鶴勒那夜奢	鶴勒夜那	鶴勒夜那
師子	師子	師子

ないことがわかるとして、『摩訶止観』の巻頭に見える夜奢を含まない「西天二十三祖（あるいは末田地を第三と数えれば二十四祖となる）説」は、『付法蔵因縁伝』を正しく理解した見解である、と批判している。

確かに、田中［1981］が『摩訶止観』「灌頂序」の説を支持して、「灌頂序」が夜奢を採り上げなかったのは決して誤りではない、とした判断は正確である。とはいえ、「西天二十三祖説」が『付法蔵因縁伝』から読み取れる唯一の解釈で、柳田［1967］に示された「二十四祖（あるいは二十五祖）説」が全く根拠のない読み方に基づくものと即断することもできない。少なくとも、龍門擂鼓台中洞の二十五体の羅漢浮彫像[19]と各像の右肩上に刻まれた銘文[20]からは、唐則天武后時代には「二十五祖説」が流行した痕跡が見て取れるからである。ところが、田中［1981］は、この擂鼓台中洞の刻文まで疑問視し、その刻文の成立には特別な事情があるため、それによって「『付法蔵伝』の西天祖統説を確定することができない」（p. 185）とするが、果たしてそうなのであろうか。

その問題を解明するために、ひとまず、擂鼓台刻文成立をめぐる「特別な事情」に関する田中氏の仮説[21]を検討してみよう。同氏の仮説の論点は以下の四つに絞られるであろう。第一に、龍門石窟の二十四祖像は、本来、隋の開皇九年に造営された霊泉寺に見える羅漢群像と同様に、『付法蔵伝』の二十三祖に第三摩田提を加えた二十四祖像を意図したものである。第二に、擂鼓台中洞の羅漢像の「『録文』作者[22]」は、三番目の石像Ｃに「摩田提第三」の録文を彫らなければならなかったのに、その位置に商那和修第三の内容を刻んでしまった。第三に、「『録文』を注意深く読むならば、Ａが摩訶迦葉第一、Ｂが阿難第二、Ｃが商那和修第三、Ｄが優波毱多第四であることが知られる。ところが、次のＥの提多比丘は、この順でいけば「第五」となるはずのところを、『録文』の作者は「第六」と録したため、以後実際よりは番号が一つずつ繰り下り、Ｘの師子比丘第二十四が「第二十五」になるという結果を招いたのである」。第四に、「Ｃ以後、『録文』が実際の像よりも一つずつ早くなり、Ｕの摩奴羅比丘第二十二の後には鶴勒那夜奢と師子の二人の祖師しか残っていないのに、像の方はＶ、Ｗ、Ｘの三像があるという矛盾を来たしたのである。そしてそれを何とか解決するために、摩奴羅章にある夜奢を急遽第二十三祖に仕立て上げ、Vに録した結果が現在見るような龍門石窟の二十四祖となったのである」[23]。

以上が田中氏の立てた仮説の概容であるが、そもそも、石窟造営の工事現場で働く彫刻職人（石匠）が同時に『録文』の作者」であり得るのかどうか、また、その職人には仏教原典を調査して「夜奢」という人物を見出すほどの学力があったのかどうか、さらには、石窟の基本構想を損なう作業を行い、造営の施主を欺く罪を犯すほどの胆力があったのかどうかなど、この仮説には疑問が多いが、より深刻な問題は、この仮説が自ら根拠とする資料そのものを誤解しているところにある。この問題点を論じる前に、田中［2000］の所見と、それが基づく文献資料、すなわち一九四一年刊行の『〈河南洛陽〉龍門石窟の研究』（水野清一・長広敏雄［1941］東京、座右宝刊行会）で初めて公表された「録文」の掲載内容とを挙げると、次頁の表ようになる。

思うに、田中［2000］の仮説は、AからXまで二十四箇の標識記号と、最後の彫像――師子比丘像――に実際に刻まれている「第廿五」という数字との間の食い違いに、その着想を得たものであろう。しかし、両者の食い違いは、田中［2000］の想像よりもはるかに単純なことに起因したものである。確かに、『龍門石窟の研究』の附録「龍門石刻録」（一八一九、付法蔵因縁伝　北魏曇曜訳　東山擂鼓台中洞[24]）においては、AからXまでの二十四項目の下に、「仏付摩訶迦葉第一」から「次付師子比丘第廿五」までの二十四段の録文が収録されているのは事実である。一方、同書の解説は、擂鼓台中洞の腰壁には「二十五の祖師像を浮彫にしている」（p. 122）という事実も伝えているのである[25]。この二つの記載を考え合わせれば、龍門擂鼓台中洞の祖師像の浮彫[26]は二十五体が確認されたものの、各像の肩に刻まれた銘文は二十四箇所しか判読できなかった、という当時の状況が浮かび上がってくるだろう。したがって、AからXまでの二十四箇の連続する記号は、田中［2000］が想定したようにすべての石像を標識する記号ではなく、あくまでも、現存した二十四段の録文を区切るために「龍門石刻録」が独自に使用した記号だったと考えられる。だとすれば、

田中良昭［2000］		録　文		
		『〈河南洛陽〉龍門石窟の研究』第二録「龍門石窟刻録録文」(pp. 335-342）による		『龍門石窟碑刻題記彙録』下巻（pp. 618-626）による
A	大迦葉第一	A	摩訶迦葉第一	摩訶迦葉第一
B	阿難第二	B	，，，……	阿難比丘第二
C	商那和修第三	C	，，	〔商〕那和修〔比〕丘第四
D	毱多第四	D	□□□□，，	優波毱多〔□□〕第五
E	提多第六	E	提多比丘第六	提多比丘第六
F	弥遮迦	F	弥遮迦比丘第七	弥遮迦比丘第七
G	仏駄難提	G	仏陁難提比丘第八	仏陁難提比丘第八
H	仏駄蜜多	H	仏陁蜜多比丘第九	仏陁蜜多比丘第九
I	脇比丘	I	脇比丘第十	脇比丘第十
J	富那奢	J	富那奢比丘第十一	富那奢比丘第十一
K	馬鳴	K	馬鳴菩薩第十二	馬鳴菩薩第十二
L	毘羅	L	毘羅比丘第十三	毘羅比丘第十三
M	龍樹	M	龍樹菩薩第十四	龍樹菩薩第十四
N	提婆	N	迦那提婆菩薩第十五	迦那提婆菩薩第十五
O	羅睺羅	O	羅候〔羅〕，，，	羅侯〔羅第十六〕
P	僧佉難提	P	僧伽難提比丘，，，	僧伽難提比丘〔第十七〕
Q	僧佉耶奢	Q	僧迦耶舎比丘第十八	僧迦耶舎比丘第十八
R	鳩摩羅駄	R	鳩摩羅駄比丘第十九	鳩摩羅駄比丘第十九
S	闍夜多	S	闍夜多比丘第廿	闍夜多比丘第廿
T	盤駄	T	婆修槃陁第廿一	婆脩〔槃陁〕第廿一
U	摩奴羅	U	摩奴羅比丘第廿二	摩奴羅比丘第廿二
V	夜奢	V	夜奢比丘第廿三	夜奢比丘第廿三
W	鶴勒夜那	W	鶴勒那夜奢第廿四	鶴勒那夜奢第廿四
X	師子	X	師子比丘第廿五	師子比丘第廿五

そもそもAからXという記号やそれに対応する二十四という数字に拘る必要はないように思われる。

もし、祖師像自体が二十五体あったのであれば、像傍に見える録文も二十五段存在したに違いなかろう。録文がそもそも二十五段存在したのであれば、夜奢に関する刻文は、彫造中のアクシデントに対する弥縫策としてではなく、最初から準備されたものであったことになる。さらに、田中［2000］の仮説の第三の論点である、「『録文』を注意深く読むならば、Aが摩訶迦葉第一、Bが阿難第二、Cが商那和修第三、Dが優波毱多第四であることが知られる。ところが、次のEの提多比丘は、この順でいけば「第五」となる筈のところを、『録文』の作者は「第六」と録した」（p. 86）という推測も妥当なものであるのか疑問である。というのは、一九九八年刊行の『龍門石窟碑刻題記彙録』所収の録文では、「摩訶迦葉第一」、「阿難比丘第二」の後に、「〔商〕那和修〔比〕丘第四」、「優波毱多〔□□〕第五」、「提多比丘第六」と続いているからである。

以上のことから判断すれば、「摩田提」の刻文は、「『録文』の作者」がうっかり彫り忘れたのではなく、もともと、「阿難比丘第二」と「〔商〕那和修〔比〕丘第四」の彫像の間に位置する石像の傍にあったが、破損のため判読できない状態にある、ということになろう。だとすれば、龍門擂鼓台中洞の祖師像浮彫の成立に、いわゆる「特別な事情」の介在は認められず、その彫像からは、唐代初期においては『付法蔵因縁伝』に基づく「二十五祖説」が流行していた、という状況が確認されることになる。したがって、柳田［1967］を始めとする論著に見える、夜奢を第二十三祖に位置づける「二十五祖説」の起源は、遅くとも唐初にまで遡りうることが立証されるのである。

このように見てくると、柳田［1967］の「二十五祖説」、そして田中［1981］の「二十三祖説」は、いずれも現存史料に根拠を有することになる。この事実から、西天祖承をめぐる両学説の対立は、現代の学者の間で始まったものではなく、両説それぞれの基づく根拠——擂鼓台の祖師像と『摩訶止観』序の灌頂説——が成立した当初からすでにその分岐が芽生えていた、という可能性が浮かび上がってくる。さらに、その二つの史料の関係から、西天祖承をめぐる理解上の分岐は、『付法蔵因縁伝』そのものの解釈上の相違に起因するものであることがわかる。したがって、「二十五祖説」か、「二十三祖説」かという問題は、そのいずれが『付法蔵因縁伝』の本意により近いかという角度から議論するよりも、むしろ、それぞれの説の思想史的展開を、『付法蔵因縁伝』そのものの受容過程とあわせて考察することによって解明されると思う。これまでは、両説が『付法蔵因縁伝』の理解の相違から生まれ、展開してきたという歴史的経緯が看過されたため、播鼓台祖師像の造営の思想的根拠として『摩訶止観』の序文に見える灌頂説を附会しようとするなど、かなり強引な論証が試みられてきたのではなかろうか。

そこで、次からは、『付法蔵因縁伝』に示されたインド祖承説をめぐって、どのような理解が展開されてきたのか、さらに、その歴史的展開の中で、『摩訶止観』「灌頂序」に現れる所説はどのような位置を占めるものであるのかについて考察しよう。

三 『摩訶止観』の西天付法伝承説の形成背景とその影響
——「付法蔵説」と「異世五師説」との融合——

以上、特に禅宗の西天祖統論研究の現場で展開された西天「二十三祖説」と「二十五祖説」をめぐる議論について再考察したが、両説への分岐はかなり古い時代に遡り、『付法蔵因縁伝』の西天祖承系譜に対する理解の相違に起因するものであることがわかった。このことを裏返して言うと、灌頂の所説も含め、種々の西天付法伝承説は相違しているものの、いずれも『付法蔵因縁伝』の西天祖承系譜に源を有しており、いわば思想的基盤を共有していることになる。この事実を見ずに、専ら「二十四祖説」や「二十五祖説」という枝葉にばかり着目すると、各説が本来的に有する共通性や連続性に対する認識が欠落してしまうであろう。そこで、『付法蔵因縁伝』において確立する「付法蔵説」を本流として見据え、この流れが様々に分流していく展開として種々の祖承説を捉えなおすべきと考える。

本節の主題である灌頂による西天付法伝承説もまた、本流である「付法蔵説」の支流の一つであるはずであるが、ただ、この灌頂説には、北朝や北方で確立した「二十四祖説」や「二十五祖説」と比較すると、やや相違する点がある。そして、この相違からは、灌頂の所説が、北朝の所説同様に「付法蔵説」を基盤としながら、さらに、隋による全国統一以前の南朝で流行していた西天祖承説である「異世五師説」に対して配慮した形跡が伺えるのである。南朝出身の灌頂が自らの所説の中に、南朝では周知される祖承説に配慮しつつも、北朝の思想を積極的に取り込もうとしたことの意義は重大である。

灌頂説が、「付法蔵説」と「異世五師説」という二つの思想源流を汲んで成立したものであれば、ここにも灌頂説の有する一つの重要な思想史的意義が存在することになる。ただし、このことをより明確に確認するためには、従来ほとんど考察されてこなかった「付法蔵説」や「異世五師説」という二つの思想的源流について明らかにしなければならないのである。したがって、まず、『付法蔵因縁伝』の成立や受容を通して「付法蔵説」の展開を追っていき、その中に灌頂説を位置づけることから考察を始めよう。

三・一　『付法蔵因縁伝』の成立と受容

『付法蔵因縁伝』は『付法蔵因縁経』とも呼ばれ、五世紀頃に中国に紹介され、前後三回にわたって翻訳されたと伝えられている。そのうち、初出は『付法蔵経』[27]六巻といい、南朝劉宋の宝雲によって翻訳されたと言われる。これに引き続き、曇曜が北魏文成帝和平三年（462）に北台石窟寺で『付法蔵伝』[28]四巻を訳出したのは第二訳とされているが、これらの二訳はいずれも現在には伝わっていない。唯一現存しているのは、第三の訳出とされる六巻本の『付法蔵因縁伝』であり、現在『大正蔵』巻五十を始めとする諸蔵経の中に収められている。現行本は、種々の経録の記載によって[29]、吉迦夜と曇曜が北魏孝文帝延興二年（472）に訳出したものであることが判明している。それらの経録の中で、本文献[30]に関する最古の記録は、南朝梁僧祐の『出三蔵記集』（T55, No. 2145）巻二の中に見える、「宋明帝時、西域三蔵吉迦夜、於北国、以偽延興二年、共僧正釈曇曜訳出、劉孝標筆受。此三経並未至京都」（13b7–12）という記載である。それに次いで、隋代費長房の『歴代三宝紀』（T49, No. 2034）巻九に、「『付法蔵因縁伝』六巻（或四巻）」について、「宋明帝世、西域沙門吉迦夜（魏言何事）、延興二年、為沙門統釈曇曜於北台重訳、劉孝標筆受。見道慧『宋斉録』」（85b18–27）とする記事がある。ここに現れる「道慧『宋斉録』」とはいかなる目録を指すのかは不明であるが、費長房はそれを参照したと考えられる。さらに、吉迦夜らが翻訳した『付法蔵因縁伝』が「因縁広、異曜自出者」と評されていることから、この第三訳は曇曜の第二訳よりも内容が充実していることが伺える。

古来、『付法蔵因縁伝』を著録した種々の目録は、この文献がインド撰述であると信じて全く疑わなかったため、伝統的には漢訳仏典と認められてきた。ただ、宋代になって、天台宗と禅宗との間で祖統論をめぐって激しい論争が繰り広げられた時に、契嵩がその一連の著作の中で『付法蔵因縁伝』のインド撰述説の信憑性に疑いの目を向けたが[31]、彼の指摘は党派的なものと受け止められ、歴史的に信頼できる根拠に基づく論証とは認められなかった。ところが、二十世紀の初頭、Maspero, Henri [1911]（"Sur la date et l'authenticite du *Fou tsang yin yuan tchouan*", *Melanges d'indianisme : offerts par ses eleves a Sylvain Levi le*, Paris : E. Leroux, 1911, pp. 129–149）は、契嵩の疑問は基本的に正当なものであると認め、従来訳経によって中国世界に紹介されたと考えられてきた『付法蔵因縁伝』は、実は、種々の漢訳経典を参照しつつ、中国で撰述された文献である、とする見解を提示するに至った。一方、日本で公表された塚本善隆 [1941]（「龍門石窟に現れたる北魏仏教」水野清一・長広敏雄『〈河南洛陽〉龍門石窟の研究』東方文化研究所研究報告第十六冊、東京、座右宝刊行会）によれば、『付法蔵因縁伝』を何らかの原典からの訳出とするのは認め難く、それは、「廃仏によって失われた旧訳仏典の残れるもの、或は受持されておったものによって抄出編纂せられ、更に、外国渡来僧が伝来した所も、加わっておるかもしれぬが、要するに、訳というよりも、曇曜中心の護法興仏運動の一翼として行われた編述と解してよい。そして現存のものに、多少後世の改訂の筆が存するとするも、その大要は、曇曜時代のものと認めてよいと思ふ」(p. 229, n.1) とされている。

Maspero [1911] は、『付法蔵因縁伝』とその撰述に際して参照されたと思われる漢訳経典との関連を探るべく、特に内容や表現の類似性に注目し、『付法蔵因縁伝』が中国撰述であることを立証しようとした業績である。その作業によって、『付法蔵因縁伝』の成立に際して種々の漢訳仏典が参照されたことが明らかとなり、特に、『付法蔵因縁伝』と紀元三〇六年に安法欽が訳出した『阿育王伝』(T50, No. 2042) との関連性はかなり明確にされたのである。同論文では、『阿育王伝』と類似するところが『付法蔵因縁伝』の二十三箇所に見えることが指摘されているが、[32]『付法蔵因縁伝』に現れる上位六人の付法蔵弟子の名前がすべて『阿育王伝』と一致していることには言及されていない。そこで、両文献の中にそれぞれ現れる上位の弟子六人の名前を挙げると、以下のようになる。

訳出年代	文献名	伝法人
三〇六年	『阿育王伝』	摩訶迦葉→阿難→商那和修→優波毱多→提多迦 　　　　　　　　→摩田提
四七二年	『付法蔵因縁伝』	摩訶迦葉→阿難→摩田提 　　　　　　　　→商那和修→優波毱多→提多迦

このように、六人の中で、商那和修と摩田提との順番が逆転しているものの、摩訶迦葉から提多迦までの付法弟子六人の名前は完全に一致している。実は、このような一致は、筆者の知るかぎり、『付法蔵因縁伝』と『阿育王伝』との間にだけに見られるものなのである。もし『付法蔵因縁伝』の一部あるいはかなりの部分が実際に中国北朝で編集されたのであれば、やはり『阿育王伝』が参照されていたと考えられる。そして、『付法蔵因縁伝』が中国北朝で撰述あるいは編集された仏教文献であるとしても、それは恣意的に創作されたものではなく、おそらく、北魏の仏教復興運動を推進しようとする意図に基づき、曇曜を中心とする北朝の仏教者たちが西域沙門吉迦夜の協力を得て、『阿育王伝』を始めとする漢訳仏典を参照しつつ、延興二年頃に完成させた文献である、と見てよかろう。

『付法蔵因縁伝』は北朝で成立したため、その影響力は南朝にまでは及ばなかったものの、北方地域を中心に隋を通じて唐代まで大きな影響を及ぼしていたことは、文献資料に限らず、仏教彫刻の史料を通しても知ることができる。その一例として、河南省安陽宝山霊泉寺に「大住聖窟」と呼ばれる石窟がある。その造窟題記に、「大住聖窟、大隋開皇九年（589）己酉歳敬造。窟用功一千六百廿四像。世尊用功九百、盧舎那世尊一龕、阿弥陀世尊一龕、弥勒世尊一龕、三十五仏世尊三十五龕、七仏世尊七龕、伝法聖大法師廿四人」と記されている。考古学研究者によれば、この大住聖窟は、宝山霊泉寺の創建者でもある地論学匠霊裕（518–605）が、開皇三年（583）から開皇九年にかけて完成させた石窟であると考えられている[33]。石窟の東側の腰壁に「世尊去世伝法聖師」と呼ばれる二十四体の羅漢浮彫が刻まれているが、六列総計二十四体の羅漢像はそれぞれ刻文を伴う。これを『付法蔵因縁伝』に現れた付法蔵弟子の名前と比べてみると次頁の表のようになる。

『付法蔵因縁伝』	安陽宝山霊泉寺大住聖窟※1	沁陽懸谷山千仏洞石窟※2
摩訶迦葉	第一摩訶迦葉	(第 1 像)仏垂滅度以諸法蔵付大迦葉
阿難	第二阿難	(第 2 像)……難……
摩田提・商那和修	第三摩田提	(第 3 像)
	第四商那和修	(第 4 像)
憂波毱多	第五優波毱多	(第 5 像)
提多迦	第六提多迦	(第 6 像)
弥遮迦	第七弥遮迦	(第 7 像)
仏陀難提	第八仏陀難提	(第 8 像)……付難……
仏陀蜜多	第九仏陀蜜多	(第 9 像)
脇比丘	第十脇比丘	(第 10 像)
富那奢	第十一富那奢	(第 11 像)
馬鳴	第十二馬鳴菩薩	(第 12 像)
比羅	第十三比羅	(第 13 像)
龍樹	第十四龍樹菩薩	(第 14 像)
迦那提婆	第十五迦那提婆菩薩	(第 15 像)
羅睺羅	第十六羅睺羅	(第 16 像)……睺羅
僧伽難提	第十七僧伽難提	(第 17 像)次付□伽難提
僧伽耶舎	第十八僧伽耶舎	(第 18 像)
鳩摩羅駄	第十九鳩摩羅駄	(第 19 像)
闍夜多	第廿闍夜多	(第 20 像)……付闍……
婆修槃陀	第廿一婆修槃陀	(第 21 像)
摩奴羅	第廿二摩奴羅	(第 22 像)
鶴勒那夜奢	第廿三鶴勒那夜奢	(第 23 像)次……
師子	第廿四師子	(第 24 像)次付□□……
		(第 25 像)次付師子比丘

※1 これらの名前は、温玉成［1993］（p. 334）に見える刻文に基づく。
※2 この列に挙げた残文は、王振国［2000］（p. 28）の内容に基づいている。これに関する解説は、後文に譲る。

両者に見える名前を比較すると、霊泉寺大住聖窟の「世尊去世伝法聖師」の名前やその並列順番は、かなり厳密に『付法蔵因縁伝』のそれを踏襲していることが明白となる。ただ、「摩田提」の位置づけに関しては、『付法蔵因縁伝』の本来の意図にかかわらず、大住聖窟の設計では、「摩田提」を第三師として採り上げ、それに続く者として「商那和修」を位置づけている。このような造窟設計からは、南北朝が統一される直前の北朝における『付法蔵因縁伝』の影響力の強さと、それを受けて完成しつつあった初期の西天付法系譜は二十四人から構成されていたことが伺える。ただし、その系譜の中に、さらにもう一人が付け加えられるのにそれほどの年月はかからなかったことが、最近の考古学の研究成果によって判明した。

この最近の研究成果とは、中国河南省沁陽懸谷山における隋代造営の千仏洞石窟の発見に関わるものである。まず、この隋窟の発見は一九九二年の『光明日報』[34]の報道によって伝えられ、後に、中国龍門石窟研究所の王振国氏による詳しい研究調査を経て、その成果は二〇〇〇年の同氏による「河南沁陽懸谷山隋代千仏洞石窟」（王振国［2000］『敦煌研究』六十六）という論文において公表された。王振国［2000］（pp. 29–30）によれば、千仏洞は隋文帝開皇二十年（600）から開鑿され、最終的な完成をみたのは仁寿年間（601–604）であろうと推定されている。この石窟は、全体的設計や彫像方法などに安陽大住聖窟からの影響が認められるだけではなく、さらに、その腰壁には二十五体の羅漢群像が浮彫されており、各彫像の側に刻まれた題記によって、それらが付法弟子像であることが判明している。[35]

題記の風化状況が深刻なため、文字が確認できる箇所はわずか九箇所に過ぎないが、[36]そのうち、第一体には「仏垂滅度以諸法蔵付大迦葉」とあるため、これは摩訶迦葉の彫像であるとわかる。第二体はわずかに「難」という一文字しか読めないが、これは阿難の像と考えられる。第八体の題記も「付難」としか判読できないが、大住聖窟の石像とつき合わせて見れば（上表参照）、これは仏陀難提の像と思われる。さらに、第十六体目、第十七体目、第二十体目の石像の題記部分に、それぞれ、「睺羅」、「次付□伽難提」、「付闍」という文字が判読できるため、これらは順次、

「羅睺羅」、「僧伽難提」、「闍夜多」にあたると考えられる。そして、最後の石像三体のうち、第二十三体目には「次」という一文字、第二十四体の像には「次付」という二文字しか残存していないが、第二十五体目の石像には「次付師子比丘」という六文字が見える。

これらの題記の残存箇所を大住聖窟の題記と比較してみると、摩訶迦葉第一から闍夜多第二十までは一致していることがわかる。ただ、大住聖窟では、「第廿闍夜多」に続く石像は、「第廿一婆修槃陀」、「第廿二摩奴羅」、「第廿三鶴勒那夜奢」、「第廿四師子」という四体しかないのに対して、千仏洞では、第二十体に数えられる「闍夜多」と最後の第二十五体目の「師子」との間に、正体不明の四体の石像が存在しているのである。そのうちの三体が、大住聖窟と同様、婆修槃陀、摩奴羅、鶴勒那夜奢に相当するとすれば、残りの一体は誰だったのであろうか。王振国氏は、千仏洞に見える二十五体の弟子像は、大住聖窟と共通する二十四弟子像の「摩奴羅」と「鶴勒那夜奢」との間に、さらに「夜奢」を加えたものと考えている。(37)

この推測が正確であれば、付法人の中に夜奢を加えて全部で二十五人とする系譜の成立時期は、龍門擂鼓台祖師像の造営時代よりもさらに一世紀近く繰り上げられることになる。さらに、唐代になると、この二十五人からなる伝承系譜が一般的に認められていたことは、六六四年成立の道宣『集神州三宝感通録』(T52, No. 2106) 巻三に見える、「依『付法蔵伝』、仏以正法付大迦葉、令其護持、不使天魔龍鬼邪見王臣所有軽毀。既受嘱已、結集三蔵、流布人天、迦葉以法嘱累阿難、如是展転、乃至師子、合二十五人(『付法蔵伝』に基づけば、仏は正法を大迦葉に付嘱し、彼に護持させ、天魔・天龍・鬼神・邪見の王臣に軽毀されないように命じた。〔大迦葉は〕すでに付嘱を受けると、三蔵を結集し、人天の間に流布させた。迦葉は〔入滅する前に〕法を阿難に嘱累した。このように展転して師子に至るまで合せて二十五人である)(38)」(430c23-27) という叙述からも明らかである。したがって、唐代則天武后の天授年間 (690-692) に造営された擂鼓台二十五祖師像は独創的なものというより、むしろ、隋代にはすでに成立して唐代にかけて流行していた『付法蔵因縁伝』に基づく西天二十五聖師説を継承して成立したものということになるであろう。

これらを振り返ってみると、五世紀後半に『付法蔵因縁伝』が『阿育王伝』を始めとする諸漢訳仏典に拠りつつ成立して以来、隋代や唐代初期を通じて黄河流域を中心とする地域に深い影響を与えていたことが明確になってきた。その地域に残る仏教彫刻には『付法蔵因縁伝』の影響が数多くの痕跡を留めているため、それらを手がかりとして、その時代における『付法蔵因縁伝』の受容状況を知ることができた。たとえば、六世紀の末頃には、『付法蔵因縁伝』に基づいて、インド仏教の伝承系譜は摩田提を含む二十四人からなるものと理解されていたことは、安陽霊泉寺の二十四尊羅漢像（五八九年成立）の存在から判明する。それから十年後には、二十四人の系譜にさらに夜奢が加わることによって、総計二十五人となり、そして、この二十五人説が隋末唐初における西天祖承説の重要な一説であったことが、懸谷山千仏洞の二十五尊羅漢像（六〇〇～六〇四年成立）の出現から擂鼓台二十五祖師像の成立に至るまでの歴史的展開や、前掲した道宣『集神州三宝感通録』などの文献記載から推定できたと考える。

三・二　灌頂説が汲む二つの思想的源流——北朝の「付法蔵」説と南朝の「異世五師説」との融合——

もし、『付法蔵因縁伝』の受容過程が前述したようなものであれば、その中で、『摩訶止観』「灌頂序」の西天祖承説はどのような位置を占めているのであろうか。まず、成立年代に関していうと、「灌頂序」は、懸谷山千仏洞の完成年代と道宣『集神州三宝感通録』の成立年代とのちょうど中間に成立している。これら三者の関係からすれば、灌頂の所説は「二十四祖説」のみならず「二十五祖説」もすでに確立した後に成立したことになる。ところが、灌頂の西天祖承説の内容を見ればわかるように、それは、北朝で成立した「二十四祖説」や「二十五祖説」とは『付法蔵因縁伝』の伝承を基盤とすることでは共通しているものの、その両説のいずれかを受け継ぐものではない。もし、「二十四祖説」から「二十五祖説」への発展が純粋に『付法蔵因縁伝』に基づく北朝的な展開といえるならば、灌頂の説は、『付法蔵因縁伝』の伝承に基づきながら、もう一つの南朝で形成された「異世五師説」をも視野に入れることによって、いわば南北朝統一の気運を仏教思想レベルで結実させたものと考えられるのである。このことを明らかにするために、まず、「灌頂序」の相関箇所の記述に着目してみよう。

前述したように、現行本『摩訶止観』「灌頂序」は、釈尊滅後における法蔵の伝承系譜として、『付法蔵因縁伝』に基づき、大迦葉から師子比丘まで総計二十三人の付法次第を挙げた後に、「付法蔵人、始迦葉、終師子、二十三人。末田地与商那同時、取之則二十四人（法蔵を伝えた人々は、迦葉に始まり師子に終るまで二十三人いた。末田地は、商那和修と同世代であるから、彼も数えれば二十四人になる）」（T46, 1b6-8）と締め括っている。[39]この説は夜奢比丘を取り上げておらず、隋代造営の羅漢群像によって確認された二十五祖説とは明らかに相違するものである。そして、「末田地与商那同時、取之則二十四人」という表現を見る限り、灌頂説は、旧説にあたる「二十四祖説」と類似しているようにも見える。では、「末田地与商那同時、取之則二十四人」と付け加えたのは、単純に「二十四祖説」を主張するためだったのであろうか。

まず注意すべきは、現行本に見える「末田地与商那同時、取之則二十四人」という二句は、もともとの「灌頂序」には存在せず、第三本になってから改めて追加されたということである。前述の如く、『摩訶止観』の第一本から第二本へ、さらに第二本から第三本へと修治された際に、付法相承の部分を含む「灌頂序」は大幅に書き改められたと思われる。そして、「末田地与商那同時、取之則二十四人」という二句は、第二本までにはなかったものの、第三本、すなわち現行本の如き『摩訶止観』が出現する段階において初めて追加されたと考えられるのである。[40]つまり、灌頂は、少なくとも第二本の段階では、「末田地」を取り上げずに、基本的には『付法蔵因縁伝』に基づきながら「二十三祖説」を主張しようとしたと考えられる。

さらに、第三本の編集段階で灌頂が「末田地与商那同時、取之則二十四人」という二句を書き加えた、という事実には、ただ「二十三祖説」から「二十四祖説」への移行というだけでは説明しきれない問題が潜んでいるように思う。

第一に、もともとの二十三人のほかに「末田地」を加えて「二十四祖説」を主張するために二句を追加したのであれば、なぜ、肝心の「末田地」の付法次第を明かそうとせずに、二十三人の付法次第を述べた後に、ただ、「末田地与商那同時、取之則二十四人」という二句を加えるに止めたのであろうか。

第二に、他の二十三の人名表記や付法次第はほぼ『付法蔵因縁伝』に拠っているにもかかわらず、なぜ、「末田地」の場合だけは、『付法蔵因縁伝』に従って「摩田提」とはせずに、わざわざその異訳である「末田地」という漢字表記を採用したのだろう。現在では、「摩田提」と「末田地」はいずれもサンスクリット「Madhyāntika」の漢訳として中国語世界に紹介された固有名詞であることが一般的に知られているため、「摩田提」のかわりに「末田地」という表記が現れても、特に奇異には思われない。しかしながら、前述したように、『付法蔵因縁伝』は『阿育王伝』の影響を受けて成立した文献であり、両文献のいずれにおいても、「商那和修」と並ぶのは「摩田提」という表記である。さらに、その影響を受けて生み出された北朝系統の金石史料にも「末田地」という表記は全く現れないのである。もし「灌頂序」が『付法蔵因縁伝』あるいはそれに基づいて成立した「二十四祖説」をそのまま踏襲するものであれば、そこにも、「摩田提」という表記が現れたはずであろう。このように見てくると、「末田地与商那同時、取之則二十四人」という二句を付け加えたのは、ただ「二十四祖説」を主張するためだけ、と考えたのでは、以上のような不審は払拭できないのである。

では、それ以外の灌頂の意図としては何が考えられるのであろうか。そもそも、「末田地与商那同時、取之則二十四人」とは「末田地は、商那和修と同世代であり、もし彼を取り入れると、二十四人になる」という意味である。これまで、我々は、「二十四」という数字には注目してきたが、「末田地」という表記の持つ意味や、「末田地」が商那和修と同世代であることを強調することに託された意味に関しては深く考えてこなかった。そこで、「末田地」について、特に「摩田提」や「商那和修」と関連づけながら追求した結果、一つの事実に気づいたのである。

確かに、「末田地」と「摩田提」は共にサンスクリット「Madhyāntika」の漢訳であり、「舎那婆斯」と「商那和修」も同様に「Śāṇakavāsī」の漢訳である。ところが、「末田地」と「舎那婆斯」が登場する系譜は、「摩田提」と「商那和修」が現れる「付法蔵」の伝承系譜とは、それぞれ系統の異なる漢訳経典を媒介として中国に紹介され、南北朝時代には互いに異なる地域で受容されていたのである。そのため、隋唐代以前の文献では、末田地はしばしば舎那婆斯（あるいは、舎那婆私）と共に現れ、他方の摩田提は商那和修と連用する場合が多いのに対して、末田地と商那和修という表記の組み合わせはほとんど見られない。したがって、隋唐初期に成立した『摩訶止観』の中に「末田地」が「商那和修」と共に登場してくるのは、かなり異例なことなのである。

すでに、「摩田提」と「商那和修」を含む伝法の系譜は、『阿育王伝』（三〇六年訳出）によって初めて中国に紹介され、さらに、『付法蔵因縁伝』を媒介に、初めは北朝を中心とし、次いで隋唐代になるとさらに広く知られるに至ったという受容状況が判明している。残っている問題は、「末田地」と「舎那婆斯（私）」を含む系譜が中国ではどのように展開していたのかである。この系譜に言及する仏教文献の初見は、『阿育王伝』ほど古くないものの、東晋代には遡ることができる。たとえば、摩訶僧祇部系統と推測される東晋代の失訳仏典『舎利弗問経』（T24, No. 1465）の中で、釈尊の言葉として、「迦葉伝付阿難、阿難復付末田地、末田地復付舎那婆私、舎那婆私伝付優波笈多（迦葉は伝えて阿難に付し、阿難はまた末田地に付し、末田地はまた舎那婆私に付し、舎那婆私は伝えて優波笈多に付す）」（900a9–15）とあるところが注目される。この中に見える五人の付法人の名は、迦葉と阿難はともかく、「末田地」、「舎那婆私」、「優波笈多」はそれぞれ、『阿育王伝』や『付法蔵因縁伝』に見える「摩田提」、「商那和修」、「憂波毱多」の異訳なのである。

さらに、東晋の仏陀跋陀羅が紀元四一六年から四一八年にかけて法顕と共に訳した『摩訶僧祇律』（T22, No. 1425）

の中にも、仏滅後に律蔵を含む八万法蔵を伝持したとされる「大迦葉」、「尊者阿難」、「尊者末田地」、「尊者舎那婆斯」、「尊者優波崛多」という五代の伝法人の名前が挙げられている。[41]文字に少しの相違は見られるが、これらの名称と前掲の『舎利弗問経』に現れるものとは、基本的には一致していることがわかる。このほか、仏陀跋陀羅が四一六年に漢訳した『達摩多羅禅経』（T15, No. 618）の序文[42]（「本文序」と通称される）の中に、「仏滅度後、尊者大迦葉、尊者阿難、尊者末田地、尊者舎那婆斯、尊者優波崛、尊者婆須蜜、尊者僧伽羅叉、尊者達摩多羅、乃至尊者不若蜜多羅、諸持法者、以此慧灯、次第伝授（仏滅度の後、尊者大迦葉、尊者阿難、尊者末田地、尊者舎那婆斯、尊者優波崛、尊者婆須蜜、尊者僧伽羅叉、尊者達摩多羅、ないし尊者不若蜜多羅、諸の持法の者は、この慧灯を次第に伝授する）」（301c6–10）という記述が見え、これが、後に、禅宗の祖統論の重要な根拠とされるようになる。この序文には、禅経を伝授した尊者として九人が挙げられているが、そのうち、上位の五名は、『摩訶僧祇律』に見える八万法蔵を伝持したとされる尊者、そして『阿育王伝』や『付法蔵因縁伝』系統の経典に見える上位五名の伝法蔵人とは、すべて同一人物なのである。[43]この五人はいずれもインド仏教の伝承系譜に属し、釈尊の滅後からアショーカ王の時代までの百年間において正法を受持した「異世五師」と呼ばれる人々である。

「異世五師」という概念について、隋吉蔵『三論玄義』（T45, No. 1852）は、「『羅（薩）婆多伝』有異世五師、有同世五師。[44]異世五師者、一迦葉、二阿難、三末田地、四舎那婆斯、五優婆掘多。此五人持仏法蔵、各得二十余年、更相付属、名異世也（『薩婆多伝』に異世の五師と同世の五師についての記述がある。異世の五師とは、一には迦葉、二には阿難、三には末田地、四には舎那婆斯、五には優婆掘多である。この五人が仏の法蔵を持すること、それぞれ二十余年に及んだが、順次に代を重ねて、法を付属していったため「異世」と名づける）」（T45, 10a5–9）と言う。[45]ここで、吉蔵は、僧祐の『薩婆多伝』（『薩婆多部記』）に基づいて、釈尊の入滅後の百年間に正法を受持伝授したとされる、迦葉、阿難、末田地、舎那婆斯、優婆掘多という五人をまとめて「異世五師」と呼んでいる。果たして、「異世五師」という名称が『薩婆多部記』そのものに見えるものか否かは、同書が逸失したため確かめられないが、迦葉から優婆掘多までを五代に数える伝承系譜が梁代僧祐の『薩婆多部記』に現れても不思議ではない。それは、同じ僧祐が撰した『出三蔵記集』巻三の「新集律分為五部記録第五（出毘婆沙）」の中に、「八万法蔵有八十誦、初大迦葉任持、第二阿難、第三末田地、第四舎那波提、第五優波崛、[46]至百一十余年伝授不異（八万の法蔵に八十の誦あり、初めに大迦葉が任持し、第二阿難、第三末田地、第四舎那波提、第五優波崛と、百十数年にわたって伝授して異ならない）」（T55, 19c8–13）という記述が存在するからであり、さらに、僧祐の記述から影響を受けてであろうか、同時代の慧皎も『高僧伝』（T50, No. 2059. 五一九年成立）巻十一の中に、「自金河滅影、迦葉嗣興……是後迦葉、阿難、末田地、舎那波斯、[47]優波掘多、[48]此五羅漢次第住持（釈尊の入滅の後、迦葉が受け継ぎ、……是の後、迦葉、阿難、末田地、舎那波斯、優波掘多ら五人の羅漢が次第に住持する）」（403a5–11）と記しているのである。

このように、「異世五師」の系譜は、主として『摩訶僧祇律』の伝承を通して、中国南朝の梁代以降、揚子江以南の地域を中心に広く受け容れられるに至ったと考えられる。南朝におけるこの系譜の浸透を象徴する事例は、『阿育王伝』の同本異訳に当たる『阿育王経』（T50, No. 2043）が、梁天監十一年（512）、扶南三蔵僧伽婆羅によって訳出されたことである。そもそも、この時期に南朝で重訳がなされたということ自体、すでに紀元三〇六年には漢訳された『阿育王伝』が、北朝では『付法蔵因縁伝』の成立を促すほど重要な存在になっていたのに対し、南朝ではほとんど流布していなかったことを物語っている。そうした南北間の隔たりを浮き彫りにするかのように、僧伽婆羅訳『阿育王経』の中に登場する付法人の漢訳名は、安法欽訳の『阿育王伝』とは相違し、むしろ南朝で流行した「異世五師」伝承との一致を見せている。両文献それぞれに見える付法弟子の名前と順番を簡単にまとめると、次の表のようになる。

訳出年代	漢訳経名	伝法人
三〇六年	西晋・安法欽訳 『阿育王伝』巻六	摩訶迦葉→阿難→商那和修→優波毱多→提多迦 　　　　　　　　→摩田提
五一二年	梁・僧伽婆羅訳 『阿育王経』巻七	摩訶迦葉→阿難→末田地→舎那婆私→優波笈多→徴絺柯

もちろん、経典異訳の際に生じる訳語の相異は、底本となるサンスクリット原本に存在する相異によって生じる場合もあるが、この場合、旧訳の『阿育王伝』と相違する固有名詞の漢訳が『阿育王経』に現れるのは、『舎利弗問経』から少なからぬ影響を受けたことに起因するものと考えられる。というのは、『舎利弗問経』の「仏言……我尋泥洹、大迦葉等当共分別、為比丘・比丘尼作大依止、如我不異。迦葉伝付阿難、阿難復付末田地、末田地復付舎那婆私、舎那婆私伝付優波笈多」(T24, 900a9-15) という経文に注目すると、ここに現れる「末田地」、「舎那婆私」、「優波笈多」という一連の漢訳語にせよ、「末田地」と「舎那婆私」との師弟関係にせよ、すべて『阿育王経』と一致するからである。そして、「末田地」、「舎那婆私」、「優波笈多」という三つの固有名詞が続けて示されるのは、現存資料の中では『舎利弗問経』と『阿育王経』のみであることからも、両者の一致は単なる偶然とは考え難いのである。

もし、『阿育王経』を訳出する時に、特に「末田地」、「舎那婆私」、「優波笈多」と三人の名前を漢訳し、そして「末田地」と「舎那婆私」を師資と捉えるに際しても、実際に『舎利弗問経』が参照されたとすれば、それは当時の南朝の状況、すなわちこの三名が現れる「異世五師」の系譜が流行していた状況に対して配慮したためと考える。つまり、『阿育王経』に見える「迦葉伝付阿難、阿難復付末田地、末田地復付舎那婆私、舎那婆私伝付優波笈多」という叙述は、同時代の南朝で流行していた「異世五師説」を受け継いだ結果、と考えるのである。

『阿育王伝』と『阿育王経』との相違は、「付法蔵説」と「異世五師説」との相違をそのまま反映するものであるが、主に次の二点において両者の違いは顕著である。第一に、付法弟子の名前――Madhyāntika, Śāṇakavāsī, Upagupta――の漢訳に明確な相異が認められることである。まず、四世紀初頭に訳出された『阿育王伝』は、「Madhyāntika」=「摩田提」、「Śāṇakavāsī」=「商那和修」、「Upagupta」=「優波毱多」と漢訳して諸弟子を中国に紹介し、さらにこれらの漢訳名は五世紀半ばに成立した『付法蔵因縁伝』の流行につれて北朝で広く知られるに至ったと考えられる。一方、六世紀初頭に僧伽婆羅が南朝の梁で『阿育王経』を訳出した際には、『舎利弗問経』を参照して、弟子の漢訳名に「末田地(翻中)」「舎那婆私(翻紵衣)」、「優波笈多(翻大護)」を採用した。

第二に、付法弟子の中の「Madhyāntika」と「Śāṇakavāsī」の二人の間の伝授関係の存否に関する相違である。『阿育王伝』では、「摩田提」と「商那和修」は二人とも阿難本人から正法を直接に授かったとされており、「摩田提」と「商那和修」との伝授関係は全く認められていない。一方、『阿育王経』巻第七の「仏弟子五人伝授法蔵因縁品」に見える「阿難因縁」、「末田地因縁」、「舎那婆私因縁」の内容からは「末田地」と「舎那婆私」との師弟関係を伺わせる記載は一切見出せないにもかかわらず、同品の冒頭には、「世尊付法蔵与摩訶迦葉(翻大亀)、入涅槃。摩訶迦葉付阿難(翻歓喜)、入涅槃。阿難付末田地(翻中)、入涅槃。末田地付舎那婆私(翻紵衣)、入涅槃。舎那婆私付優波笈多(翻大護)、入涅槃(世尊は法蔵を摩訶迦葉(「大亀」と訳す)に法蔵を伝えて涅槃に入った。摩訶迦葉は阿難(「歓喜」と訳す)に法蔵を伝えて涅槃に入った。阿難は末田地(「中」と訳す)に法蔵を伝えて涅槃に入った。末田地は舎那婆私(「紵衣」と訳す)に法蔵を伝えて涅槃に入った。舎那婆私は優波笈多(「大護」と訳す)に法蔵を伝えて涅槃に入った)」(T50, 152c15–18)と記されており、「Madhyāntika」と「Śāṇakavāsī」とが師資の関係にあったという認識を示すのである。『阿育王経』の中に末田地と舎那婆私を師弟関係として結び付ける記述はこの一箇所を除いて全く見出せないため、「末田地付舎那婆私（翻紵衣）、入涅槃」という表現は、『舎利弗問経』を始めとする摩訶僧祇部系の経典を通して南朝に伝えられた「異世五師説」と『阿育王経』の原典所説の伝法説とを会通するために、僧伽婆羅が付け加えたものと推測するのである。

このように「異世五師」の系譜を支持する文献が、『阿育王経』（五一二年成立）のほかにも、前掲の僧祐『出三蔵記集』（五一八年成立）、慧皎の『高僧伝』（五一九年成立）と、ほぼ同じ時代に成立しているため、インド仏教の伝承系譜である「異世五師」の説は、南朝では遅くとも梁代にはすでに確固たる地位を得ていたと考えられる。さらに、それが南北朝末期から隋代にかけてもなお受け継がれていたことは、南朝出身の吉蔵の上掲著述から確認できるであろう。

南北朝時代には、南朝と北朝のそれぞれで流行していた「異世五師説」と「付法蔵説」との間には、特に目立った交渉はなかったと考えられるが、五八九年に隋によって中国全土が統一されると両地域出身の仏教者は相互の所説に対する関心を徐々に強めていく。たとえば、北朝出身の費長房が五九七年に完成させた『歴代三宝紀』巻一の中に、以下のような記述が現れる。

〔己酉〕匡王斑元……（壬子）四（仏年七十九、以匡王四年二月十五日後夜、於中天竺拘尸那城力士生地娑羅樹間入涅槃）……

〔定王瑜元〕（壬申）十八（如来滅後二十余年、長老迦葉住持法蔵、付嘱阿難、然後入滅。出『像法正記』）……[49]

〔霊王泄心元〕（壬辰）三（迦葉滅後二十年、阿難住持法蔵、然後付嘱末田地、方始入滅。亦出『像法正記』）……

（壬子）二十三（末田地滅後、舎那婆修住持法蔵亦二十年、付優波掘多、然後入滅）……

〔景王貴元〕（壬申）十六（舎那婆修滅後、優婆掘多住持法蔵亦二十年、付提多迦、一名尸羅難陀、然後入滅）（T49,

25a7-26a7)

ここで、費長房は、釈尊滅後百年間における正法の伝承者として、「迦葉」、「阿難」、「末田地」、「舎那婆修」、「優波掘多」という五名を挙げている。「末田地」と「舎那婆修」との関係に関する明言は避けられているが、「末田地」、「舎那婆修」、「優波掘多」という固有名詞の表記、さらに、五人が各々二十年にわたって正法を受持した、という記述には、従来、主に南朝で流行した「異世五師説」からの影響が伺える。

一方、費長房の場合とは逆の例が、南朝出身の吉蔵の『仁王般若経疏』（T33, No. 1707）に見出される。それは、同書巻六の「仏滅度後一百年中、五師持法、各二十年。迦葉・阿難・末田地、此三人親見仏化、行法如仏在世、故法不滅、三人逕六十年。第四商那和修、第五優婆毱多、此二師各二十年持法（仏の滅度後百年の間、五人の師が法を持すること各々二十年であった。迦葉・阿難・末田地、この三人は仏の教化を直に見、〔彼らの〕行法も仏の在世中と同様であったため、法は滅びなかった。三人で六十年間正法を住持した。第四商那和修、第五優婆毱多、この二人の師は各々二十年間法を持した）」（357c13-16）という記述である。この箇所の主旨は、基本的に吉蔵の『三論玄義』や『大乗玄論』に見える「異世五師説」と同じであるが、この中に現れる「商那和修」、「優婆毱多」という固有名詞の表記は、『三論玄義』や『大乗玄論』に見えるのとは明らかに異なり、むしろ北朝系統の「付法蔵説」の表記と共通していることが注目される。

費長房や吉蔵のこの変化は、南北統一後、「異世五師説」と「付法蔵説」との間、あるいは南北の地域上の隔関が小さくなりはじめたことを示すものと思われる。特に、吉蔵は、「付法蔵説」そのものを認めるには至らなかったものの、「付法蔵説」に登場する「商那和修」と「優婆毱多」が、南朝に伝わる「異世五師説」の「舎那婆斯」、「優婆掘多」と呼ばれる人物と同一であることは知っていたと考えられる。もし北朝で流行した「付法蔵説」における上位五名が「異世五師」のそれとすべて同一人物であることが判明すれば、南朝出身の仏教者にとっても「付法蔵説」はより受容しやすくなるに違いない。そして、『摩訶止観』「灌頂序」は、南朝仏教者が北朝の「付法蔵説」をさらに積極的に受容しようとする試みの嚆矢なのである。

灌頂が「付法蔵説」を『摩訶止観』に導入するためには、二つの段階を経なければならなかった。まず、第二本の段階では、『付法蔵因縁伝』に基づいて、迦葉から師子まで二十三名の付法蔵人を取り上げたが、「摩田提」には言及していない。これは、おそらく、「摩田提（末田地）」と「商那和修（舎那婆斯）」との伝授関係の認否をめぐって、「付法蔵説」と「異世五師説」とは見解を異にするため、この問題に対する判断を避けるためだったであろう。しかし、「末田地」という人物は、南朝の「異世五師説」では「阿難」と「舎那婆斯」とを繋ぐ重要かつ不可欠な一人であるため、それに全く言及しない祖承説を提示することはできなかったと思われる。そこで、灌頂は、第三本において、「末田地与商那同時、取之則二十四人」という表現を追加したのではなかろうか。その中で、彼が「摩田提」ではなく、「末田地」という表記を採用したのは、北朝の「付法蔵説」に全面的に従っているのではなく、自らの祖承説は南朝系統の「異世五師説」も融会するものであることを示すためだったと考えるのである。ただし、「付法蔵説」の基本的構造を保全するために、灌頂は、「末田地」に「商那和修」と同等の地位を与えたものの、両者の師弟関係までは認めていない。このような葛藤を経て、灌頂は、現行本『摩訶止観』に見えるような二十三代二十四人からなる付法蔵説を確立した、と考えるのである。

なお、以上で考察した各文献が成立した状況をまとめると、次頁の図表のようになる。

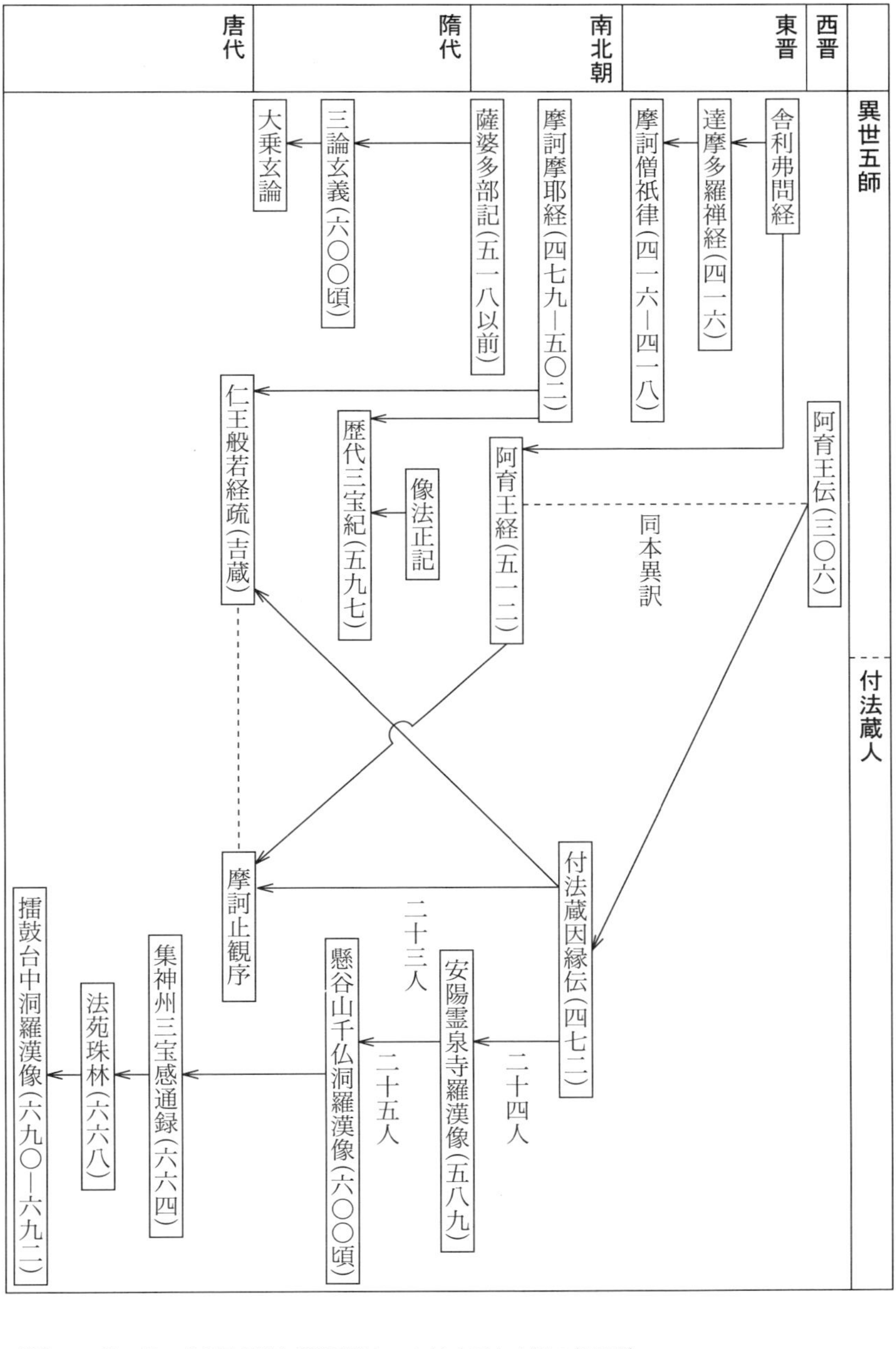
西晋
東晋
南北朝
隋代
唐代
異世五師
付法蔵人
舎利弗問経
達摩多羅禅経（四一六）
摩訶僧祇律（四一六―四一八）
摩訶摩耶経（四七九―五〇二）
薩婆多部記（五一八以前）
三論玄義（六〇〇頃）
大乗玄論
阿育王伝（三〇六）
同本異訳
阿育王経（五一二）
像法正記
歴代三宝紀（五九七）
仁王般若経疏（吉蔵）
付法蔵因縁伝（四七二）
摩訶止観序
二十三人
二十四人
二十五人
安陽霊泉寺羅漢像（五八九）
懸谷山千仏洞羅漢像（六〇〇頃）
集神州三宝感通録（六六四）
法苑珠林（六六八）
播鼓台中洞羅漢像（六九〇―六九二）

《おわりに》

これまでに見てきたことから、灌頂の西天祖承説が「末田地」を付法蔵人として数えたのは、北朝で流行した「二十四祖説」から影響を受けたからではなく、あくまでも「付法蔵説」は二十三代を数えるものとして捉えた上で、これに「異世五師説」を融合させるためであったと考える。したがって、「二十四祖説」と灌頂の「二十三代説」との間には、明確な結びつきは認められないのである。つまり、灌頂説は「二十四祖説」から影響を受けたものでもなければ、逆に、灌頂説が北朝や隋唐代の羅漢群像の造営に影響を与えたとも考えられない。灌頂の西天祖承説は、隋による南北統一という新しい時代状況の中で、仏教思想における南北融合を象徴するものとして意義重大であるが、ただ、それ自体が同時代の仏教思想界に大きな反響を呼び起こすまでには至らなかったであろう。

灌頂の祖承説が有する最も重要な思想史的意義は、何よりも、その西天祖承説を前提に立て、その系譜と智顗を関連づけようとする発想にある。この発想が、後代になって本格的に発達していく祖統論の祖形となるのである。すでに前項で分析したように、灌頂の止観祖承説の主眼は、智顗を含む中国的系譜ではなく、智顗その人にあるのである。したがって、灌頂の説は厳密な意味での祖統論とは言えない。しかし、中国仏教思想史全体を見れば、灌頂以前の時代では、異国の宗教である仏教を継承する方法は、超越的な体験によるほかは、主として経律論という三蔵を媒介とするものであり、中国出身の仏教者その人をインド仏教の伝承系譜と関連づけようとする意欲は決して強いものではなかったように見える。あたかも人から人へと受け継がれていく血脈とでも称すべき強い絆を築き上げようとした灌頂の努力は極めて斬新なものなのである。また、それがあまりにも前衛的であったためか、灌頂の試みはすぐさま大きな反響を呼ぶには至らなかった。彼の説は、唐代の湛然による「再解釈」を経て、ようやく注目を浴びることとなり、そして、宋代になると天台宗と禅宗との論争の中心的な課題の一つともなっていくのである。

注記

(1)『摩訶止観』巻一之一に「天台伝南岳三種止観、一漸次、二不定、三円頓。皆是大乗、倶縁実相、同名止観。……既信其法、須知三文。『次第禅門』、合三十巻、今之十軸、是大荘厳寺法慎私記。不定文者、如『六妙門』、以不定意、歴十二禅・九想・八背、観練熏修、因縁六度、無碍旋転、縦横自在、此是陳尚書令毛喜請智者出此文也。円頓文者、如灌頂荊洲玉泉寺所記十巻是也」(T46, 1c1-3a10) と見える。

(2)『摩訶止観』巻第一之一に「止観明静、前代未聞。智者大隋開皇十四年四月二十六日、於荊州玉泉寺、一夏敷揚、二時慈霔」(T46, 1a7-9) と見える。

(3) 佐藤哲英 [1961] (『天台大師の研究——智顗の著作に関する基礎的研究——』京都、百華苑。p. 365)。

(4) 現行本『摩訶止観』の完成年代について、佐藤 [1961] (p. 398) は、『国清百録』の成立年代の上限と思われる大業三年 (607) から、灌頂入滅の貞観六年 (632) までとすべきであろうという。ただし、筆者が池麗梅 [2005a] (「『国清百録』の完成年代に関する一考察——隋煬帝と天台山教団との交渉をめぐって——」『インド学仏教学研究』十二) で論証したように、『国清百録』の完成年代の上限は、従来考えられた年代より一年繰り上げて、大業二年 (606) とすべきである。したがって、現行本『摩訶止観』の完成年代の上限も、同様に一年繰り上げて、大業二年とすべきであろう。

(5)『止観輔行伝弘決』(T46, No. 1912) 巻一之一に「此之一部、前後三本。其第一本二十巻成、并第二本十巻成者、首並題為「円頓」者、是為異偏小及不定故。其第二本、即文初列「窃念」者是。其第三本、題意少異、具如後釈、初云「止観明静」者是。今之所承、即第三本。時人相伝、多以第三而為略本、以第二本号為広本。一往観之、似有広略。尋討始末、紙数乃斉。応以第三為再治本、不須云略」(141b29-c8) とある。これによれば、湛然の時代には、『摩訶止観』のテキストとしては、『円頓止観』と題される二十巻本(第一本）と十巻本（第二本）の二種類と、冒頭が「止観明静」という一句から始まる十巻本（第三本）と、全部で三種類が存在していたことがわかる。

（6）『止観輔行伝弘決』の記述に基づいて、『摩訶止観』の三本のテキストの比較研究が、佐藤［1961］（pp. 370-377）によってなされている。同氏はまず、『止観輔行伝弘決』中の十四ヶ所に「第一本」についての言及と引用が見えることを指摘して、止観の「第一本」の特色について、「（イ）題号は「円頓止観」、（ロ）調巻は「二十巻」であり、（ハ）止観明静ではじまる灌頂の序文がなく、（ニ）文の初めに三止観を列ね、（ホ）大意章は多く三止観で結ばれていた。（ヘ）現行本に比べて相当長文の個所があった」とまとめ上げている（pp. 370-372）。次に、止観の「第二本」について、『止観輔行伝弘決』の十一ヶ所に現れることを指摘した上で、その特色を、「（イ）題号は「円頓止観」であり、（ロ）巻数は十巻であるが、（ハ）紙数は第三本と斉しい。（ニ）巻首は「窃念述聞共為十意」の句ではじまり、（ホ）全体の組織は序文の五意（商略・祖承・弁差・引証・示処）と正説の五意（開章・生起・分別・料簡・解釈）の十段組織から成っている。そのうち（ヘ）序文の商略は経文を略引したものであるから引証に異ならず、（ト）祖承の部分も付法蔵伝に准ずるに少しく異なるものがある。また(チ）三種止観は漸次・円頓・不定の順序になっているから、漸次・不定・円頓の次第をもつ現行本と異なっており、（リ）……第二本に闕文となっているものもあり、また（ヌ）……第三本で修治されたものもある。結局第二本と第三本とでは総紙数に変りはないけれども、題号も異なり、序文の内容も相当違っていたことがわかる」という（pp. 373-374）。ところで、『止観輔行伝弘決』における「第二本」に関する言及は、佐藤氏が指摘したところ以外にも、さらに巻一之二の中の二箇所に見える。その一は「第二本中、従此至「仏法之恩」、並属商略。今並迴為引証文也。旧商略名没而不彰、良由此也」（T46, 152b2-4）であり、その二は「（第一本未有序文、亦於文初列三止観、及大意中諸文多以三止観結。）第二本初所以列者、即是先序師資所伝」（T46, 158c27-159a1）という箇所である。

（7）佐藤［1961］（p. 376）。

（8）安藤俊雄［1968］（『天台学——根本思想とその展開——』京都、平楽寺書店。p. 8）。

（9）『法華玄義』（T33, No. 1716）巻五には「五品之位、理雖未顕、観慧已円、具煩悩性能知如来秘密之蔵、堪為世間作初依止。依止此人、猶如如来。当知、不久詣於道樹、近三菩提、一切世間皆応向礼、一切賢聖皆楽見之。若六根似解、円観転明、長別苦海、能以一妙音遍満三千界、随意之所至、一切天龍皆向其処聴法、其人有所説法、能令大衆歓喜、猶是第一依止。『涅槃』標四依、義通円別。人師多約別判、地前通名初依、登地至三地断見尽、名須陀洹、至五地侵思名斯陀含、是第二依。至七地思尽、名阿那含、是第三依。八地至十地、欲色心三習尽、名阿羅漢、是第四依。若推円望別、応約十住明三依、対住前為四依。若始終判者、五品六根為初依、十住為二依、十行十迴向為三依、十地等覚為四依」（736c4-20）と説明されている。

（10）「〔慧文禅師〕当斉高之世、独歩河淮、法門非世所知、履地戴天、莫知高厚。文師用心一依『釈論』」（T46, 1b23-24）。

（11）「『論』是龍樹所説、付法蔵中第十三師。智者『観心論』云帰命龍樹師、験知龍樹是高祖師也」（T46, 1b25-27）。

（12）この系譜上に現される三者の師承関係は歴史的に裏付けられる事実と思われる。その先頭に立つ慧文は、生存年代は不詳であるが、六世紀半ば頃の北斉の人であろうと思われる。ただ、智顗の属するこの系譜を、慧文よりさらに古い時代へと遡ることはもはやできないと見られる。このように、智顗の所属する系譜というものはそれほど長い歴史を持ってはおらず、前掲のインド仏教の系譜とも、歴史的にはほとんど接点が見当たらないのである。

（13）塚本善隆［1974］（「龍門石窟に現れた北魏仏教」『塚本善隆著作集』巻二『北朝仏教史研究』東京、大東出版社。p. 458）。

（14）関口真大［1975］（『止観の研究』東京、岩波書店。p. 13）。

（15）「二十四祖像」という数字をめぐっては、本項の二「「二十三祖説」と「二十四祖説」をめぐる議論の検討」で考察する。

（16）程正［2003］（「二十九祖説考（一）」『駒澤大学大学院仏教学研究会年報』三十六。p. 42）。

（17）程正［2003］のほか、同様の見解を示す先行研究の中に、田中良昭［2000］（「禅宗東西祖統説考——柳田聖山先生の「禅宗東西祖統対照表」をめぐって——」『禅学研究』七十九）がある。それによれば、「そもそも『付法蔵伝』は前述の如く二十三祖説であり、それを龍門石窟の塑像の作者がAからXに至る二十四像としたのは、天台大師智顗（五三八～五九七）が『摩訶止観』（五九四）巻一の冒頭に、『付法蔵伝』による西天祖統説、すなわち大迦葉から師子に至る祖師名を挙げて法が付嘱されたことを述べた最後に、「付法蔵人、始迦葉終師子二十三人。末田地与商那同時、取之即二十四人」とされているところに準拠したものであろう」（p. 87）とされているが、文中の「天台大師智顗（五三八～五九七）が『摩訶止観』（五九四）」という認識は、前述したように、正確なものではない。

（18）前述したように、正確には、「灌頂」とすべきである。

（19）筆者が実際に龍門のフィールドワークを行なった結果、問題の彫像は、像が消滅し跡のみ残っている箇所も含めて、本来は二十六体存在したことが確認できた。ただし、第一体の彫像は、その極めて優美な顔容から判断すれば、苦行を得意とする迦葉とは到底思えなかった。さらに、他の羅漢彫像は各体それぞれの右肩上に対応する刻文が刻まれているのに対して、第一体と第二体の彫像の位置だけ同一の刻文が両彫像の頭上に横たわっていることから、第一段の刻文は、第一と第二の二体の彫像に対応していることが明らかであった。そして、その内容を見ると、その前半のおよそ三分の二は成道前の釈尊に関する記述である。このことから、二十六体に及ぶ群像は、迦葉を初めとするのではなく、成道前の釈尊の僧としての姿がその先頭にあるものと考える。したがって、羅漢像の数はこれまで通りに二十五体とすべきであるが、彫像の数は全部で二十六体存在したことを確認しておきたい。

（20）『〈河南洛陽〉龍門石窟の研究』（p. 122）。

(21) 田中［2000］の叙述によって纏められている。

(22) 田中［2000］（p. 87）に見える表現である。

(23) 田中［2000］（pp. 86–87）。

(24)『〈河南洛陽〉龍門石窟の研究』附録第二「龍門石刻録」（塚本善隆氏・水野清一氏・春日礼智氏校。pp. 243–482）。

(25) 龍門擂鼓台中洞の腰壁に祖師像が二十五あることは、温玉成［1993］『中国石窟与文化芸術』（上海、上海人民美術出版社）の「在龍門東山擂鼓台中洞四壁下層所刻即為「廿五祖」、時間是唐代天授年間（龍門東山の擂鼓台中洞の四壁の下層に彫刻されているのは「二十五祖」であり、その年代は唐代の天授年間である）」（p. 334）という記述からもわかる。

(26) これらの羅漢像は頭部が盗鑿されているものがほとんどであり、ほぼ完全なものは一体しかないと言われている（『中国美術辞典』上海辞書出版社、一九八七年。p. 397）。

(27) 宝雲訳『付法蔵経』六巻に言及した初期の経録に、隋・費長房の『歴代三宝紀』（T49, No. 2034）がある。同録の巻十に、「文帝世、涼州沙門宝雲、少歴西方、善梵書語、天竺諸国字音訓釈、悉皆備解。後還長安、復至江左。晩出諸経、多雲刊定。華戎兼通、言音允正、衆咸信服。初時関中有竺仏念、善於宣訳、符姚二代、猶擅其名、領会真文、最為称首。其江左翻伝、訳梵為宋、莫踰於雲。初与智厳恒共同出、厳既遷化、雲後濁（独）宣、故不多載」（T49, 89c14–26）と見えるが、この記載は『李廓録』（詳細は不明）を参照したものである。後世の経録のうち、唐代道宣『大唐内典録』（T55, No. 2149）巻四（258a15–27）の記載は『歴代三宝紀』とほぼ同様であるが、智昇『開元釈教録』（T55, No. 2154）巻五（525c3–29）や円照『貞元新定釈教目録』（T55, No. 2157）巻七（822b16–c15）などに至るとやや詳しくなる。

(28) 曇曜訳『付法蔵伝』四巻に言及した初期の経録に、隋・費長房の『歴代三宝紀』がある。同録の巻三に、劉宋孝武帝孝建六年、すなわち北魏文成帝和平三年（462）の事項として、「昭玄沙門曇曜、欣三宝再興、遂於北台石窟寺、躬訳『浄度三昧経』一巻・『付法蔵伝』四巻、流通像法也」（T49, 43a1）と見え、さらに同録の巻九は、北魏太武帝の廃仏後、文成帝による仏教復興を慶び、曇曜が五台山の北台石窟寺で同経を訳出したという歴史的状況をやや詳しく述べている。『歴代三宝紀』によれば、同書を著録したより早期の経録として『菩提流支録』があることは明らかであるが、これは散逸して伝わらない。後世の経録、たとえば、唐代道宣『大唐内典録』巻四（T55, 268b5–15）や、智昇『開元釈教録』巻六（T55, 539c10–540a2）、円照『貞元新定釈教目録』巻九（T55, 838a9–28）などの記載は、『歴代三宝紀』とほぼ同様である。

(29) 種々の経録の中から、代表的と考えられる記載を簡略に表にまとめると、次頁の表のようになる。

経録	記載事項
南朝梁・僧祐 『出三蔵記集』巻二	「『付法蔵因縁経』六巻(闕)」(中略) 「宋明帝時、西域三蔵吉迦夜、於北国、以偽延興二年(472)、共僧正釈曇曜訳出、劉孝標筆受。此三経並未至京都」(T 55, No .2145, 13b7-12)
隋・費長房 『歴代三宝紀』巻九	「『付法蔵因縁伝』六巻(或四巻。因縁広、異(曇)曜自出者)」(中略) 「宋明帝世、西域沙門吉迦夜(魏言何事)、延興二年、為沙門統釈曇曜於北台重訳、劉孝標筆受。見道慧宋斉録」(T 49, No. 2034, 85b18-27)
唐・道宣 『大唐内典録』巻四	「『付法蔵因縁伝』二巻(或四巻、因録広、異曜自出者)」(中略) 「宋明帝世、西域沙門吉迦夜(魏言何事)、延興二年、為沙門統釈曇曜於北台重訳、劉孝摽(標)筆受。見道慧宋斉録」(T 55, No .2149, 268 b26-c6)
唐・靖邁 『古今訳経図紀』巻三	「沙門吉迦夜、此云何事、西域人。遊化戎虜、導物在心。以魏孝文帝延興二年、歳次壬子(472)、為僧統曇曜訳『雑宝蔵経』等五部合二十五巻、劉孝標筆受、謂『雑宝蔵経』(十三巻)、『付法蔵因縁経伝』六巻、『称揚諸仏功徳経』三巻、『大方広菩薩十地経』一巻、『方便心論』二巻」(T 55, No .2151, 360a 26-b2)
唐・智昇 『開元釈教録』巻十三	「『付法蔵因縁伝』六巻(或無「因縁」字、或四巻、或三巻)」 「元魏西域三蔵吉迦夜共曇曜訳(第三訳、三訳二闕)」(T 55, No. 2154, 622b12-13)
唐・円照 『貞元新定釈教目録』巻二十三	『付法蔵因縁伝』六巻(或無「因縁」字、或四巻、二巻)、元魏西域三蔵吉迦夜共曇曜訳、第三訳(三訳二闕)」(T 55, No. 2157, 956a1-3)

（30）ただし、『出三蔵記集』では、この第三訳は「『付法蔵因縁経』六巻」と呼ばれている。さらに、同文献は北魏で訳されたせいか、南朝の梁には伝わらなかったため、『出三蔵記集』は、その所在状況について「闕」としている。
（31）契嵩の見解を以下の表にまとめてみた。

契嵩『伝法正宗定祖図』	斯蓋後魏之時仏法毀廃。当時有僧曇曜於倉卒間単録諸祖名目、不暇備写、懐之亡於山谷。後三十余年、当其君孝文帝之世、曜出之、与衆絹綴為付法蔵伝。其差誤亡失事実、乃曇曜之所致也。然愚嘗考曇曜輩所為付法蔵伝、其文誠類単録、自弥遮多迦至乎師子羅漢、凡七祖師最欠、殊無本末。亦李常所謂祖図但空有其名者、此是也。（T 51, No .2079, 773a28-b7）
契嵩『伝法正宗記』巻四	評曰、預付法以何験乎。曰、以聖人験之。唯聖人故能玄知。今師子徳能為祖、自謂則曰已得蘊空、此其為聖人亦至矣、豈無玄知乎。又鶴勒那嘗以難語之、勉其伝道。此可不預付法乎。他伝（付法蔵伝也）能知其臨刑湧之白乳、而乃曰、相伝法人於此便絶、何不思而妄書乎（其妄験於禅経）。（T51, No. 2078, 735c17-23）
契嵩『伝法正宗論』	此因後魏毀教。其時有僧曇曜於倉黄中単録乎諸祖名目、持之亡於山野、会文成帝復教、前後更三十年。当孝文帝之世、曇曜遂進為僧統、乃出其所録、諸沙門因之為書、命曰付法蔵伝（付法蔵伝亦云曇曜所撰）。其所差逸不備、蓋自曇曜逃難已来而致然也。以吾前之所指其無本末者、験今智本之説、誠類採拾残墜所成之書。（T 51, No. 2080, 774a29-b7）

（32）Maspero［1911］（pp. 139-141）。
（33）温玉成［1993］（『中国石窟与文化芸術』上海、上海人民美術出版社。p. 333）。
（34）谷文雨・閻紅雨［1992］（「河南石窟考古又有新収穫」『光明日報』一九九二年一月七日第一版）。
（35）これらのことは、王振国［2000］（pp. 28-31）の内容に基づく。
（36）この段落で述べる内容は、王振国［2000］（pp. 28-29）の録文に基づく。
（37）王振国［2000］（p. 29）。
（38）『集神州三宝感通録』に見えるこの叙述は、六六八年成立の道世『法苑珠林』（T53, No. 2122）巻三十（511c7-11）にも、そのまま踏襲されている。

（39）「灌頂序」の西天祖承説は、現行本『摩訶止観』では以下のように述べられている。「行人若聞付法蔵、則識宗元。大覚世尊、積劫行満、渋六年以伏見、挙一指而降魔。始鹿苑、中鷲頭、後鶴林。法付大迦葉、迦葉八分舎利、結集三蔵。法付阿難、阿難河中入風三昧、四派其身。法付商那和修、修手雨甘露、現五百法門。法付毱多、多在俗得三果、受戒得四果。法付提迦多、多登壇得初果、三羯磨得四果。法付弥遮迦。迦付仏駄難提。提付仏駄蜜多。多授王三帰、降伏算者。法付脇比丘。比丘出胎髪白、手放光取経。法付富那奢、奢論勝馬鳴、剃髪為弟子。鳴造頼吒和羅妓、妓音演無常苦空、聞者悟道。法付毘羅、羅造無我論、論所向処、邪見消滅。法付龍樹、樹生生身龍成法身。法付提婆、婆鑿天眼、施万肉眼。法付羅睺羅、羅識鬼名書、降伏外道。法付僧佉難提、提説偈試羅漢。法付僧佉耶奢、奢遊海見城説偈。法付鳩摩羅駄、駄見万騎記馬色、得人名分別衣。法付闍夜那、那為犯重人作火坑令入、懺悔、坑成池、罪滅。法付盤駄。駄付摩奴羅、羅分恒河為二分、自化一分。法付鶴勒夜那。那付師子、師子為檀弥羅王所害、剣斬流乳。付法蔵人、始迦葉、終師子、二十三人。末田地与商那同時、取之則二十四人」（T46, 1a13-b8）。

（40）『止観輔行伝弘決』巻一之一に、「先明金口祖承、次明今師展転相承。金口祖承則人法兼挙、今師祖承則総別重出、別中先人次法。金口具在『付法蔵伝』、過七十紙、具存煩広、今先略依『阿含』及『婆沙論』、明初分舎利及結集三蔵。……次依第二本略出付法、准本伝文時有少異、意在略知言趣」（T46, 145a22-c18）と見える。この記述によれば、湛然は『止観輔行伝弘決』でいわゆる「金口祖承」を解釈する際に、仏滅後の八分舎利や三蔵結集という二つの出来事については『阿含経』や『大毘婆沙論』に依拠したが、それ以外の付法蔵に関しては、『摩訶止観』の第二本を参照したと思われる。しかし、湛然は、「末田地与商那同時、取之則二十四人」という二句はもとより、「末田地」という名前にすら触れてはいないことから、この二句は第二本には存在せず、第三本に至って初めて現れたものと推測されるのである。

（41）仏陀跋陀羅・法顕共訳『摩訶僧祇律』巻四十に、「仏泥洹後、大迦葉集律蔵、為大師宗、具持八万法蔵。大迦葉滅後、次尊者阿難亦具持八万法蔵。次尊者末田地亦具持八万法蔵。次尊者舎那婆斯亦具持八万法蔵。次尊者優波崛多、世尊記無相仏、如降魔因縁中説、而亦能具持八万法蔵、於是遂有五部名生」（T22, 548b9-17）と見える。

（42）現行本『達摩多羅禅経』には、「本文序」のほか、廬山慧遠撰の序文が付録されている。その「慧遠序」には、「如来泥曰（洹）未久、阿難伝其共行弟子末田地、末田地伝舎那婆斯。此三応真、咸乗至願、冥契于昔、功在言外、経所不弁、必闇軛無匠、孱焉無差。其後有優波崛、弱而超悟、智紹世表、才高応寡、触理従簡、八万法蔵、所存唯要、五部之分、始自於此」（T15, 301a7-13）と見える。これによれば、仏滅後の付法伝承は、阿難、末田地、舎那婆斯、優波崛という四代にわたることになり、「本文序」とは「大迦葉」が欠けているところが相違している。ここでは、「本文序」のみを取り上げる。

（43）この最初期の伝法系譜がインドから中国に紹介されたのは、主として、『摩訶僧祇律』系統の文献を媒介としていた。ここで、さらに注目されるのは、この『摩訶僧祇律』の漢訳に努めていた仏陀跋陀羅は、後世の禅宗祖統論の形成において最も重要な根拠とされる『達摩多羅禅経』を漢訳した人物にほかならない、ということである。

(44) 「同世五師」については、「同世五師者、於優婆掘多世、即分成五部、一時並起、名同世五師、一曇無徳、二摩訶僧祇、三弥沙塞、四迦葉維、五犢子部」(T45, 10a9-12) と述べている。

(45) 吉蔵は、このほかのところでも、「異世五師」に相当する系譜に言及している。その一は同じ『三論玄義』の中に見え、「上座弟子部者、仏滅度後、迦葉以三蔵付三師、以修多羅付阿難、以毘曇付富楼那、以律付優婆離。阿難去世、以修多羅付末田地、末田地付舎那婆斯、舎那婆斯付優婆掘多、優婆掘多付富楼那、富楼那付寐者柯、寐者柯付迦旃延尼子。従迦葉至寐者柯、二百年已来無異部至三百年初、迦旃延尼子去世、便分成両部、一上座弟子部、二薩婆多部」(T45, 9b14-22) と述べる箇所であり、その二は、『大乗玄論』(T45, No. 1853) 巻五の中の、「仏在世時、自説十二部経、仏滅度後、委付迦葉。……迦葉滅後付阿難、阿難付末田地、末田地付舎那婆斯、舎那婆斯付優婆掘多、如是隔世五師。至一百余年、分為二部、一者摩訶僧祇部、此云大衆部、二者多羯羅部、此云上坐部」(65a3-11) という言及である。

(46) 『大正蔵』は「掘」とするが、その校注によれば、【宋】【元】【明】本では「崛」とされている。ここでは、【宋】【元】【明】本に従って「崛」とする。

(47) 『大正蔵』の校注に、「優＝憂【宋】【元】【明】【宮】」とある。

(48) 『大正蔵』の校注に、「掘＝毱【宋】【元】【明】【宮】」と見える。

(49) ここで、迦葉から阿難を経て末田地に至るまでの系譜は『像法正記』に基づくとされているが、この『像法正記』がいかなる文献を指すものかは不明である。

第二節 『止観輔行伝弘決』と天台祖統論の確立

第一項 『止観輔行伝弘決』に展開される天台止観祖統論

一 『止観輔行伝弘決』に展開される天台止観祖統論の概観

湛然の天台止観祖統論に関する体系的な論述は、主として『止観輔行伝弘決』において、「灌頂序」に対する注釈の形で展開されている。彼は、『摩訶止観』の全体的構成を「序分」と「正説分」という二つの部分からなるものと理解しているが、「灌頂序」がそのまま全体の「序分」に相当し、そのほかはすべて「正説分」であるという。[1] そして、「序分」はさらに「通序」と「別序」とに分けられているのである。「通序」とは、「止観明静、前代未聞。智者大隋開皇十四年四月二十六日、於荊州玉泉寺、一夏敷揚、二時慈霔。雖楽説不窮、纔至見境、法輪停転、後分弗宣」という序文の冒頭部分を指しており、その内容は、所聞体（「止観明静」）、能聞人（「前代未聞」）、教主（「智者」）、説教時（「大隋開皇十四年四月二十六日」）、説処（「於荊州玉泉寺」）、重明分斉（「一夏敷揚、二時慈霔。雖楽説不窮、纔至見境、法輪停転、後分弗宣」）という六つの要素を含むものと理解されている。[2] そして、これ以外の「灌頂序」の内容、すなわち「然挹流尋源、聞香討根」から序文の終りまでの内容は、すべて「別序」とされている。天台止観祖統論に関連する湛然の論説は、主としてこの「別序」に対する注釈の中から伺いうるのである。[3]

「別序」とされる序文の内容は、さらに二つの部分にわけられている。第一は、「灌頂序」の「然挹流尋源、聞香討根。論曰、我行無師保。経云、受莂於定光。書言、生知者上、学而次良。法門浩妙、為天真独朗、為従藍而青。行人若聞付法蔵、則識宗元。大覚世尊、積劫行満、渉六年以伏見、挙一指而降魔。始鹿苑、中鷲頭、後鶴林」（T46, 1a10-15）という部分を指し、これが「祖承付法の由漸」を明かすものとされている。なぜ、天台止観の由緒を灌頂が明かす必要があったのかについて、湛然は、「若不先指如来大聖、無由列於二十三祖。若不列於二十三祖、無由指於第十三師。若不指於第十三師、無由信於衡崖台岳（もし、まず第一に釈尊を採り上げなければ、二十三祖を並べることができない。もし二十三祖を並べなければ、第十三師の龍樹を採り上げることができない。もし第十三師を採り上げなければ、〔人々は〕衡山慧思と天台智顗〔の系譜〕を信用しないであろう）」（『止観輔行伝弘決』巻一之一。T46, 143b10-13）と述べている。さらに、「受化稟教、須討根源。若迷於根源、則増上濫乎真証。若香流失緒、則邪説混於大乗。由是而知台衡慧文宗于龍樹、二十三聖継踵堅林、実有由也、良可信也（化を授かり教を稟けるには、かならずその教化の根源を見極めなければならない。なぜなら、もし根源を見極めることができなければ、〔悟を得ていないにもかかわらず悟ったと思い込む〕増上慢と真実な悟りとの区別がつかなくなるであろう。また、もし香りと流れの始まりを見失えば、邪説が大乗の教えに混入してくるからである。〔逆に、その拠りどころを明確にすれば、〕天台智顗、衡山慧思、慧文は龍樹を宗とし、〔その龍樹が〕二十三聖〔の一人であり、彼ら〕は堅林〔で示滅した釈尊〕に継踵する経緯からして、この系譜は実に由緒があり、まことに信用できるものとわかるのである）」（143b21-25）と言う。一見したところ、湛然はここで釈尊が師資付法の大前提であることの重要性をしきりに強調しているようにも見えるが、実際のところ、釈尊は付法伝承の前提でしかなくなり、後に論ずるように、以下の二種の付法伝承の系譜から切り離されてくるところに、湛然の主意があることは看過できないのである。

第二の部分は、「法付大迦葉、迦葉八分舎利、結集三蔵」から序文の末尾までであり、ここは「付法祖承」を明かすものとされている。この部分は、さらに、「金口祖承」と「今師祖承」に二分され、そのうちの「金口祖承」とは、「法付大迦葉」から、阿難、商那和修、毱多、提迦多、弥遮迦、仏駄難提、仏駄蜜多、脇比丘、富那奢、馬鳴、毘羅、龍樹、提婆、羅睺羅、僧佉難提、僧佉耶奢、鳩摩羅駄、闍夜那、盤駄、摩奴羅、鶴勒夜那を経て師子に至るまでの伝承過程や付法の利益を明かし、最後に「仏為此益付法蔵也」という一句で締めくくられる部分を指している。

次に、「今師祖承」とは、「此之止観、天台智者説己心中所行法門」以降の「灌頂序」の内容を指している。「金口祖承」では、伝法人が時代の古い順に挙げられているのに対して、「今師祖承」では、逆に智顗から慧思を経て、慧文へと遡っていく手法が採られているが、これは慧文と龍樹との接点を明らかにするためである、と湛然は解釈している。[4]『止観輔行伝弘決』におけるこの部分の解釈では、「今師」と呼ばれた人々のうち智者と慧思の伝記が『摩訶止観』よりもかなり詳しく述べられているほか、慧文の場合は、その生涯に関する情報の追加はないものの、その師承系譜をめぐって、『摩訶止観』にはなかった新しい展開が見える。それは、慧文の龍樹に対する継承関係を述べる直前に示される「九師相承」という伝承系譜である。

二　『止観輔行伝弘決』における天台止観祖統論の構造

以上が、『摩訶止観』「灌頂序」に対する注釈において展開された湛然の天台止観祖統論をめぐる論説内容の概観である。このように展開された天台止観の伝承系譜に関する湛然の論説は、一体、いかなる構造を持つものであるのか、次に考察していくこととする。ここで、湛然自身の祖承説の構造を分析するために、前述した『止観輔行伝弘決』の内容に基づいて、彼の祖承説を図式化すると以下のようになる。

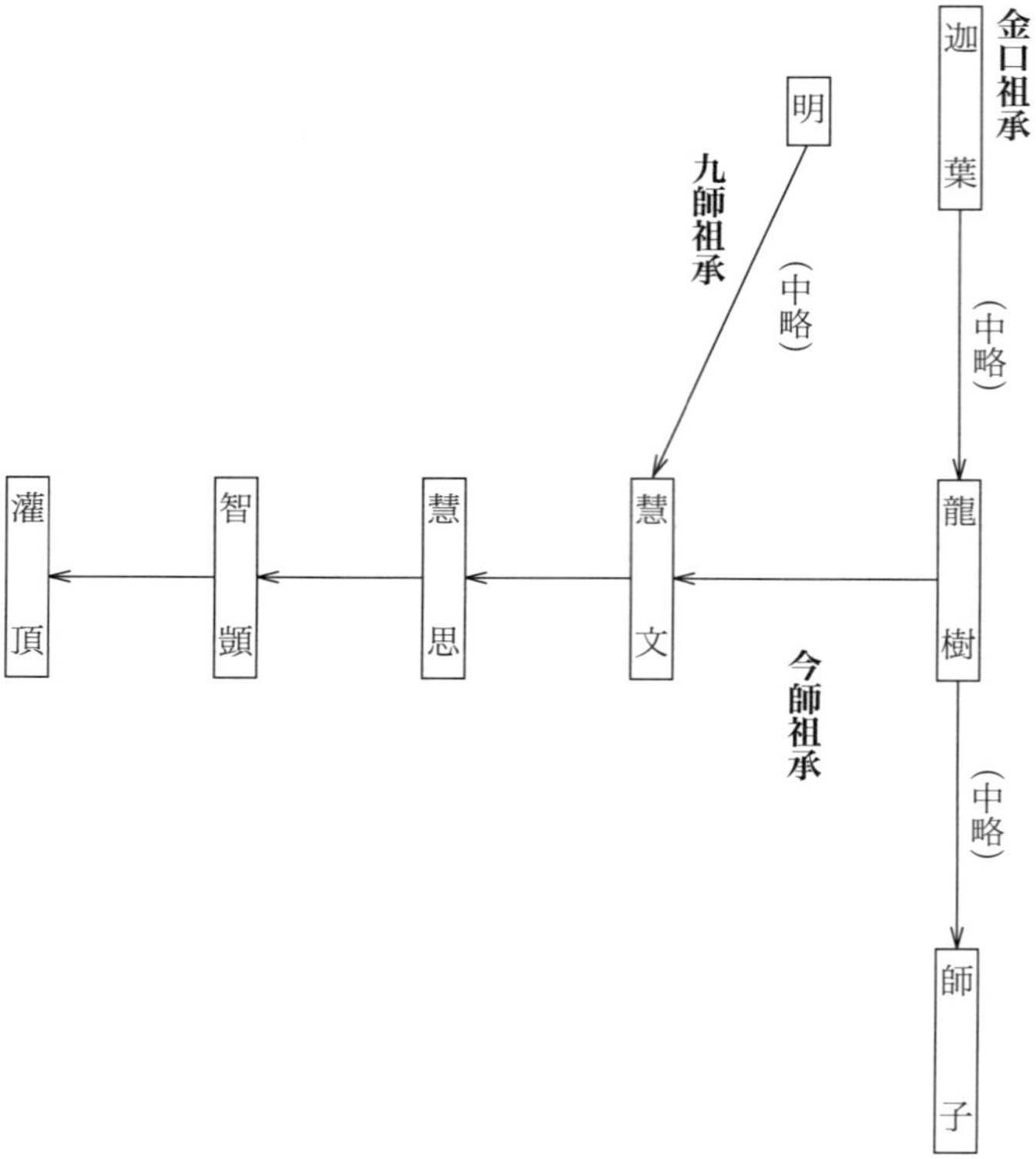

まず、縦軸が示しているのは、湛然が「金口祖承」と名づけた伝承系譜である。この系譜は、灌頂が『付法蔵因縁伝』に基づいて纏め上げた迦葉から師子までの全二十三代にわたるインドの付法伝承と類似した展開である。次に、横軸が表しているのは、湛然が「今師祖承」と名づけた伝承系譜であるが、この「今師」とは、龍樹、慧文、慧思、智顗に、灌頂を加えた五人を指している。最後に、斜線が示すのは、湛然が新たに提示した、明、最、嵩、就、監、慧という六人と、慧文、慧思、智顗の三人から成る「九師相承」の系譜である。

湛然説の全体的な構造と、前節で述べた灌頂説のそれとを較べてみると、両者の間には大きな相異が存在することに気づくであろう。まず、いわゆる「金口祖承」における釈尊の位置づけに見られる相異である。灌頂説では、釈尊がインド仏教の伝承の頂点かつ始点に位置しているのに対して、湛然は、釈尊を「祖承付法の由漸」を明かすための大前提とはするものの、「付法祖承」の系譜そのものの中には取り込もうとしていない。そのため、かつて灌頂が提示した「本仏」の釈尊と智顗との超歴史的な関連は『止観輔行伝弘決』では完全に埋没する。また、湛然説は、「今師祖承」の系譜に智顗に次いで灌頂を追加したことや、さらに、慧文・慧思・智顗が属するとされる「九師相承」の系譜を新たに提示したことにおいても、灌頂説とは明らかに異なっている。

第二項　湛然の天台止観祖統論の確立——灌頂説の再構成——

前項では、『止観輔行伝弘決』に論述された湛然の天台止観祖統論の体系あるいは構造について概観してきた。その際、湛然の祖統論と灌頂説との相違を指摘したが、それらの相違はいずれも、ある一つの目的を達成するために、意図的になされた改変によって生じたものと考えられる。その目的とは、智顗を仏教全体の展開史の中に位置づけるためにかつて灌頂が提示した智顗を中心とする師資相承説を、新たにインド的伝承系譜を表す「金口祖承」と中国的展開を示す「今師祖承」から組織される独自の天台止観祖統論に再構成することにある。つまり、湛然が『止観輔行伝弘決』で提示した祖統論は、単純に灌頂の師資相承説を踏襲するものではなく、灌頂説を再組織することによって創りあげた本格的な天台止観の祖統論なのである。本項は、『止観輔行伝弘決』の内容に密着しながら、湛然がどのようにして『摩訶止観』「灌頂序」の師資相承説を体系的な祖統論へと再構築していったのか、検討していくことにする。

一「金口祖承」系譜の確立

『止観輔行伝弘決』巻一で、湛然は、止観祖統論に関して、以下の如く論じはじめる。「師資相伝、是今正意、是故次明法付迦葉、述仏滅後付法之人。於中先明金口祖承、次明今師展転相承。金口祖承則人法兼挙、今師祖承則総別重出。別中先人次法。金口具在『付法蔵伝』、過七十紙、具存煩広、今先略依『阿含』及『婆沙論』、明初分舎利及結集三蔵。……次依第二本、略出付法、准本伝文、時有少異、意在略知言趣」（T46, 145a20-c18）。ここで、古くから伝わる灌頂の師資相承説は、初めて、「金口祖承」と「今師祖承」という二つの軸から成るものとして提示されることになった。

そのうちの「金口祖承」をめぐって、湛然は摩訶迦葉が主導した八分仏舎利と結集三蔵という二つの重要事件に関しては『長阿含』や『大毘婆沙論』に拠って略述する一方で、その他のインドにおける付法蔵人相互の付法因縁に関しては現行本『摩訶止観』の前のバージョンに当たる「第二本」に拠って略出した(5)。湛然は、「第二本」に現れる迦葉から師子比丘に至る二十三代の付法伝承過程に関する叙述が『付法蔵因縁伝』とは多少相違することには気づいたものの、伝法の趣旨を伝えるには差し支えがないと判断したのであろう。

もし、『止観輔行伝弘決』に略述されたインド付法蔵説が、湛然が言うように、実際に「第二本」に基づくものであれば、この部分は現在散逸した「第二本」の逸文を伺う上で重要な意味を持つことになる。以下は、『止観輔行伝弘決』と現行本『摩訶止観』のそれぞれに見える該当箇所の比較表である。

『摩訶止観』（T46, 1a13-b9）	『止観輔行伝弘決』（T46, 145c18-147a10）
大覚世尊、積劫行満、渉六年以伏見、挙一指而降魔。始鹿苑、中鷲頭、後鶴林。	
法付大迦葉、迦葉八分舎利、結集三蔵。	初迦葉部分三蔵教已後、二十年弘持正法。先礼四塔、謂出家・成道・転法輪・入涅槃。次礼八塔、次入龍宮礼仏牙塔、次上天上礼仏髪塔、著仏所与僧伽梨衣、持錫擗山、如入軟泥。
法付阿難、阿難河中入風三昧、四派其身。	法附（付）阿難。阿難持法経二十年、聞一比丘誦『法句』偈云、人生百歳時、不見水潦涸、不如生一歳、而得覩見者。阿難惨然云、此非仏偈。仏偈云、人生百歳時、不聞生滅法、不如生一歳、而得覩見者。阿難歎曰、我世無用、詣闍王別。門人云、王睡。即度恒河。王於睡中、夢蓋茎折、覚已門人即奏其事。王乃随追、

	法付商那和修、修手雨甘露、現五百法門。	法付毱多、多在俗得三果、受戒得四果。	法付提迦多、多登壇得初果、三羯磨得四果。	法付弥遮迦。	迦付仏駄難提。
半河方及、請曰、世尊涅槃、迦葉入滅、我皆不見、唯仰尊者。今復棄我、何所帰依。尊者黙然、即入三昧、名風奮迅、分身四派、派者分也。分与二国、上天下地。	法付商那和修。修造般遮于瑟、於曼陀山立精舎二十年、因至毱多所、坐毱多床。多諸弟子不識、乃挙手空中而雨甘露、現五百法門、多皆不識。語言、仏入目連不識、目連入諸比丘不識、我入毱多不識。我得七万七千本生諸経、八万毘尼、八万毘曇、汝皆不識。我若去者、法門随去。諸弟子始覚神異、悉得羅漢。度弟子已、而入涅槃。	法付毱多。毱多在俗、已得初果、見婬女屠裂、進得三果、出家受戒、得第四果。説法之時、魔為障碍、毱多降已、由是不敢不閻浮提。所度夫婦、得四果者、乃下一籌、籌長四寸、満丈六室、用籌焼身。	法付提迦多。多登壇得初果、三羯磨得四果。	法付弥遮迦。	迦滅、法付仏駄難提。

提付仏駄蜜多。多授王三帰、降伏算者。	提付仏駄蜜多。上二尊者、伝中縁起、其事亦寡。多十二年自持赤旛在王前行。王問、何人。答曰、智人。問、求何等。答、求捔論。王乃設会、広集論師、浅者一言、深者至再。王論亦屈、乞受三帰。一婆羅門善知算法、多蜜加之。其言、仏無神。多云、得罪。不信。算之、即知堕獄、即帰信仏。多蜜加之、其知生天、入滅移屍、象挽不動、樹下焼身、身灰樹翠。
法付脇比丘。比丘出胎髪白、手放光取経。	法付脇比丘。比丘在胎経六十年、生而髪白、誓不屍臥、名脇比丘。乃至暗中手放光明以取経。
法付富那奢、奢論勝馬鳴、剃髪為弟子。	法付富那奢。奢与馬鳴論、鳴執有我。奢云、仏法二諦、世諦有我、真諦無我。鳴欲刎首、奢令剃髪以為弟子。
鳴造頼吒和羅妓、妓音演無常苦空、聞者悟道。	鳴造頼吒和羅妓、妓音之中、演於無常・苦・空・無我、聞者悟道。五百王子厭世出家、王恐民尽、禁妓不行。被月氏征求、以九億金銭請和。即以馬鳴仏鉢一慈心鶏以准九億。月氏受之、歓喜回軍。又行礼塔、塔為之崩。掘其塔、得尼乾屍。有剃髪師来求王女、如是再三。王云、小人何此専輙。鳴云、其地有金、故使爾

	耳。掘果得蔵。其王英勇、三海帰徳、殺九億人。鳴云、我知懺法。乃七日爨鑊、投一金釧云、誰能取之。人無致者。王以水投、従水処取。王因悟曰、我罪如沸鑊、懺如投水。鳴為説法、由是罪軽。為千頭魚、鉄輪截頭、断已復出、聞鐘痛息、勧令長打。
法付毘羅、羅造無我論、論所向処、邪見消滅。	法付毘羅。羅造無我論、論所行処、邪見消滅。
法付龍樹、樹生生身龍成法身。	法付龍樹、樹学広通、天下無敵、欲謗仏経而自作法、表我無師。龍接入宮、一夏但誦七仏経目、知仏法妙、因而出家。降伏国王、制諸外道。外道現通、化為華池、坐蓮華上。龍樹為象、抜蓮華、撲外道。作三種論、一大悲方便論、明天文地理、作宝作薬、饒益世間。二大荘厳論、明修一切功徳法門。三大無畏論、明第一義。中観論者、是其一品。作此論已、問一小乗師、欲我去住耶。答、爾去大佳。即入房蟬蛻。
法付提婆、婆鑿天眼、施万肉眼。	法付提婆。婆因入於大自在廟、廟金為像、像高六丈、瑠璃為眼、大有神験、求願必得、怒目動睛。提婆語曰、神則神矣、本以精霊訓物、而仮以黄金瑠璃、威鉉於世、何斯鄙哉。便登梯鑿神眼。衆人咸云、神被屈

	辱。婆曰、欲知神智本無慢心、神知我心、復何屈辱。夜営厚供、明日祭神、神為肉身、而無左眼、臨祭歎曰、能施施設、真為希有。而我無眼、何不施眼。提婆即刎己眼施之。随刎随出、凡施万眼。神大歓喜、問求何願。婆曰、我辞不仮他、但人未信受。神曰、如願、即没不現。神理交通、咸皆信伏。唯一外道、独懐瞋恨。汝以空刀破我義、我以鉄刀破汝腹。五蔵委地、猶不絶也。三衣乞之、語令速去。復為追者、説無常等。我以業作、今還業受、汝何憂悩、説以入滅。
法付羅睺羅、羅識鬼名書、降伏外道。	法付羅睺羅。初一外道造鬼名書、隠密難解。龍樹一読便解、再為提婆説乃解、更広為羅睺羅分別方解。外道歎云、沙門釈子、神智乃爾、所読我書、如似旧知。
法付僧佉難提、提説偈試羅漢。	法付僧佉難提。提道高化広、説偈試羅漢曰、転輪王種生而能入涅槃、非仏非羅漢、亦非辟支仏。羅漢入三昧、思之不解、升兜率天、以問弥勒。弥勒云、泥著輪上、以為瓷器。瓷器後破、非是二乗、亦非是仏。下見難提、為提説之。提曰、弥勒語耳。
法付僧佉耶奢、奢遊海見城説偈。	法付僧佉耶奢。奢遊海畔、見有一城、詣城乞食、而説

	偈云、行為第一苦、飢為第一病、若能見法実、則得涅槃道。城主於是請進与食、因見二鬼、昔是児婦、由彼慳貪。我乃誓云、見汝受報。復見一城、共食斉整、食竟即以其鉢相擲、火起焼身。於客惜食、故致斯苦。
法付鳩摩羅馱、馱見万騎記馬色、得人名分別衣。	法付鳩摩羅馱。馱為童子時、以能断事故号美名。一覧万騎、人名馬色衣仗皆記。
法付闍夜那、那為犯重人作火坑令入、懺悔、坑成池、罪滅。	法付闍夜那。那為嫂送食、比丘而犯重罪者、化作火坑、令入懺悔、説法罪滅、得阿羅漢。時人号為清浄律師。見大城辺不得食鬼経五百歳、又見烏子是本時児、障我出家。経五百歳、不得道果。
法付盤馱。	法付婆修槃馱。
馱付摩奴羅、羅分恒河為二分、自化一分。	馱付摩奴羅。羅与三蔵分地而化、恒河已南二天竺人、人多邪見、付摩奴羅、恒河已北、三天竺人、人信易化、付与三蔵。
法付鶴勒夜那。	法付鶴勒夜那。
那付師子、師子為檀弥羅王所害、剣斬流乳。	那付師子。師子値悪王、王名檀弥羅、破塔壊寺、殺害衆僧、剣斬師子、血変為乳。
付法蔵人、始迦葉、終師子、二十三人。	

末田地与商那同時、取之則二十四人。諸師皆金口所記、並是聖人、能多利益。

もし、『止観輔行伝弘決』の上掲部分が『摩訶止観』の「第二本」からある程度忠実に引用されたものであれば、『摩訶止観』の「第三本」（現行本）の成立に際し、かつて「第二本」にあった付法蔵に関する記述がかなり削略されたこと、そして、「第二本」では「末田地」（あるいは「摩田提」）が取り上げられてはいなかったことが推察できる。『止観輔行伝弘決』は基本的に「第三本」を注釈の対象とするが、付法蔵に関する部分は「第二本」を底本として採用したことは明白である。彼がそうした理由としては、「第三本」よりも「第二本」の付法蔵説のほうがより整備されているからであり、さらには「末田地」を排除しようとする意図も働いたと考えられる。既述したように、灌頂が「第三本」で「Madhyāntika」に「末田地」と表記して言及したのは、北朝の「付法蔵説」を受け容れながら、南朝の「異世五師説」にも配慮したからである。しかし、唐代の湛然に至ると、もはや南朝の伝統である「異世五師説」の影響力が弱まっていたせいであろうか、彼の「金口祖承」の系譜はただ「付法蔵説」のみに根拠を求めようとする傾向が強くなるのである。もし、灌頂のインド祖承説が「二十三代二十四祖説」と呼べるものであれば、湛然の主張は「二十三祖説」ということになるだろう。

このほか、湛然の「金口祖承」説については、もう一つ重要な特徴が指摘できる。すなわち、その系譜の始点に位置するのが、釈尊ではなく、迦葉であることである。前述したように、『止観輔行伝弘決』では釈尊が付法伝承全体の前提ではあるが、付法の系譜そのものの中には取り込まれないため、「灌頂序」に見えるような智顗と「本仏」との超歴史的な関連は自然に消滅することになった。これは、天台止観祖統論の有する意味、あるいはそれに期待される働きが、灌頂と湛然とでは大きく変わったことに起因する、意図的な改変であると思う。というのは、「灌頂序」

は智顗とインド仏教との関連性の立証を主要目的とするため、智顗と釈尊との関連づけが決定的に重要な意味を持つが、他方、湛然が樹立しようとする祖統論では、ある特定の人物ではなく、その人物を含む系譜そのものの正統性、あるいは優位性の立証が目的となるため、湛然は敢えて釈尊を「金口祖承」の系譜から外し、智顗と「本仏」との超歴史的な繋がりも断ち切ったと思われるからである。

このように、湛然は、かつて灌頂が『摩訶止観』「第二本」の序文において提示したインド師資伝承説に基づいて、「金口祖承」という名称の下に、天台止観祖統論の西天部分の系譜を完成させたのである。ただ、『付法蔵因縁伝』の説を吸収した灌頂説がもともと完成度の高いものであるため、湛然の「金口祖承」説には、二箇所にわたって改変が見られるものの、灌頂説との本質的な相違ないし実質的な発展は認められない。ただ、インドの付法伝承を「金口祖承」と呼ぶ天台宗の伝統が湛然から始まることは確かである。そして、「金口祖承」に代表されるインドの系譜と併せて中国における伝承系譜を提示する、いわば西天東土祖統論の枠組みが湛然の手で完成をみたことは、天台宗の形成に強い凝集力を与えただけではなく、禅宗の祖統論の確立に対しても重要な示唆と刺激を与えたであろう。

二 「今師祖承」説の確立

二・一 灌頂の位置づけ

湛然は、「金口祖承」よりも、むしろ「今師祖承」をめぐる解釈に多大な努力を注ぎ込んでいると思われる。智顗を中心とする灌頂の師資相承説を継承しつつも、慧文から灌頂への系譜に重点を置く祖統論を体系的に構築していくためには、「今師祖承」系譜の再組織こそが肝要となるからである。『止観輔行伝弘決』では、「今師祖承」に関する論述は「総挙所伝人法」、「別明伝授之人」、「別明所伝之法」という三つの部分に分けて進められているが（『摩訶止観科文」巻一。ZZ43, 508-509)、その最初を湛然は次のように説きはじめるのである。

今師祖承、此中即是先総挙於所伝人法。言説己心中所行法者、即章安密説従大師得所行之法也。故挙所行、以顕所伝。若伝而不習、有言無行、将何以弁所伝不空。故知所伝即以所行、亦令後代行弗違言。所以一部、並為行相。他云三外別伝「心要」者、則三部之文便為無用。縦有面授口決之言、但是将証私呈於師。安心観門、此文自足。況此後学、不蒙面授、離此之外、何所云耶。故応信此即是所伝。故遺嘱云、止観不須伝授、私記時為人説。「私記」即指章安所記十巻是也。嘱意正言面授意多不周、私記言旨全備。故知大師所伝止観、随機面授非後代所堪、是以臨終殷勤遺嘱、験知別伝斯言謬矣。(T46, 147b19-c4)

「今師祖承」、この中でまず、誰に、どのような法が伝えられたのかがまとめて示される。「説己心中所行法」とは、章安(灌頂)は智顗から、智顗自身が実践した法を授かり、その法を密かに説いたということである。つまり、行じた法を示すことによって伝えられた法を明らかにするということである。もし伝えるだけで実習しなければ、言葉は有っても実践が無いのであるから、どうやって、伝えられた法は空虚なものではないと証明できようか。だから、伝えられる法は実践に裏付けられていることがわかるのである。これはまた、後世の実践を智者大師の教えと違わないようにさせるものである。だから『摩訶止観』全体はすべて行の相を述べるのである。ある者は、三種止観のほかに別して「心要」を伝えており、したがって三種止観の書は無用である、という。しかし、たとえ面授口決の言葉があったとしても、それはただ自らの証悟を個人的に師に呈示したものに過ぎない。安心の観門はこの『摩訶止観』の内容に充分に尽くされているのである。まして後世の修行者はもはや面授を蒙ることができないのであるから、この『摩訶止観』を離れてほかに、何に頼ろうというのか。故に、この『摩訶止観』こそ智者大師が伝えた法である、と信じるべきである。故に「遺嘱」に、「止観は伝授を必要としない。私記の時にすでに人に説いたからだ」と言うのである。この「私記」はとりもなおさず章安が記した『摩訶止観』十巻にほかならない。「遺嘱」が正しく言おうとしているのは、面授における教示は個別かつ具体的に過ぎる場合が多いが、「私記」は言葉も宗旨も完備している、ということなのである。つまり、大師が伝えた止観を随機面授することは後世の人々にとっては不可能なのであって、だからこそ臨終に際して、大師は懇切丁寧に遺言を残したことがわかるのである。以上の事実に照らしてみれば、別して「心要」を伝えた云々という話は、全くの謬説であることは明白である。

この部分は、『摩訶止観』「灌頂序」に見える「此之止観、天台智者説己心中所行法門」という記述に対する注釈として展開されている。その中で、智顗の実践法門を伝える文献としての『摩訶止観』の性格および権威を強調するために、三種止観とは別に伝えられる「心要」を重視し面授という伝授方法を重要視する姿勢を厳しく批判し、湛然は、『摩訶止観』というテキストこそが「大師得所行之法」を唯一そのままに伝えるものである、と強調するのである。

この部分の論述で特に注意すべきなのは、「灌頂序」が「天台智者説己心中所行法門」として、智顗すなわち伝える主体（能伝）に重点を置くのに対して、『止観輔行伝弘決』は「章安密説従大師得所行之法」と表現し、灌頂すなわち法を受ける立場（所伝）に注目させる論述に変換していることである。「灌頂序」に現れる「此之止観、天台智者説己心中所行法門」という一句は、あくまでも智顗と『摩訶止観』との関連を表そうとするものである。ところが、この一句に対して、湛然は上掲の如く注釈を展開するのであるが、最初に「即章安密説従大師得所行之法也」という規定が置かれているのを見れば、本来の文脈の意とは異なり、この一句が、智顗と『摩訶止観』に、さらに灌頂を加えた三者の関連を示す表現として理解されはじめていることは明らかであろう。三者のうち、智顗が能伝の位置を占めるのに対して、『摩訶止観』は所伝の法であり、灌頂は所伝の人にあたる。所伝法としての『摩訶止観』の権威に関する湛然の見解は既述の通りであるが、所伝人の灌頂も『摩訶止観』を記した人物として、その重要性に意識を向けられている。そして、湛然が、「密説」、「私記」といった表現を通して、ここで灌頂の存在に光を当てたのは、灌頂を止観の唯一正統な継承者としての地位につかせるためであろう。その結果、『止観輔行伝弘決』の本文において灌頂が「今師」と明確に呼ばれることこそなかったものの、『摩訶止観』そのものと共に、灌頂は、智顗以後の止観伝承を維持する基本的要件としての地位を確固たるものにし、「今師祖承」系譜の延長線上に一席を占めることになっていくのである。

ここで、文献『摩訶止観』の権威と並んで、その継承者灌頂の正統性がひたすら強調されるのは、当然ながら、湛然自身が所属している止観の伝承系譜の正統性を裏付けようとする意図によるものである。自らの伝承系譜を智顗―灌頂の系譜と関連づけようとする動向は、湛然の師玄朗の時代からあったと考えられ、文献上は、玄朗の死後に李華が撰した「故左渓大師碑」(『全唐文』巻三二〇)に遡りうるが、その中に、慧文―慧思―智顗―灌頂―智威―慧威―玄朗という天台法門の伝承系譜が挙げられている。そして、さらに進んで、玄朗―湛然の相承関係を智顗―灌頂の系譜に結び付けようとする意図が明確な形で現れたのは、次に示すように、湛然の弟子普門が『止観輔行伝弘決』のために撰述した「序文」(七六五年成立)においてである。

嗚呼、大教陵夷若是、蓋由未弁文字之性離、孰喩総持之功深。惟昔智者大師、降生示世、誕敷玄徳、大拯横流。咨覆簀於大思、振絶維於龍猛。命家作古、以中観為師宗。立極建言、以上乗為帰趣、爰付灌頂。頂公引而伸之、欽若弘持、広有記述、教門戸牖、自此重明。継之以法華威、威公宿植、不忝于素。復次天宮威、威公敬承、如水伝器、授之於左谿玄朗。朗公卓絶、天機独断、相沿説釈、遑恤我文、載揚於毘壇湛然。然公間生、総角頴悟、左谿深相器異、誓以伝灯。（T46, 141a12-23）

ああ、偉大な教えがここまで衰えてしまったのは、人々がいまだ、文字は物事の本質を表現するのに限界があることがわからず陀羅尼の働きの深さを悟っていないからである。その昔、智者大師が世に現れて、仏教の深い真理を具さに説き明かして多く衆生を救った。彼は学業を慧思より承け、龍樹の教えを中国に広めた。一家の教えを独自に唱えたが、中観思想に導かれ、またこれを本旨とした。新たな教説を樹立したが、無上の教えである大乗をその最終的な拠りどころとし、これを灌頂に付嘱した。灌頂は教えを敷衍したのであるが、教えを忠実に受持しながらことごとく記述したため、天台の教門は整備されてさらに盛んになった。彼を継ぐ者は法華智威であり、智威は宿植にして教法をそのまま守った。その次は天宮慧威であるが、慧威は敬しく教法を受け継ぎ、あたかも水を器から器へ移すように、教法をそのまま左谿玄朗に授けた。玄朗は卓絶しており、生来聡明で決断力があったが、教法の伝統的な解釈に従いそれを守って、自らの見解が混入することをひたすら恐れたのである。その次に現れた毘壇出身の湛然に至ってから天台の教法はようやく大いに高揚された。湛然は不世出の人物であって、幼くして聡明な素質を顕していた。玄朗は湛然が尋常でない法器であることを見抜き、彼に天台教法を継承させようと誓った。

ここでは、智顗以前の系譜に関しては、『止観輔行伝弘決』の本文ですでに論じられているためか、改めて提起されてはいない。「序文」を撰述するにあたって普門に求められたのは、むしろ、智顗―灌頂以降の系譜を明らかにすることであっただろう。そこで、彼は、智顗―灌頂の系譜に、上述の「故左渓大師碑」にも示された智威―慧威―玄朗という系譜を繋ぎ、さらに玄朗の次に湛然を加えたのである。すると、『止観輔行伝弘決』本文に見出される龍樹―慧文―慧思―智顗の系譜が、さらに灌頂―智威―慧威―玄朗―湛然へと続くこととなり、ここに、湛然の意図した「今師祖承」の全体像がようやく完結するに至ったのである。これを踏まえて考えると、「今師」という言葉に込められた時代的意義も次第に明らかになっていくであろう。

二・二 「九師相承」の提示意図

「総挙所伝」、「総挙所伝人法」に引き続き、『止観輔行伝弘決』はさらに「別明伝授之人」として、智顗から、慧思、慧文、龍樹の順に遡って挙げていく。そのうち、智顗の徳行については、灌頂の『隋天台智者大師別伝』と極めて類似した内容が述べられている（このことは、従来の『隋天台智者大師別伝』の研究に際しても注目されてきた）。次に、『続高僧伝』「慧思伝」に拠って慧思の徳行を論じた後、慧文の伝記にも触れられているが、その直後に、そして龍樹に移る直前に、慧文が属するとされるもう一つの伝承系譜――「九師相承」――が取り上げられるのである。これは中国における止観伝承系譜の再構成であり、極めて顕著かつ重要な改変である。ここでは、まず、「九師相承」説の関連箇所を以下のように示しておく。


若准九師相承所用、第一諱明、多用七方便、恐是小乗七方便耳。自智者已前、未曾有人立於円家七方便故。

第二諱最、多用融心。性融相融、諸法無碍。

第三諱嵩、多用本心。三世本無来去、真性不動。

第四諱就、多用寂心。

第五諱監、多用了心。能観一如。

第六諱慧、多用踏心。内外中間、心不可得、泯然清浄、五処止心。

第七諱文、多用覚心。重観三昧、滅尽三昧、無間三昧、於一切法、心無分別。

第八諱思、多如随自意安楽行。

第九諱顗、用次第観如『次第禅門』、用不定観如『六妙門』、用円頓観如『大止観』。

以此観之、雖云相承、法門改転。慧文已来、既依『大論』、則知是前非所承也。(T46, 149a24-b8)

もし九師相承の順にそれぞれの実践法を見るならば、第一代の祖師の諱は明といい、七方便を善くしていた。おそらくこれは小乗の七方便にすぎなかったのであろう。というのは、智者大師以前に大乗の七方便を立てた人はいなかったからである。

第二代の諱は最といい、融心を善くしていた。融心とは、物事の本質と現象とを融合的に捉え、すべての物事において妨げを感じないという心の用い方である。

第三代の諱は嵩といい、本心を善くしていた。本心とは、過去・現在・未来という三世はもともと来ることも去ることもないと理解し、世界の真実の本質は不動であると観察する心の用い方である。

第四代の諱は就といい、寂心を善くしていた。

第五代の諱は監といい、了心を善くしていた。了心とは、真如の理を観じるという心の用い方である。

第六代の諱は慧といい、踏心を善くしていた。踏心とは、心は内・外・中間のいずれにも実体が無いながらも、跡形もなく消え去ってしまったかのように清浄に、五処に心を留めるという心の用い方である。

第七代の諱は文といい、覚心を善くしていた。覚心とは、観三昧・滅尽三昧・無間三昧という三種三昧を重視し、すべての物事に対して分別する心がないという心の用い方である。

第八代の諱は思といい、如随自意安楽行の実践を得意とした。

第九代の諱は顗といい、『次第禅門』に説かれるような次第禅観、『六妙法門』のような不定観、『摩訶止観』にまとめられたような円頓止観を実践していた。

これを観れば、師資相承とはいっても、法門は改変されてきた。慧文以来『大智度論』に依ることになったのであって、それ以前は『大智度論』を承けてはいなかったことが分かる。

ここで提示された「九師相承」の系譜は、小乗七方便を善くした明、融心を多用した最、本心に通じた嵩、寂心を実践した就、了心をした監、踏心を用いた慧の六人と、慧文、慧思、智顗の三人とをあわせた九人から構成されている。この系譜はもともと『摩訶止観』にはなかった説であるが、『止観輔行伝弘決』以外で唯一これに言及した文献である『止観輔行捜要記』(ZZ99)によれば、この系譜は現在逸失の『国清広百録』という文献に拠るものとされている。[6]『止観輔行伝弘決』に挙げられた「九師相承」伝承において、特に注目されるのは、その系譜に属する諸師の名前は簡略に一字のみで表記されているのに対して、それぞれの実践法の特徴とされる様々な心の用い方がことごとく示されているところである。これによって、慧文の受け継いだ中国的観法の伝承が初めて知られることとなったが、問題は、湛然がなぜこの系譜を取り上げたのかである。

このことを明らかにするためには、まず、この系譜が提示された文脈上のタイミングを把握する必要がある。上掲の如く、「九師相承」を挙げた直後に、『止観輔行伝弘決』の記述は「雖云相承、法門改転、慧文已来、既依『大論』、則知是前非所承也」と続いている。つまり、慧文が『大論』(すなわち、龍樹説とされる『大智度論』)から決定的な影響を受けたため、それ以後の実践法は従来の所伝とは一変した、とされているのである。慧文と『大智度論』との結びつきを通して智顗と龍樹を関連づけることは、「灌頂序」の段階からすでに始まっており、そこで灌頂は、智顗の

『観心論』に見える「帰命龍樹師」という表現を引用して、龍樹を「高祖師」と位置づけている。この見解に対して、湛然は以下のような注釈を施している。

智者『観心論』去、引証文師所承異也。言「高祖」者、若以智者所指、応以南岳為父師、慧文為祖師、龍樹為曾祖師。故『爾雅』「釈親」云、父之考為王父、加王者尊也。王父之考為曾祖王父、加曾者重也。曾祖王父之考為高祖王父、加高者最上也。是則章安望於龍樹方為高祖耳。若直以尊上為高、則可通用。如漢斉隋等、並指始祖以為高祖。謂禅立建功、徳無過上、謚為高耳。今家亦以龍樹為始、是故智者指為高祖。(T46, 149a24-b21)

「智者『観心論』」以降の文は、『観心論』を引用して、慧文師の伝承に変化があったことを立証するものである。「高祖」というのは、智者の立場からすると、南岳(慧思)が父師、慧文が祖師、龍樹が曾祖師となる。故に『爾雅』「釈親」には、「父の考(父)を王父といい、「王」を加えるのは尊ぶためである。王父の考は曾祖王父であり、「曾」を加えるのは重ねるためである。曾祖王父の考は高祖王父であり、「高」を加えるのは最も上にあるからである。つまり、章安(灌頂)の立場から龍樹を見て高祖とするのである。もしただ目上の存在を尊ぶことを「高」で表現していると理解しても通用する。たとえば、漢、斉、隋等の王朝は、いずれも始祖を高祖と称するが、これは禅立建国の功績は最高であるために「高」とおくり名した。今家もまた龍樹を始祖とするため、智者が龍樹のことを高祖と呼んだのである。

ここで、湛然は、龍樹を「高祖師」とする説について、「高祖」の意味を中心に、二通りに解釈している。その一は、『爾雅』「釈親」に見える[7]、父親より上の世代を順次、王父、曾祖王父、高祖王父とする規定に基づいて述べられている。つまり、龍樹を「高祖」とするのは灌頂の立場から言うのであり、彼から見れば、智顗が父師、慧思が祖師、慧文が曾祖師、龍樹が高祖師に当たるとする。その二は、漢代の開国皇帝劉邦が漢高祖、隋代の初代帝王楊堅が「高祖文皇帝」という廟号を贈られたことに擬して、「今家」は龍樹を始祖とするから、龍樹を「高祖」と仰ぐのである、としている。

思うに、灌頂が『摩訶止観』の序文で、「智者『観心論』云、帰命龍樹師、験知龍樹是高祖師也」と述べたのは、必ずしも『爾雅』「釈親」の規定に厳密に従ったからではなかろう。むしろ、湛然釈のうち、第二の解釈のほうがより灌頂の本意には近いものと考える。にもかかわらず、湛然が第一の解釈を示したのは、慧文から智顗ないし灌頂までの伝承系譜を明示しようとしたからではなかろうか。灌頂説では龍樹との結びつきによって智顗その人の権威が高められているが、しかし、智顗や灌頂の属する伝承系譜の流れを重視しようとする湛然は、『爾雅』「釈親」の規定を持ち出し、灌頂の視点に立って、灌頂、智顗、慧思、慧文、さらに龍樹という継承関係を確認し、整理したのである。それによって湛然は、龍樹を始めとする数世代の諸師の相互関係を強固なものに仕上げ、さらに、龍樹から智顗に至る系譜の直接の継承者の地位に灌頂を据えたのである。この工夫は、前で考察した灌頂の位置づけと相通ずるものである。

以上のような「九師相承」系譜が、慧文の関連箇所の直後、そして龍樹を提示する直前というタイミングで提示されたのには、一体どのような意義があるのだろうか。まず、『止観輔行伝弘決』では、「九師相承」の系譜を立てながらも、慧文以降は実践方法が大きく変化した、という理解が示されていることから判断すれば、龍樹や『大智度論』から決定的な影響を受けた慧文が相承系譜の流れの中で一大転換点となったことを印象付けようとしたと思われる。また、慧文、慧思、智顗三人の間の関連は実践法と人という二つの要素によって強く結ばれているのに対して、慧文と龍樹との関係は『大智度論』という文献に含まれた「法」の要素のみによって裏付けられていて、中国の止観伝承系譜とインドの伝法系譜との結合の度合はやや弱い印象を与える。そこで、湛然は、龍樹から慧文へという教法上の系譜に加え、慧文が継承する師資の直接的な相承の系譜、つまり、「人」の要素が強い「九師相承」の系譜を提示することによって、上述の欠陥を補修しようとしたのではなかろうか。

そして、「九師相承」における諸師の名前を具さに記述することよりも、それぞれの実践法を明確にすることに力が注がれていることを見ると、さらに深い意図が浮かんでくる。「九師相承」の系譜が中国における観心法門の伝承系譜にほかならないことは既述の通りであるが、その系譜の継承者である慧文は確かに『大智度論』の影響によってその実践方法の根本を大きく変化させることになったが、しかし、慧文がそれまでの中国的仏教実践の伝統を継承し、それを自らの実践の土台あるいは出発点としていることには変わりがない。したがって、『止観輔行伝弘決』において「九師相承」をあらためて提示することによって、湛然は、慧文系統が受け継ぐ「観門」の系譜を明らかにしたことになるであろう。また、この「観門」と対照をなす概念は「教門」であるが、「九師相承」が「観門」の系譜であるのとは対照的に、龍樹あるいは彼が代表する「金口祖承」の系譜は「教門」に偏る性格を有する、と認識されていたであろう。それは、湛然自身が、『止観大意』の冒頭で、「今家教門、以龍樹為始祖」(T46, 459a16-17)と述べているところからも明らかである。したがって、「九師相承」の提示は、龍樹あるいは「金口祖承」から受けた影響の絶大さを際立たせるためのものというよりも、むしろ、それを「教門」に関わるものとして相対化する効果を持っている。湛然の最終的な狙いは、慧文以降の伝承が、中国仏教固有の実践系譜である「九師相承」を受け継いだ上で、さらにインドにおける教えの伝承系譜である「金口祖承」から教法を吸収し、「観門」と「教門」との特徴を両方持ち合わせた「教観双美」の体系を具備している、という理解へ導くことにあると思う。この意味で、湛然の祖統論は天台止観について説かれたものではあるが、そこにはすでに天台宗の祖統論としての性格の一端が伺えるのである。

三　結び

以上、『止観輔行伝弘決』から伺える天台止観の伝承系譜に関する湛然の理解を、灌頂説との比較を通して見てきた。その結果、両者は、「金口祖承」における釈尊の位置づけや、「今師祖承」の展開、特に灌頂の加入と「九師相承」の提示などにおいて相違していることが判明した。そして、これらの二つの方面に存在する相違は、両者の理解の違いから生じたものというより、むしろ湛然が灌頂の所説に意図的な改変を加えた結果と考えられる。この自覚的な企てこそが、『止観輔行伝弘決』の中で展開された湛然の天台止観祖承説の、『摩訶止観』の序文に伺える灌頂説とは相違する、湛然釈そのものの特徴を生み出した原動力であっただろう。

前述したように、灌頂は、天台止観の大成者である智顗を仏教の歴史的展開の中に位置づけようとする意図から、智顗を、一方では直接に釈迦如来と、他方では慧思、慧文を通してインドの付法伝承第十三代目の龍樹と結びつける方法を採用した。このいわゆる「止観伝承系譜」は、もとよりインド的伝承（「金口祖承」）と中国的伝承（「今師祖承」）という二つの体系から成る祖統系図を構成するためのものではなく、あくまでも智顗その人をインド的伝統と接合させることに重点を置いていることは看過できない。

しかし、湛然に至ると、その重点は智顗という人ではなく、慧文から智顗へという系譜そのものに移動していく。この重心の移動は必然的に灌頂説の改変を伴うことになるが、この大きな変容はいくつかのステップを踏まえることによって完結する。まずは、インド的伝承系譜を表す「金口祖承」の中から釈尊を取り出して全体の大前提に祭り上げる。これによって智顗と釈尊との直接の結びつきは自然に解消され、縦の「金口祖承」と横に伸びる「今師祖承」とからなる祖承説の基本的な構造が現れる。次に、慧文を「金口祖承」と中国仏教の接点である龍樹と関連づける前に、中国における「九師相承」の系譜を提示することによって、「金口祖承」の影響を「教門」だけに及ぶものに限定し、慧文以降の伝承の独自性を高揚せんとする。そして、最後に、中国諸師が連なる「今師祖承」の系譜を龍樹と繋ぐ際に灌頂を加えて、「今師祖承」がさらに延長していく可能性を開くのである。

これらの改変を経て完成した湛然による祖承説を支える骨格が「金口祖承」と「今師祖承」であるが、実際には、それらはいずれも「今師祖承」の特にその慧文以降の系譜の特殊性を引き立たせる、いわば脇役として機能していることを見過ごしてはならない。つまり、この体系の全体的構造の中から現実に浮かび上がってくるのは、教観並重を誇る中国的実践体系、すなわち天台止観の伝統を代表するとされる慧文以降の系譜だけなのである。この系譜は、実践面で発揮される中国的主体性を象徴する「九師相承」を受け継ぎ、さらに龍樹を媒介として「金口祖承」と結合することで、その教法面における正統性も確保されている。したがって、湛然は、上述したような改変を重ねることによって、智顗その人を中心に据えた灌頂説の結構を巧妙に変容させて、「今師祖承」、とりわけ慧文から慧思を経て智顗へ、そして灌頂に至るまでの系譜を根幹とする祖統論を構築したのである。『止観輔行伝弘決』の本文では灌頂までの系譜がほぼ完成をみるが、この系譜をさらに延長し、湛然本人が属する伝承系譜と繋ぎ合わせるのが『止観輔行伝弘決』「普門序」であり、ここに天台止観の祖統論はその最終的な姿を現すのである。

第三項　湛然の門下による正統の顕彰運動——梁粛の貢献を中心として——

前項では、『摩訶止観』序に見える灌頂の所説と比較しながら、『止観輔行伝弘決』に提示された天台止観伝承系譜の構造とその特徴について考察し、湛然によって天台止観伝承を正統化するための理論的基礎が固められていく過程を示した。しかし、その伝承が正統なものであるとあまねく認知させるためには、長期にわたる宣布・顕彰運動が必要となる。そのような運動は、天台山教団の体制の整備、強化と並行して、湛然の生前から彼の死後数十年にわたって実際に続けられていく。その間の事情を伝える資料として、湛然の在家弟子梁粛[8]（753-793）が撰述した著作が特に重要である。彼の撰述からは、天台仏教復興運動の展開の一面が伺えるだけではなく、さらに、湛然が天台仏教の復興に成功したもう一つの要因、すなわち居士仏教との関係が見えてくるのである。本項では、まず、僧湛然と居士梁粛との交渉を明らかにした上で、梁粛撰「仏隴碑」を手がかりに、天台止観伝承の正統化を目指す顕彰運動の実態に迫りたい。

一　居士梁粛と僧湛然との交渉

中国では居士仏教が強く豊かな伝統を持ち、仏教が中国の思想、文化、社会に浸透し展開していく上で、常に重要な役割を果たしてきている[9]。各時代に活躍した居士の仏教信仰や思想、そして彼らが参画した仏教に関わる国家事業や社会活動は、その時代における仏教の発展と繁栄に大いに寄与してきた。唐代中期には、士大夫層の中から著名な居士が、中国的な「居士の新しい型[10]」をとって多数輩出しはじめた。この時代の動向として、特に安史の乱以後の江南地域において、「乱後の社会の大変革の一翼を担う集団であった[11]」、唐代古文家と天台仏教との結びつきが注目される[12]。そして、この傾向は、特に古文運動の先駆であり、天台宗匠荊渓湛然の旁出世家としても認められる[13]梁粛において非常に顕著に現れている[14]。

梁粛は、字は敬之（または寛中）、安定（今の甘粛省）地方の豪族の出身である。彼は天宝十二年（753）に函関で生まれ、上元二年（761）、安史の乱の被害を逃れるため、一族で江南の蘇州・常州地域に移住してから約二十年にわたって、江南に留まることとなった。[15] 建中元年（780）春、梁粛は長安で文辞清麗科に中挙し、東宮校書郎に任じられたが、八月には蘇州へ帰った。[16] その後、相国蕭復の推薦で右拾遺を授かるが、母の痼疾のため応じなかった。貞元五年（789）、梁粛は監察御史に抜擢されて上京し、右補闕にも任ぜられ、[17] さらに貞元七年（791）からは翰林学士、皇太子侍読、そして史館修撰なども兼任するようになった。しかし、貞元九年（793）、梁粛は病気のため逝去し、わずか四十一年の生涯を閉じることとなった。

梁粛は学業を独孤及（725-777）より受け、師と並んで文学史上では、韓愈（768-824）、柳宗元（773-819）らを中心に興った「古文運動」とよばれる散文改革運動の先河を開いた先駆者とされる。[18]『旧唐書』には、「大暦・貞元之間、文字多尚古学……独孤及、梁粛最称淵奥、儒林推重、〔韓〕愈従其徒遊、鋭意鑽仰」と伝えられている。[19] 彼は決して長くはない生涯において、多種多様な文学作品を著している。崔元翰撰「右補闕翰林学士梁君墓誌」（『全唐文』巻五二三）は、梁粛には三十巻に及ぶ文集があったと伝えており、また梁粛の死後、友人崔恭が[20]『唐右補闕梁粛文集』二十巻を編集したことも、崔恭自身が著した序文によって伝えられている。[21] また、宋代成立の『新唐書』「芸文志」には「梁粛集二十巻」とあり、南宋陳振孫『直斎書録解題』、元代馬端臨『文献通考』「経籍考」には、「梁補闕集二十巻」と記されている。ところが、明代焦竑『国史経籍志』に「梁粛集十巻」という記載が現れるのを最後に、この文集に関する記事は途絶えてしまう。[22] 現在、梁粛の文集は、宋代李昉などが編纂した『文苑英華』（九八七年成立、百巻）、姚鉉（967-1020）編『唐文粋』、清代董誥等編『全唐文』（一八一四年成立）といった叢書に収められているほか、現在北京大学図書館には清代小雲谷抄本『梁補闕集』（二巻残本）が所蔵されている。[23]

梁粛が仏教と関係が深かったことは、霊沼、[24] 皎然、[25] 鑑虚、[26] 元浩、普門[27] などの仏教僧との親交からもその一端が伺えるが、他の誰よりも彼の文学理論や思想に多大な影響を及ぼしたのは、荊渓湛然であり、また湛然から教わった天台仏教であった。[28] 従来、梁粛が湛然に師事しはじめた時期に関しては、二通りの説が主張されている。その一は、神田喜一郎［1972］（「梁粛年譜」『東方学会創立二十五周年記念　東方学論集』東京、東方学会。p. 266）に初見する大暦六年（771）説であり、その二は、胡大浚・張春雯［2000］（『梁粛文集』蘭州、甘粛人民出版社。pp. 223-224）が主張する広徳二年（764）説であるが、両説共になお検討の余地を残している。

まず、胡大浚・張春雯［2000］は、主として梁粛が湛然の『維摩経略疏』のために撰述した序文の「粛嘗受経於公門、遊道於義学。雖鑽仰莫能、而嗟歎不足、故序其述作之所以然著乎辞。疏成之歳、歳在甲辰（764）、吾師自晋陵帰於仏龕之夏也」（『全唐文』巻五一八）という記述に着目している。胡氏に拠れば、湛然の略疏が「甲辰」すなわち広徳二年に完成したのであれば、梁粛の序文はそれから間もない頃に完成したと推測し、梁粛が湛然に師事したのは七六四年頃からであるとしている。しかし、七六四年当時、梁粛はいまだ十二歳に過ぎず、その若さで「偏円頓漸」や「四教五味」など難解な教理的用語を多数含む「維摩経略疏序」を著し得たというのは、いかに早熟の奇才でも到底考えられない。さらに、現行諸種の『維摩経略疏』を見ても、梁粛序が付されていない版本がむしろ一般的であるという状況[29]を併せて考えれば、同疏は序文が付されることによって完成を告げたものではなく、略疏本文が先に成立し、流布してから、梁粛による序文が付されたという可能性が高い。もし、『維摩経略疏』の序文の撰述年代が略疏本文の成立年代（764）と異なるならば、梁粛が湛然と出会った時期と略疏の成立年代も、やはり同一視は出来なくなる。

一方、神田［1972］の見解は、梁粛撰「越州開元寺律和尚塔碑銘并序」に注目した結果と言えよう。相部律の伝承を受け継ぐ曇一は、湛然がかつて越州開元寺で律を学んだ律師である。その塔碑銘によれば、「曇一、字曇允。報年八十、僧夏六十一。以大暦六年十二月七日、滅度於越州開元寺、遷座起塔於秦望山之陽」とされているが、『宋高僧伝』巻十四「曇一伝」には、「〔曇一〕以大暦六年十一月十七日、遷化於寺之律院、報齢八十、僧臘六十一。即以明年（772）十一月二十四日、遷座於秦望山」（T50, 799a2）と記されている。両者が伝える曇一の入寂日は相違しているが、『宋高僧伝』の記事から秦望山における曇一塔の建立年代は大暦七年（772）十一月四日であるとわかるため、梁粛がこの塔銘を撰述したのがその頃であったことに間違いはなかろう。神田［1972］は、この塔銘は「湛然の命をうけて〔梁〕公の撰したものに相違ない」とし、梁粛が「このころより荊渓湛然に就いて天台を学んだと思われる」（p. 266）と述べている。しかし、秦望山における塔碑の建立は越州開元寺の主導の下に進められたと思われるが、湛然が塔銘の作者を指名できるほどの重要な地位を当時の開元寺内で占め得たのかどうかは疑問である。さらに、梁粛が湛然の依頼を受けて塔銘の撰述に着手したとすれば、彼は塔銘の中で、何らかの形で、たとえば、曇一の弟子として湛然を含む数人の名を記すか、あるいはより直接に塔銘撰述は湛然の命によるものと記すかして、湛然に言及したであろう。しかし、そうした形跡は現存する碑文の中からは一切認められないのである。したがって、両者の出会いは遷座起塔の時（大暦七年＝772. 十一月）以前には遡れず、むしろ、それ以降になると考える。

さらに、梁粛「常州建安寺止観院記」の中の「沙門釈法禺、啓精舎於建安寺西北隅、与比丘衆勧請天台湛然大師転法輪於其間。尊天台之道、以導後学、故署其堂曰「止観」。……又況我大師居之、為斯人之庇乎。小子忝游師門、故不敢不志、時大暦九年（774）冬十一月日記」という記述から、梁粛は遅くとも大暦九年以前から湛然に師事していたことがわかる。以上のことを踏まえて考えれば、梁粛が湛然に出会い、天台仏教を学びはじめたのは、大暦七年から大暦九年までの間であったと考えられる。

もし梁粛が大暦七年以降に湛然と出会ったとすれば、彼はおそらく湛然が亡くなるまでの十年間にわたって天台仏教を学んだと考えられる。そして、湛然に師事し、天台仏教の素養を身につけたことは、彼の人間性だけではなく、文学論や思想にも決定的な影響を与えることとなった。梁粛が著した仏教関係の著作は現存するものだけでも二十五篇[30]にのぼるが、その中には、特に天台仏教に関するものとして、以下の九篇が見出せる。

「天台法門議」（『全唐文』巻五一七）

「維摩経略疏序」(『全唐文』巻五一八)
「常州建安寺止観院記」(『全唐文』巻五一九)
「涅槃経疏釈文」(『全唐文』巻五一九)
「心印銘」(『全唐文』巻五二〇)
「台州隋故智者大師修禅道場碑銘幷序」(『全唐文』巻五二〇)
『刪定止観』三巻(ZZ99)
「止観統例議」(『全唐文』巻五一七、『刪定止観』の序文)
「唐常州天興寺二大徳比丘尼碑」(義天編『釈苑詞林』巻一九三)
「荊渓大師碑」(逸文)

これらの著作は、梁粛自身の天台仏教についての造詣、止観実践の境地を表すものとして重要であるが、また、天台宗の宗派成立史の観点から見る場合、天台仏教の復興運動が進められていく過程で、湛然やその門下によって自派の歴史や伝統を築こうとする努力も続けられていたことを伝える資料としても、非常に高い価値を有する。天台宗の形成過程に、梁粛は第三者ではなく、まさに当事者の一人として関与しており、湛然とその教団の代弁者として極めて重要な役割を果たしたが、士大夫であり文学者でもある彼の著作の影響力は広汎かつ長期に及ぶものであった。その一例として、彼が撰した「荊渓大師碑」が、後世に成立した『宋高僧伝』「湛然伝」の基本史料として取り扱われたことが挙げられる。この『宋高僧伝』所載の「湛然伝」は現存する「湛然伝」の中でも基準となる資料であるが、その中で賛寧は、以下のような批評を加えている。

其朝達得其道者、唯梁粛学士。故擒鴻筆成絶妙之辞。彼題目云[31]、「甞試論之。聖人不興、其間必有命世者出焉。自智者以法伝灌頂、頂再世至于左渓、明道若昧、待公而発、乗此宝乗、煥然中興。蓋受業身通者、三十有九僧。搢紳先生、高位崇名、屈体承教者、又数十人。師厳道尊、遐邇帰仁。向非命世而生、則何以臻此」。観夫梁学士之論、儗議偕斉。非此人何以動鴻儒。非此筆何以銘哲匠。蓋洞入門室、見宗廟之富、故以是研論矣。吁。吾徒往往有不知然之道。詩云、維鵲有巣、維鳩居之。梁公深入仏之理窟之謂歟。（T50, 740a2-14）

当時の朝廷高官の中で、湛然の教えを深く理解できたのは梁粛学士だけであった。だから彼は健筆を揮って師のために素晴らしい文章を書きあげた。その文は次のように書き起こされている。「試みに師の功績を論ずるに、聖人が現れなければ、その間、必ず優れた者が現れてくるのである。智者が法を灌頂に伝え、灌頂以後の数世代を隔てて左渓に至ったが、偉大な天台法門ははっきりしないものになっていた。湛然が現れると、智者大師の教えに基づいて天台法門を華々しく復興させた。思うに〔湛然から〕指導を受け、神通を顕した出家者は三十九人に及び、士大夫や社会的地位が高く著名であるにもかかわらず自ら進んで教えを請うた者も数十人に上る。師は威厳に溢れ、その教えは素晴らしかったため、人々はあちこちから師のもとに集まってきた。生まれつき高徳な方でなければ、どうしてここまで人々を感化することができようか」と。梁粛のこの論を読むと、彼は湛然と釣り合うほど素晴らしいことがわかる。湛然でなければ碩学の儒者梁粛を感化できなかったであろう。同様に、梁粛ほどの筆力でなければ湛然のような卓絶な宗師の事跡を記す力量がなかったであろう。やはり梁粛が湛然の門に入り、仏教の素晴らしさを実感したから更なる研鑽をしたのであろう。ああ、我々僧侶の中にも往々にして湛然の教えを理解できないものがいる。『詩経』には、「鵲の巣あり、鳩がそこに棲む」とあるが、梁粛が居士でありながら〔僧侶も及ばないほど深く〕仏教の教えに通徹していた様は、まさに『詩経』の鵲巣の句のようである。

ここで、賛寧は、湛然と梁粛の相互関係に高僧と鴻儒との理想的な交渉のあり方を見、これを高く評価している。それは、もともと儒家出身の湛然その人の魅力を賛美するものであり、同時に「鴻儒」でありながら天台仏教に対する深い共感を持ち、優れた文才を発揮して宗匠湛然の功績を刻銘した梁粛の貢献を浮彫りにしたものでもある。ところが、梁粛の天台仏教に対する貢献は決して湛然の事跡を伝えるには止まらず、実際に、彼は湛然の生前からその言論を代弁し、その復興運動の顕彰に努めていたのである。そこで、梁粛の貢献を多角的に理解するために、「台州隋故智者大師修禅道場碑」というユニークな史料を手がかりとして考察を進めていきたい。

二 「修禅道場碑」の歴史的変遷

二・一 「修禅道場碑」の問題点――異名と異本――

崔恭撰「唐右補闕梁粛文集序」は梁粛の特に傑出した著作名をいくつか挙げており、その中には「天台山禅林寺碑」という題名が見えるが[32]、この題名を冠する文章を『全唐文』などに収められた梁粛の文集の中から見出すことはできなかった。ところが、幸いにも、宋代志磐撰『仏祖統紀』(T49, No. 2035) 巻第四十九には、「唐翰林学士梁粛撰「天台禅林寺碑」という文が全文掲載されていて[33]、『唐文粋』巻六十一に見える「天台智者大師碑銘」、小雲谷抄本『梁補闕集』所収の「天台智者大師碑」、そして『全唐文』巻五二〇所収の「台州隋故智者大師修禅道場碑銘并序」とは、字句の相異はあるものの、間違いなく同一の文献であることがわかったのである。

この事実から、この碑文が幾つかの異名で呼ばれながら流布していた可能性が浮上してきたが、さらに調査を進めた結果、「台州隋故智者大師修禅道場碑」という碑石そのものが天台山に現存していることが明らかになった。天台山には、従来、智者大師智顗（538–597）所縁とされる道場が十二箇所に散在し、仏隴山にはそのうちの二箇所がある（遺蹟も含む）。その一つは陳代創建の「修禅寺」[34]を前身とする「大慈寺」であり、もう一つは修禅寺の東北隅に位置する「真覚寺」[35]であるが、これは「仏隴寺」とも呼ばれる。[36]もともと智顗の全身舎利を納めた塔を中心に建立された「真覚寺」[37]には、東門（智者塔院門）の外に碑亭が設けられており、その中に「右補闕翰林学士梁粛撰」と明記される「台州隋故智者大師修禅道場碑」が奉安されている。[38]

八十数年前にこの石碑の所在を確認し、その拓本を日本に将来した常盤大定氏らによれば、[39]当碑は、元来大慈寺（修禅寺）にあったものであるが、大慈寺の崩壊後に真覚寺へ移設されてきたという。[40]仏隴の大慈寺は智者大師智顗が天台山で創建した最初の山寺であり、[41]はじめは陳太建十年（578）の勅命によって「修禅寺」と命名された。[42]隋代に入ると、六〇五年に国清寺の完成に伴って、修禅寺は「道場」と改名され、[43]それ以来、「仏隴道場」や「修禅道場」と呼ばれることが多い。唐代貞元四年（788）に至って黄岩県の禅林寺が廃止され、その寺額が仏隴の「道場」に与えられたことをきっかけに、当寺は「禅林寺」と呼ばれるようになった。[44]仏隴の禅林寺は唐武宗会昌年間の廃仏に遭い（八四五年以後）、一時廃止されるものの、咸通八年（867）に再興し、宋代の大中祥符元年（1008）には「大慈寺」と改名された。しかし、明代の洪武十七年（1384）に落雷で全壊してしまい、現在では遺蹟のみとなっている。[45]

以上のことを踏まえてみると、智顗が天台山仏隴に創建した最初の寺院は、五七八年から六〇五年までは「修禅寺」、六〇五年から七八八年までは「道場」、そして七八八年から一〇〇八年までは「禅林寺」、そして一〇〇八年以降は「大慈寺」と公称されたと、おおよそ考えてもよかろう。したがって、梁粛撰の碑文が「修禅道場碑」や「天台禅林寺碑」と呼ばれるのは、同一の寺院の名称が歴史的に変遷したことによるものである。

異名の問題よりも興味深いのは、それぞれの異名の下に伝えられてきた各文献の内容に種々の相違が認められることである。前掲の『唐文粋』巻六十一の「天台智者大師碑銘」、『仏祖統紀』巻四十九の「天台禅林寺碑」、『梁補闕集』の「天台智者大師碑」、『全唐文』巻五二〇の「台州隋故智者大師修禅道場碑銘（幷序）」、そして、現存「台州隋故智者大師修禅道場碑」（拓本）の内容を比較した結果、これらの五つの文献は、おおむね三つの系統に分類できることがわかった。その第一は拓本などの金石史料の系統Aであり、[46]第二は『唐文粋』並びにこれを受け継ぐ『梁補闕集』、そして『仏祖統紀』などの宋代版本Bであり、第三は『全唐文』に代表される清代独特の版本Cである。これらの異なる系統の間に見られる顕著な相違を指摘すると、次頁の表のようになる。

三つの系統に分けられる碑文のそれぞれは、それが刻まれた石碑あるいは収録された叢書の完成年代に依って、一応の成立順序が判断できる。Aが刻まれた石碑の建立年代は、拓本の題記に「唐元和六年十一月十二日僧行満建」と記されていることから、唐代憲宗治世の元和六年（811）十一月十二日であることは明らかである。そして、この碑石を建立した「僧行満」という人物は湛然の弟子であり、また入唐僧最澄（766-822）が仏隴寺（真覚寺）で師事した行満と同一人物と考えられる。[47]このA碑文を他の二系統の文献と較べると、種々の相違点が指摘できるが、特に②、⑤、⑥に散見する「比丘法智」に関わる記述の有無に注目される。さらに、②に見える「自大師没一百九十余載」という年代に関わる記載にも注意する必要があるが、これらの特異な箇所に関する検討は次項に譲りたい。

次に、B系統の碑文を収録する文献の中では、北宋姚鉉（967-1020）編『唐文粋』の成立が最も早く、『仏祖統紀』（一二六四年成立）、清代の抄写本『梁補闕集』、そして『浙江通志』（一七三六年成立）所収の碑文はいずれもそれを受け継ぐものと思われる。この系統の文献は現存版本が北宋まで遡れることと、『仏祖統紀』所収の「禅林寺碑」という名称は唐代元和年間の崔恭「梁補闕文集序」に見える題目と一致することから、それが唐代から宋代にかけて広く流布していたことが伺える。そこで、BをAと較べると多くの違いが、それも流布伝写の過程で生じたとは思えない相異が認められるのである。たとえば、A―①の「天台山自国清上登十数里曰仏隴」は仏隴の位置を国清寺との関係

題名	A 碑文拓本「台州隋故智者大師修禅道場碑銘（幷序）」	B 『唐文粋』本（代表）「天台智者大師碑銘」	C 『全唐文』本「台州隋故智者大師修禅道場碑銘（幷序）」
①	天台山自国清上登十数里曰仏隴、蓋智者大師現身得道之所、前仏大教重光之地。陳朝崇之、置寺曰修禅、及隋建国清、廃修禅之号、号為道場。	天台山西南隅一峯曰仏隴、蓋智者大師得道之所、前仏大教※1重光之地。陳朝崇之、置寺曰修禅、及隋創国清、廃修禅号、号為道場。	天台山西南隅一峰曰仏隴、蓋智者大師現身得道之所、前仏大教重光之地。陳朝崇之、置寺曰修禅、及隋建国清、廃修禅之号、号為道場。
②	自大師没一百九十余載、大比丘然公、光昭大師之遺訓以啓後学。門人比丘法智、灑掃大師之故居以護宝所。門人安定梁粛、銘勒大師之遺烈以示後世云。	自大師入滅一百八十余載。長老大比丘然公、光昭大師之遺訓以啓後学。門人安定梁粛、聞上易名、銘勒大師之遺烈以示後世云。	自大師没一百九十余載。長老大比丘然公、光照大師之遺訓以啓後学。門人比丘法智、灑掃大師之故居以護宝所。門人安定梁粛、聞上易名、銘勒大師之遺烈以示後世。
③	大師諱智顗、字徳安、姓陳氏、潁川人也。尊称智者。	大師諱智顗、字徳安、時号智者。其先潁川陳氏、世居荊州之華容。	大師諱智顗、字徳安、時号智者。其先潁川陳氏、世居荊州之華容。
④	自華厳肇基、至霊鷲高会、無小無大、同帰仏界。及大雄示滅、学路派別。世既下衰、教亦陵遅。故竜樹大士病之、用道種智、制諸外道、括十二部経、発明宗極。	自華厳肇開、至双林高会、無小無大、同帰仏界。及大雄示滅、学路派別。世既下衰、教亦陵遅。故竜樹大士病之、乃用権略、制諸外道、乃詮智度、発明宗極。	自華厳肇開、至双林高会、無小無大、同帰仏界。及大雄示滅、学路派別。世既下衰、教亦陵遅。故竜樹大士病之、乃用権略、制諸外道、乃詮智度、発明宗極。
⑤	自上元・宝応之際、此邦寇擾、緇錫駭散、而比丘法智実営守塔廟、荘厳仏土、廻向之徒、有所依帰。	自上元・宝暦之世、邦寇擾攘、緇錫駭散、可易名建寺、修持塔廟、荘厳仏土、廻向之徒、有所依帰。	自上元・宝暦之世、邦寇擾攘、緇錫駭散、而比丘法智実営守塔廟、荘厳仏土、廻向之徒、有所依帰。
⑥	五世之後、間生上徳、微言在茲、徳音允塞。惟彼法子、護持浄域。此山有壊、此教不極。	五世之後、間生上徳、微言在茲、徳音允塞。明明我后、易名浄域。此山有壊、此教不極。	五世之後、間生上徳、微言在茲、徳音允塞。明明我后、易名浄域。此山有壊、此教不極。

※1「大教」を『唐文粋』は「教大」とするが、ほかの諸本によって校訂した。

で捉える表現であるが、B—①の「天台山西南隅一峯曰仏隴」は仏隴の天台山全体における位置を示そうとしている。またB—③には、Aには見出せない智顗の出身地（「世居荊州之華容」）に関する情報が追加されている。そして、B—④に見える「双林高会」は明らかに『涅槃経』を示唆する表現であり、これに対するAの該当箇所には『法華経』を暗示する「霊鷲高会」という言葉が記されている。さらに、それに続く文章の中で、Aは「用道種智、制諸外道、括十二部経、発明宗極」と述べ、龍樹の大乗仏教の統括者としての役割を表現しているが、Bは「乃用権略、制諸外道、乃詮智度、発明宗極」として、龍樹の役割を、特に『大智度論』に焦点を絞って伝えようとするのである。これらの表現の改変は、天台山、智顗、そして仏教に関する知識を持つ人物の手によって慎重に施されたものとしか考えられない。そして、より重要な、碑文そのものの成立や内容に関わる変化としては、B—②の「自大師入滅一百八十余載」と見える年代はAの年代表記より十年も遡ることや、Bの②、⑤、⑥の「易名」に関わる記述がAではすべて「法智」をめぐる記載になっていることが注目される。

最後に、C清代董誥等編『全唐文』（一八一四年成立）の所収碑文には、A、B両方の系統からの影響が認められる。たとえば、前掲の対照表の全六項目中で、CがAとは相違するがBと完全に一致しているのは、③、④、⑥の三箇所にわたっていることから、Cは基本的にBを原本とすることはほぼ確実であろう。ただし、Cは無条件にBに従っているのではなく、同時にAによって対校されたことは、Cの題目そのものはAから採って来られていることからも明らかである。なお、細部にわたる形跡として、以下の箇所を指摘できる。たとえば、C—①に見える「天台山西南隅一峰曰仏隴、蓋智者大師現身得道之所」の二句は、前半はB—①に従っているものの、後半はA—①に拠ってであろう、「現身」の二字を増補している。また、C—②の冒頭に見える年代はBとは相違し、Aの「一百九十余載」が採用されている。同様に、C—⑤も、「而比丘法智実営守塔廟」という表現をめぐっては、Bを退け、Aの記述に従っている。そして、Aによる対校の形跡が最も明確に顕れているのは、C—②においてである。その中の「門人比丘法智、灑掃大師之故居以護宝所。門人安定梁粛、聞上易名、銘勒大師之遺烈以示後世」という記述は、明らかにA―②とB―②を融合させたものである。

以上、考察してきたことを踏まえて考えると、まず確実に言えるのは、諸文献の中で、『全唐文』本は叢書としての成立が最も遅く、さらに所収碑文の内容を見ると、AとBの両方から影響を受けて成立したことは明らかであり、梁粛の原作を収録したと言うよりも、叢書の編集者がBを底本にしAを対校本に用いて作ったテキストである可能性が高い。したがって、唐代梁粛が天台仏教に果たした役割を検討しようとする本書では、この版本は使用しないこととする。そこで、次の課題として残るのは、A、B両系統の文献の成立と内容をどのように解明していくかである。

二・二　「修禅道場碑」の変遷から読み取られる歴史的背景の変化

梁粛がいつ「修禅道場碑」の撰述に取り掛かったのかは必ずしも明らかでない。神田［1972］（p. 270）は、碑文に「今湛然大師」という表現が見えることから、当文献の撰述は湛然の在世中に行なわれたものと判断し、その年代は湛然の寂滅（782）に先立つ七八一年前後であろうと推測している。[48] もし、そうであったとすれば、その時に撰述されたのはA石碑系統、B文集系統のいずれの内容に近いものだったのか。そもそも、天台山から唐代建立の碑石の原物が発見されている以上、それを全面的に信用してもよさそうなものであるが、しかし、この碑の文面を疑問視する人物がいたのである。宋代天台宗山外派の孤山智円が「書智者大師碑後序」に以下のように記しているのが興味深い。

聖宋天禧二年龍集戊午夏六月十日、十四世法孫智円、字無外、糾同志立石于銭塘孤山瑪瑙院仏殿之左。其文依『補闕旧集』、故与天台勒石者有異。按然師是建中三年二月滅、梁君即貞元九年十一月卒、天台碑乃元和六年十一月十二日建、距然帰寂三十載矣、距粛捐館一十九載矣。於乎荊渓既没、敬之既往、非後人妄改如何。補闕卒逮今

二百七十年矣、而遺編在焉、可鑑前謬。庶来者毋惑与。（『閑居編』巻十二。ZZ101, 88a）

宋天禧二年龍集戊午（1018）の夏六月十日、十四代目の法孫智円、字は無外は、同志を集めて碑石を銭塘孤山の瑪瑙院の仏殿の左側に建立した。碑石に刻む文章は梁粛の『補闕旧集』に基づいたので、天台の碑石に刻まれた内容とは異なる部分がある。私が思うに、湛然師は唐の建中三年（782）二月に亡くなり、梁粛は貞元九年（793）十一月に逝去した。天台山の碑石は元和六年（811）十一月十二日に建てられたものである。すなわち、湛然の死後三十年、梁粛の死後十九年に建立されたものである。その時は、湛然もすでに亡くなっていた。〔その碑文が『補闕旧集』と相違しているのは〕後世の人が勝手に改竄したからに違いない。梁粛が亡くなってから今まで二百七十年にも及ぶが、その文集（『補闕旧集』）が伝わっているため、天台山の碑文と比較すれば、後者の誤りがはっきりわかる。後世の人がそれに惑わされないことを願う。

ここで問題とされている「天台碑」は、その建立が「元和六年十一月十二日」とされていることから、天台山真覚寺に現存する唐碑と同一のものと思われる。智円はこの碑の文面を『補闕旧集』所収文と比較した結果、両者が内容を異にしていることに気づいた。そこで、彼は、石碑は梁粛が亡くなって十九年後に建てられたことに着目して、その文面に認められる相違は後世の改竄によるものと断定したのである。彼が全面的に信頼した『補闕旧集』所収の碑文が、同時代の姚鉉が『唐文粋』に採録したBと大きく異ならなければ、この智円の問題意識は、前項で残された課題と同じく、A、B両系統の碑文の成立および信憑性に関するものとして理解されよう。

果たして、智円の推測通りに、B文集系統の碑文のみが梁粛の手になるもので、A系統の碑文には後世の加筆が混入しているのだろうか。本項では、まず、梁粛撰「修禅道場碑」の日本への流伝状況を考えながらA、B両系統の文献の成立を見直し、同時に、両文献の内容上の相違に注意して、碑文の時代的変遷の状況を明らかにしていくこととする。

二・二・一　碑文の成立

日本の入唐僧の中で最初に天台山を訪れて、種々の天台仏教関係の典籍を請来したのは、伝教大師最澄である。彼が天台山を中心とする地域で蒐集抄写した文献の目録は、後に『伝教大師将来目録』（T55, No. 2159. 以下『台州録』）と呼ばれることになるが、その中に「天台智者大師仏隴道場記一巻（安定梁粛撰）（九紙）」（1056b2）という一行が見える。従来、梁粛撰「仏隴道場記」に関する記載は中国側の史料からは一切見出せず、日本でも、他には、九一四年撰の玄日『天台宗章疏』（T55, No. 2178）に「仏隴道場記一巻　梁粛述」（1137b2）と記されるに過ぎない。この「仏隴道場記」という文献は、伝最澄撰『内証仏法相承血脈譜』（『伝教大師全集』巻二）の中に引用された逸文によって、「修禅道場碑」と同一の文献であり、さらに、中国所伝のA系統文献に属することは明らかである[49]。

周知のように、最澄が台州に滞在したのは八〇四年のことである。しかし、当時の仏隴には「修禅道場碑」はまだ建てられてはいなかったはずである。したがって、『台州録』に記されている「天台智者大師仏隴道場記」とは、碑石建立以前から存在していた碑文原稿であると考えられる。特に、現存碑石では撰者が「右補闕翰林学士梁粛」とされるのと較べ、『台州録』の「安定梁粛撰」という素朴な記載には七八一年の撰述当時における梁粛の身分が忠実に反映されていることから、最澄が将来したのは梁粛が最初に著した原作に極めて近いものと思われる。そうであれば、「天台智者大師仏隴道場記」とは、梁粛が原作に冠した本来の題名であった可能性が高いであろう。ところが、この本来の名称は八一一年の碑石建立以来湮滅することとなり、碑文が再び円珍によって日本に伝来された時には「天台山修禅道場碑文」という名称に変わっていたと考えられる[50]。

二・二・二　碑文の再治──「禅林寺碑」の出現──

碑文の日本への伝来状況から推察すれば、A系統の文献が梁粛の手になることや、その成立がかなり早いこともわかる。それでは、梁粛の友人でもある崔恭は、なぜ文集の序文において、「天台山禅林寺碑」という名称でこの碑文に言及したのであろうか。さらに、中国におけるこの碑文の流布状況を見ると、むしろB系統の文集本のほうが広く流布しており、そのあまりの根強さに、智円も天台山の碑文を疑わざるを得なかったほどであるが、そもそも、A系統ではなく、B系統が流行したのはなぜなのであろうか。思うに、A系統の碑文が梁粛撰であることは、必ずしもB系統の文献が後世の手になることを意味しないであろう。つまり、周囲の状況の変化に対応して、梁粛本人がかつて撰述した碑文を書き直した、という可能性もあるのではなかろうか。その場合、そうした改変を迫るような歴史状況の変化が実際に存在したか否かが問題となるだろう。

そこで注目されるのは、A系統の碑文に見える「比丘法智」に関する記述が、Bではすべて「易名」をめぐる記載に取り替えられていることである。そもそも、この碑文を梁粛が撰述することになったのは、「汝吾徒也、盍紀於文言、刻諸金石。俾千載之下、知吾道之所以然」という湛然の命令を受けたためであり、梁粛自身その目的を「門人安定梁粛、銘勒〔智者〕大師之遺烈以示後世」（A―②）と述べている。しかし、B―②になると、撰述の目的は「門人安定梁粛、聞上易名、銘勒大師之遺烈以示後世云」と書き換えられているため、梁粛が「銘勒大師之遺烈（大師の事跡を銘記する）」しようとした直接の契機は、あたかも「聞上易名」という出来事であるかのように理解される。

また、⑤は湛然の言葉を伝える内容であるが、Aでは「而比丘法智実営守塔廟、荘厳仏土」とあるものが、Bになると「可易名建寺、修持塔廟、荘厳仏土」となっており、この改変によって、「易名」という出来事が再び強調されている。さらに、この部分は湛然の言葉からの引用として提示されているため、その中に「易名」という語が現れると、この出来事をあたかも湛然が予知し、また希望していたかのような感を与えるのである。最後に、銘文（韻文）

⑥の部分では、元来Aが「惟彼法子、護持浄域」とする箇所が、Bでは「明明我后、易名浄域」と直されていて、まるで念を押すかのように、「易名」という要素で力強く碑文全体が締め括られているのである。

以上、「易名」に関する改変は非常に慎重かつ丁寧になされていることがわかる。そして、「易名」という要素をただ加えるのではなく、それを付加することによって碑文の全体的な構造や内容に歪みや不自然さが生ずるのを避けるために、本来は重要な要素の一つであったはずの「法智」に関する記述を犠牲にしてさえいるのである。

もちろん、逆の可能性、つまり「易名」の提示はあくまでも「比丘法智」の存在を抹消するために利用された手段であった可能性も考えられるが、しかし、既述のように、B系統の文献の成立はA系統以前には遡れないものの、その中に見える細部にわたる改変には、撰述者の文才のほか、天台山、智顗、仏教に関する知識も必要とされることと考え合わせると、実際は、「易名」という歴史的状況が生じたために、梁粛自身が碑文を書き直した、とするほうがつじつまは合う。

もっとも、B系統の文献は梁粛が自ら手を入れて最終的に完成させたものであることを何よりも強く訴えているのは、その文献が梁粛の文集に収められ広く流布することになったという史実そのものである。したがって、梁粛の在世中に仏隴道場が「易名」されたかどうかが問題となるであろう。

そのような史実の存在を予想させてくれるのは、B系統の文献を崔恭が「天台禅林寺碑」と呼んでいることである。ここで思い出してもらいたいのは、既述の「大慈寺」あるいは「修禅寺」の歴史的変遷の中、「禅林寺」と改名されるきっかけと年代である。その時のことを伝える唯一の文献、徐霊府の『天台山記』(T51, No. 2096) には、「自国清寺東北一十五里、有禅林寺。寺本智顗禅師修禅於此也。以貞元四年 (788)、使牒移黄巌県、廃禅林寺額、来易於道場之名」(T51, 1054b22-25) と見える。これによって、仏隴道場が禅林寺に易名されたのは貞元四年であることが判明するが、その時には梁粛はまだ生存していたのである。さらに、梁粛本人の動向を見ておくと、貞元二年 (786) より揚州で淮南節度使杜亜に仕えはじめ、貞元四年には彼は欝病の治療のため南下して東越を訪れたと述べられており[51]、その途上にあたる天台山周辺で道友普門や元浩らに再会し[52]、仏隴道場が禅林寺に改名されることを聞き、かつて恩師湛然の命を受けて撰述した「仏隴道場記」を書き直して「天台禅林寺碑」を仕上げたと考えられる。この「天台禅林寺碑」が本文献の最終バージョンであれば、それが梁粛文集の中に収められることになったのは、当然のことであろう。

以上、B系統本に見える「易名」をめぐる歴史状況は明らかになったが、これは同時に、B系統本の成立が七八八年以前には遡れないことを傍証することになる。しかし、せっかく梁粛本人が「天台禅林寺碑」を撰述し直したのに、八一一年に石碑を建立するに際して、行満たちは、なぜ新作ではなく、旧作に当たるA系統本を採用したのか、という疑問が残るのであるが、このことは次に検討する。

二・二・三　碑石の建立――「修禅道場碑」の完成――

これまでは、碑文の撰述過程、特にその改変に注目してきたが、ここでは、碑石の建立について検討しよう。現在天台山真覚寺に奉安されている碑石には、「台州隋故智者大師修禅道場碑銘并序　右補闕翰林学士梁粛撰　朝散大夫台州刺史上柱国高平徐放書」という題記が見えるほか、その跋文には「陳修古篆額　唐元和六年十一月十二日僧行満建」と記されている。これによって、碑石の建立には、少なくとも徐放、陳修古[53]、行満の三人が関わっていたことがわかる。そのうち、陳修古に関しては、碑額（「修禅道場碑銘」）を書いていることから能書家と推測されるが、その事跡として特に注目されるのは、廃仏直前の会昌二年（842）正月、東陽法華寺に建立された「法華寺碑」の碑額及び碑文を書いたことである[54]。

そして、「修禅道場碑銘」の碑文を書いた徐放とは当時台州の行政長官（台州刺史[55]）だった人物である。興味深いことに、「修禅道場碑銘」が建立されるわずか半年前の元和六年（811）五月に徐放はもう一つの碑文の書写に携わったと伝えられるが、それは陳諫撰と言われる「天台仏隴禅林寺碑」であった。陳諫は唐憲宗永貞元年（805）年から元和十年（815）まで台州の行政属官（司馬）[56]をつとめた人物である。[57] 彼が撰述した「禅林寺碑」に関する最古の記録は智証大師円珍が八五四年に書き記した『福州温州台州求得経律論疏』（T55, No. 2170）であるが、[58] その中で「禅林寺碑」と同様に「随身」と記される「修禅道場碑銘」を、円珍は実際に請来しているという事実もあり、この「禅林寺碑」も実在したことには疑いの余地はなかろう。

　現在、台州司馬陳諫撰の「天台仏隴禅林寺碑」は散逸したため、その内容は確かめ得ない。しかし、この碑石の存在やその建立時期が判明したことで、「修禅道場碑銘」の成立事情をめぐる疑問の一つが解けるのではなかろうか。前述したように、梁粛は七八一年頃に碑文の初本に当たる「仏隴道場記」を著したが、七八八年頃、道場が「禅林寺」と改名されるにあたって、碑文に手を入れて「禅林寺碑」と書き直したにもかかわらず、行満が碑石を建てる時には、新しい「禅林寺碑」ではなく、最初の「仏隴道場記」を採用して「修禅道場碑」の内容とした理由は不明であった。ところが、「修禅道場碑」の建立に先立って、台州地方の二人の長官、刺史徐放と司馬陳諫の協力を得て「天台仏隴禅林寺碑」がすでに建てられていたとすれば、その半年後に建立の運びとなった碑石には、さらにもう一つの「禅林寺碑銘」を刻ませることを避けて、師湛然の本来の意図に適う「仏隴道場記」の内容を採用した、という推測も成り立つのではなかろうか。

　最後に、現存碑文の「自大師没一百九十余載、大比丘然公、光昭大師之遺訓以啓後学。門人比丘法智、灑掃大師之故居以護宝所。門人安定梁粛、銘勒大師之遺烈以示後世」という記述に見える年数の問題について指摘しておきたい。この年数に関しては、すでに神田［1972］（p. 274. 追記）に指摘があるように、『唐文粋』本（B系統）の「自大師入滅一百八十余載」とする記述に従うべきである。確かに、この年数の持つ意味は、梁粛の初撰碑文とその後の再治本とでは少々異なる。最初の碑文撰述は湛然の在世中に行なわれたため、そこに記されるべき正確な年数は、智者大師智顗が亡くなってから湛然の時代——具体的に言えば、碑文が最初に撰述されたと思われる湛然示寂前年の七八一年頃——までに経過した百八十三年である。ところが、この碑文が「禅林寺碑」として再治された七八八年には湛然はすでに亡くなっているため、その時点における「一百八十余載」とは、智顗の示寂から湛然が世を去るまでの期間を指すことになるだろう。いずれにせよ、湛然は七八二年に亡くなっており、彼の生存時代から智顗の寂滅時（597）までは、最長でも百八十四年であることは動かぬ事実である。史館修撰にも任じられた梁粛が、このような基本的な年数計算を間違えて「一百九十余載」としたとは考え難いのである。

それでは、仮に梁粛の原作にはもともと「一百八十余載」と記されていたとして、なぜ「一百九十余載」と碑石に刻まれているのであろうか。以下は、推測の域を出ないのであるが、それは、行満たちがこの年数の意味を別の視点から捉えたことに起因するのではないかと思う。おそらく、八一一年頃、碑石の建立が進められていく中で、当時すでに亡くなっていた梁粛の原作の内容を検討した際に、「自大師没一百八十余載、大比丘然公、光昭大師之遺訓以啓後学。門人比丘法智、灑掃大師之故居以護宝所。門人安定梁粛、銘勒大師之遺烈以示後世」という記述を見て、おそらく行満らは、「一百八十余載」という年数を智顗から湛然までの隔たりとしてではなく、「門人安定梁粛、銘勒大師之遺烈」までの年数と捉えたのではなかろうか。このような理解は決して梁粛の本意に沿うものとは思えないが[59]、この碑文の成立に伴う複雑な事情からすれば、このような誤解が生じた可能性もあったのではないか。確かに、「一百八十余載」という年数と、智顗の死から梁粛（753–793）の生存時代までの年数である百九十六年とでは、十年の差が生じるのである。そこで、行満らはこの年代を「一百九十余載」と修訂し、さらには碑文の撰者も元来の「安定梁粛」から「右補闕翰林学士梁粛撰[60]」へと鄭重に書き換えたとも推測できるのである。

三 「修禅道場碑」から伺える天台宗の確立

　これまでは、梁粛が初めて「仏隴道場記」を撰述してから行満たちが仏隴に「修禅道場碑」を建立するまでの三十年間における碑文の変遷について考察してきた。この三十年という歳月は、同時に、湛然の示寂以来、彼の弟子たちが天台山で教団、宗派を形成していく上で重要な時期でもあった。湛然によって体系化された祖統理論を継承し、さらにはその正統性を顕彰する営みは、依然として教団体制の強化のために必要なものと考えられていたに違いない。この期間における天台山教団内部の動向を伺わせる資料はそれほど多くないが、「修禅道場碑」はその一つなのである。本節は、この碑が湛然教団の正統性顕彰運動にとってどのような貢献をしたのかを見るとともに、湛然の在家の弟子であった梁粛がこの運動において果たした役割を明らかにしていきたい。

　通常、天台止観の祖統論の萌芽は、『摩訶止観』「灌頂序」に求められる、と考えられている。この理解は必ずしも誤りとは言えないであろう。ただし、この理解を是とするには、必ず、併せてもう一つの事実も認めなければならない。その事実とは、灌頂の止観祖承説の核心を占めているのは智顗その人であって、智顗を含んだ中国における伝承系譜ではなく、したがって、灌頂の説は厳密な意味での祖統論とは言えないということである。そして、灌頂の止観相承説が最終的に祖統論としての構成を備えるに至ったのは、あくまでも湛然『止観輔行伝弘決』による再組織を経た後なのである。同書の中で、湛然は、『摩訶止観』「灌頂序」の内容に綿密な注釈を加えることを通して、灌頂説の本来の構造を変え、重心を移動させた。これによって、「金口祖承」と「今師祖承」からなる道統体系が初めてその姿を現したのである。

　この過程において、湛然は特に中国における伝承系譜である「今師祖承」の確立に多大な努力を傾けている。この龍樹―慧文―智顗―灌頂と連なる「今師祖承」説に当代の人物の伝承系譜を接続させた例として注目されるのは、李華が玄朗の死後に撰した「故左渓大師碑」であり、そこには、慧文―慧思―智顗―灌頂―智威―慧威―玄朗という伝承系譜が示されている。(61) そして、この系譜を玄朗からさらに湛然へと延長し、これこそが唯一正統的な法脈であるとする主張は、湛然の弟子普門が『止観輔行伝弘決』のために撰した序文(七六五年成立)の中で展開されてくるのである。

嗚呼、大教陵夷若是、蓋由未弁文字之性離、孰喩総持之功深。惟昔智者大師、降生示世、誕敷玄徳、大拯横流。咨覆簣於大思、振絶維於龍猛。命家作古、以中観為師宗。立極建言、以上乗為帰趣、爰付灌頂。頂公引而伸之、欽若弘持、広有記述、教門戸牖、自此重明。継之以法華威、威公宿植、不忝于素。復次天宮威、威公敬承、如水伝器、授之於左谿玄朗。朗公卓絶、天機独断、相沿説釈、遑恤我文、載揚於毘壇湛然。然公間生、総角顕悟、左谿深相器異、誓以伝灯。(T46, 141a12-23)

ああ、偉大な教がここまで衰えてしまったのは、人々がいまだ、文字は物事の本質を表現するのに限界があることがわからず陀羅尼の働きの深さを悟っていないからである。その昔、智者大師が世に現れて、仏教の深い真理を具に説き明かして多く衆生を救った。彼は学業を慧思より承け、龍樹の教えを中国に広めた。一家の教えを独自に唱えたが、中観思想に導かれ、またこれを本旨とした。新たな教説を樹立したが、無上の教えである大乗をその最終的な拠りどころとし、これを灌頂に付嘱した。灌頂は教えを敷衍したのであるが、教えを忠実に受持しながらことごとく記述したため、天台の教門は整備されてさらに盛んになった。彼を継ぐ者は法華智威であり、智威は宿植にして教法をそのまま守った。その次は天宮慧威であるが、慧威は敬しく教法を受け継ぎ、あたかも水を器から器へ移すように、教法をそのまま左谿玄朗に授けた。玄朗は卓絶しており、生来聡明で決断力があったが、教法の伝統的な解釈に従いそれを守って、自らの見解が混入することをひたすら恐れたのである。その次に現れた毘壇出身の湛然に至ってから天台の教法はようやく大いに高揚された。湛然は不世出の人物であって、幼くして聡明な素質を顕していた。玄朗は湛然が尋常でない法器であることを見抜き、彼に天台教法を継承させようと誓った。

ここでは智顗以前の伝承について多くは語られていないが、それはすでに『止観輔行伝弘決』の本文の中で十分に論じられたからであろう。普門がこの序文の中で付け加えなければならなかったのは、本文では触れられることのなかった智顗―灌頂以後の伝承である。つまり、本文で論じられた龍樹―慧文―慧思―智顗という系譜に引き続き、さらに灌頂―智威―慧威―玄朗―湛然という系譜を繋ぎ合わせれば、湛然が意図した「今師祖承」の全体像はようやく完成することになり、またこの体系を樹立した現実的な目的が達成されることになる。そして、湛然が中国における伝承系譜を「今師祖承」と名づけた本意も、特に、「今師」という表現に託した願望はここに具現することとなる。

それでは、こうした祖統論の顕彰運動において、梁粛は一体どのような働きをしたのであろうか。実際に、「仏隴道場碑」の中には「今師祖承」に関する具体的な論述が見える。そして、この種の論述は、梁粛の他の著作においても、少なくとも三箇所に見つけることができるのである。[62] たとえば、梁粛は、大暦九年（774）十一月に撰述した「常州建安寺止観院記」の中で、次のように書いている。

沙門釈法禺、啓精舎於建安寺西北隅、与比丘衆勧請天台湛然大師転法輪於其間。尊天台之道、以導後学、故署其堂曰止観。初南岳祖師受於恵文禅師、以授智者大師、於是乎有止観法門大旨。止謂之定、観謂之慧。演是二徳、摂持万行。自凡夫妄想、訖諸仏智地、以契経微言、括其源流、正其所帰。円解然後能円修、円修然後能円証、此其略也。自智者五葉伝至今、大師当像法之中、誕敷其教、使在家之徒撥邪反正、如大雲降雨、無草木不潤。(『全唐文』巻五一九)

沙門釈法禺は建安寺の西北隅に精舎を建て、天台の湛然大師にそこで説法するように、比丘たちと勧請した。そして、天台の教えを尊び、それによって後学を導こうとして、その堂宇を「止観」と命名したのである。初めに南岳祖師は恵文禅師から教えを受け、それを智者大師智顗に授けた。ここにおいて止観法門という偉大な教えが生まれた。止は禅定を指し、観は智慧のことである。止と観という二つの徳行を実践の基軸にすれば、あらゆる行をもらさず実践していくことになる。経典の精微な言葉を拠りどころにしながら、凡夫の妄想に始まって、諸仏の智慧の境地に到達するまでのすべての状態、段階のそれぞれの根源を探求し、到達すべき悟りへの道を明らかにし整える。完全に理解すればその後完全に実践することができ、完全な実践をした後に完全な悟りが可能になるのである。以上が止観法門の概要である。天台法門は智者から五代を経て現在に伝わっているが、湛然大師はこの像法時代において、智顗の教えを大いに敷衍し、在家の人々をも導いて彼らの誤りを取り除き正しい道に向かわせた貢献は、まるで大きな雲が雨を降らせてすべての草木を潤すかのようである。

この中に見える「自智者五葉伝至今」が、「普門序」に初見する智者―灌頂―智威―慧威―玄朗―湛然の系譜を指して述べていることは明らかである。また、梁粛は後に「天台法門議」の中でも「自智者伝法、五世至今、天台湛然大師中興其道」(『全唐文』巻五一七)と強調している。そして、現存する著作の中で、梁粛が最後に祖承の問題を論じたのは、貞元三年(786)に撰述した「止観統例議」の中においてである。

隋開皇十七年、智者大師去世、至皇朝建中、垂二百載、以斯文相伝、凡五家師。其始曰灌頂、其次曰縉雲威、又其次曰東陽小威、又其次曰左谿朗公、其五曰荊渓然公。頂於同門中慧解第一、能奉師訓集成此書、蓋不以文詞為本故也。或失則煩、或失則野。当二威之際、緘受而已、其道不行。天宝中、左谿始宏解説、而知者蓋寡。荊渓広以伝記数十万言、網羅遺法、勤矣備矣。荊渓滅後、知其説者適三四人。(「止観統例議」『全唐文』巻五一七)

隋代の開皇十七年に智者大師が世を去ってから唐代の建中年間に至るまでの二百年近くの間、『摩訶止観』を相伝したのは、凡そ五人の師である。その初めは灌頂といい、その次は縉雲智威といい、またその次は東陽慧威といい、またその次は左谿玄朗といい、その第五は荊渓湛然という。灌頂は同門中で慧解が最も優れており、師の教えを奉じてこの書を集成したけれども、修辞に重点を置かなかったためであろうか、奉じて、素朴に過ぎたりするという欠点がある。智威と慧威の二人の時代は師資の間に限って法の授受が行われ、教えは広まらなかった。天宝年間に、左谿が初めて広く解き明かしたが、それを知る者はやはり少ないままであった。荊渓湛然は著述という方法で教えを広め、数十万字を書き記した。それによって、祖師が遺した教えを網羅したのであるが、これは実に勤勉な湛然が、まことに完全な業績を挙げたと称すべきである。だが、荊渓が亡くなった後、その教説を理解する者はわずか三四人しかいなかった。

この論述は上掲の「常州建安寺止観院記」や「天台法門議」よりも詳しくなっているが、いずれも基本的には梁粛が「修禅道場碑」で述べた内容を継承するものと考えられる。やはり、最も体系的で内容が完備しているのは、「修禅道場碑」に現れる論述である。では、その中で、梁粛は天台宗の祖統論について、どのような議論を展開しているのであろうか。

梁粛は、「修禅道場碑」の相当の分量を天台仏教の淵源について述べることに費やしているが、その底流を貫いているのは、要するに、龍樹―慧文―慧思―智顗、そして、それに続く智顗―灌頂―智威―慧威―玄朗―湛然という伝承系譜である。その論述は前後二つの部分からなり、その前半は、釈尊の涅槃に始まり、龍樹大士がインドで大乗仏教を振興し、遂には智者大師が陳代から随代にかけて天台教観を広めるまでの事跡に関するものである。

及大雄示滅、学路派別、世既下衰、教亦陵遅。故龍樹大士病之、用道種智、制諸外道、括十二部経、発明宗極。微言東流、我恵文禅師得之、由文字中入不二法門、以授南岳思大師。当時教尚簡密、不能広被、而空有諸宗、扇惑方夏。及大師受之、於是開止観法門。其教大略、即身心而指定慧、即言説而詮解脱。演善権以鹿菀為初、明一実用法花為宗。合十如十界之妙、趣三観三智之極。自発心至于上聖、行位昭明、無相奪倫。然後誕敷契経、而会同之。……繇是言仏法者、以天台為司南、殊塗異論、往往退息。（潘桂明［1996］附録「修禅道場碑銘」）

釈尊が涅槃に入ると、仏教の伝統は分派し、世情が衰頽するにつれて、仏教もまた衰えた。そこで龍樹大士はこれを憂い、道種智によって諸の外道を制し、十二部の経の全体を把握し理解したうえで、仏教の根本と究極を明らかにした。〔大士の〕精微な教えが中国に伝わると、〔我々の祖師である〕恵文禅師がそれを理解し、文字によって不二法門に入り、さらに南岳慧思大師に授けた。当時の教えはまだ簡略で一部の人にしか知られていなかったため、広く影響させることはできず、しかも空有の諸学派が当時の中国では隆盛しており人々の心を捉えていた。ようやく、智顗大師が教えを受けるに及んで、止観の法門が開かれることとなった。師の教えの概要は、身心に即して定慧を目指し、言葉で解脱について説く。善権を説くためには鹿苑時を最初とし、一実を明らかにするには『法華経』を用いて、これを宗旨とする。十如十界の真理を合わせて、三観三智の究極の境地を目指す。発心してから聖位に至るまで、各階位における行法と境地が明確になり、互いに混同する恐れがなくなる。そこでさらに経典を解釈して融合的な理解を示した。……これによって、仏法を語る者は天台の教えを指南とし、ほかの学派と論説は、〔天台の教えに向かって〕往々にして議論をとりやめた。

以上が前半部分であるが、論述は引き続きその後半部分へ進んでいく。

当是時、得大師之門者千数、得深心者三十有二人。纂其言、施行於後世者、曰章安大師、諱灌頂。灌頂伝縉雲威禅師。禅師伝東陽、東陽与縉雲同号、時謂小威。小威伝左渓朗禅師。自縉雲至左渓、以玄珠相付、向晦宴息而已。左渓門人之上首、今湛然大師、道高識遠、超悟弁達。凡祖師所施之教、形於章句者、必引而伸之。後来資之以崇徳弁惑者、不可悉数。（潘桂明［1996］附録「修禅道場碑銘」）

この時、智顗大師から教えを受けた者は千余人おり、深心を得た者は三十二人いた。師の教えを書物にまとめて後世に伝えた者は章安大師といい、その諱は灌頂である。灌頂は教えを縉雲智威禅師に伝えた。智威禅師は東陽慧威に伝えた。東陽慧威は、名前に縉雲智威と同じ「威」という文字があるので、その時に小威とも呼ばれた。小威は左渓玄朗禅師に伝えた。縉雲から左渓までは、教えを次の世代に伝えたものの、夜になったら寝るように、教えの発展を自然にまかせただけであった。左渓門人の上首は今の湛然大師であるが、境地は高く、見識が深く、人に勝れて事理に通達しており、同時に弁才にも恵まれていた。そして、祖師の教えの中で書物として伝わっているものがあれば、すべて注釈を加えた。後輩として師に頼って教えを乞い、疑問を解消した人の数は数えきれなかった。

これによれば、智者大師の滅後、大師の法門を継承した弟子が千余人あり、その中で深心を得た者は三十二人いたが、大師生前の講義内容を纏め上げ、その教えを後世に伝えようとしたのは章安灌頂だけであったという。この記述は、灌頂が天台止観の伝承において重要な地位を占めていることをアピールするものであると同時に、智威、慧威、左渓、湛然が自らの系譜を智顗と関連づける際に、なぜ灌頂を智顗との接点に選んだのか、その理由を解く鍵である。[63]つまり、智顗の弟子は千人以上おり、深心を得た者はその中に三十二人いたと伝えた上で、灌頂を智顗の正嫡とし、さらにその灌頂を、ただ「纂其言、施行於後世者」とのみ、梁粛は性格づけるのである。唐代における天台法門の伝承系譜は表面上は「人」から「人」への継承関係として表現されているが、しかし、梁粛のこの論述を見ると、釈尊から智顗へ至る系譜と灌頂から湛然までの系譜を繋げる媒介として、智顗と灌頂との師資関係、特に智顗の説法を灌頂が筆記し、編集したという行為、及びそれによって成立する「宗典」に極めて大きな比重が置かれていることに気づかされるのである。さらには、上掲の如く、梁粛は「止観統例議」でも「隋開皇十七年、智者大師去世、至皇朝建中、垂二百載、以斯文相伝、凡五家師。其始曰灌頂……」と述べ、普門もまた『止観輔行伝弘決』の序文で「爰付灌頂。頂公引而伸之、欽若弘持、広有記述、教門戸牖、自此重明」と記している。

このように、梁粛や普門といった湛然の周辺にいた人物がことさらに文献の重要性を強調するのは、まさに湛然が、智顗述、灌頂記の天台教学の諸文献の思想を統合することによって、その教学体系を創りあげていったからであろう。従来、「天台法門」は初唐から流伝したことを示す痕跡が存在することを根拠に、陳末隋初の智顗の教学が唐まで生き延び、五代にわたる相承を経て、湛然に至って一気に中興された、と一般的に考えられてきた。しかし、問題は、湛然の時代以前の所謂「天台法門」は、果たして、現在の思想史研究で想定されるような体系的な「天台教学」だったのかということである。

思うに、湛然までの長い歳月の中における所謂「天台法門」とは、一種の止観実践を中心とする伝承だったのではなかろうか。その伝承には、『摩訶止観』を中心とする止観の相関著作が深く関わっていたことは否定できないが、しかし、これらの「聖典」が「天台三大部」を中心とする「宗典」となり、現実に機能しはじめた時期は、湛然以前の時代には遡れないであろう。具体的には、湛然が『摩訶止観』、『法華玄義』、『法華文句』の注釈書を相次いで著し、さらに出来上がった三本の注釈書、すなわち『止観輔行伝弘決』、『法華玄義釈籤』、『法華文句記』を蘇州開元寺経蔵へ寄贈する以前に(64)、天台大師の教学が「天台三大部」を主軸とする思想体系であることを認識し得た者は果たして存在したのであろうか。単なる止観実践の伝承から総合的な教学体系への展開という一大転換は祖統理論の発展を推し進めることになった。したがって、梁肅の碑文の中で、祖統の理論が観法の伝承として語られるそれまでの前例を破り、教観の理論と実践を共に重視する総合的な伝承として初めて論述されるに至ったのは、ただの偶然ではなかろう。

そして、教学体系と祖統理論の整備がなるのと同時に、湛然とその弟子達は自らの本拠地を天台山へ移すことに成功した。これは、湛然とその一派にとっては教団を将来的に発展させる上で極めて現実的な課題であったが、この成功は湛然の先見の明によるものでもあれば、歴史的環境の賜物でもある。そこで、天台山入山を可能にした当時の状況がどのように生まれたかを知るために、まず、湛然の依頼により梁肅が仏隴道場のために撰述した碑文の内容を見てみよう。

蓋嘗謂肅曰。是山之仏隴、亦鄒魯之洙泗。妙法之耿光、先師之遺塵、爰集於茲。自上元・宝応之際、此邦寇擾、緇錫駭散。而比丘法智実営守塔廟、荘厳仏土。廻向之徒、有所依帰、緊斯人是頼。汝、吾徒也。盍紀於文言、刻諸金石。俾千載之下、知吾道之所以然。(65)(潘桂明[1996]附録「修禅道場碑銘」)

師はかつて私に以下のように言った。「この山の仏隴は〔仏教の聖地として〕鄒魯の洙水や泗水に相当する。妙法の輝き、祖師の遺蹟は、まさにここに集まっている。上元・宝応年間、この地域は反乱に見舞われ、僧侶たちは被害を恐れあちこちに避難していった。しかし比丘法智だけは逃げず、智者大師の塔廟を守り、仏土を荘厳したのである。避難先から僧侶たちが天台山にまた戻って来られたのは、すべて、この人のおかげである。お前は私の弟子である。〔今私が言ったことを〕全部文章に書き記して金石に刻み、千年を経た後も、人々が私の教えの由来を理解できるようにしなさい」。

ここで、湛然が、仏隴の重要性について「是山之仏隴、亦鄒魯之洙泗」[66]と表現しているところが注目される。周知のように、「洙泗」とはすなわち春秋時代の魯国の洙水と泗水を指し、そこで孔子が弟子達を教育していたと伝えられるため[67]、後世、「洙泗」という表現で孔子あるいは儒学を指す[68]。また、「洙泗」を「迦維」（Kapilavastu. 釈尊の誕生聖地）と並べることによって、儒学と仏教とを対置させることもある[69]。ここで、湛然が、礼義の邦における儒学の発祥地（「鄒魯之洙泗」）と天台山における仏隴（「是山之仏隴」）を対比させた意図としては二つが考えられる。その一つは、碑文中の他の箇所に「夫治世之経、非仲尼則三王四代之訓寝而不章。出世之道、非〔智者〕大師則三乗四教之旨晦而不明」とあるように、儒学が世間の学問であるのに対して、天台仏教は出世間の道としての重要性を持つことを示すためである。その二は、「鄒魯」を天台山、「洙泗」を仏隴に擬えることによって、天台山の仏隴峰が天台仏教の発祥地にほかならないことを表明しようとするのである。なぜなら、この聖地こそ、智者大師が伽藍を創設し、遂には骨を埋めた山嶺であり、そこには「妙法之耿光、先師之遺塵」が集まっているからである。

それでは、湛然とその弟子達は、どのようにして仏隴道場に入り込んだのであろうか。それは、碑文に現れるように、比丘法智の功績によるものと言うべきであろう。この比丘に関しては、碑文に記された「自上元・宝応之際、此邦寇擾、緇錫駭散。而比丘法智実営守塔廟、荘厳仏土。廻向之徒、有所依帰、緊斯人是頼」という事跡以外は全く知られていない。この「自上元・宝応之際、此邦寇擾」とは唐代台州で勃発した袁晁の乱である、と洪頤煊が『読碑続記』の中で指摘しているが[70]、この見解は、筆者が他の角度から湛然の行跡を考証した際に得られた結論とも一致するものである。この民乱は、宝応元年（762）八月頃、浙江定海で勃発した後、たちまち台州を始めとする浙江の全域に広がっていったが、翌年（763）の春に唐将李光弼によって平定される。民乱による被害は台州が最も深刻なため、天台山地域の仏教教団も大きな打撃を受けたと考えられる。[71]乾元年間（758-760）以来、天台山の赤城山に留まり、弟子たちとともに厳居し講学していた湛然も、止むを得ず天台山を離れて常州へ避難し、叛乱平定の翌年（764）にようやく天台山へ戻り、仏隴に登嶺することとなったのである。[72]したがって、碑文が「廻向之徒、有所依帰」と表現する僧徒の中には、湛然らも当然含まれていたと考える。戦乱の勃発までは赤城山中で暮らしていた湛然たちが、平和の訪れと共に、法智のお陰で仏隴道場に移り得たのであれば、法智の功績は確かに一筆に値する。

この絶好の機会を逃さなかったことが、湛然とその弟子達が天台山上で活動していく上で、そして後にはっきりとした姿を現すこととなる教団や宗派の地歩を固めていくために、極めて有利な拠点を与えたことになる。このことに関して、井上以智為［1934］（「天台山に於ける道教と仏教」『桑原博士還暦記念論文集　東洋史論叢』東京、弘文堂書房）は次のように指摘している。「湛然は徳宗建中三年（782）仏隴道場（修禅道場）に於いて入寂する。その法統を継承する道邃（国清寺）広修（禅林寺）物外（国清寺）元琇（国清寺）等唐末に到るまで何れも天台山に止住した。湛然は天台宗と関係深い山中の霊地たる仏隴一帯の地域を儒教の聖地鄒魯の洙泗に比して居るのは正鵠を得て居り、同山は湛然以後数十年に亘って名実共に天台宗の根本本拠となった」（p. 617）。

結果として、確かに、袁晁の乱は、天台山の教団に大きな被害を与えたが、それと同時に、教団再建のための契機をもたらしたとも言えるだろう。そして、この機運に乗じて影響力を天台山に浸透させ、徐々に主導的な地位を占めていったのは、呉越から来た湛然たちの集団であった。だからこそ、梁粛は、碑文を「惟彼法子、護持浄域。此山有壊、此教不極」と明確に結論付けて終らせているのであろう。

注記

(1)『止観輔行伝弘決』巻一之一に「準釈経論、皆分三段、今文正説尚自未周、信無第三流通明矣。唯開章前章安著序可為序分、開章已去為正説分」(T46, 141c10-12) とある。

(2)『止観輔行伝弘決』巻一之一に「初序分為二、於通序中……於中為六。初之四字、述所聞体。「止観」二字、正示聞体。「明静」二字、歎体徳也。謂止体静、観体明也。始終十章、正観十法、莫非止観体咸明静、則通指一部以為所聞。如『法華経』本門迹門、無非妙法体咸真実。「前代未聞」者、明能聞人。……自漢明夜夢、洎乎陳朝、凡諸著述、当代盛行者溢目、預廁禅門、衣鉢伝授者盈耳、豈有不聞止観二字。但未若天台説此一部、定慧兼美、義観双明、撮一代教門、攢法華経旨、成不思議十乗十境、待絶滅絶寂照之行、「前代未聞」、斯言有在。……「智者」二字、即是教主。……「大隋」等者、説教時也。……「荊州」等者、即説処也。……次重明分斉(T46, 142b4-c22) とある。

(3) ここで、「灌頂序」の上記部分が「別序」と規定されたのは、師資人法を顕す意味では「通序」と主旨を一にするが、「師資所承」の部分は、『摩訶止観』の第三本テキストに初めて説かれ、以前の二本には存在しないからであり、さらに、この所承の法門は、他の「諸師」とも異なるため(「又此所承与諸師異」)である、とされている。

(4)『止観輔行伝弘決』巻一之一に「次智者下別明伝法人也。金口祖承従前向後。今師祖承従後向前者。為指文師以承龍樹文便故也」(T46, 147c4-7) とある。

（5）『止観輔行伝弘決』巻一に「次依第二本略出付法、准本伝文、時有少異、意在略知言趣」（T46, 145c16–18）とある。この「第二本」を『付法蔵因縁伝』の第二本とする解釈もあるが、『止観輔行伝弘決』に散見する「第二本」という表現は、ほとんど『摩訶止観』の第二本を指すことから、ここで言う「第二本」もその例外ではなかろう。

（6）湛然の『止観輔行捜要記』（ZZ99）巻一に、『国清広百録』を引いて「准『国清広百録』、後人所記云、有九師、一明、二最、三嵩、四就、五監、六慧、七聞（文）、八思、九顗」（ZZ99, 227a11–12）としている。『国清広百録』は、現行本『国清百録』（T46, No. 1934）とは異なる広本であると考えられている。池田魯参［1982］（『国清百録の研究』東京、大蔵出版。pp. 15–16）、Penkower, Linda L. [1997]（"Making and remaking tradition : Chan-jan's strategies toward a T'ang T'ien-t'ai agenda". 天台大師研究編集委員会（編）『天台大師研究　天台大師千四百年御遠忌記念』東京・大津、祖師讃仰大法会事務局天台学会。p. 1298）、Chen, Jinhua [1999b]（pp. 100–101）を参照。

（7）もともと『爾雅』「釈親第四」には「父為考、母為妣。父之考為王父、父之妣為王母。王父之考為曾祖王父、王父之妣為曾祖王母。曾祖王父之考為高祖王父、曾祖王父之妣為高祖王母」とある。湛然の注釈は、次の『爾雅注疏』巻三の注釈を参考にしたものである。『爾雅注疏』「釈親第四」には、「父之考為王父、父之妣為王母。注、加王者、尊之。王父之考為曾祖王父、王父之妣為曾祖王母。注、曾、猶重也。曾祖王父之考為高祖王父、曾祖王父之妣為高祖王母。注、高者、言最在上」と見える。

（8）梁粛の伝記は、『新唐書』巻二〇二「蘇淵明伝」に付されているが、極めて簡略なものに過ぎない。彼の生涯を知る上では、崔元翰撰「右補闕翰林学士梁君墓誌」（『全唐文』巻五二三）、崔恭撰「梁粛文集序」（『全唐文』巻五一七）や、梁粛自身の伝世著作（『全唐文』巻五一七〜五二二）が重要である。年譜としては、神田喜一郎［1972］（「梁粛年譜」『東方学会創立二十五周年記念　東方学論集』東京、東方学会）、胡大浚・張春雯［2000］附録（「梁粛年譜」『梁粛文集』蘭州、甘粛人民出版社）がある。

（9）居士仏教に関する研究書として、郭紹林［1993］（『唐代士大夫与仏教』台北、文史哲出版社）と潘桂明［2000］（『中国居士仏教史』北京、中国社会科学出版社）が挙げられる。

（10）山崎宏［1969］（「唐代後期居士類型考」『福井博士頌寿記念　東洋文化論集』東京、早稲田大学出版社。p. 1106）。

（11）河内昭円［1996］（「李華年譜稿」『真宗総合研究所研究紀要』。p. 2）。

（12）神田［1972］に「唐の中葉、いわゆる古文家として蕭穎士・李華・独孤及・梁粛・呂温等の諸家が輩出して、韓愈や柳宗元の先河をなした。……これらの諸家は、いずれも単なる文士ではなく、当時新しく起こった学問や思想と深くつながりをもち、中国学術史上からいっても重要な存在であったことを注意しなければならない。第一は当時春秋の学問に三伝とは違って一生面を開いた啖助・趙匡・陸淳などの新経学派との関係であり、第二は当時新しく天台教学の復興を企てて多くの著述を遺した高僧荊渓湛然およびその一派との関係である」(p. 259) と指摘されている。

(13)『仏祖統紀』巻十 (T49, 203c-204a1)。

(14) すでに須藤健太郎 [2000]「梁粛の文道論と仏学」(『中国文学研究』二十六) は次のように述べている。「梁粛にとっての天台仏学のありようは、儒家思想の欠を補うといった補助的な摂取の仕方ではなかった。天台仏学を自己の思想の根幹に据え、其の実は仏乗たりという、表面的な違いを超越した思考を以って、儒家思想に接していたのであった。心性論による三教調和が時代の潮流であった当時に於いても、儒者として仕官もしながら、あくまで仏教をベースにした儒家思想の融合は、特異なかたちといえるものである」(p. 58)。この結論は、天台仏教が梁粛の思想に与えた影響を明らかにするものと言えよう。

(15) 神田 [1972] (pp. 262-263)。

(16) 梁粛「過旧園賦並序」に「余行年十八歳、当上元辛丑 (761)、盗入洛陽、三河間大塗炭、因竄身東下、旅於呉越。転徙阸難之中者、垂二十年。上嗣位歳 (すなわち、唐徳宗建中元年＝780)、応詔詣京師、其年夏、除東宮校書郎、遂請告帰覲於江南。八月、過嶠澠、次於新安、東南十数里、旧居在焉」(『全唐文』巻五一七) とある。または、神田 [1972] (p. 263) を参照。

(17) 神田 [1972] (p. 272) は、梁粛が右補闕に転任する年代を貞元六年 (790) とする。しかしながら、『旧唐書』巻一三〇「李泌伝」には「至貞元五年、以……韋綬為左補闕、監察御史梁粛右補闕」とあり、この記載に従えば、梁粛が右補闕の任に転じたのは七八九年となるであろう。

(18) 神田 [1972] (p. 259)。

(19)『旧唐書』巻一六〇「列伝」巻第一一〇「韓愈伝」(p. 4195)。同文は、『釈門正統』巻二 (ZZ130, 758b9-10) にも引用されている。

(20) 崔恭は、『唐詩紀事』「金石録」によれば、「唐代博陵 (今河北安平) 人。官節度副使検校右散騎常侍。工書、元和十四年 (819) 嘗撰并正書唐元浩和尚霊塔碑」(巻五十九) とされる。

(21) 崔恭「唐右補闕梁粛文集序」に「収其製作、編成二十軸以為儒林之綱紀」(『全唐文』巻五一七) とある。

(22) 胡大浚・張春雯 [2000] (p. 8)。

(23) 胡大浚・張春雯 [2000] (p. 9) の統計によれば、諸文献に収められた梁粛の作品の数は以下の通りである。『全唐文』には梁粛の作品が一〇四篇あるが、そのうち、九十篇は『文苑英華』、二十三篇が『唐文粋』にも見えるものであり、残りの「涅槃経疏釈文」という一篇だけは元代念常の『仏祖歴代通載』からの引用と思われる。一方、小雲谷抄本『梁補闕集』二巻には、『文苑英華』と『唐文粋』に見出せる百十三篇から重複する十篇を除く一〇三篇があったはずと考えられているが、抄本の首尾が破損しているため、九十三篇しか確認できない状態である。

(24) 霊沼の伝記は明らかでないが、梁粛「送霊沼上人遊寿陽序」（胡大浚・張春雯［2000］p. 249では七八八年の著作と推測される）に「上人形就而心和、行独而志潔、辱与僕游、殆三十年矣。初用文合、晩以道交、淡而文、文而敬、他人未之知也」（『全唐文』巻五一八）と見えることから、梁粛の少年時代からの親友であると考えられる。

(25) 梁粛と皎然との交際があったことは、七八一年頃、梁粛が朝廷から右拾遺に任命され、上京しようとする際に、皎然が寄せた詩、すなわち、「送梁拾遺帰朝」（『全唐詩』巻八一八）、「答裴評事澄荻花間送梁粛拾遺」（『全唐詩』巻八一九）から推測される。

(26) 梁粛と鑑虚との関わりは、「送沙門鑑虚上人帰越序」から伺える。この作品は、胡大浚・張春雯［2000］（p. 259）では貞元八年(792)の作と推測されている。鑑虚の伝記は見当たらないが、唐貞元年間（785-805）、長安で罽賓三蔵般若が四十巻『華厳経』や『守護国界主経』を訳出した際に、「潤文」を担当した僧の名前も鑑虚である。「潤文」を務めた章敬寺鑑虚に関する記載は、『大方広仏華厳経』四十巻の題記、『仏祖統紀』巻四十一（T49, 380a9-15）、『宋高僧伝』巻三「唐京兆慈恩寺寂黙伝」（T50, 721a6-14）、「唐蓮華伝」(721c2)などに見出せる。この鑑虚と梁粛の上掲文に見える人物が同時代を生きたことは明白であるが、同一人物かどうかは確定できない。

(27) 梁粛が、湛然の死後も、その弟子の元浩、普門との親交を続けていたことは、「送沙門鑑虚上人帰越序」に見える「東南高僧有普門・元浩、予甚深之友也」という表現から推察できる。

(28) 佐藤泰雄［1986］（「翰林学士梁粛の仏教――『刪定止観』を中心として――」『天台学報』二十八）では、梁粛が、湛然の門下である元浩（?-812）の門下であるとされている。その裏付けとして、『宋高僧伝』「元浩伝」にみえる「其儒流受業、翰林学士梁公粛」（T50, 740b）という記事と、陳諫撰『「心印銘」序』にある「安定梁粛、字敬之、学止観法門於沙門元浩」という記載が提示されている。しかし、梁粛自身がしばしば湛然と師弟関係にあったと表明していることは無視できない。たとえば、七七四年、梁粛が二十二歳の時の作品である「常州建安寺止観院記」（『全唐文』巻五一九）の最後に、「我大師居之……小子忝游師門、故不敢不志」という一句がみえるが、ここに現れる「大師」や「師」はいずれも湛然を指している。一方、梁粛は、湛然の滅後も同門とも言うべき元浩や普門と深い交友関係を維持し、彼らと天台仏教について検討・議論したと考えられ、梁粛はその作「送沙門鑑虚上人帰越序」（『全唐文』巻五一八）で、「東南高僧有普門・元浩、予甚深之友也」と書き記している。このように梁粛自身が普門や元浩との関係を極めて明確に伝えている以上、佐藤氏が主張するように、梁粛を元浩の門下に置く見方には同調できない。

(29) 現存の『維摩経略疏』諸版本における梁粛序の附録状況について、山口弘江［2004］（「『維摩経文疏』と『維摩経略疏』の比較研究（一）――書誌学的分析と湛然削略の特色について――」『駒澤大学大学院仏教学研究会年報』三十七）は、「梁粛の序は大正蔵経所収の『略疏』には付されていない。また現存する各種江戸期の刊本にもこの序が付された例はない」(p. 86, n.21)と指摘している。

(30)『全唐文』巻五一七〜五二〇には、仏教関係の著作として、以下の二十三篇が収められている。「天台法門議」、「止観統例議」(以上、『全唐文』巻五一七所収)。「送霊沼上人遊寿陽序」、「送沙門鑑虚上人帰越序」、「維摩経略疏序」(以上、『全唐文』巻五一八所収)。「常州建安寺止観院記」、「涅槃経疏釈文」、「三如来画像讃幷序」、「金剛般若波羅密経石幢讃幷序」、「薬師琉璃光如来画像讃幷序」、「繍観世音菩薩像讃幷序」、「地蔵菩薩讃幷序」、「薬師琉璃光如来繍像讃幷序」、「壁画二像讃幷序」、「千手千眼観世音菩薩像讃」、「大羅天尊画像讃幷序」、「薬師琉璃光如来画像讃幷序」、「繍西方像讃幷序」、「釈迦牟尼如来像讃」(以上、『全唐文』巻五一九所収)。「心印銘」、「祇園寺浄土院志」、「台州隋故智者大師修禅道場碑銘幷序」、「越州開元寺律和尚塔碑銘幷序」(以上、『全唐文』巻五二〇所収)。このほか、義天編『釈苑詞林』巻一九三の中に、梁粛撰「唐常州天興寺二大徳比丘尼碑」が収められている(参照、斎藤光純[1973]「『釈苑詞林』」『高僧伝の研究　櫛田博士頌寿記念』東京、山喜房仏書林。pp. 823-848)。さらに、「荊渓大師碑」の逸文が断片的に伝えられている(本書第一章第一節第一項を参照)。しかし、ほかの作品は、崔恭「唐右補闕梁粛文集序」に「[梁粛]知法要、識権実、作「天台山禅林寺碑」。達教源、周境智、作「荊渓大師碑」。大教之所由、仏日之未忘、蓋尽於此矣。若以神道設教、化源旁済、作「泗州開元寺僧伽和尚塔銘」。言僧事、斉律儀、作「過海和尚塔銘幽公碑銘」。釈氏制作、無以抗敵。大法将滅、人鮮知之。唱和之者、或寡矣。故公之文章、粋美深遠、無人能到。此事可以俟於知音、不可与薄俗者同世而論也」(『全唐文』巻五一七)と記され、優れたものがあったようであるが、ほとんど逸失している。

(31)「彼題目云」以下は、梁粛が湛然碑の碑陰に記した文からの引用である。

(32)序文に、「知法要、識権実、作天台山禅林寺碑」(『全唐文』巻五一七)と見える。

(33)『仏祖統紀』巻四十九「名文光教志」第十八之一(T49, 438b2-c26)。

(34)『国清百録』の第十条「太建十年宣帝勅給寺名」(T46, 799a28-b1)にあるように、智者が仏隴で創建した寺を「修禅寺」と名づけたのは陳宣帝の勅命による。

(35)常盤大定・関野貞[1975](『中国文化史蹟』巻六、京都、法蔵館)は、「真覚寺は、隋開皇十七年(西暦五七九)十一月二十四日、天台大師が石城に入寂するや、弟子等舁き帰りて、ここに葬ったによりて起った。「天台山志」には、之を全身龕塔といひ、(中略)宋の大中祥符元年(西暦一〇〇八)に至りて、真覚と改め、後久しく廃したが、明の隆慶年間(一五六七〜一五七二)真稔之を興し、嘉慶道光間、相国阮文達、公俸を捐てて更に之を新たにした」(p. 19)とする。真覚寺には智顗の全身舎利塔を安置するため、一般に、「塔頭院」、「塔院寺」とも呼ばれる(陳公余・任林豪[1991]『天台宗与国清寺』北京、中国建築工業出版社。p. 155)。

(36)所在地仏隴に因んで、「仏隴道場」や「仏隴寺」という呼び方が生じたが、両者は決して同一の寺院を指すものではないことに注意が必要である。

(37)『隋天台智者大師別伝』には、智顗が侍者智晞に嘱して「今奉冥告、勢当不久。死後安家西南峰所指之地、累石周屍、植松覆坎、立二白塔、使人見者発菩提心」(T50, 195c23-25) と言ったとされる。そして、智顗の死後、「過十日已、殮入禅龕之内……既而帰仏隴……道俗弟子、侍従霊儀還遺嘱之地」(196c2-6) とある。

(38) 陳公余・任林豪［1991］(p. 158)。

(39) 拓文の写真は、常盤・関野［1975］(p. 16) に掲載されている。

(40) 常盤・関野［1975］(p. 20)。

(41) 南北朝末期の五七五年九月、智顗は初めて天台山に登嶺し、仏隴南峰（金地嶺）で隠棲僧定光と出会い、定光の草庵の北にある銀地嶺に居所を構えた。『隋天台智者大師別伝』には「〔智顗〕旋塗出谷、見仏隴南峰左右映帯、最為兼美、即徘徊留意……仍於〔定〕光所住之北峰、創立伽藍」(T50, 193a21-29) とある。

(42)『国清百録』には、「太建十年宣帝勅給寺名第十」に「具左僕射徐陵啓。智顗禅師創立天台、宴坐名岳、宜号「修禅寺」也。五月一日臣景歴」(T46, 799a29-b1) とある。

(43) 梁粛碑の冒頭には、「仏隴、蓋智者大師現身得道之所、前仏大教重光之地、陳朝崇之、置寺曰修禅、及隋建国清、廃修禅之号、号為道場」とある。ちなみに、傍線部分を、『仏祖統紀』巻四十九は「梁陳崇之、置寺曰修禅」(T49, 438b4-5) とするが、これは明らかな誤字である。

(44) 徐霊府『天台山記』には、「自国清寺東北一十五里、有禅林寺。寺本智顗禅師修禅於此也。以貞元四年、使牒移黄巌県、廃禅林寺額、来易於道場之名」(T51, 1054b22-25) とある。

(45) 詳細は、伝灯『天台山方外志』巻四「山寺考・大慈寺」条、常盤大定［1938］(『支那仏教史蹟踏査記』東京、草村松雄。p. 449)、朱封鰲［2002］(『天台宗史跡考察与典籍研究』上海、上海辞書出版社。p. 106) を参照。

(46) この碑銘の内容は、常盤大定氏がもたらした拓本、伝灯『天台山方外志』巻二十三、あるいは潘桂明『智顗評伝』(附録) を始めとする研究書に収録される翻刻文を参照。

(47) この行満について、常盤［1938］(p. 451) では、かつて最澄 (767-822) が入唐した際、天台山仏隴寺（真覚寺）で師事した行満と同一人物であると断定されている。同氏は、「元和六年に立碑した行満こそは、正しく最澄の師であるから、この一碑に日支の仏教交渉が織り込まれてある」というが、これが正しければ、この碑石は行満が真覚寺より禅林寺に移ってから建てたものであろう。紀元八一一年当時の寺名はすでに「禅林寺」となっていたにもかかわらず、行満が碑石を「修禅道場碑」と冠したことには、創建当時の寺名が「修禅寺」であり、また、梁粛による碑文の完成時には「道場」であったことに対する配慮が伺える。

（48）胡大浚・張春雯［2000］（pp. 239–240）もこれと同様の見解を示している。

（49）『内証仏法相承血脈譜』に、「仏隴道場記」の逸文が以下の七箇所にわたって引用されている。そのうち、特に①の記述から、この文献がA系統に属することは明らかである。

①「仏隴道場碑云、龍樹大士、用道種智、制諸外道、括十二部経、発明宗極。微言東流、我恵文禅師得之於文字中、入不二門、以授南岳思大師也」（『伝教大師全集』巻一。p. 539）

②「仏隴道場記云、智者大師受之、於是開止観法門、其教大略、即身心而指定慧、即言説而詮解脱。演善権表鹿苑為初、明一実用法華為宗。合十如十界之妙、趣三観三智之極。自発心至于上聖、行位照明、無相奪倫。然後誕敷契経、而会同之。渙然冰釈、心路不惑。窺其教者、蔵焉修焉、蓋無入而不自得焉。大師之設教也如此。若夫弛張〔体〕用、開闔語黙。高歩海内、為両朝宗〔師〕。大明在天、光被四表。大雲注雨、旁施万物。繇是言仏法者、以天台為司南。殊塗異論、往往退息。縁離化成（滅）、涅槃茲山。是歳隋開皇十七年也。夫名者実之賓、教者道之門。大師溷其賓、開（闢）其門、自言地位、示有証入。故感而応之、応之之事、可得而知也。若安住法界、現為比丘、等覚歟、妙覚歟、不可得而知也」（pp. 539–540）

③「仏隴道場記云、当是時、得大師之門者千数、得深心者三十有二人。纂其言説施行於後世者、曰章安大師諱灌頂也」（p. 540）

④「仏隴道場記云、灌頂伝縉雲威禅師」（p. 541）

⑤「仏隴道場記云、威禅師伝東陽。東陽与縉雲同号、時謂小威」（p. 541）

⑥「仏隴道場記云、小威伝左谿……以玄珠相付、向晦宴息而〔已〕」（p. 541）

⑦「仏隴道場記云、左谿門人之上首、今湛然大師。道高識遠、超悟弁達也」（p. 541）

（50）たとえば、円珍『智証大師請来目録』（T55, No. 2173）に、「天台山修禅道場碑文一巻」（1105a3）と記されている。これもまたA系統の文献であることは、伝最澄編『天台法華宗学生式問答』巻六に引用された「隋故智者大師修禅道場碑銘序」の逸文（『伝教大師全集』巻三。p. 771）によって確認できる。

（51）梁粛「送霊沼上人遊寿陽序」に、「今年春、予有幽憂之疾、謁長桑氏於東南。……予至東越、亦訪支許故事、帰而於虎丘之精廬。先出後期、以志少別云爾」（『全唐文』巻五一八）と見える。この文の作成年代の特定や貞元年間における梁粛の動向に関しては、胡大浚・張春雯［2000］（pp. 245–250）に拠る。

（52）梁粛「送沙門鑑虚上人帰越序」に、「東南高僧有普門・元浩、予甚深之友也」（『全唐文』巻五一八）とある。梁粛、普門、元浩の三人は共に湛然の門下であるが、師の死後も三人の親交はなお続いていたことは明らかである。したがって、梁粛が碑文を書き直したのは、普門あるいは元浩からの依頼があったからとも考えられる。

（53）陳修古の伝記は不明である。釈教碑のほかに、太和四年（830）八月建立の「唐贈太子少保何文悊碑」（唐王源中撰、劉禹錫正書）の篆額にも携わったことが、『金石録』の記載から知られている。

（54）宋代陳思『宝刻叢編』巻十三に、『復斎碑録』を引用して、「唐法華寺碑、唐鄭路撰、陳修古正書并篆額、会昌二年正月立在東陽」と言う。

（55）『中国歴代官称辞典』「刺史」項（p. 61）。

（56）『中国歴代官称辞典』「司馬」項（pp. 355-356）。

（57）陳諫が台州司馬をつとめた期間は、『旧唐書』本紀の二箇所にわたる記載から推定できる。まず、『旧唐書』「本紀」巻十四に、憲宗永貞元年十月己卯のこととして、「〔貶〕河中少尹陳諫台州司馬」（p. 412）とある。そして、その巻十五には、元和十年三月乙酉の記事として、「〔以〕台州司馬陳諫為封州刺史」（p. 452）と見える。

（58）『福州温州台州求得経律論疏記外書等目録』に、

修禅道場碑銘一巻（梁補闕撰日本先来　随身）
天台仏隴禅林寺碑銘一巻（陳司馬撰　随身）
天台大師伝法第六祖荊渓妙楽寺先師諸州門人弘教録一巻（随身）
天台大師金光明斉碑銘一巻（已上四巻面写取仏隴碑文）」（T55, 1094c24-28）

と見える。これによれば、「修禅道場碑銘」と「天台仏隴禅林寺碑銘」は、彼が仏隴で写し得た四巻の碑文のうちの二巻であったことがわかる。この二つの碑文に関する記録は、円珍が八五六年に献上した『日本比丘円珍入唐求法目録』（T55, 1099b28-29）、そして、八五九年の『智証大師請来目録』（T55, 1105a3-4）の中にも見える。

（59）梁粛にも同様な意図があったとすれば、彼は「禅林寺碑」を再治した時（788）にやはりその年代を「一百九十余載」と書き換えたであろう。しかし、現行のB系統本からは、そうした痕跡は全く看取できない。

（60）行満たちが、「一百八十余載」という年数の扱いに苦慮した理由はもう一つ、「右補闕翰林学士梁粛撰」という撰者の肩書きを取り込もうとしたからであったと考える。梁粛は碑文を撰述しあるいは再治した時にはいまだ重要な政治的地位を占めておらず、右補闕と翰林学士という肩書きを両方手に入れたのは、貞元七年（791）以降のことなのである。しかし、「禅林寺碑」の撰述を州の高官に依頼したり、碑文の書写もやはり官僚に頼んだりしていることを見ても、当時の天台山教団は政治的権力者との関係を強めようとしていたようであり、撰者は無名な者であるより、地位や権威を持つ人物であることが望ましかったのではなかろうか。

（61）李華『故左渓大師碑』（『全唐文』巻三二〇）に、「至梁陳間、有慧文禅師、学龍樹法、授恵思大師、南岳祖師是也。思伝智者大師、天台法門是也。智者伝灌頂大師、灌頂伝縉雲威大師、縉雲伝東陽威大師、左渓是也」と見える。

（62）湛然に至る「今師祖承」の系譜を示す文献の中で、「修禅道場碑」の成立は決して早いものではない。しかし、その中で説かれる系譜には、他の説が及ぶことのできない重要性がある。したがって、「修禅道場碑」という石碑が、最初の碑文製作からは三十年にも及ぶ年月が経っていたにもかかわらず、最終的に天台山に建立されるに至ったのは、決して偶然の出来事ではなかったであろう。

（63）最初に灌頂の重要性に注目したのは、玉泉寺派と呼ばれる道素―弘景―恵真という系統に属する人々であった。李華が、天宝十年（751）に入滅した蘭若恵真のために撰述した「荊州南泉大雲寺故蘭若和尚碑」に、「昔智者大師受法於衡岳祖師、至和尚六葉、福種荊土、龍象相承。……荊南正法、大士相伝、灌頂尊記、乃吾師焉」（『全唐文』巻三一九）と見える。この系統は荊州玉泉寺の法脈を受け継いでいるが、湛然の系統と同様に灌頂との関係を強調している。

（64）湛然が、大暦十二年（777）七月、『止観輔行伝弘決』、『法華玄義釈籤』、『法華文句記』という三部の重要著作を蘇州開元寺の経蔵に寄贈したことは、『天台九祖伝』所収の「小石碑」の記載によって伝えられている。その中に、「開元十六年、首遊浙東、尋師訪道。至二十年、於東陽金華、遇方巌和尚示以天台教門、授止観等本。遂求学於左谿大師、蒙誨以大旨。自惟識昧、凡所聞見、皆紀於紙墨。曁至徳中移隷此寺、乾元已来、攢成巻軸。蓋欲自防迷謬、而四方道流、偶復伝写。今自覚衰疾、諸無所任、留此本兼玄疏両記共三十巻、以寄此蔵。儻於先師遺文、碑（裨）補万一、則不負比来之誠。幸衆共守護、以貽後学。大暦十二祀孟秋、沙門湛然記」（T51, 103a21–b1）とある。「小石碑」に関する考察は、本書第一章第一節第一項を参照。

（65）碑文中の「小子稽首受命、故大師之本迹、教門之継明、後裔之住持、皆見乎辞」という表現から、梁粛がこの碑文の撰述を引き受けたのは、湛然の命令を受けたためであることがわかる。

（66）「鄒魯」は鄒国と魯国。『荘子』「天地」に「其在『詩』『書』『礼』『楽』者、鄒魯之士、縉紳先生、多能明之」とある。「鄒」は孟子の故郷。「魯」は孔子の故郷。「鄒魯」という言葉で、文化が昌盛している地域や礼儀の邦などを指す。

（67）『礼記』「檀弓上」に、曾子が子夏に語ったこととして、「吾与女（汝）事夫子於洙泗之間」という用例がある。

（68）洙泗、洙水と泗水。この二つの川は、今の山東省泗水県の北から合流して下り、曲阜の北に至るとまた二つの流れに分かれる。洙水は北に、泗水は南に流れる。二つの川は、春秋時代ではいずれも魯国の国境の内にあり、孔子はかつて洙泗の中間の流域で講学したと伝えられる。そのため、「洙泗」という言葉で孔子および儒家を示唆することが多い。

（69）『文選』巻六十、任彦昇「斉竟陵文宣王行状」に、「弘洙泗之風、闡迦維之化」とあり、李善は、『礼記』「檀弓」鄭玄注を引用して、「洙、泗、魯水名也」とし、さらに支謙訳『太子瑞応本起経』（T3, No. 185）を引用して、「迦維」について、「当下作仏、託生天竺迦維羅衛国」（473b15）と注釈している。

(70) 洪頤煊の『読碑続記』に見えるこの記載は、黄瑞『台州金石録』巻一に見える孫引きを通して伺うしかない。ただ、洪氏が袁晁の乱について考証するにあたって『新唐書』「本紀」の記載を参照し、民乱の勃発年代を「乾元元年（758）」とするのは誤りであり、正しくは宝応元年とすべきである。詳細は、本書第二章第一節第二項を参照。

(71) 袁晁の乱と当時の天台山における状況に関する考察は、本書第二章第一節第二項を参照。

(72) 詳細な考察は、本書第二章第一節第二項を参照。

第四章　『止観輔行伝弘決』による天台止観実践理論の正規化

――懺悔実践の整備を例として――

序　節　湛然が直面した時代的課題

湛然の『摩訶止観』研究は、「天台止観の正しい読み方はどのような形のものか」[1]という課題に対応して現れた一つの解釈学である。従来、彼を止観研究へと向かわせた主要な動機に関しては、「禅宗や華厳学から発せられた天台批判に対して、それに応える形で行なわれていた事実はみのがしてはならず、改めて明記すべき点であろう。いわば、天台止観の存在理由そのものが問われ、危機にひんしていた時代の中で、湛然は自己の求道をかけて、天台止観のあるべき解釈学を探求し構築したわけである」[2]と考えられてきた。このような見解は、天台仏教思想史に対する基本的な理解の一つ、すなわち長期にわたる「第一期暗黒時代」は湛然の出現によって終りを告げた、とする考えを前提とするものであろう。

しかし、これまでの三章にわたる考察の結果に基づいて言えば、湛然の時代に、天台止観が存続の危機に瀕していたとは考え難く、種々の資料からは、むしろ逆に、天台止観や天台法門は唐代の中国各地域においてかなり隆盛していたようにも読み取れるのである。湛然の時代に至るまでは、天台止観の実践は、智威―慧威―玄朗を中心とする系統に止まらず、禅や律宗の人々によっても広く兼修されており、当時の仏教界は天台止観に強い関心を寄せていたのである。そのことは、律宗の立場から「天台止観是一切経義、東山法門是一切仏乗」（李華「揚州龍興寺経律院和尚〔懐仁〕碑」『全唐文』巻三二〇）という認識が示されていることからも明らかであり、当時、天台止観は、すでに禅の東山法門と並んで禅観実践の主流の一つとなっていたと思われる。そして、玄朗―湛然の集団がこの天台止観伝承の正統的な担い手たらんと強く自覚しはじめたのは、従来考えられていたように法灯が途絶えることへの危機感からではなく、むしろ、天台止観の無秩序な流行に歯止めをかけ、止観実践の正統的なあり方を宣揚する必要を感じたからである、と考える。

そこで、本章では、従来の理解を念頭に置きつつも、『止観輔行伝弘決』の撰述意図を捉え直した上で、湛然がいかなる意図に基づいて、天台仏教復興運動の一環としての天台止観実践の正規化に努めていったのかを考察していくこととする。

第一項 「輔行・伝弘・決」の解釈

『止観輔行伝弘決』が『摩訶止観』の注釈書であることは周知の事実である。そして、「輔行伝弘決」という独特の名称には、『摩訶止観』に対する湛然の根本的理解とそれに基づく解釈の方法論が表明されているのである。この題名について、『止観輔行伝弘決』巻一之一の冒頭には、以下のような注釈が施されている。

済行之教有宗、信教堪輔行。顕教之行符理、験行可伝弘。行何所弘、非衆教不立。教何所輔、非妙行莫詮。乃斯以三聞、全教行一轍。

若咨稟口決、若審理要決、若設徴決疑、若取類決択、若引広決略、若摂広決正、若決疏文勢、若決通観道、若案文判失、若准部断謬。

攬斯衆旨、輙為首題。聊申所伝、不遺先見。（T46, 141b11-17）

実践をたすける教えにそれが基づく根本があれば、その教えが実践をたすけるに堪えることを確信できる。教えを顕す実践が理に符《かな》っていれば、その実践法を伝え弘めることができると確かめられる。実践法を弘めるには、かならず種々の教えによらなければならない。〔一方、〕教えをたすけるものは、素晴らしい実践法にほかならない。だから、〔『止観輔行伝弘決』では、〕ことごとく繰り返して聞くことによって、教えと実践のいずれかに偏ることなく、その両立をはかっている。

〔本文解釈を進める中で、〕ある時は〔先学から〕尋ね承けたことばによって決め、ある時は理の要点をつまびらかに〔熟考した上で〕決める。ある場合は質問を設けてその疑問を解決し、ある場合は類似した例を引いて〔中から適切な解釈の〕選択を決定する。ある場合は詳しく引用することによって〔『摩訶止観』の本文では〕簡略な部分の解釈を決め、ある場合はさまざまな解釈〔の可能性〕を広く〔視野に〕摂《おさ》めた上で最も正しい解釈を決定する。ある時は〔流れの悪くなった水路を再度切り開いて整えるように〕文脈を捉え直して本意を通じさせ、ある時は観行との関係を明らかにして実践とのつながりを太くする。ある場合は文章に着目して間違いを判定し、あるいは竪〔時間〕の教判に拠って誤りを判断する。

これらのもろもろの主旨を総括して、〔「輔行伝弘決」を〕首題にしたのである。ただ伝えられたことを述べただけで、先学の見解を遺《のこ》すところがない。

この一段落は、「止観輔行伝弘決巻第一之一」という題名の直後に現れる小字注であるため、「輔行伝弘決題下注文」とも呼ばれる。この「題下注文」は、湛然が自らの注釈書を『止観輔行伝弘決』と名づけた真意を伺わせてくれる重要な手がかりであり、古来、中国・日本の天台学僧はその解釈に力を注いできた。たとえば、中国宋代の四明知礼（990-1028）には「釈輔行伝弘決題下注文」があるほか、[3]神智従義（1042-1091）も天台三大部補注において解説を設けている。[4]日本江戸時代の痴空（1780-1862.『摩訶止観輔行講義』巻一）や守脱（1804-1884.『摩訶止観輔行講述』巻一）も、それぞれ「輔行伝弘決」の題注の解説に努めている。その中で、痴空『摩訶止観輔行講義』巻一に見える解釈が最も明快であるため、ここでは、特に痴空の解釈に基づいて、湛然の「題下注文」の意味内容について考えていきたい。

上掲の「題下注文」はその内容から三つの部分にわけられる。その第一の部分は、「済行之教有宗」から「全教行一轍」までであり、これは「輔行伝弘」の四字に関する解釈である。第二の部分は、「若咨稟口決」から「若准部断謬」までで、これは「決」の一字を説明する内容である。第三の部分は、最後の「攬斯衆旨、輒為首題。聊申所伝、不遺先見」という四句で、これは「題下注文」に対する全体的総括である。[5]

第一部分、すなわち「輔行伝弘」に対する解釈は、まず「済行之教有宗、信教堪輔行」という二句から始まっているが、これが「輔行」をめぐる解説であることは明らかである。この二句について、痴空は「凡設教為成行、有其所趣、当分趣自教因果、跨節趣一実修証。而当分辺彰当文、跨節辺彰円頓部旨。一切教皆輔今止観行也」（『仏教大系摩訶止観第一』東京、仏教大系刊行会。p. 14）と説明している。[6]つまり、仏教経論の教えは修行を導くために説かれたものであり、教えそれぞれに趣旨がある。その教えの当意に限ってみれば（当分）、その趣旨はただその教えに説かれた因果のようにも捉えられるが、法華経に基づいて判断すれば（跨節）、種々の教えに説かれた本意はすべて一実諦を修証するためにほかならない。また、当分では、そこに説かれている教えそのものを明かしているようであるが、跨節では、実際に明らかにされているのは円頓一乗の主旨にほかならない。したがって、すべての教えはみな円頓止観の行を輔けるものなのである。

次に、「題下注文」は、「顕教之行符理、験行可伝弘」と続くが、これは「伝弘」に関する説明である。これに対して、痴空は「謂顕一代教意、止観妙行、深契一実理、宜可宣伝弘敷以利物」（p. 14）と解説している。[7]つまり、釈迦如来が生涯をかけて説かれた教えの本意は、止観の妙行は如来が説かれた最高の真理である一実諦に深く契うものであることを顕かにすることにあり、したがって、これを伝え弘めてもろもろの衆生をすくわなければならない、とする。

さらに、妙行の「伝弘」と教えの「輔行」とはどのように関わるのかについて、「題下注文」は引き続き、「行何所弘、非衆教不立。教何所輔、非妙行莫詮」と述べている。これについて、痴空は、「一実妙行以何弘之、不依一代教文、其義不成立、此以教資行也。……一代教以何得輔円頓止観、由従一実妙行、跨節言之、無不顕実理之教、此以行資教也」（p. 14）と解釈している。つまり、一方では教えによって行が伝え弘められている。なぜなら、一実の妙行を弘めるには、釈迦如来の一代の教えに基づかなければ、妙行の真義は成り立たないからである。他方では、行の伝弘によって教えに秘められた真理が顕されている。なぜなら、釈尊一代の教えが円頓止観の伝弘を助けることができるのは、一実の妙行によるからである。また、跨節の立場から見れば、一実の妙行である円頓止観はすべて、釈尊の一実諦の教えを顕しているからである。

以上、大きくは、教えと行との関連、さらには「輔行」と「伝弘」の意義、両者の相互関係が明らかにされているが、同時に、第一部分は、智顗が仏教経論の教えを広く網羅吸収して、『摩訶止観』に見えるが如き円頓止観の修行体系を創設した快挙に関するものであると理解されている。また、この第一部分は、円頓止観を体系化した『摩訶止観』という教えと、それによって説かれた円頓止観という行法そのものとの関係を明かすものでもあると言えるが、さらに一歩進んで考えると、『摩訶止観』という教えを注釈する形式を取る『止観輔行伝弘決』が、まさに『摩訶止観』を宗とする教えであり、自らを通して円頓止観という行法を明らかにする意味において、「輔行」と名づけられる。同様に、湛然が『摩訶止観』を注釈した目的は、あくまでも円頓止観という偉大な行法を伝え弘めることにあったからこそ、彼の注釈書は「伝弘」と名づけられたのである。したがって、「輔行伝弘」という命名には、『摩訶止観』の教えを注釈する形で円頓止観の行法を明らかにし、広く伝えようとする、注釈者湛然の根本的な目的が伺えると言えよう。このような目的を受けて、「題下注文」は、「乃漸以三聞、全教行一轍[8]」と第一部分を結ぶのである。つまり、『止観輔行伝弘決』は、従来の様々な学説解釈を吸収した上で『摩訶止観』の教えそのものについてアプローチをかける方法で、円頓止観の行法を明らかにするのを趣旨としていることがわかる。ただ、こうした趣旨を貫くためには、種々の学説を何の基準もなくそのまま受容するわけにはいかない。

そこで、「題下注文」は第二部分に入り、「決」の一字をめぐって、「若咨稟口決、若審理要決、若設徴決疑、若取類決択、若引広決略、若摂広決正、若決疏文勢、若決通観道、若案文判失、若准部断謬」と説明を展開する。これによれば、『止観輔行伝弘決』の撰述に際し、湛然は種々の学説、教説に謙虚に耳を傾けながらも、様々な場面において「決断」を下さざるを得なかったことがわかる。彼は『止観輔行伝弘決』を著すために、「ある時は〔先学から〕尋ね承けたことばによって決め、ある時は理の要点をつまびらかに〔熟考した上で〕決める。ある場合は質問を設けてその疑問を解決し、ある場合は類似した例を引いて〔中から適切な解釈の〕選択を決定する。ある場合は詳しく引用することによって〔『摩訶止観』の本文では〕簡略な部分の解釈を決め、ある場合はさまざまな解釈〔の可能性〕

を広く〔視野に〕摂《おさ》めた上で最も正しい解釈を決定する。ある時は〔流れの悪くなった水路を再度切り開いて整えるように〕文脈を捉え直して本意を通じさせ、ある時は観行との関係を明らかにして実践とのつながりを太くする。ある場合は文章に着目して間違いを判定し、あるいは竪（時間）の教判に拠って誤りを判断する」と言う。湛然は、『摩訶止観』の教えをめぐって様々な解釈がある中で、円頓止観の行法を明らかにするという趣旨を貫くため、注釈者として常に選択決定を迫られていたことがわかる。このように、「決」の一字に絞って表明された湛然の注釈者としての立場の背後には、一体どのような思想的背景があるのであろうか。その背景は、「十意」にまとめられた『止観輔行伝弘決』の撰述意図に、その一端を垣間見ることができると考える。

第二項　「十意」にまとめられた『止観輔行伝弘決』の撰述意図

『摩訶止観』は、智顗によって説き出され、灌頂の編集を経て成立して以来、湛然の時代までに少なくとも三代の継承者によって百数十年にわたり受け継がれてきたはずであるが、その間、これに対する注釈書は現れなかった。智顗から五代目に数えられる湛然によってこの沈黙は破られたのであるが、それでは、湛然が『摩訶止観』に注釈を加えようと決断した思想的背景にはいったい何があったのであろうか。その思想的背景を、湛然自身が、『止観輔行伝弘決』を製作する「縁起」において、以下の十点に纏め上げている。

述此縁起、凡有十意。
一、為知有師承、非任胸臆、異師心故。

二、為曾師承者、而棄根本、随末見故。
三、為後代展転、随生異解、失本依故。
四、為信宗好習、余方無師、可承稟故。
五、為義観倶習、好憑教者、行解備故。
六、為点示関節、広略起尽、宗要文故。
七、為建立師解、使不淪墜、益来世故。
八、為自資観解、以防誤謬、易尋討故。
九、為呈露所解、恐有迷忘、求刪削故。
十、為随順仏旨、運大悲心、利他行故。（巻一之一。T46, 141b20–29）

この書を製作するには、凡そ十の理由があった。

一には、〔本書で述べていることはすべて〕師から伝承されたものであり、〔決して〕自分勝手な見解ではなく、勝手に展開された自論（師心）とは異なることを知らせるためである。

二には、かつて師から教えを承けたにもかかわらず、教えの根本を棄てて枝末の見解に従っている者がいるためである。

三には、〔もともとの正しい教えが、〕後世に伝承されていく過程で、次第に異なった見解が生じ、本来依るべきところが失われたためである。

四には、〔天台法門の〕根幹を信じ、かつまた実習することを好みながらも、師〔と仰ぐべき者〕が居ない所にいる者に、〔止観の〕指導を受けさせるためである。

五には、教理と観法の双方を習っても、教理のほうにかたよりやすい学徒がいるが、彼らに実践と理論を共に備えさせるためである。

六には、文の句切り、広略、起尽、および教えの肝要となる文を指し示すためである。

七には、師の見解を建立し、喪われることなく、後世の人々を利益せしめるためである。

八には、自らの実践と理解をたすけ、誤りを防ぎ、尋ね探し易くするためである。

九には、〔誤りや欠落があるであろう〕自らの見解を包み隠さず呈示することによって、斧正を加えてもらうためである。

十には、仏の本意に随順して、大悲の心を運《めぐ》らし、利他を行ずるためである。


ここで湛然は、何よりも第一に、『止観輔行伝弘決』の内容は師から受け継いだものであり、自分勝手な見解ではない、という前提を強調している。ここには、湛然が『摩訶止観』を注釈する際の基本的立場と、その注釈内容の正統性に対する絶大な自信が示されると同時に、彼自らが受け継ぐ伝承の正統性を主張しようとする姿勢が明らかである。もちろん、『止観輔行伝弘決』に見える『摩訶止観』への注釈には、伝統的解釈に即した内容のものもあれば、湛然独自の理解に基づき改変を加えられたものもあることは、前章でも論じた通りである。しかし、たとえ従来と異なる説を提唱しても、その説は由緒のあるものであるという前提を強調することが必要なのである。特に従来あるいは当時流行した異説と対決する場合には、伝承上の正統的立場を示し、そして自説もまたその上に立っていると主張することが必要であったに違いない。

さて、自らの理解は「師心」では決してない、とこれほど強調するのを見ると、逆に、そういう「師心」から生じた異説の存在も想定されるが、そのような異説には二つの種類があると説明されている。その一つは、「二」に挙げられているように、止観伝承に裏付けられた正統的な教説を確かに一度は承けた者が、その教説の本旨を見失っている場合であり、あるいは「三」で言われる、もともとは正しかった教説が、伝承されるうちに誤解が生じ、現在では全く異なった理解をされるに至った場合である。これらは、智顗・灌頂以後、玄朗—湛然の時代まで種々の伝承を通して伝えられてきた止観実践の理論や方法をめぐって、当時、現実に存在していた問題を指摘したものであろう。したがって、同時代の天台止観実践にはこのような問題が多く含まれていたために、湛然は、祖師である智顗に拠りどころを求めて誤解を正すべく、『止観輔行伝弘決』の撰述に取り掛かったということになるのである。

湛然の批判は天台止観の実践方法に止まらず、さらにその実践主体にも向けられている。上述の「二」の他にも、たとえば、「四」に取り上げられたように、天台止観の実習を希求する学徒がいざ具体的な止観実践に踏み出そうとしても、実際に彼らを指導できる師匠がいないというのは、厳しい現状である。さらに、「五」で挙げられたように、教理と観法とは両方修めるべきものであるが、学徒は教理のほうに偏りがちである。これが天台止観伝承の指導と修学の現場の実態だったのであれば、「止観為本」を基本的実践の立場とする玄朗—湛然の系統にとって、これは危機的状況と言ってもよいであろう。したがって、天台止観に対する外部からの批判や不当評価も確かに問題ではあるが、それ以上に、実際に天台止観を実践する伝承や集団の中に生じていた教学実践上の分岐や亀裂はより深刻な問題であったと思われる。このような状況を打開するために、『止観輔行伝弘決』を撰述したのであれば、湛然は当然、実践教学上の分岐や異説に対して、どれを正説とすべきか、決断を迫られたに違いなかろうし、それが故に、自らの著述を「決」と名づけたのであろう。

このような課題を抱えていた湛然が、『摩訶止観』を注釈する際に採用した基本的方法とは、彼が「六」に纏めたように、まず『摩訶止観』本文の分節を明確に示し、論証のプロセスは場合によって増広したり省略したりする方法である。そして、それによって、『摩訶止観』の肝要を浮き彫りにするのである、と言われている。このような方法が採用されたのは、『摩訶止観』に示された祖師智顗の見解をより明らかにして後世に伝えるためには（「七」）、それが最も適した方法だからであろう。さらに湛然は、『止観輔行伝弘決』の作成が彼自身にとってもつ意義について、「八」と「九」において示すように、著作の撰述が自らの修行と学解をより正しく深くすることに資するだけでなく、自らの見解を明らかに提示することによって、そこに含まれる誤りや欠落が叱正されることも期待できる、と言うのである。最後に、湛然は、『止観輔行伝弘決』の製作理由は、より精確には『止観輔行伝弘決』を流通させる理由と呼ぶべきであろうが、大乗仏教の基本的立場とも言える「利他」を目指す大悲の心に基づくものであると表明している。これは、湛然の宗教者としての立場、理想を掲げたものであると言えよう。

以上の「十意」の中、第一から第五までに提起されているのは、いずれも湛然が避けては通ることのできなかった時代的課題である。これらの課題を一つ一つ見ていく時、我々は湛然が置かれていた歴史的、または思想史的状況、特に自らの伝承系譜の正統化を自己の課題として引き受けざるを得なかった湛然にとっての必然性に思いをいたすこととなる。したがって、『止観輔行伝弘決』を原点とする湛然の天台仏教復興運動は、禅宗や華厳学の人々に対する反撃に先立って、天台法門伝承内部の他の集団に対する警戒と対決という喫緊な課題に対処しようとする性格を有するものであることを見逃してならない、と考える。そうした集団の一つとして、李華「故左渓大師碑」に玄朗の系譜と並んで現れる弘景―恵真を中心とする玉泉山の系統[9]が、当時、有力であった。そして、この系統は天台法門だけでなく、南山律宗の伝承も引いており、その教律禅兼学的な態度は、「止観為本」を根本的な実践の立場とする玄朗系統とは対照的である。『摩訶止観』の研究を自らの教学実践の基本とする湛然は、当然ながら玄朗の立場を継承し、それまでの「天台の止観も、禅の一形態として扱われて来た傾向にあったし、教律禅が、戒定慧三学一元の立場から、兼学されることが、当然の姿勢であった[10]」という情勢には、どのようにしてでも対抗し、天台止観を高揚しなければならなかった。そして、これこそが湛然の天台仏教復興にとっての根本的課題であったように思えるのである。

この課題に応えるために、湛然はまず『摩訶止観』を研究対象とし、その基本構造を明確に理解した上で、自覚的に彼自身の方法論を用いて解釈を展開させている。さらに、智顗の他の著作に対する注釈書も多数撰述した事実からも明らかなように、湛然による天台大師智顗の教学に関する研究は、実に網羅的かつ体系的に行なわれたものである。その研究態度は、『止観輔行伝弘決』を撰述するに際しては、特に智顗の種々の著述に説かれる教説を積極的に取り込んだことに現れている。このような研究態度と方法を通して、天台止観は、もはや定学や禅観の一形態としてではなく、その中に戒定慧の三学すべてが織り込まれた完全なる学問体系ないし実践体系として提示されることとなった。そして、教律禅の一環として兼学されるものではなく、最早それ自体が一つの実践体系であると認めさせ、天台止観を体系的に実践する方法が規準化できたからこそ、湛然による天台止観実践の正規化も実現し、これを原点とする天台仏教復興運動が成功することになったと考えるのである。それでは理論的に、さらには具体的に、このような天台止観実践の正規化はどのように実現されたのか。このことを明らかにするために、本書では、天台止観体系における戒懺実践法の整備をその例として取り上げたい。

第三項　懺悔と天台止観

元来、仏教における懺悔は、律に基づく布薩（upoṣadha）や羯磨の際に、僧衆に対して各々過罪を発露告白し、認容を求めることを意味し、広律や阿含経典[11]を中心に説かれるものである。この懺悔が一つの実践道としての性格を帯びてくるのは大乗仏教においてであり、そのような懺悔は『華厳経』「入法界品」、『金光明経』「懺悔品」、『観普賢菩薩行法経』によって説かれている。[12]仏教の東伝に伴い、後漢以来、懺悔を説く漢訳経典も数多く中国に紹介されることなった[13]。それとともに、中国固有の思想である儒教で尊ばれる道徳実践並びに人格完成において重視される悔過向善・修身感徳の思想や、土着宗教である道教で説かれる善悪応報・斎戒祈福などの思想との類似性によって、仏教の懺悔思想は中国の思想、文化、社会の中へ徐々に浸透していくこととなった[14]。特に六朝時代以降、王室貴族の仏教信仰熱の高まりと共に儀式としての懺悔が発達し、種々の礼懺文[15]や懺儀[16]が多く生み出されたが[17]、この時期、懺悔は、現世利益や国家の安泰などを目的として実施されるのが一般的であった。

懺法が、仏道実践の前提として、特に持戒清浄と結びつく形で止観修持の実践体系の中に取り込まれ、重視されるに至ったのは智顗以降である。智顗が懺悔を重視する姿勢は、その師匠慧思（515–577）の影響[18]を受けてのものであり、また、自分自身が法華三昧の実践によって大悟を果たしたという主体的体験に基づくものであると考えられる。智顗は臨終の説法に際して、「吾常説四種三昧是汝明導、教汝捨重担、教汝降三毒、教汝治四大、教汝解業縛、教汝破魔軍、教汝調禅味、教汝折慢幢、教汝遠邪済、教汝出無為坑、教汝離大悲難、唯此大師能作依止」（『隋天台智者大師別伝』T50, 196b16–20）という教示を弟子に遺して寂滅したと伝えられる。ここで「明導」、「大師」とされる「四種三昧」とは、すなわち『摩訶止観』巻二に説かれた「常行三昧」、「常坐三昧」、「半行半坐三昧」、「非行非坐三昧」という天台止観の四種正行である。そのうち、「半行半坐三昧」の行儀として、法華三昧（法華懺法を方法とする）と方等三昧（方等懺法を方法とする）が挙げられ、「非行非坐三昧」としては請観音懺法が挙げられている。したがって、四種三昧のうち、少なくとも二種の三昧行法は、必ず懺法と結びつく形で実践すべきものとされている。この事実から、天台止観体系における懺法、懺悔理論の重要性が伺えるのである。なお、智顗によって大成された天台懺法の特徴について、小林正美［1993］（「智顗の懺法の思想」『六朝仏教思想の研究』東京、創文社）は、「天台智顗の懺法は従来の懺法と違って、治病や除厄のための呪法というよりも、仏や菩薩になるための修道法であった。『摩訶止観』の四種三昧に法華懺法や方等懺法、あるいは請観音懺法を入れているのも、これらの懺法が仏や菩薩になるための三昧法であったからである。智顗は懺法を三昧法とするために、坐禅正観の行法を懺法に取り入れたが、これはこれまでの懺法や南岳慧思にはまだなかった考えであり、智顗の独創である」（p. 365）と指摘している。

小林氏の如く、智顗にとっては懺法そのものが仏道を修めるための三昧法であったと捉えることも可能ではあろうが、それとは逆に、智顗は懺法を三昧行法と結びつけることによって、止観正行の四種三昧を構成したとも言えよう。いずれにしても、智顗が懺悔思想を重視し、懺法を止観体系にとって必要不可欠な要素として組み入れた動機は、彼の大乗菩薩戒観にあると考えられる。しかし、後述するように、天台止観体系においては持戒清浄が止観修持の前方便とされており、懺悔や懺法は、特に戒律の清浄が破られた際の対処法として取り上げられるものである。つまり、智顗にとっての懺悔の実践は、理念的には仏道の成就を究極の目的とする実践法ではあるが、現実的には犯戒による罪業および戒体の毀損に対処するための方法として機能するのである。このような理念（すなわち大乗仏教的理想）と現実（すなわち小乗以来の伝統的な戒律懺悔の実践）の両面に関わる課題を包み込んで実践される懺法は、必然的に独自かつ強固な戒律観を基盤として組織された理論および実践法でなければならないであろう。

智顗の大乗菩薩戒観は、『梵網戒経義疏』[19]三巻（T40, No. 1811）、『法華玄義』（T33, No. 1716）巻三下の戒聖行の段、『摩訶止観』（T46, No. 1911）巻四上の具縁第一の持戒清浄の段、『釈禅波羅蜜次第法門』（T46, No. 1916）巻二などに基づいて把握すべきものであるが[20]、ここでは、主として『摩訶止観』に現れた、智顗晩年の菩薩戒観に焦点を当てて考えてみたい。智顗の戒学体系は、菩薩の利他行としての大乗戒を、主として『涅槃経』や『大智度論』に求め[21]、併せて小乗の根本性戒や遮戒をも包む壮大なものである[22]。特に彼が『摩訶止観』巻四で説く、「名観因縁所生心持四種戒（不欠戒・不破戒・不穿戒・不雑戒）」、「観因縁心即空持二種戒（随道戒・無著戒）」、「観因縁心即是仮持二種戒（智所讃戒・自在戒）」、「観因縁生心即中持二種戒（随定戒・具足戒）」（T46, 37a15–b23）という四種理戒は、戒定慧の三学一体の立場から観心釈という独自の解釈法によって体系化されたものであり、十戒の本質を即空即仮即中の円融実相の理法と捉えるものである。[23] これについて、福島光哉［1993］（「天台智顗における大乗戒の組織と止観」森章司（編）『戒律の世界』東京、渓水社）は、「湛然も指摘しているように、この十種戒のうち、律儀戒と定共戒の前四種戒は具体的個別的な戒相（これを事戒という）を示しており、後の六種戒は、戒相といっても普遍的な理法としての要素をもっている。そこでこの理戒を説くにあたっては、前四戒の相貌を現前の具体的な観境として把握し、これら諸戒相の持犯、善悪の本質としての理法を、後の六種戒によって空仮中三諦として解明されるということにあるのである」（p. 482）と述べている。

戒律の様相と本質がこのようなものであれば、戒律の清浄を回復、持続させる手段として機能すべき懺悔と懺法の理念も、戒律に相応したものでなければならないであろう。したがって、『摩訶止観』において止観の具縁方便の形で提示される懺悔は、持戒と共に、もはや止観の定慧二学に従属するものではなく、三学一体の実践体系を体現するものになったと言えよう。そこで、本章では、天台の懺悔に関わる実践理論に着目して、それが智顗から湛然へと展開していく過程とそこに現れる変化を考察する。そして、湛然の懺悔理論や実践に見られる特質、さらには天台の懺悔実践論の構築に果たした湛然の役割を明らかにしていくこととする。それでは、まず、智顗における懺悔理論の構築過程を概観することから考察を始めたい。

注記

（1）池田魯参［1986］（『摩訶止観研究序説』東京、大東出版社。p. 14）。

（2）池田［1986］（p. 12）。

（3）現行本『四明尊者教行録』（T46, No. 1937）巻二に収められる（870b-871a）。

（4）後に山外派と見做された神智従義の著作は多く、たとえば『法華三大部補注』十四巻、『止観義例纂要』六巻などがある。

（5）このように「題下注文」の内容を三分して理解する考え方は、知礼から始まる。『四明尊者教行録』巻二に収められた「釈輔行伝弘決題下注文」の中で、知礼は、「此之注文、……初十句、明「輔行伝弘」四字。次十句、明「決」之一字。後四句、総結示」（T46, 870b19-21）と述べている。守脱もこの説をそのまま踏襲している。

（6）痴空の見解は知礼の説を踏まえている。知礼は「釈輔行伝弘決題下注文」の中で、「初立「輔行」之意、云「済行之教有宗、信教堪輔行」。釈曰、荊渓為津済止観之行、故記録経論等教、而其教本自有宗。当分則成於己教証修、跨節則皆成法華因果。教既元為宗設、信知諸教堪以輔成止観行也」（T46, 870b23-27）と述べており、両者の考え方は趣旨を一にしていることがわかる。ここで、痴空の説明を採用したのは、彼の解説がわかりやすいからである。

（7）この解釈もまた、知礼の、「次立「伝弘」之意、云「顕教之行符理、験行可伝弘」。釈曰、智者為光顕如来之教、故説止観之行、而此行深符妙理。既是契理之行、験知一以伝弘利物也」（T46, 870b27-c2）という釈と一脈相通じる見解である。

（8）この二句について、知礼は、「漸、尽也。以、用也。三聞、語出『付法蔵』。彼云「三聞説法、悉能受持」、故乃是載三聞於諸教章句也。蓋荊渓云「数聞師談衆教、頻覧仏示群詮」、故乃尽用此聞、弘輔止観。欲使自他依教成行、以行顕教、教行相冥、成一轍矣」（T46, 870c12-17）と解釈している。

（9）玉泉寺は湖北省当陽県玉泉山の東南麓にあり、隋代開皇初に智顗のため建立され、寺額が下賜されたが（『玉泉寺志』巻一、『中国仏寺史志彙刊』第三輯第十七冊、台北、丹青、一九八五年。p. 55）、玉泉天台第四祖弘景（634-712）の時期に入ると、彼の弟子にその後律宗の名僧となる鑑真（688-763）、禅宗の北宗の高僧の普寂（651-737）、禅宗の南宗の懐譲（677-744）などの逸材が現れており（関口真大著、許洋主訳［1985］「中国的禅思想」『仏教思想（二）　在中国的開展』、台北、幼獅出版社。p. 211）、天台宗玉泉法系の変遷は見逃すことができない。当寺に関する研究としては、鎌田茂雄［1997］（「玉泉寺考」『天台大師研究』東京・大津、祖師讃仰大法会事務局天台学会。pp. 819-835）、劉烜他主編［2005］（『中国禅寺』季羨林主編『中国禅学叢書』に収録、北京、中国言実出版社。pp. 216-221）などがある。

（10）大久保良順［1951］（「唐代に於ける天台の伝承について」『日本仏教学会年報』十七。pp. 91-92）。

(11) 特に漢訳阿含経典に含まれる懺悔の用例とその意味に関する考察は、塩入良道［1985］(「漢訳阿含経典における悔過・懺悔」『壬生台舜博士頌寿記念　仏教の歴史と思想』壬生台舜博士頌寿記念論文集刊行会編、東京、大蔵出版。pp. 421-439）に詳しい。

(12) 沢田謙照［1976］(「仏教における懺悔の思想について――その一――」『仏教文化研究』二十二。p. 1)。

(13) 早くから中国に伝わった懺悔経典として、およそ十部が、道安『綜理衆経目録』(僧祐『出三蔵記集』巻三所収）には見出される（常盤大定［1973］『後漢より宋斉に至る訳経総録』東京、国書刊行会。p. 162)。また、後漢から南北朝期にわたって漢訳された懺悔関連の阿含および大乗経典は六十一部に及ぶ（釈大睿［2000］『天台懺法之研究』台北、法鼓文化。pp. 25-30)。

(14) 釈大睿［2000］(pp. 11-28)。

(15) 六朝時代の王侯貴族によって製作されたものとして、道宣『広弘明集』(T52, No. 2103）巻二十八「懺悔篇第九」には、梁簡文帝の「謝勅為建涅槃懺啓」、「六根懺文」、「悔高慢文」、沈約の「懺悔文」、江総文「陳群臣請隋武帝懺文」、梁武帝の「摩訶波若懺文」、陳文帝の「妙法蓮華経懺文」など十五篇に及ぶ礼懺文が挙げられる。このほか、出家者の手になる懺文としては、『法苑珠林』「懺悔篇」などに収められたもののほか、矢吹慶輝［1927］(『三階教之研究』東京、岩波書店。pp. 512-533）が敦煌文献から見出した信行（540-594）の「礼仏懺悔文」が重要である。さらに、同様に敦煌文献に注目して、その中から二十種類に及ぶ礼懺文を収集し、考察したのは、井ノ口泰淳［1963］(「敦煌本〈礼懺文〉について」岩井博士古稀記念事業会（編）『典籍論集　岩井博士古稀記念』東京、岩井博士古希記念事業)、および井ノ口泰淳［1995］(「敦煌本〈礼懺文〉」『中央アジアの言語と仏教』京都、法蔵館）である。近年の汪娟［1998］(『敦煌礼懺文研究』台北、法鼓文化）は、上述諸研究の流れを汲みながらの集大成的な著作である。

(16) 塩入良道［1984］(「中国初期仏教における礼懺――律に関係ない懺悔の事例――」『那須政隆博士米寿記念　仏教思想論集』千葉、成田山新勝寺）によれば、「中国仏教の特色の一つとして、礼仏あるいは帰依三宝を礼拝誦唱して自己の罪過を仏前に発露して懺悔する行法乃至儀礼が考えられる」(p. 531)。これらの行法儀則は南北朝を通じて発展し、隋唐代に至っては一定の形式内容を持つに至り（塩入良道［1959］「懺法の成立と智顗の立場」『印度学仏教学研究』十四〔七―二〕)、唐から宋代にはさらに膨大に生み出されていくという（塩入良道［1985］「華厳経礼懺儀の構成」『大正大学研究紀要』六十二)。

(17) 中国で成立した礼懺法としては、文宣王撰「浄住子浄行法門」、梁武帝製「梁皇懺」などが重要である。また、中国で行なわれた礼懺は、必ずしも懺悔経典に基づいて成立したものではない。たとえば、仏名経典の影響を受けて成立した種々の懺法はその一例である（塩入良道［1963］「中国仏教儀礼における懺悔の受容過程」『印度学仏教学研究』二十二〔十一―二〕)。そのうち、「浄住子浄行法門」に関しては、塩入良道［1961］(「文宣王蕭子良の「浄住子浄行法門」について」『大正大学研究紀要』四十六）が参照でき、そして、「梁皇懺」に関する近年の研究として、何俊泰［1993］(「関於中国経懺起源和〈梁皇懺〉的一些看法」『大専学生仏学論文集』台北、華厳蓮社）や、徐立強［1998］（「〈梁皇懺〉初探」『中華仏学研究』二）が挙げられる。

（18）慧思の懺悔思想は、その『諸法無諍三昧法門』二巻（T46, No. 1923）や、『南岳思大禅師立誓願文』（T46, No. 1933）から伺える。

（19）『梵網戒経義疏』は伝統的には智顗の著作とされているが、佐藤哲英［1961］（『天台大師の研究――智顗の著作に関する基礎的研究――』京都、百華苑。pp. 412-415）には、その真撰説に対する疑問も提示されている。

（20）池田魯参［1993］（「菩薩戒思想の形成と展開」森章司（編）『戒律の世界』東京、渓水社。p. 441）。

（21）『涅槃経』の五戒・十戒と『大智度論』の十戒との関係について、湛然『法華玄義釈籤』（T33, No. 1717）巻八では、「若但以『論』十対『大経』十者、『論』不欠戒即『大経』禁戒、『論』不破戒即『大経』清浄戒、『論』不穿戒即『大経』善戒、『論』不雑戒即『大経』不欠戒、与『論』不欠名同意別、『論』取欠壊不任、故対根本、『経』取微有欠損故対不雑、『論』随道戒無著戒即『大経』不析戒、『論』智所讃戒即『大経』大乗戒、『論』自在戒即『大経』不退戒・随順戒、『論』随定戒即『大経』畢竟戒、『論』具足戒即『大経』具足波羅蜜戒」（873a5-13）と論じている。

（22）福島光哉［1993］（「天台智顗における大乗戒の組織と止観」森章司（編）『戒律の世界』東京、渓水社。pp. 480-481）。

（23）福島［1993］（pp. 481-482）。

第一節　智顗の懺悔理論の展開

第一項　懺悔の定義

一　訳語としての「懺悔」

一般的に、「懺悔」は、「kṣama」（懺摩）の音写語である「懺」と漢語の「悔」から構成された合成語であると考えられている。この梵漢並挙の言葉に対応するサンスクリットの原語として、主に「kṣama」、「deśanā」、あるいは「pratideśanā」が挙げられるが、そのうち、「kṣama は許しを乞う意味の「懺悔」であり、一方、pratideśanā は告白によって自心を清浄にならしめる「懺悔」である」[1]といわれる。つまり、「懺悔」はサンスクリットの訳語であり、仏教語として東アジア世界に紹介され、漢語として定着した言葉であるとわかる。

「懺悔」という言葉が、漢語として東アジア世界に受容されていくにつれて、その意味は変容し、サンスクリット原語との対応関係は希薄になっていったと思われる。たとえば、「懺悔」と「kṣama」との不適合感について、森章司［1998］（「原始仏教経典における‘kṣama’（懺悔）について」『東洋学論叢』五十二）は、「仏教辞典で「懺悔」を引くと、その原語として‘kṣama’が出るに拘わらず、サンスクリット語辞典の‘kṣama’を引くと「懺悔」の語彙がないという珍妙な現象が起きている」（p. 80）と指摘している。このような現象が生まれた原因はいくつもあるであろうが、その一つとして、懺悔という語は「kṣama」に源を持つ(2)にもかかわらず、漢語として変容し続けた「懺悔」の意味内容は、原語の「kṣama」から次第にかけ離れていったということが考えられよう。

漢語の「懺悔」と、サンスクリットの「kṣama」や「deśanā」（あるいは「pratideśanā」）の意味が適合しないという事実に対する認識は、今から十数世紀を遡る中国中世の仏教者もすでに有していたことは確かである。その仏教者とは唐代の義浄（635-718）であるが、彼は、『根本説一切有部毘奈耶』（T23, No. 1442）巻十五に現れる「懺摩」に対する随文注釈の中で、以下のような解釈を施している。

> 言「懺摩」者、此方正訳、当「乞容」、「恕容忍」、「首謝」義也。若触誤前人、欲乞歓喜者、皆云「懺摩」。無問大小、咸同此説。
> 若「悔罪」者、本云「阿鉢底提舎那」。「阿鉢底」是罪、「提舎那」是説、応云「説罪」。
> 云「懺悔」者、「懺」是西音、「悔」是東語。不当「請恕」、復非「説罪」。誠無由致。（706a7-10）

「懺摩」というのは、中国語に正しく訳せば、「乞容」、「恕容忍」、「首謝」の意味に当たるのである。目の前の人を怒らせてしまい、その人の機嫌をとろうとするのを、みな「懺摩」（kṣama）という。罪の重さを問わずみなこの言葉を使う。

「悔罪」とは、本来なら「阿鉢底提舎那」（āpatti-deśanā）という。「阿鉢底」（āpatti）とは罪であり、「提舎那」

(deśanā) とは説くことを意味して、あわせて「罪について話す」という意味になる。「懺悔」というのは、「懺」はサンスクリットの音写で、「悔」は中国語である。〔つまり、懺悔とは〕「許しを請う」にも当たらなければ、また「罪について話す」という訳にもならない。〔「請恕」と「説罪」とは〕全く根拠のない翻訳である。

ここで、義浄は、「kṣama」と「āpatti-deśanā」、それぞれの意味を簡潔に説明した上で、これらの原語に、梵音漢字の合成語の「懺悔」を訳語としてあてるべきでないことを論じている。彼によれば、「kṣama」つまり「懺摩」は、正しくは「乞容」、「恕容忍」、「首謝」と訳すべきであり、一方、「悔罪」をいう場合の原語は「阿鉢底提舎那」(āpatti-deśanā) であるが、この「阿鉢底」(āpatti) は「罪」、「提舎那」(deśanā) は「説」の意味であるため、「āpatti-deśanā」は「説罪」という意味になる。しかし、従来の訳語である「懺悔」は、梵音〈懺〉と漢語〈悔〉を組み合わせたものであり、「kṣama」〈請恕〉の意味にもあたらなければ、「āpatti-deśanā」〈説罪〉にも相当しないため、訳語とするのは筋が通らない、という。

さらに、義浄は、『南海寄帰内法伝』(T54, No. 2125) 巻二において、

若作軽過、対不同者而除悔之、梵云「痾鉢底鉢喇底提舎那」。「痾鉢底」者、罪過也。「鉢喇底提舎那」、即対他説也。説己之非、冀令清浄。自須各依局分、則罪滅可期。若総相談愆、非律所許。旧云「懺悔」、非関説罪。(217c14-19)

軽微な過失を犯して他の人に対して〔自らの悪行を〕発露し悔やむということを、サンスクリットでは「痾鉢底

鉢喇底提舎那」（āpatti-pratideśanā）という。「痾鉢底」（āpatti）とは罪と過ちである。「鉢喇底提舎那」（pratideśanā）とは他の人に向かって〔自らの罪と過ちについて〕話すことである。自らの過ちを話し、罪を清められることを願う。自らも自分の犯した具体的な罪の性格を認識すれば、罪を滅ぼすことを期待できる。全体的には罪というのは律では許されていないことである。旧く「懺悔」というのは、〔ここでいう〕悪行を自白することとは関係がない。

と述べている。ここで、義浄は、「他に対して己の過ちを説く」ことを意味するサンスクリット「痾鉢底鉢喇底提舎那」（āpatti-pratideśanā）を挙げて、この場合の「pratideśanā」は、本来なら「他に対して〔己の過ちを〕説く」という意味であるが、従来これを「懺悔」と訳してきたのは適切でないと指摘している。

このように、義浄は、「懺悔」という漢語をサンスクリット原語の「kṣama」、「deśanā」あるいは「pratideśanā」の訳語として用いることを批判している。そして、義浄自身、その訳書に「懺悔」という言葉は決して使わなかったといわれる。[3] けれども、義浄がしばしば「懺悔」を、たとえ批判的であっても、取り上げなければならなかったのは、「懺悔」という言葉が中国仏教において広く定着していたという現実があったからに違いない。したがって、「懺悔」をめぐる義浄の批判は、従来の漢訳仏典における「懺悔」という表現の不適切性に向けられたものというより、むしろ漢訳語として中国で受容され、新たな思想内容が盛り込まれつつ、中国的概念を表す言葉として定着していた「懺悔」は、もはや「kṣama」、「deśanā」、あるいは「pratideśanā」という原語に対応するものではなくなっていたという状況に対する指摘であったろう。だからこそ義浄は、「懺悔」をこれらの原語の訳語としては、排除する必要を感じたのではなかろうか。

それでは、中国仏教に受容された「懺悔」は、義浄の時代までどのように解釈されてきたのであろうか。その代表例として、本書の主題とも関わる天台大師智顗（538–597）の「懺悔」に対する解釈を見てみよう。そこには、義浄の生きた時代よりさらに百年を遡る隋代の定義が示されている。

二　智顗の定義

智顗による「懺悔」の語釈は、初期の著作である『釈禅波羅蜜次第法門』（T46, No. 1916. 以下、『次第禅門』と略す）に初めて現れる。同書の第二巻の中で、智顗は、以下の如く述べている。


夫懺悔者、懺名懺謝三宝及一切衆生、悔名慚愧、改過求哀、「我今此罪、若得滅者、於将来時、寧失身命、終不更造如斯苦業」。如比丘白仏、「我寧抱是熾然大火、終不敢毀犯如来浄戒」。生如是心、唯願三宝証明摂受、是名懺悔。

復次、懺名外不覆蔵、悔則内心剋責。

懺名知罪為悪、悔則恐受其報。

如是衆多、今不広説、挙要言之。若能知法虚妄、永息悪業、修行善道、是名懺悔。（485b16–24）

そもそも懺悔というのは、「懺」は仏法僧とすべての衆生に対して謝ることを言い、「悔」は慚愧を意味し、「私は、今この罪を滅ぼすことができるならば、将来はたとえ命を犠牲にしても今犯したような苦しみを招く罪を絶対に犯さない」と述べ、過ちを改めて許しを求めることである。比丘が仏に「私は、熱々と燃える火を抱えても、如来がお決めになった清浄な戒律を絶対に破らない」と申し上げる場面はその一例である。このような思いを起こし、ただひたすら、三宝がそのような自らの思いを認め、受け容れて下さることを願うことが懺悔なのである。また、「懺」は他人に対して罪を隠さないことであり、「悔」は罪を犯した本人が内心で自らを責めることである。「懺」は罪が悪であることを認識することであり、「悔」はその罪の報いを受けることを恐れることである。以上のように、「懺悔」の解釈は多種多様であり、ここでは詳しく述べず、重要なものだけを挙げておいた。〔まとめて言えば〕すべての事物の本質は幻であると認識し、悪業を将来にわたって断ち切り、善道を実践することが「懺悔」なのである。

この「懺悔」の語義解釈は、現存する中国仏教文献では初めて現れる試みであろうと考えられている。[4] また、これよりやや詳しい解釈が、智顗の『金光明経文句』(T39, No. 1785) 巻三にも見え、そこでは、「懺悔」は以下のように解釈されている。


懺者、首也。悔者、伏也。如世人得罪於王、伏款順従、不敢違逆。不逆為伏、順従為首。行人亦爾、伏三宝足下、正順道理、不敢作非、故名懺悔。

又懺名白法、悔名黒法、黒法須悔而勿作、白法須企而尚之、取捨合論、故言懺悔。

又懺名修来、悔名改往。往日所作悪不善法、鄙而悪之、故名為悔。往日所棄一切善法、今日已去、誓願勤修、故名為懺。棄往求来、故名懺悔。

又懺名披陳衆失、発露過咎、不敢隠諱。悔名断相続心、厭悔捨離、能作所作合棄、故言懺悔。

又懺者名慚、悔者名愧。慚則慚天、愧則愧人。人見其顕、天見其冥。冥細顕麁、麁細皆悪、故言懺悔。

又人是賢人、天是聖人、不逮賢聖之流、是故懺悔。又賢聖俱是人天、是第一義天。第一義天是理、賢聖是事。不逮事理、倶皆懺悔。

又慚三乗之聖天、愧三乗之賢人。不逮此天人、故名慚愧、慚愧名懺悔。

又三乗賢聖皆是人、第一義理為天。約此人天慚愧、故名懺悔。

又三乗賢聖尚非菩薩之賢、況菩薩之聖。今慚愧三十心之賢、十地之聖、故名慚愧懺悔。総此賢聖皆是人、第一義理名為天。約此人天論慚愧、故名懺悔。

又三十心去。自判聖人、十信是賢人。約此賢聖論慚愧懺悔。総此賢聖皆名人、第一義理名為天、約此人天論慚愧懺悔、合十番釈名也。（59a8-b4）

懺とは罪に服することである。悔とは屈伏することである。あたかも、一般人が王を怒らせた際には罪を認めて服従し、敢えて逆らわない様にである。逆らわないことが「伏」であり、順従するのが「首」である。修行者も同じであり、三宝の足下に屈伏し、道理に正しく従い、敢えて過ちを犯さないため、「懺悔」と名づける。

また懺は白法といい、悔は黒法という。黒法はかならず悔やんで二度と犯さず、白法は自ら進んで望み、これを尚ばなければならない。〔白法と黒法とを〕取捨し合わせて論じるから「懺悔」という。

また懺は未来のための修行であり、悔は過去の過ちを改めることである。過去に犯した悪行と善くない行を嫌い棄てるため「悔」という。過去に棄てたすべての善い行いを、今後は勤勉に修めることを誓うため、「懺」という。過去の過ちを棄てて未来の善行を願うため、「懺悔」と名づける。

また懺は種々の過失を自白し罪を発露し、敢えて隠蔽しないことをいう。悔は相続する心の流れを断ち切り、悪行を厭い悔やみ捨離し、能作と所作を共に棄てるため、「懺悔」という。

また懺とは「慚」ともいい、悔とは「愧」ともいう。慚とは天に対して恥じることであり、愧とは人々に対して恥じることである。人々はその人の表面の行為を見るが、天はその人の内心まで見抜く。内心の罪は細であり表面上の悪行は麁であるが、両者はいずれも悪であるため、「懺悔」という。また人は賢人、天は聖人であり、賢聖の境地に及ばないため懺悔する。また賢聖はともに人天であり、第一義の天である。第一義の天は理の世界であり、賢聖は事の世界である。事と理の世界に及ばないため懺悔すべきである。

また三乗の聖天に対して恥じ、三乗の賢人に対して恥じることである。これらの聖天と賢人に及ばないため慚愧といい、慚愧することを懺悔という。

また三乗の賢聖はみな人であり、第一義理が天である。この観点からは人天に対する慚愧なので懺悔と名づける。また三乗の賢聖はまだ菩薩の賢位でないから、菩薩の聖位にはなおさら及ばない。いま三十心位の賢位、十地位の聖位に対して慚愧するから、慚愧懺悔と名づける。これらの賢聖はまとめてみな人であり、第一義理を名づけて天とする。このように人天の立場から慚愧を論じるため、懺悔と名づける。

また三十心位以上は聖人の境地であり、十信位は賢人の境地である。このような賢聖の観点から慚愧を論じるため懺悔という。これらの賢聖はまとめてみな人であり、第一義理を天という。このような人天の観点から慚愧を論じるため懺悔という。以上、合わせて十種の釈名である。


ここに現れた智顗の懺悔釈について、林鳴宇［2003］（『宋代天台教学の研究――『金光明経』の研究史を中心として――』東京、山喜房仏書林）は、「智顗は天台独自の階位説を以て人天、四教に分けて、懺悔の意を説いた。人は麁であるのに対し、天は細であるとした。人天は七賢（五停心観、別相念住、総相念住、煖、頂、忍、世第一）、七聖（随信行、随法行、信解、見得、身証、慧解脱、倶解脱）に懺悔し、七賢七聖は三乗に懺悔し、三乗は別教菩薩の三十心位、十地位に懺悔し、そして最終的には円教菩薩の三十心、十信位に懺悔する意であると説明している」（p.677）と分析している。

このように、智顗による「懺悔」の語釈は、義浄が示したサンスクリット原語の語義と較べれば、かなり違った方向に発展させた解釈であることは明らかである。だが、義浄の時代まで、このような智顗の解釈こそが、中国仏教的な懺悔理解を代表するものであったと考えられる。[5] さらに、智顗の天台教学における懺悔思想は、「懺悔」の語義解釈と共に、独特な懺悔方法を確立させている。この点については、次項で論じたい。

第二項　三種懺悔の規定

智顗が早期に確立させた懺悔理論として、まず『次第禅門』巻二に初見する三種懺悔が挙げられる。その中で、禅観実践の二十五方便行として、具五縁の第一に数えられるのは持戒清浄であるが、これを守れず、戒を犯した場合、禅定が妨げられる恐れがあるため、必ず懺悔しなければならないとされる。その懺悔の方法は、以下のように、三種にまとめ上げられている。

一作法懺悔、此扶戒律以明懺悔。二観相懺悔、此扶定法以明懺悔。三観無生懺悔、此扶慧法以明懺悔。此三種懺悔法、義通三蔵・摩訶衍。但従多為説、前一法多是小乗懺悔法、後二法多是大乗懺悔法。（T46, 485c1-6）

一には作法懺悔であり、これは戒律によって懺悔の方法を明らかにする。二には観相懺悔であり、これは禅定によって懺悔の方法を明らかにする。三には観無生懺悔であり、これは智慧によって懺悔の方法を明らかにする。この三種の懺悔の方法は、義は三蔵・摩訶衍に通ずる。ただそれぞれ強調する部分で言えば、作法懺悔は小乗の懺悔法による部分が大きいが、ほかの二つの法は大乗の懺悔法としての性格が強い。

そのうち、唯一、小乗の懺悔法とされる「作法懺悔」については、

初明作法懺悔者、以作善事反悪事故、故名懺悔。如毘尼中一向用此法滅罪、何以故。如懺第二篇二十衆作別住下意、出罪等羯磨作法成就、即名為滅。此不論見種種相貌、亦不論智慧観空、故知但是作法懺悔。羯磨、此翻作法。如是乃至下三篇、並是作法。此事易知、義如律中広明、但未明懺悔四重法。別有『最妙初教経』、出懺悔四重法。彼経云、当請三十清浄比丘僧、於大衆中、犯罪比丘当自発露。又於三宝前、作諸行法及誦戒千遍、即得清浄。亦云、令取得相為証、而説罪滅清浄。僧為作羯磨成就。当知律中雖不出、経中有此羯磨明文。作法相貌、如彼経中広説。（T46, 485c6–18）

初めに「作法懺悔」について説明するならば、善事をし悪事に逆らうから懺悔と名づける。たとえば律の中ではひたすらこの方法で罪を滅するが、それはどうしてであろうか。たとえば、「懺第二篇二十衆作別住」以降の意味は、出罪等の羯磨作法が成立することを滅罪と呼ぶのである。この種の懺悔では、種種の徴兆を見ることや、また智慧によって空性を観ずることを問題にしないことから、この懺悔はただ作法懺悔であることがわかるのである。羯磨は、中国では作法と訳す。このように次に続く三篇もすべて作法懺悔である。以上のことは容易に理解され、意味は律の中に詳しく明らかにされている通りであるが、しかし四重法（四波羅夷罪）に対する懺悔は

いまだ明らかにされていない。別に『最妙初教経』があり[6]、四重法に対する懺悔を示している。その経典は次の様に説いている。「まさに三十人の戒行清浄な比丘僧を請い、大衆に向かって、犯罪の比丘は自ら罪を発露すべきである。そして僧たちが彼のために羯磨を為せば、成就して彼の罪は滅びる。また、三宝の前で種々の行法を修して、戒を誦むこと千回に至ると、すなわち清浄を得る」。また、「〔犯罪の僧に〕徴兆を得させて証とし、罪は滅して清浄になったと説く」ともいう。律の中では説かれていないが、経の中にはこのような羯磨をはっきりと説く文があることを知らなければならない。その作法と得られる徴兆についていては、その経の中に詳しく説かれている通りである。

と説明されている。これによれば、いわゆる作法懺悔とは、善事を行なうことによって罪に対処することを基本とする懺悔であり、具体的には、小乗律の羯磨作法に基づいて発露懺悔して罪を滅ぼす方法がそれである。ただし、律には軽罪に対応する作法は見えるが、四重法（四波羅夷罪）を懺悔する方法は明かされていないため、小乗の教えによって四重法を懺悔する場合は、別に『最妙初教経』に説かれる行法に従って、罪を滅ぼして清浄を取り戻すことになる。

次に、大乗懺悔法として取り上げられた「観相懺悔」[7]とは、種々の大乗方等陀羅尼経に説かれる観相懺悔の方法に基づいて専念用心し、その静まった心に種種の瑞相が浮かび上がったならば、修行者の罪が滅びたことになるのである。しかし、もしそのような相を見ることができなければ、その懺悔は成立しなかったことになる[8]。

最後の「観無生懺悔」とは、『普賢観経』[9]、『維摩詰所説経』の空観思想に基づいて展開された[10]、智慧を根本とする懺悔の方法である。この懺悔の実践法については、

夫行人欲行大懺悔者、応当起大悲心、憐愍一切、深達罪源。所以者何。一切諸法本来空寂、尚無有福、況復罪耶。但衆生不善思惟、妄執有為而起無明及与愛恚、従此三毒、広作無量無辺一切重罪、皆従一念不了心生。若欲除滅、但当反観如此心者従何処起。……如是観之、不見相貌、不在方所、当知此心畢竟空寂。既不見心、不見非心、尚無所観、況有能観、無能無所、顛倒想断。既顛倒断、則無無明及以愛恚。無此三毒、罪従何生。復次一切万法、悉属於心、心性尚空、何況万法。若無万法、誰是罪業。若不得罪、不得不罪。観罪無生、破一切罪。以一切諸罪根本性空常清浄故。(T46, 486a16–c2)

そもそも修行者が大懺悔を行おうとすれば、まさに大悲の心を起こし、一切の衆生を憐れみ、罪の源を深く認識すべきである。それはどうしてか。一切の諸法は本来空寂であって、福すら無いのであるから、罪などはなおさら無いのである。しかし、衆生は正しく思惟せず、有為に妄執して無明、貪愛および瞋恚を起こす。そして、この三毒によって広く無量無辺の一切の重罪を犯すのであるが、これらのすべての罪は一念の不了心から生まれるものである。罪を除滅しようとするならば、ただこのような心はどこから生じてくるものなのかを繰り返し観察するべきである。……このように観察すると、〔罪の本質は〕姿も見えなければどこかに実在するのでもないのであって、まさにこの心は畢竟空寂であると知るべきである。心が見えない以上、非心も見えない。観られる対象すら無いのであれば、どうして観る主体があろうか。主体も無く対象も無ければ、顛倒の想は断ちきられる。顛倒が断たれたからには、無明や無明から生じる貪愛と瞋恚も無くなる。この三毒が無くなれば、罪はどこから生まれてくるというのか。また次に一切の万法はことごとく心に属しており、心性でさえ空なのであるから、万法もそうである。もし万法が無ければ、誰に罪業があろうか。もし罪を得ることが無ければ、不罪を得ることもない。罪が無生であることを観察すれば、一切の罪を破する。何故ならば、一切の諸罪は本質的には空であって常に清浄であるからである。

と述べられている。つまり、大懺悔を実践する者は、大悲の心を起こして一切の衆生を憐れみ、罪を深くその根源まで見抜かなければならない。そうすることにより、修行者は、一切の諸法が本来空寂であること、衆生の心が畢竟空寂であること、一切の諸罪が根本的には性空であり、常に清浄であることを理解し、そして罪が無生であることを悟れば、一切の罪を破することになる、と言うのである。

それでは、これらの懺悔を実践することによって、どのような罪を滅ぼすことができるのだろうか。『次第禅門』は、まず、「罪有三品、一者違無作起障道罪、二者体性罪、三者無明煩悩根本罪。通称罪者、摧也、現則摧損行人功徳智慧、未来之世三塗受報、則能摧折行者色心、故名為罪」(T46, 486c3-7) とし、続けて、もし作法懺悔を行えば違無作障道罪を滅することができるとする。次に、もし観相懺悔を実践すれば体性悪業罪を取り除くことができ、『摩訶衍論』に、「比丘が殺生戒を犯した場合、懺悔すれば、戒が清浄になり、障道の罪は無くなるといえども、しかし殺生の業報は依然として滅びることがない」と説かれるように、観相懺悔は功用が大きく、体性罪を除くことができるのである、とする。最後に、観無生懺悔を実践すれば罪が滅びるというのは、それによって無明という一切の煩悩習因の罪を取り除くことができるからであり、これこそが罪の本源を根本的に滅ぼす方法なのである、と述べている。[11]

さて、これらの懺悔を行なうことによって罪が滅びるのであれば、戒体は本来の清浄な状態に回復できるのであろうか。この問題について、智顗は次のように答えている。まず、作法懺悔によれば、罪は滅びるが、戒体の回復は確定できない。次に、観相懺悔では、ただ罪が滅びるだけではなく、さらに禅定を発し、元の状態をも超えることができる。そして、智顗は、観無生懺悔は、罪を滅ぼしてあらゆる禅定を発するに止まらず、さらに成道もできるため、「増上過本」である、と言う。[12]

この三種懺悔は、『小止観』以降の止観関連の著作では取り上げられなくなるが、智顗の晩年の著作である『維摩経文疏』には再び登場してくるのである。彼は同経の巻十五、「弟子品」に対する解釈において、

今明懺悔罪滅有三種。一作法懺、除滅違無作罪、此是毘尼明懺悔法也。二観相懺悔、除滅性罪、此依定門明懺悔也。三観無生懺悔、除滅妄想根本罪、此依慧門懺悔也。復次、違無作罪障戒、性罪鄣定、根本罪鄣慧。一作法懺悔、滅違無作罪者、如律明諸治羯磨等懺罪方法。若作此法成就、能滅違無作罪、而性罪不滅。……二観相懺者、如諸大乗方等経所明行法、見罪滅相。菩薩戒云、懺悔若見光華種種好相、罪即得滅。若不見好相、雖懺無益。若見好相、非但違無作罪滅、性罪亦滅、而根本罪不滅也。……三観無生懺者、此観成時、能除根本妄惑之罪、如抜樹根、枝葉自滅也。(ZZ28, 124a8-b6)

いま、懺悔によって罪を滅ぼす方法が三種あることを明らかにしよう。一には作法懺悔であり、違無作の罪を除滅する。これは律が明示する懺悔法である。二には観相懺悔であり、性罪を除滅する。これは禅定に基づく懺悔の方法である。三には観無生懺悔であり、妄想根本罪を除滅する。これは智慧に基づく懺悔である。次に、違無作罪は戒を妨げ、性罪は禅定を妨げ、根本罪は智慧を妨げる。第一の作法懺悔が違無作罪を滅ぼすというのは、律に明示された通りの様々な対処法であり、すなわち羯磨等によって罪を懺悔する方法である。もしこの方法を実践して成功すれば、違無作罪を滅ぼすことができるが、性罪への対処はできない。……第二の観相懺悔は、種々の大乗方等経に明らかにされた通りの行法であり、〔これを実践すれば〕罪が滅する相を見ることになる。菩薩戒にいうには、懺悔して、もし光の輝きなど種々の好相を見るならば、罪は消滅したことになる。もし好相が見えなければ、懺悔しても効果はなかったことになる。もし好相が見えれば、違無作罪が消滅するだけではな

く、性罪もまた消滅するが、しかし根本罪は滅せないのである。……第三の観無生懺悔は、この観法が成就した時には、根本妄惑罪を除くことができる。それはあたかも木の根を抜けば、枝と葉も自然に枯れてしまうかのようである。

と三種懺悔について論じている。この論述を『次第禅門』のそれと較べれば、両者は本質的には異ならず、ただ、『維摩経文疏』ではより簡略に纏められていることがわかる。さらに、三種懺悔それぞれに適応する衆生の機根について、『次第禅門』では言及されなかったが、『維摩経文疏』巻十五では以下のように述べられている。

人有二種。一者鈍根、二者利根。若鈍根人、造罪時心重、懺悔時心軽、軽心不能除重罪。為是人故、故令生重慚愧、怖畏改隔、作法取相。若利根人、直正観心性、妄想罪本自滅、憂悔不起。是則畢故不造新、即是直爾除滅、不擾其心也。故『大智論』云、若人罪能悔、悔已莫復憂。如是心安楽、不応常念著。若生重悔、悔箭入心、痛不可抜、現世憂苦、死入地獄也。復次、若執有此罪、罪則転重。若不執罪、罪則漸軽。若能見理事性、根本一切諸罪即皆滅也。（ZZ28, 124b10–14）

人間は二種類に分けられる。その一は鈍根、その二は利根である。鈍根が罪を犯す時の心は〔悪業に満ちて〕重いが、懺悔する時の心は〔反省の念が薄く〕軽い。そのような軽い心では重い罪を除くことはできないのである。このような人のためには、深刻に慚愧し、怖れを生じさせることによって罪を改め抑えさせ、そして懺法を実践して罪滅の好相を得させるのである。もし利根であれば、ひたすら心性を正しく観察すれば、根本妄想罪の根源は自然に消滅し、憂愁と悔恨が起こらなくなる。ここで、罪を生じさせる一切は終息し、もはや新しい罪は生まれてこなくなるので、〔すべての罪は〕ただちに除滅し、修行者の心を乱し騒がすことはないのである。だから『大智度論』に言う、「もし人が罪を犯しても、悔やむことができるのであれば、悔やんだ後はもう憂えてはならない。このように心を安楽にして、いつまでも過去の罪を思い続けるべきではない。もし、重い悔やみを生じて、その悔やみが箭のように心に刺さると、痛みは抜けなくなり、現世では憂い苦しみ、死後は地獄に堕ちてしまうのである」。次に、もしこの罪は実在すると執着すれば、その罪はさらに重くなっていく。もし罪に執着しなければ、その罪は次第に軽くなる。もし理と事の性を見抜くことができれば、根本の一切の諸罪はすべて一瞬にして滅するのである。

このように、作法懺悔と観相懺悔は鈍根衆生のための懺悔であるのに対して、観無生懺悔だけが利根衆生の懺悔である、と三種懺悔のそれぞれに対応する衆生の機根が明かされている。

第三項　『小止観』の懺悔理論

三種懺悔の規定は、違無作障道罪、体性悪業罪、無明一切煩悩習因之罪という三種の罪を対治することを主軸とする分類である。この懺悔の実践方法に関する規定は、初期の『次第禅門』に現れた後は影を潜め、晩年の『維摩経文疏』に至って再び説かれたものであるが、両者に本質的な相違はないことから、智顗の晩年に至るまで、三種懺悔の分類それ自体には大きな変動はなかったと言えよう。しかし、止観の方便行として重要な働きをもつ懺悔実践の理論は、『小止観』（『修習止観坐禅法要』T46, No. 1915）以後、大きな変化を遂げることになる。それまで、罪の種類を意識して構成されていた理論が、『小止観』以後は、罪の軽重に重点を移して構築されていくのである。そこで、以下、具体的に、『小止観』の中では外具五縁の第一に挙げられる「持戒清浄」の論述に基づいて見ていくこととする。そこでは、まず、止観修行者の持戒の様相を、以下の三つの場合にわけている。

夫発心起行欲修止観者、要先外具五縁。第一持戒清浄。如経中説、「依因此戒、得生諸禅定及滅苦智慧、是故比丘応持戒清浄」。然有三種行人持戒不同。一者、若人未作仏弟子時、不造五逆、後遇良師、教受三帰五戒、為仏弟子。若得出家、受沙弥十戒、次受具足戒作比丘・比丘尼。従受戒来、清浄護持、無所毀犯、是名上品持戒人也。当知是人修行止観、必証仏法、猶如浄衣易受染色。二者、若人受得戒已、雖不犯重、於諸軽戒多所毀損、為修定故、即能如法懺悔、亦名持戒清浄、能生定慧。如衣曾有垢膩、若能浣浄、染亦可著。三者、若人受得戒已、不能堅心護持軽重諸戒、多所毀犯、依小乗教門、即無懺悔四重之法。若依大乗教門、猶可滅除。故経云、「仏法有二種健人、一者不作諸悪、二者作已能悔」。(T46, 462c11-26)

発心して修行し、止観を実践しようとする者は、まず五つの外的条件を具えなければならない。その第一は戒を清浄に守ることである。『遺教経』には、「この〔具足〕戒に基づけば、種々の禅定や苦を滅ぼすための智慧が生まれてくる。だから、比丘はまさに戒を守り清浄を保つべきである」と説かれている。しかし、三種類の修行者があってそれぞれ持戒の方法は異なっている。一には、まだ仏弟子になっていなかった時に五逆罪を犯さず、後に良師に出会い、教えられて、三帰と五戒を受けて仏教の信者となる。あるいは、出家して沙弥の十戒を受け、次に具足戒を受けて比丘や比丘尼となる。戒を受けて以来、在家であっても、出家であっても、戒を清浄に護持してまったく戒を損うことがなければ、これは上品の持戒人というのである。このような人は、止観を修行すれば、汚れのない衣は色を染めやすいように、必ず仏法を証悟する、と知るべきである。二は、あるいは、人が戒を受けてから、重罪は犯していないものの、種々の軽戒を多く損ったが、禅定を修めるためにすぐに作法のとおりに懺悔すれば、これもまた持戒清浄といい、禅定と智慧を生じることができる。それはあたかも衣に脂汚れがついていても、汚れを洗い落とせば色を染めることができる様である。三には、あるいは、戒を受けて以来、堅固な心で種々の軽戒と重戒を保つことができず、何度も損い犯した場合である。小乗の教えには四重罪を懺悔する方法がないが、大乗の教えによればまだ滅除できる。だから『涅槃経』には、「仏法には二種の健全な人がある。その一は種々の悪行をなさない人、その二は悪行をなした後に、悔いることができる人である」と説かれる。

つまり、第一の持戒清浄を貫く修行者は、在家出家を問わず、止観を修行すれば必ず仏道を証する。第二の場合、つまり、戒を授かった修行者が重罪は犯さないものの軽戒をたびたび毀損した場合、禅観を修める為に如法に懺悔すれば、やはり持戒清浄と言えるし、定慧を生じさせることができる。第三に、戒を授かった者が戒を護持できず、軽重の諸戒を度重ねて毀犯する場合は、もはや小乗の教えでは懺悔できず、大乗の教えに拠って罪に対処するしかない、と智顗は述べている。この内容を『次第禅門』と較べれば、二つの相異が看取される。第一に、犯戒に対する関心が、罪の性質からその罪の重さの程度へと移っていることであり、第二には、『次第禅門』では、四重罪を懺悔する方法は声聞の律にはないものの、『最妙初教経』にはあるとし、小乗の教えにも重罪を懺悔する方法が存在することを認めているが、『小止観』になると、「小乗の教には四重罪を懺悔する方法がない」と断言され、大乗の教えに拠らなければ四重罪を滅することはできないと主張されるのである。

それでは、大乗の教えに拠ってどのように懺悔を実践すれば、重罪を消滅させることができるのであろうか。『小止観』には、作法と持戒を重んじる懺悔法と禅定に重点をおく懺悔法との二つの方法も提示されてはいるが、上掲の如く、これらによっては四重罪を滅することはできないのである。そこで、『小止観』が四重罪を消滅させる方法として示し、詳細に解き明かすのが、「十法」という実践である。この「十法」の実践を前提とする懺悔法については、以下のように説かれている。

夫欲懺悔者、須具十法助成其懺。一者明信因果。二者生重怖畏。三者深起慚愧。四者求滅罪方法。所謂大乗経中明諸行法、応当如法修行。五者発露先罪。六者断相続心。七者起護法心。八者発大誓願度脱衆生。九者常念十方諸仏。十者観罪性無生。若能成就如此十法、荘厳道場、洗浣清浄、著浄潔衣、焼香散花、於三宝前如法修行、一七三七日、或一月三月、乃至経年、専心懺悔、所犯重罪取滅、方止。(T46, 462c26-463a6)

懺悔しようとするならば、かならず十法を具えてその懺悔を助成しなければならない。一には明らかに因果を信ぜよ。二には深刻な怖れを生じよ。三には深く慚愧心を起こせ。四には罪を滅する方法を求めよ。つまり、大乗経典は種々の行法を明かしているが、その教えの通りに修行すべきである。五には過去の罪を発露せよ。六には相続心を断ち切れ。七には法を護ろうとする心を起こせ。八には大誓願を発こして衆生を度脱せよ。九には常に十方の諸仏を念ぜよ。十には罪性は無生であると観察せよ。このような十法を成就することができれば、道場を荘厳し、入浴して体を清浄にし、清潔な衣を身に著し、焼香散華して、三宝の前で如法に修行すること、七日か二十一日、あるいは一ヶ月か三ヶ月、ないし一年を経る間、心を集中して懺悔すれば、犯した重罪は消滅の徴兆が現れれば懺悔を止めてもよい。

つまり、これらの十法(13)を具えれば、最終的には第十に挙げられた、罪性が本質的には無生であることを悟ることになろう。そうして十法を成就した上で、さらにある期間にわたって懺悔に専念すれば、重罪は滅することになる、と説かれている。そして智顗は、罪が滅した時には、以下のような現象が起こり、修行者は自らの重罪がすでに滅していることを自覚する、と続けて言う。

云何知重罪滅相。若行者如是至心懺悔時、自覚身心軽利、得好瑞夢。或復覩諸霊瑞異相、或覚善心開発。或自於坐中覚身如雲如影、因是漸証得諸禅境界。或復豁然解悟心生、善識法相、随所聞経、即知義趣、因是法喜、心無憂悔。如是等種種因縁、当知即是破戒障道罪滅之相。従是已後、堅持禁戒、亦名尸羅清浄、可修禅定。猶如破壊垢膩之衣、若能補治浣洗清浄、猶可染著。(T46, 463a6-15)

重罪が消滅した際の徴兆はどう判断するか。もし修行者がこのように至心に懺悔する時、身も心も軽くなり鋭敏になったことを自覚し、すばらしい徴兆を示す夢を見、あるいは種々の不思議な現象を見、あるいは善心が開発したと感じ、あるいは坐禅中に体が雲や影のようになったと感じたならば、これらの現象によって諸種の禅の境界を次第に証得するのである。あるいはまた、豁然として悟りの心が生じて善く法相を識り、経を聞けばすぐに趣旨がわかり、このような法を聞く喜びによって心に憂愁と悔恨が無くなる。これらの種々の因縁はとりもなおさず破戒障道の罪が滅する相であると知るべきである。これより以後、堅く禁戒を持つならば、また尸羅清浄と名づけ、禅定を修めることができる。それはあたかもぼろぼろで脂汚れがついた衣を繕い直してきれいに洗えば、まだ色を染めることができるかのようである。

このような諸現象が現れ、それが罪の消滅の証にほかならないと知り、それ以後、戒律を厳しく守っていけば、再び禅定を修めることもできるようになるという。

このほか、重罪を犯した修行者には、前述のような大乗の諸経典に基づく種々の懺悔作法に拠らなくても、禅定を基本としながら懺悔する、次のような方法もあるとする。

若人犯重禁已、恐障禅定、雖不依諸経修諸行法、但生重慚愧、於三宝前発露先罪、断相続心、端身常坐、観罪性空、念十方仏。若出禅時、即須至心焼香、礼拝懺悔、誦戒及誦大乗経典。障道重罪自当漸漸消滅。因此尸羅清浄、禅定開発。故『妙勝定経』云、「若人犯重罪已、心生怖畏、欲求除滅、若除禅定、余無能滅」。是人応当在空閑処、摂心常坐及誦大乗経。一切重罪悉皆消滅、諸禅三昧自然現前。(T46, 463a15-24)

もし人が重罪を犯して禅定の障りとなることを恐れるのであれば、諸経に拠る種々の行法を実践しなくても、深刻な慚愧心を生じて三宝の前で犯した罪を発露し、相続の心を断ち切り、端身常坐して罪の本質が空であると観じ、十方の仏を思い浮かべるべきである。禅定から出たならば、すぐに至心に焼香して礼拝、懺悔し、戒と大乗経典を読誦すべきである。障道の重罪は自然に徐々に消滅するであろう。これによって尸羅(戒)が清浄となり禅定が開発することになる。だから『妙勝定経』(14)には、「もし人が重罪を犯してしまい、心に怖畏をおぼえ、罪を除滅しようと求めるならば、禅定を除いて、ほかには罪を滅ぼす方法がない」と説く。この人は、空閑処に在って、心を集中させて常坐し、大乗経典を読誦すべきである。すべての重罪はみな消滅し、種々の禅定三昧は自然に現前する。

ここで、智顗は以下のように述べている。すなわち、『妙勝定経』には、重罪を犯した修行者が自らの罪を恐れて、その除滅を希求するならば、閑静なところで一心不乱に座禅して大乗経典を読誦することによって、その罪を消滅させて禅定三昧に入ることが可能である、と説かれている。だから、そのような修行者は、心に深く慚愧し、三宝の前で犯した罪を告白し、相続の見心を断ち、端身常坐し、罪の本性は空であると観じ、十方の仏を心中に浮かべなければならない。また、禅定から出ても、至心に焼香、礼拝懺悔し、戒と大乗経典を誦持すれば、障道の重罪は次第に消滅して、戒が清浄となり、禅定もさらに開発するのである。

このように『小止観』で展開された実践理論は、四重罪に対処するための懺悔方法を説く、つまり懺重の理論である。この理論は、前述の三種懺悔の方法とは全く別の角度から展開されたものに見えるかもしれないが、しかし、この懺重理論で極めて重要な意味を持つ「十法」も、罪の本質が無生であり空であることを自覚するための実践であるという意味においては、慧門に拠り立つ「観無生懺悔」と趣旨を共有している。つまり、この「十法」は、いまだ観念的であった「観無生懺悔」が、初めて具体的な形を取って現れたものであると理解することができる。さらに、作法と持戒を重んじる懺悔法と禅定に重点をおく懺悔法は、それぞれ、戒律に助けられる「作法懺悔」と、定門に拠り立つ「観無相懺悔」と同じ基盤に立てられていると考えられる。したがって、『小止観』に現れる懺重の理論は、従来の三種懺悔に基づいて建立されたものであることは間違いない。

しかし、それと同時に、両者には決定的な相違も存在する。すなわち、罪の本質を空と観ずる実践を、三種懺悔は「観無生懺悔」と呼び、利根の行者のための方法とするのに対し、『小止観』は懺重の方法、つまり機根の劣った犯重の行者に開かれた実践でもあると説くのである。そして、『小止観』は、「十法」という具体的な実践方法を伴う懺重理論を展開し、殊に四重罪への対応に重点をおこうと努めているが、そこに示される懺悔の体系はいまだ初歩的な祖形に過ぎず、その本格的な発展は『摩訶止観』の出現を待たなければならないのである。

第四項　『摩訶止観』の懺浄理論

『摩訶止観』では、具体的な懺法は正行の四種三昧を説く箇所において論じられているが、懺悔の理論に関しては、主として方便行の「具五縁」の第一「持戒清浄」において論じられている。同書における懺悔理論は、後世になると一般化していく「事懺」と「理懺」という分類に従えば[15]、「理懺」を中心に展開されている。『摩訶止観』において、「事懺」と「理懺」に関する言及は、四種三昧における「半行半坐三昧」の関連箇所に、以下のように現れる。

瓔珞明十二因縁有十種、即有一百二十支、一呪一支。束而言之、祇是三道、謂苦・業・煩悩也。今呪此因縁、即是呪於三道而論懺悔。事懺懺苦道・業道、理懺懺煩悩道。文云「犯沙弥戒乃至大比丘戒、若不還生無有是処」、即懺業道文也。「眼耳諸根清浄」、即懺苦道文也。「第七日見十方仏、聞法得不退転」、即懺煩悩道文也。三障去、即十二因縁樹壊、亦是五陰舎空。思惟実相正破於此、故名諸仏実法懺悔也。（巻二。T46, 13c19-28）

『瓔珞経』は、十二因縁はそれぞれ十種類あることを明かしているので、全部で百二十支あることになる。一つの呪文が一支と対応している。まとめて言えば、百二十支はいずれも苦道・業道・煩悩道の三道に属するものである。〔したがって、〕いま、十二因縁を呪することは、とりもなおさず三道を呪して懺悔することになる。事懺は苦道と業道を懺悔し、理懺は煩悩道を懺悔する。経典に「沙弥戒ないし具足戒を犯したため、取り返しがつかないということは、ありえないことである」と説かれているのが業道を懺悔する文である。「眼や耳などの各種感覚器官の働きを清浄に保つ」というのは、苦道を懺悔する文である。「七日目に十方の仏を見、法を聞いて不退転を得」とは、煩悩道を懺悔する文である。三障が除かれれば、十二因縁の樹が壊し、また五陰の家が空しくなる。実相を思惟すればまさにこれを破るから、諸仏実法の懺悔と名づけるのである。

ここでは、「事懺」と「理懺」は、輪廻の三道——善悪の業を原因として生死に輪廻する苦果である「苦道」、煩悩によって生じる善悪の行為である「業道」、無明貪瞋などの煩悩そのものを指す「煩悩道」——に対応する懺悔の種類として論じられている。そのうち、「事懺」とは苦道と業道に対する懺悔であり、眼耳鼻舌身意の六根懺悔や戒律違犯に対する懺悔はこの類であるといわれる。一方、「理懺」とは煩悩道の妨げを除くための懺悔とされる。その実践理論の詳細は、上掲箇所では明かされていないが、第四巻で具五縁の「持戒清浄」を論じる際に説かれている。

仏教では、煩悩はおおむね、事に迷う惑である「愛」と、理に迷う惑である「見」との二種類に分けられている。[16]したがって、煩悩を根本原因とする戒律の違犯とそれによって生じる罪も、やはり事におけるものと理によるものに分けることができる。このうち、事の罪は貪瞋痴慢疑といった事に迷う惑を原因とする罪であり、これは鈍使罪と呼ばれる。そして、見の罪は身辺邪取戒という理に迷う惑を原因とする罪で、利使罪とも呼ばれる。『摩訶止観』は「持戒清浄」を説くところで、これらの鈍使罪と利使罪という二種類の罪を対治するために、「懺浄の理論」を展開するのである。そして、この懺浄理論で説かれる「順逆の二十心」が、罪の根本原因である愛見煩悩を取り除くための「理懺」の内容となっている。以下、『摩訶止観』のこの部分における論述をその文脈に沿って見ていくこととする。

『摩訶止観』によれば、「愛」と「見」のいずれの戒律違犯も止観を障げ、それによって禅定と智慧の開発ができなくなるとされている。そこで、どのように懺悔すれば罪を消滅して止観の妨げを取り除くことができるのか、特に犯した罪が重罪である場合は、どのようにして懺悔すべきかが論じられていくのである。[17]

まず、「愛」を原因とする事に関わる戒律違犯（鈍使罪）に対応する懺悔は、二つの場合に分けて挙げられている。第一の事の軽過を犯した場合には、律蔵にすでに対応する懺法があり、それに基づいて懺悔すれば、戒体が清浄となり妨げもなくなるため、止観を修しやすくなるのである。第二は事の重罪を犯した場合であるが、修行者は仏法における死人となり、小乗の教えには対応する懺法がなく、唯一大乗の教えによって懺悔するしかない、とされる。

次に、「見」に関わる戒律違犯（利使罪）もまた軽重という二つの場合に分けられている。その一は、修行者の見解に真理とは適応しない小僻が生じた場合であり、その行者の執心がいまだ強くなく、封滞にかかわらなければ、正しく観心して自らの見解に存する執着を破り、慚愧し、恥を覚え、低頭自責し、正道に励めば、修行者は罪障を滅ぼし、止観を開発することが可能となる。その二の修行者の見心が重い場合はその限りでなく、観心において懺を修めなければならないという。

このように、罪を事に関わるものと見解に関わるものとに分けた上で、それぞれにおける軽過と重罪への対処法を示す懺悔理論を組み立てることによって、『摩訶止観』は『小止観』よりも更なる前進を遂げている。また、二種類の煩悩によって生じる罪のうち、『摩訶止観』が特に着目するのは、鈍使罪と利使罪のそれぞれにおける重罪である。まず、行者が鈍使罪の重罪を犯した場合の対治の方法については、以下のように説かれている。

若犯事中重罪、依四種三昧則有懺法。『普賢観』云、端坐念実相、是名第一懺。『妙勝定』云、四重五逆、若除禅定、余無能救。『方等』云、三帰五戒、乃至二百五十戒、如是懺悔、若不還生、無有是処。『請観音』云、破梵行人、作十悪業、蕩除糞穢、還得清浄。故知大乗許悔斯罪。罪従重縁生、還従重心懺悔可得相治。無慇重心、徒懺無益。障若不滅、止観不明。若人現起重罪、苦到懺悔、則易除滅。何以故、如迷路近故。過去重障、必難迴転、迷深遠故。若欲懺悔二世重障、行四種三昧者、当識順流十心、明知過失、当運逆流十心、以為対治。此二十心、

通為諸懺之本。（巻四上。T46, 39c13–26）

もし事の中の重罪を犯したならば、四種三昧に依れば懺悔の方法がある。『普賢観経』には「端坐して実相を念ぜよ、これを第一の懺悔と名づける」と説かれる。『最妙勝定経』には「四重五逆の罪は、禅定を除いてほかに救う道がない」と説かれる。『大方等陀羅尼経』には「三帰五戒、ないし二百五十戒、このように懺悔しても取り返しがつかないというのは、ありえないことである」と説かれる。『請観音経』には「梵行を損った人が十悪業をなしたとしても、汚れをすべて取り除けば清浄を取り戻せる」と説かれる。だから、大乗ではこの種の罪を懺悔することが許されているとわかる。罪は深刻な原因より生じるものであるため、また深刻な心で懺悔すれば対治することができる。誠心誠意がなければ、無駄に懺悔しても効果がない。障りを取り除かなければ、止観は明らかにはならない。人が現世で重罪を起こした場合、懇ろに懺悔すれば、取り除きやすい。なぜかというと、道に迷ったもののいまだ〔正しい道の〕近くにいるようなものだからである。過去世からの重障のほうが転換し難いに違いないのは、迷いが深くて〔正しい道から〕遠く隔たってしまっているからである。過去と現在の重障を懺悔するため四種三昧を実践しようとすれば、順流の十心を観察することによって、明らかに過失〔の根本的原因〕を理解すべきであり、逆流の十心を運らすことによって〔罪の生成に〕対治すべきである。この二十心は通じて種々の懺悔法の根本なのである。

これによれば、事に関わる重罪への対処として、四種三昧に懺悔の実践法がある。これらの方法によって事の重罪を懺悔できることは、『普賢観経』、『最妙勝定経』、『大方等陀羅尼経』、『請観音経』などの大乗経典に根拠を求め得るが、重罪は深刻な因縁から生じたものであるため、対治するには真剣な心で懺悔することが必要である。殷重な心を欠いたまま、ただ懺悔の作法を行じても無益であり、妨げも消滅できなければ、止観も決して明らかにはならないであろう。もし修行者が重罪を犯したのが現世のことであれば、懺悔によって罪を滅ぼすのはまだ容易であるが、しかし、もし過去世の重障であるならばかなり難しくなる。そこで、過去現在二世の重罪を懺悔するために四種三昧を修める際には、修行者は、順流の十心を追って過失の根本原因や罪の生成を明らかにするとともに、逆流の十心を遡っていくことによって罪の生成を対治していく必要がある。そして、この順流十心と逆流十心こそが、もろもろの懺悔法の根本なのである、とされる。

この順流の十心について、『摩訶止観』では以下のように述べられている。

順流十心者、一自従無始、闇識昏迷、煩悩所酔、妄計人我。計人我故、起於身見。身見故、妄想顚倒。顚倒故、起貪瞋痴。痴故広造諸業、業則流転生死。二者内具煩悩、外値悪友、扇動邪法、勧惑我心、倍加隆盛。三者内外悪縁既具、能内滅善心、外滅善事、又於他善、都無随喜。四者縦恣三業、無悪不為。五者事雖不広、悪心遍布。六者悪心相続、昼夜不断。七者覆諱過失、不欲人知。八者魯扈底突、不畏悪道。九者無慚無愧。十者撥無因果、作一闡提。是為十種、順生死流、昏倒造悪。廁虫楽廁、不覚不知。積集重累、不可称計。四重五逆、極至闡提。生死浩然、而無際畔。（巻四上。T46, 39c26-40a10）

順流の十心とは、第一には、無始より闇識昏迷にして、煩悩に酔わされ、妄りに人我が有ると考え、人我の見が有るために身見を起こし、身見があるために妄想と誤った見解に囚われ、誤った見解に囚われるために貪瞋痴の三毒を起こし、無明のために広く種々の悪業を造り、悪業を積み重ねれば生死の輪廻に流転することになる。第二には、内心に煩悩があり、外には悪友に出会い、邪法を吹き込まれ自分の心が誘惑されるため、煩悩はさらに倍増して盛んとなる。第三には、内外において悪の条件が具わったならば、内には自らの善心を滅ぼし、外には善行を滅ぼし、他人の善行に対しても随喜することが全くなくなる。第四には、身口意の三業のいずれにおいてもほしいままに悪行を極める。第五には、行為にこそ現れていないものの、心は悪意に溢れている。第六には、悪意が相続して昼夜を問わず不断である。第七には、過失を隠蔽して人に知られないようにする。第八には、強暴を極め悪道を恐れない。第九には、慚愧の心がなくなる。第十には、因果を否定して一闡提となってしまう。以上は、生死の流れに従って昏倒して悪を生成する過程における十心である。まるで、便所の虫が便所での生活を楽しんで自らの惨めさを自覚しないかのようである。こうして悪業は積み重なって数え切れなくなる。四重五逆の重罪を極めて一闡提になってしまい、生死輪廻が延々と続き、終りがやってこない。

これは、無明煩悩によって諸業を造り、生死に輪廻し、外縁内因に会い善心を失って、善事を行わず悪事を働き、悪の心が充満連続し、罪を隠そうとして悪道を恐れず、反省の心に欠けており、最終的には一闡提となってしまうという、罪の生成と悪化の過程を明かしている。この流れに身を任せてしまえば、罪業は累積し、四重五逆の罪を犯して、終りには一闡提にもなりかねず、永劫に生死輪廻せざるを得なくなるのである。

そこで、もし罪を懺悔しようとする場合は、この罪の形成過程を逆に遡り、十種の心それぞれの段階を対治していけば、悪法を取り除くことが可能となる。この逆流の十心について、『摩訶止観』では以下のように述べられている。

今欲懺悔、応当逆此罪流、用十種心、翻除悪法。

先正信因果、決定孱然。業種雖久、久不敗亡、終無自作、他人受果。精識善悪、不生疑惑。是為深信、翻破一闡提心。

二者自愧剋責。鄙極罪人、無羞無恥、習畜生法、棄捨白浄第一荘厳。咄哉、無鉤造斯重罪。天見我屏罪、是故慚天。人知我顕罪、是故愧人。以此翻破無慚無愧心。

三者怖畏悪道。人命無常、一息不追、千載長往、幽途綿邈、無有資糧、苦海悠深、船筏安寄。賢聖呵棄、無所恃怙。年事稍去、風刀不奢。豈可晏然、坐待酸痛。譬如野干失耳尾牙、詐眠望脱、忽聞断頭、心大驚怖。遭生老病、尚不為急、死事弗奢、那得不怖。怖心起時、如履湯火、五塵六欲、不暇貪染。如阿輸柯王、聞旃陀羅朝朝振鈴、一日已尽、六日当死。雖有五欲、無一念愛。行者怖畏、苦到懺悔。不惜身命、如彼野干決絶。無所思念、如彼怖王。以此翻破不畏悪道心。

四者当発露、莫覆瑕疵。賊毒悪草、急須除之。根露条枯、源乾流竭。若覆蔵罪、是不良人。迦葉頭陀令大衆中発露、方等令向一人発露。其余行法、但以実心、向仏像改革。如陰隠有瘫、覆諱不治則死。以此翻破覆蔵罪心也。

五断相続心者、若決果断奠、畢故不造新、乃是懺悔。懺已更作者、如王法初犯得原、更作則重。初入道場、罪則易滅、更作難除。已能吐之、云何更噉。以此翻破常念悪事心。

六発菩提心者、昔自安危人、遍悩一切境。今広起兼済、遍虚空界、利益於他。用此翻破遍一切処起悪心也。

七修功補過者、昔三業作罪、不計昼夜、今善身口意、策励不休。非移山岳、安塡江海。以此翻破縦恣三業心。

八守護正法者、昔自滅善、亦滅他善、不自随喜、亦不喜他。今守護諸善、方便増広、不令断絶、譬如全城之勲。『勝鬘』云、守護正法、摂受正法、最為第一。此翻破無随喜心。

九念十方仏者、昔親狎悪友、信受其言。今念十方仏、念無碍慈、作不請友、念無碍智、作大導師。翻破順悪友心。

十観罪性空者、了達貪欲瞋痴之心、皆是寂静門。何以故。貪瞋若起、在何処住。知此貪瞋住於妄念、妄念住於顛倒、顛倒住於身見、身見住於我見、我見則無住処。十方諦求、我不可得。我心自空、罪福無主。深達罪福相、遍照於十方。今此空慧与心相応、譬如日出時、朝露一時失。一切諸心皆是寂静門、示寂静故。此翻破無明昏闇。

（巻四上。T46, 40a10-40b29）

今、懺悔しようとするならば、上述の罪が生成する流れに逆らって十種の心を運らして、悪法を転換し取り除かなければならない。

まず、因果は決定してはっきりとしたものであると正しく信ぜよ。業の種は遠い昔のものとはいえ、永久に消滅せず、自らが悪を犯して他人に報いを背負わせることは決してない。詳しく善悪を分別し疑いと迷いを生じさせない。このように深く信じて一闡提の心を覆し取り除きなさい。

二には、自ら恥じて反省せよ。悪の極まる罪人は羞恥の心がなく畜生の真似をし、清浄の第一荘厳を捨てる。ああ、自制心がないのでこのような重罪を犯してしまうのである。天は私が隠そうとする罪を見抜いているから天に対して恥を覚え、人が私の表面に現れた罪を知っているから人に対して恥じる。このように考えて反省を知らない心を覆し取り除きなさい。

三には、悪道を恐れよ。人の命は無常であり、一息が止まれば、長きに渉ってこの世から去ってしまう。悪道は連綿として長く、拠りどころもない。苦しみの海は広くて深いが、それを渡るための船や筏はどこに停泊しているというのか。賢聖に見捨てられ、頼るべき人がいない。年老い、死が迫ってくる。どうして呑気に座って痛みが襲ってくるのを待つことができようか。狐が耳、尾、牙を失っているのに死んだふりをして逃れる機会を伺い、いざ頭を斬られそうになってから、心が大いに驚怖するように愚かである。生老病に遭っても急がず、死ぬようなことがあってもあせらない。どうして怖れないのか。恐怖心が起こる時には、湯火を踏むような心境になり、五塵六欲を貪る暇などはない。阿輸柯王〔の弟〕は、旃陀羅が毎朝鈴を振り、一日はもう終わった、七日目にあなたは死んでしまうだろう、と言っているのを聞き、五欲があるとはいえ一念の愛着も起こせなかったのと同様である。修行者が悪道を怖畏してねんごろに懺悔し体と命を惜しまないことは、あの狐が死ぬと決まった時のようであり、愛著のなさは、その恐怖に怯えた王〔の弟〕が何も考えられなかった時のようである。このようにして悪道を畏れない心を覆し取り除きなさい。

四には、自らの罪を発露して汚点を隠さざれ。猛毒の草は急いで除かなければならない。根を露わにすれば枝は枯れ、源泉が渇けば川が干上がる。罪を隠そうとするのは不良人である。迦葉の頭陀行には、大衆の中で発露させる行があり、方等経には、一人に向かって自らの過ちを発露させるという行がある。その他の行法にも、ひたすら真実の心で仏像に向かって改心するというのがある。隠れた場所に腫瘍があって、それを隠して治さなければ人は死んでしまうようなものである。このように考えて罪を隠したい心を覆し取り除きなさい。

五には、悪事を相続させようとする心を断ち切れ。もし思い切って相続の心を断ち切れば、古い悪業は終り新しい悪業を造らない。これも懺悔なのである。懺悔し終えたのにもかかわらず、さらに悪業を作るというのは、王法で初めて罪を犯した時に許されても、再び犯せば重罪になるようなものである。初め道場に入ったころの罪は滅ぼしやすいが、再犯すれば除き難くなる。すでに吐き出したものをどうして再び口にするということがあるのか。このように考えて常に悪事を働こうとする心を覆し取り除きなさい。

六には、菩提心を発こせ。以前は自らの安らぎを確保して他人を危うくし、周囲の環境をことごとく悪化させていた。これからは多くの人々を助け、虚空界にあまねくして他人の救済に勉める。このようにしてあらゆる場面において悪を働きたいと思う心を覆し取り除きなさい。

七には、功徳を修め過ちを埋め合わせよ。以前は三業において罪を犯すこと、昼夜を問わなかった。これからは身口意の三業の改善に努めて止まない。山岳を移すつもりの強い意志がなければ、どうやって江海を埋めることができようか。このように考えて三業において思うがままにしたい心を覆し取り除きなさい。

八には、正法を守護せよ。以前は自らの善を滅ぼし、他人の善を滅ぼして、自らのことを随喜せず、他人の善行に同感しなかった。これからは種々の善を守護し、種々の方法で善を助長して断絶させないようにする。たとえば城を保全する貢献のようである。『勝鬘経』には「正法を守護し、正法を摂受するのが第一である」と説かれている。このようにして随喜のない心を覆し取り除きなさい。

九には、十方の仏を思い浮かべよ。以前は悪友に親近してその言葉を信用していたが、これからは十方の仏を思い浮かべ、無碍の慈みを受け止めて不請の友とし、無碍の智を受け入れて偉大な指導者とする。〔このように考えて〕悪友に従おうとする心を覆し取り除きなさい。

十には、罪の本質は空であると観察せよ。貪瞋痴の心がみな寂静の門であると徹底して理解せよ。なぜなら、貪りと瞋りはどこから起こって来るのか。この貪りと瞋りは妄らな思いにあり、妄らな思いは誤った見解にあり、誤った見解は身見にあり、身見は我見にあり、我見はどこにも実在していない。十方にひたすら求めても、我を求め得ることができない。我心はおのずから空であり、罪にも福にも主体がない。罪と福との真実の姿を深く洞察すれば、あまねく十方を照らし見ることができる。これからは、この空の智慧を心と相応させる。あたかも、日の出の時に、朝露は一気に蒸発するかのようである。一切の種々の心はすべて寂静の門であり、寂静を示しているからである。このようにして無明の暗闇を覆し取り除きなさい。

これは、生死輪廻の流れに逆らい涅槃の道に従う十種の懺悔であり、これを実践することによって四重五逆の重罪も滅ぼすことができる。しかし、もしこの逆流十心を理解せず、是非が判断できなければ、ただ道場で修行し、徒に苦行を重ねても、それは真実の懺悔にはならず、大きな効果をあげることはない。この逆流十心の実践を伴う懺悔こそが、事中の重罪に対して有効な懺悔なのである。(18) 前述のように、事の罪は、貪瞋痴慢疑といった事に迷う惑を原因とする鈍使罪であるが、この種の重罪に対する懺悔は、上掲の逆流十心を観じる実践を、種々の作法による懺悔と併せて修する必要があるとされる[19]。というのは、逆流十心の理観は、鈍使重罪に対処するための「理懺」であり、これによって愛による煩悩道を断ち切ることができるが、同時に「事懺」によって苦道と業道による障害を取り除く必要があるからであろう。

一方、見罪、つまり身辺邪取戒という理に迷う惑を原因とする利使罪であるが、この種の重罪も、前述した鈍使罪の生成と同様な流れ（順流十心）に沿って形成されるものである。これに対する懺悔は理観を強めることを中心に行うべきものであるが、行者の執着心が強い場合は、さらに懺悔作法による補助が必要とされている[20]。利使罪を懺悔する際の理観は、以下の「逆流十心」として纏められている。

一翻破不信者、即点身見心、令識無明苦集、如欝頭藍弗得非想定、世人崇之如仏、不識苦集、報尽還堕。須跋陀羅得非想定、雖無麁想、有細煩悩。長爪利智而受不受、高著外道、尚未出見、非是涅槃。況麁浅者、尚不逮藍弗、而言是真道、豈非大僻。是人愛著観空智慧、是事不知、名為無明。而起違従、依見造行、見行依色、即是名色、名色即是苦等。迷苦起於愛有、有生未来生死、流転相続、豈是寂滅。若謂生死尽者、乃是漫語、呼無明見心為道、非道為道、非因計因、名為戒取、豈非因盗。呼未来三途苦報為涅槃、此是見取、非果計果、是為果盗、身辺邪見、其事可知。如此見心、乃是苦集、非滅道也。尚非三蔵道滅、豈是摩訶衍道滅。若能如是、即知世間因果、復識出世因果。故『大品』云、「般若能示世間相、所謂示是道非道」。是為深識見心苦集也。又深者、非但知無明苦集、亦識三蔵因果、亦識因縁生法即空四諦因果。又復深者、亦知因縁即仮無量四諦因果。又復深者、亦知因縁即中無作四諦因果、於一見心、具識一切因果。故『大経』云、於一念心、悉能称量無量生死。是名不可思議。故名深信破不信也。

二生重慚愧者、不見我心中三諦之理名慚愧。且約理観論人天者、慚乾慧性地之人、愧四果浄天、三十心人、十地義天、五品六根清浄之人、四十二位天。例如作意得報名為人、自然果報名為天。三種天人亦復如是。方便道名為人、真理顕名為天、見心造罪、覆三諦理。不逮三種人天、是故慚愧、翻破無慚愧心也。

三怖畏者、知見心造罪、此過深重。『大論』云、諸仏説空義、為離諸見故。若復見有空、諸仏所不化。我今由見而起大罪、此間劫尽他方獄生。此間劫成、還来此処、如是展転、無量無辺。若説果報所受之身、当吐熱血死。故知見罪大重。既非無漏不出生死、煩悩潤業堕落何疑。一念不追、永無出日。為是義故、生大怖畏、翻破不畏悪道心也。

四発露者、従来諸見而生愛著、覆此三諦、不能決定生信。今知見過失、発却三疑、無所隠諱、顕其諦性、是為発露翻破覆蔵罪心也。

五断相続心者、三諦之観、勿令有間、以八正道、治三惑心、断而不習、此翻破相続悪心也。

六発菩提心者、即是縁三諦理、皆如虚空。空則無辺愍傷一切、普令度脱。昔迷此起惑有無辺故、罪亦無辺。今菩提心遍於法界、起無作善、亦遍法界。翻破昔遍空、無作悪也。奏師子琴余絃断絶、即此義也。

七修功補過者、三諦道品、即是菩薩宝炬陀羅尼、是行道法趣涅槃門。如此道品、念念相続、即是修功補過。昔執於見謂為涅槃、於見不動不修道品、設令動有入無、如屈歩虫、雖於見動、亦不能修道品。今知有無是見、不執為実、是名見動而不修道品。若破析諸見、行於道品、是名見動而修道品。又体見即空即仮即中、既言即者、於見不動而修三種道品、是為修功補於縦見之過也。

八守護正法者、昔護見不令他破、方便申通。今護三諦諸空不令見破、若有留滞、善巧申弘。亡身存法、猶如父母守護其子、此翻破毀善事也。

九念十方仏者、昔服見毒、常無厭足、如渇思飲。又遇悪師、如加以鹹水、以苦捨苦。我慢矜高、諂心不実、於千万億劫、不聞仏名字。今念三諦不来不去即是仏、無生法即是仏、常為諦理所護。此翻破狎悪友心。十観罪性空者、此三種惑本来寂静、而我不了妄謂是非、如熱病人見諸龍鬼、今観見如幻如化。来無所従、去無足跡、亦復不至東西南北。一切罪福、亦復如是。一空一切空、空即罪性、罪性即空、此翻破顛倒心也。(巻四上。T46, 40c10-41b24)

一には、不信を覆し取り除け。身見の心を覆して無明の苦集をわからせ、世間の人々が彼を仏のように崇めたことがあったが、苦集を識らなかったため命が尽き、地獄に堕ちた。鬱頭藍弗が非想定を得て、麁想はなかったが、細い煩悩があった。長爪は利智であったが不受を受けた。須跋陀羅は非想定を得て、麁想はなかったが、細い煩悩があった。〔このような〕高名な外道であっても悪見を超脱していないため涅槃に入ることはない。麁浅の者がなおも鬱頭藍弗に及ばずして真なる道を得たと言うのは愚かさを極めている。この人は空を観察する智慧に愛著して、このことを知らないので名づけて無明とする。そしてこの無明が起き、悪見に拠って悪行を犯す。見行は色に拠るが、これは名色である。名色とは苦などである。苦に迷って愛有を起こす。有は未来の生死を生じさせ、それに流転相続してしまう。どうして寂滅になろうか。もしそれで生死が尽きるというならそれは嘘である。無明の見心を呼んで道とし、非道を道とし、非因を因と考えるのは名づけて戒取見とするが、これが因盗でなくて何であろうか。未来の三途の苦報を呼んで涅槃とするのは、これは見取見である。非果を果と考えるのは果盗である。身見・辺見・邪見、その事を理解しなければならない。このような見心は苦集であり、滅道ではないのである。三蔵の道滅ですらないのに、どうして摩訶衍の道滅になろうか。このように認識すれば、世間の因果を知り、再び出世の因果を識る。だから『大品』には「般若は能く世間の姿を示す。いわゆる是道非道を示すということである」と説かれている。これは深く見心の苦集を知ることである。さらに深めれば、ただ無明の苦集を知るに止まらず、三蔵の説く因果も知り、因縁生法即空の四諦の因果も知ることになる。さらに深めていけば、因縁即仮という無量の四諦の因果も知ることになる。さらに深めれば、因縁即中という無作の四諦の因果を知ることになる。一の見心において、具さに一切の因果が知られる。だから『涅槃経』には「一念の心において、ことごとく能く無量の生死を称量する。これを不可思議と名づける」と説かれている。だから深信と名づける。信じない心を取り除きなさい。

二には、重く慚愧する心を起こせ。我心の中の三諦の理を見ないことを慚愧と名づける。まずは理観の立場から人天を論じれば、慚は乾慧地と性地の人に関わり、愧は四果の浄天、三十心の人、十地の義天、五品弟子位と六根清浄位の人、四十二位の天に関わる。たとえば作意して得た報いを名づけて人とし、自然に果報を得るのを名づけて天とするようである。三種の天人もまたこのようである。方便道を名づけて人とし、真理の顕れを名づけて天とする。見心は罪を造り、三諦の理を覆う。三種の人天にも及ばないため慚愧する。慚愧を覚えない心を覆し取り除きなさい。

三には、怖畏せよ。見心が罪を造り、その過ちは深刻で重大であると知る。『大論』には「諸仏が空の真理を説くのは、衆生に諸見を離れさせせようとするためである。もしまた、空有りと見るならば、それは諸仏の教化していない人である」と説かれている。我はいま見によって大罪を起こし、ここでの劫が尽きると他方の地獄に生まれる。ここでの劫が終わればまたここに戻って来る。このように展転することが無量無辺である。果報を受ける身を説くならば、罪人は熱血を吐いて死ぬことになる。だから見罪が大変な重罪であると知る。すでに無漏ではないのだから生死を出ず、煩悩は業を育む。堕落することに何の疑いもない。一念が追いつかなければ、脱出する日が永遠にやってこない。このため、深刻な怖畏心を覚える。悪道を畏れない心を覆し取り除きなさい。

四には、発露せよ。これまでは、諸見によって愛著を生じ、この三諦を覆し、決定して信を生じることはできない。これからは見の過失を知り、三疑を発却し隠諱することがなければ、その諦性が顕れる。これを発露という。

罪を覆蔵する心を覆し取り除きなさい。

五には、悪事を相続しようとする心を断ぜよ。三諦の観に断続の間を空けず、八正道で三惑の心を治し、断ち切って習慣としない。このように悪を相続する心を覆し取り除きなさい。

六には、菩提心を発せよ。三諦の理に基づけばみな虚空のようであり、空であれば無辺であり、一切を愍傷してあまねく度脱させる。以前はこれに迷って惑を起こし、有が無辺であるから罪もまた無辺であったが、これからは菩提心を法界に遍在させ、無作の善を起こしてまた法界に遍在させる。以前の、空に遍する無作の悪を覆し取り除きなさい。師子の筋で作った琴を奏でればほかの絃は断絶してしまうというのはこの義である。

七には、功徳を修めて過ちを埋め合わせよ。三諦の道品は菩薩の宝炬陀羅尼であり、道法を行じて涅槃に趣く門である。これらの道品を一念一念に相続すれば、功徳を修めて過ちを埋め合わせることになる。以前は見に執着して涅槃と思い込み、見に頑固に執着して道品を修めず、たとえ有を動じて無に入るとしても屈歩虫のようにわずかにしか動けなかった。見において動く時もあるとはいえ、まだ道品を修めることができなかった。これからは、有無は見であると知り執して実としないから、これは見を変えたが道品を修めないという。種々の見を取り除き道品を実践すれば、見を変えて道品を修めるという。見を即空即仮即中と体得する。すでに「即」であれば、見を変えずして三種の道品を修める。これは功徳を修めてすべての見の過ちを埋め合わせることである。

八には、正法を守護せよ。以前は見を護って他に破られないように方便して申通していたが、これからは三諦の諸々の空を護って見によって破られないようにし、もし留滞あれば善巧に広めて、身を犠牲にしても法を守ろうとすることは、父母がその子供を守護するようにする。このようにして善事を破壊しようとする心を覆し取り除きなさい。

九には、十方の仏を念ぜよ。以前は見の毒を服して常に厭きることがなかった様子は、喉が渇いて〔水を〕飲みたがるかのようであった。また悪師に出会えば、さらに塩水を口にし、苦によって苦を捨てるようである。我慢矜高にして諂心不実であり、千万億劫において仏の名字を聞くことがなかった。これからは三諦が来ることもなく去っていくこともないことが仏そのものであり、無生の法は仏そのものであると念じる。常に真理によって護られている。このようにして悪友に親しみたい心を覆し取り除きなさい。

十には、罪の本質が空であることを観察せよ。三種の惑は本来静まりきったものであるにもかかわらず、自分がそれを理解せず妄りに是非を言うこと、熱病の人が種々の龍鬼を見るかのようである。これからは見を観察すること、幻化のようであり、来る場所もなければ去る時にも跡がなく、そして、それが去っていく方向として東西南北のいずれでもない。すべての罪と福もまたこのようである。一が空であればすべてが空であり、空が罪の本質であり、罪の本質は空である。このようにして誤った見解に傾く心を覆し取り除きなさい。

この逆流十心は、要するに、利使重罪を懺悔する際に必ず行うべき「理懺」である。この懺悔を修する場合も、空仮中の三諦を深く観じた上で、さらに作法に基づく懺悔も実践すべきであるとされている[21]。つまり、利使重罪の懺悔は、「理懺」を中心とするものの、これとともに「事懺」を行ずることも必要とされるのである。

以上述べてきたのは、『摩訶止観』で説かれている、事と理に関わる二種類の罪に対する懺悔である。そして、智顗はさらに続けて次のように述べている。このように懺悔を実践することによって、障道の罪が滅び、戒体が清浄になるため、三昧が現前して止観も開発される。なぜなら、事戒が清められるため、根本の三昧が現前し、世智と他心智が発明するからである。また、無生戒が清浄になるため、真諦三昧が現前し、一切智が開発されるからである。即仮戒が浄められるため、俗諦三昧が現前し、道種智が開くことになるからである。即中戒が清められるため、王三昧が現前し、一切種智が開発されるからである。この三諦三昧を得るため、王三昧というのである。その中には一切の三昧がことごとく入っており、そこからさらに一切の諸定を生み出し、具足しないものがないから、「止」というのである。また、一切の諸智をすべて具足しているから、「観」というのである。だから、清浄に持戒すること、そして懇惻に懺悔することは、ともに止観の初縁であることがわかるのである。(22)

注　記

（1）壬生台舜［1975］（「仏教における懺悔の語義」『大正大学研究紀要』六十一。p. 79）。
（2）沢田謙照［1984］（「仏教の懺悔思想の展開に於る若干の問題」『坪井俊映博士頌寿記念　仏教文化論考』京都、仏教大学。p. 701）。
（3）森［1998］（p. 78）。
（4）塩入良道［1985］（「天台智顗禅師における懺悔の展開」『大正大学大学院研究論集』九。p. 4）。
（5）塩入［1985］（p. 8）。
（6）『最妙初教経』は現存していないが、『法苑珠林』（T53, No. 2122）巻八十六には、『最妙初教経』の内容として以下の経文を引用している。「仏告舎利弗、我憶往昔、有一比丘、名曰欣慶、犯四重禁、来至僧中、九十九夜懺悔自責、罪業即滅、戒根即生、如初受戒時無有異也。如人移樹、余処得生、弥更滋長、乃得成樹、破戒懺悔、亦復如是。爾時破戒比丘、自知犯罪、心生慚愧、転加苦行、乃経七年、道成羅漢。説是品時、五百破戒比丘、以慚愧故、戒根還復」（912c3-10）。この内容は、『次第禅門』に見える引用文とかなり共通していることから、同一の経典からの引用であると考えられる。
（7）『次第禅門』巻二では、この場合の相をおよそ次の四種類にまとめている。「一夢中見相、二於行道時聞空中声、或見異相及諸霊瑞、三坐中覩見善悪破戒持戒等相、四以内証種種法門道心開発等為相。此随軽重判之、不可定説」（T46, 485c29-486a3）。
（8）『次第禅門』巻二に見える原文は次の通りである。「二明観相懺悔者、行人依諸経中懺悔方法、専心用意、於静心中見種種諸相、如

菩薩戒中所説、若懺十重、要須見好相乃滅相者、仏来摩頂、見光華種種瑞相已、罪即得滅。若不見相、雖懺無益。諸大乗方等陀羅尼行法中、多有此観相懺法。三蔵及雑阿含中、亦説観相懺悔方法、謂作地獄毒蛇白毫等観相、成就即説罪滅。此悉就定心中作、故観相懺悔多依修定法説」(T46, 485c18-27)。

(9) すなわち、『仏説観普賢菩薩行法経』(T9, No. 277)。

(10)『次第禅門』巻二に見える原文は次の通りである。「如普賢観経中偈説、一切業障海、皆由妄想生。若欲懺悔者、端坐念実相。衆罪如霜露、慧日能消除。是故至誠心、懺悔六情根。……故維摩羅詰謂優波離、彼自無罪、勿増其過、当直爾除滅、勿擾其心。又如『普賢観経』中説、観心無心、法不住法、我心自空、罪福無主。一切諸法、皆悉如是、無住無壊。作是懺悔、名大懺悔、名荘厳懺悔、名破壊心識懺悔、名無罪相懺悔。行此悔者、心如流水、念念之中見普賢菩薩及十方仏。故知深観無生、名大懺悔、於懺悔中最尊最妙、一切大乗経中明懺悔法、悉以此観為主。若離此観、則不得名大方等懺也。問曰、観無生懺悔、云何知罪滅相。答曰、如是用心、於念念中、即諸罪業念念自滅。若欲知障道法転者、精勤不已、諸相亦当自現。観此可知、如前観相中所説。善夢霊瑞、定慧開発等相、此中応具明。復次、若行者観心与理相応、即是罪滅之相、不労余求。故『普賢観経』中言、令此空慧与心相応、当知於一念中能滅百万億阿僧祇劫生死重罪、以此為証。若得無生忍慧、則便究尽罪源、此則尸羅清浄、可修禅定」(T46, 486a16-c2)。

(11)『次第禅門』巻二「一明作法懺悔者、破違無作障道罪。二明観相懺者、破除体性悪業罪。故摩訶衍論云、若比丘犯殺生戒、雖復懺悔、得戒清浄、障道罪滅、而殺報不滅。此可以証前釈後。当知観相懺悔用功既大、能除体性之罪。三観無生懺悔罪滅者、破除無明一切煩悩習因之罪、此則究竟除罪源本」(T46, 486c7-14)。

(12)『次第禅門』巻二「一者作法懺悔、罪滅或復不復。如冷病人服於薑桂、所患除差、身有復不復。二者観相懺悔、非唯罪滅、能発禅定、此則過本。何以故、本無禅定故。如冷病人服石散等、非但冷除、亦復肥壮過本。三者観無生懺悔、非唯罪滅、発諸禅定、乃得成道、此為増上過本。如病服於仙薬、非直病除、乃得仙通、神変自在」(T46, 486c22-28)。

(13) ここで説かれた「十法」は、後の『摩訶止観』に至ると、さらに「順逆の十心」として発展することになるが、それについては後文に譲ることにする。

(14)『妙勝定経』とは、『最妙勝定経』とも言い、中国仏教では最も影響力のあった中国撰述経典の一つとして、智顗『摩訶止観』(T46, 136b)、道宣『続高僧伝』(T50, 562c)、延寿『宗鏡録』(T48, 686b) などで言及されている。関口真大 [1969]（「『妙勝定経』考」『天台止観の研究』東京、岩波書店)、方広錩 (主編) [1995] (『蔵外仏教文献』第一輯、北京、宗教文化出版社。pp. 338-348) を参照。

(15) 厳密に見ていけば、智顗による「事懺」と「理懺」の規定は、唐代の湛然を経て宋代において確立されたものとはやや相違しているが、この点に関しては次節で論じることとする。

(16)『大智度論』巻七には「煩悩者能令心煩能作悩故。名為煩悩。煩悩有二種。内著外著。内著者五見疑慢等。外著者婬瞋等。無明内外共。復有二種結。一属愛二属見」(T25, 110a28-b3) と説明されている。

(17)『摩訶止観』巻四上「四明懺浄者。事理二犯、倶障止観、定慧不発、云何懺悔、令罪消滅、不障止観耶。若犯事中軽過、律文皆有懺法。懺法若成、悉名清浄、戒浄障転、止観易明。若犯重者、仏法死人、小乗無懺法、若依大乗、許其懺悔。如上四種三昧中説、下当更明。次理観小僻、不当諦者。此人執心若薄、不苟封滞、但用正観心、破其見著、慚愧有羞、低頭自責、策心正轍、罪障可消、能発止観也。見若重者、還於観心中修懺、下当説也」(T46, 39c3-13)。

(18)『摩訶止観』巻四上「是為十種懺悔、順涅槃道、逆生死流、能滅四重五逆之過。若不解此十心、全不識是非、云何懺悔。設入道場、徒為苦行、終無大益。『涅槃』云、若言勤修苦行、是大涅槃近因縁者、無有是処、即此意也。是名懺悔事中重罪也」(T46, 40b29-c5)。

(19)『摩訶止観』巻四上「向運十心、附事為懺、懺鈍使罪」(T46, 40c7-8)。

(20)『摩訶止観』巻四上「次懺見罪者、以見惑故、順生死流、如前所説。向運十心、附事為懺、懺鈍使罪。今扶理懺見、懺利使罪。然見心猛盛、起重煩悩、応傍用事助。如服下薬、須加巴豆、令尌瀉尽底。是故還約十法、以明懺見」(T46, 40c5-10)。

(21)『摩訶止観』巻四上「運此十懺時、深観三諦、又加事法、以殷重心、不惜身命、名第二健児」(T46, 41b24-26)。

(22)『摩訶止観』巻四上「是名事理両懺、障道罪滅、尸羅清浄、三昧現前、止観開発。事戒浄故、根本三昧現前、世智・他心智開発。無生戒浄故、真諦三昧現前、一切智開発。即仮戒浄故、俗諦三昧現前、道種智開発。即中戒浄故、王三昧現前、一切種智開発。得此三諦三昧、故名王三昧。一切三昧、悉入其中。又能出生一切諸定、無不具足、故名為止。又能具足一切諸智、故名為観。故知持戒清浄、懇惻懺悔、倶為止観初縁、意在此也」(T46, 41b26-c6)。

第二節　湛然の懺悔思想

第一項　『止観輔行伝弘決』における「懺浄理論」の解釈

一　総　論

湛然の懺悔理論は主として『止観輔行伝弘決』の中で展開されるが、やはり、それは『摩訶止観』の「懺浄理論」に対する解釈の形で示されている。その中で、湛然は、『摩訶止観』に説かれた事の重罪と見の重罪に対する懺悔について、次のように概観している。すなわち、事の重罪は、愛（貪、瞋、痴という事に迷う惑）を原因として犯された罪であり、必ず四種三昧に基づいて、種々の懺悔作法と併せて理懺を実践し、その理観で対治することによって、罪を滅して戒体の清浄を取り戻すことができる。そして、その具体的な方法が、『摩訶止観』で明かされる逆順十心なのであるという。[1] 次に、見における罪は我見邪見を原因とする罪であり、この場合の重罪の対治は、ただ観心のみによるのではなく、事懺を実践しながら、同時に観心を行うべきであるという。その際に、事懺に依るのみで観心を欠

いていれば、見における重罪を取り除くことはできないとされている。(2)

『摩訶止観』は、この二種の重罪を対治するために「理懺」の実践を提示し、その具体的な内容が「順逆の十心」として論じられていることは、前述の通りである。この「順逆の十心」について、湛然は以下のように概観している。

> 文立二十、義分三二、意有遠近。言三二者、一逆順、二愛見、三事理。逆順是功能、愛見是犯因、事理是所顕。言遠近者、近在復浄、遠期正行。於中先列順流十心、従細至麁。初由一念無始無明、乃至成就一闡提罪。次逆流十心、則従麁至細、故先翻破一闡提罪、乃至方達無明性空。先順流中、見愛同是従細至麁、順於生死、是故順流同立一門、至逆流中、方分愛見。（『止観輔行伝弘決』巻第四之二。T46, 259a17-25)

『摩訶止観』に立てられている二十の心は、意味によって三つの二対の項目に分けられ、それぞれに意味上の遠近がある。三つの二対の項目とは、一には逆と順、二には愛と見、三には事と理である。逆と順は機能、愛と見は罪の原因、事と理は顕されるものである。遠近と言うのは、近は清浄を取り戻すことをいい、遠は未来の正行を望むことをいう。その中で、まずは順流の十心を細より麁へ至る順に挙げている。初めは一念の無始無明から始まり、一闡提の罪を犯してしまうまでである。次は、逆流の十心は麁より細へ至る順に挙げるため、まずは一闡提の罪を覆し取り除くことから始まり、最後は無明の本質が空であると明らかにするまでである。まずは順流十心の中に、見・愛は、ともに細より麁に至り、生死の流れに従っているため、順流十心の場合は見・愛を同時にまとめているが、逆流十心に入ってから、ようやく愛と見と分けてとり扱うようになる。

これによれば、『摩訶止観』は順観十心と逆観十心を提示するが、その論述は三つのことがらをそれぞれ二重に説いている。三つのことがらの一は観心の方法としての逆順十心であり、二は愛と見であり、三は事と理である。そのうち、逆順十心は罪の生成を対治する働きをし、そして愛と見は罪を犯す根本原因であり、最後の事と理は顕される懺悔である。この実践は、直接には戒体の清浄を取り戻すためのものであり、究極的には仏道を成就するためのものである。その中、まず順流の十心を列挙していくが、悪の微細な心から麁悪な心に至る順に列挙されている。これは、最初の一念の無始無明から、最後に一闡提の罪が形成されるまでの過程を辿っていくことにほかならない。次は逆流の十心であるが、これは逆に麁から細へと遡り、まず一闡提の罪を翻除することから始め、最後に無明が性空であることを自覚するまでに至る。二の見と愛も同様に、微細な煩悩から麁悪な罪へと至るけれども、愛罪と見罪とは、その生成過程を現す順流十心においては同じである。それを退治するための逆流十心において初めて、愛罪を対治する逆流十心と見罪に対する逆流十心とに分けられることになる。

湛然は、『摩訶止観』で説かれる「順流十心」については、その中に現れる「魯扈」という語に説明を加えるだけで、他には一切、注釈を付してはいない。[3] ところが、二種の逆流十心を説く部分に対しては、湛然は一転して、詳細な解釈を施しはじめるのである。そこで、次に、『止観輔行伝弘決』の文脈に沿いながら、鈍使罪を対治する逆流十心と利使罪を対治する逆流十心に関する湛然の解釈について、考察していくこととする。

二　鈍使罪を退治する逆流十心の解釈

『止観輔行伝弘決』は、『摩訶止観』に「逆流十心」――正信因果、自愧剋責、怖畏悪道、発露莫覆瑕疵、断相続心、発菩提心、修功補過、守護正法、念十方仏、観罪性空という十心――として説かれた内容に対して、順次、以下のような解釈を展開している。

『摩訶止観』巻四上（T46, 40a10-b29）の「逆流十心」	『止観輔行伝弘決』巻四之二（T46, 259a27-260b28）の「逆流十心」釈
正信因果	次逆流二、先愛、次見。初愛者、初正信因果中、「孱」者、現也。（259a27-28）
自愧剋責	「咄哉無鉤」者、咄嗟驚愕。知我宿為無慚之人、而今自愧、昔無信鉤、致造重罪、如狂象無鉤、不可控制、今以慚愧鉤、鉤無慚心象。是故『大経』有二白法、能救衆生、一慚二愧、慚者自不作罪、愧者発露向人。又慚者、内自愧恥。愧者、不令他作。慚人愧天等、諸解不同。若無慚愧、名為畜生。（259a28-b6）
怖畏悪道	「千載」者、乃是随俗之言、一失人身、万劫不復。「綿邈」者、遠貌也。三界長途、応以万行而為資糧。生死曠海、応以智慧而為船筏。是故応当怖畏無常、預弁資糧、預修船筏。一旦瞑目、当復仗誰、故云「安寄」。此無常法、賢聖棄者、非恃怙故。無母可恃、無父可怙。不能生長出世善身、名無恃怙。「年事稍去」等者、寄年事者、而為語端。言「風刀」者、人命欲尽、必為業力散風所解。如解鞴囊使息風不続、如解溝瀆使血脈不流、如解機関使筋節不応、如解火炬使暖気滅尽、如解坏器使骨肉分離。四大既分、応遭塗炭。如何端拱、不修善本耶。（259b6-18） 「如野干」者、『大論』十三云、譬如野干在林樹間、依諸師子及虎豹等、求其余肉、以自存活、時間空闕、夜半逾城、深入人舎、求肉不得。避走睡息、不覚竟夜、惶怖無計。始欲起行、慮不自免。住懼死痛、便詐死在地。衆人来見、有一

人言須野干耳、即便截去。野干自念、截耳雖痛、但令身在。次一人来言須其尾、復自念言截尾小事。次一人言須野干牙、野干自念、取者転多、儻取我頭、則無活路。即従地起、奮力絶勇。間関歴渉、径得自済。行者之心、求脱苦難、亦復如是。生不修如失耳、老不修如失尾、病不修如失牙。豈更至死、則如失頭。以老病時、猶自寛者、可有差期。死事不奢、自知無冀。(259b18-c3)

「如阿輸柯王」等者、『大論』二十云、阿育王宮常供六万羅漢、王阿輸柯是育王弟、毎見衆僧受王供養、便云何得而常受供。王言、雖受常観無常、何暇貪染、弟常不信。王欲調之、密遣人教擅登王位、王便侯得而問之言、国二主耶、即欲誅罰、且令七日受閻浮提主、過是当殺。七日之内、恣意五欲。一日過已、即令旃陀羅振鈴告云、一日已過、余六日在当死。如是満七日已、振鈴云、七日已過、今日当死。王便問言、閻浮提主受楽暢不。答言、我都不見不聞不覚。何以故。旃陀羅日日振鈴、高声唱言。七日之中已爾、許日過、爾許日在当死。我聞是声、雖作閻浮提主、得妙五欲、以憂深故、不聞不見。是故当知、多楽力弱、若人遍身受楽、一処針刺、衆楽都息、但覚刺痛。王言、比丘亦爾、但観無常苦空無我、何暇貪著念受供養。翻破不畏悪道心者、念彼悪道、如聞鈴声、不久断頭。
(259c3-21)

『法句経』云、昔有天帝、自知命終、生於驢中、愁憂不已云、救苦厄者、唯仏世尊。便至仏所、稽首伏地、帰依於仏。未起之間、其命便終、生於驢胎、鞚断破他陶家坏器、器主打之、遂傷其胎、還入天帝身中。仏言、殞命之際、帰依三

宝、罪対已畢。天帝聞之得初果。故暫帰依、即能翻破悪道心也。(259c21-28)

発露莫覆瑕疵

「発露」者、『大経』十七云、智者有二、一者性不作悪、二者発露向人。愚者亦二、一者作罪、二者覆蔵。玉之外病為瑕、玉之内病為疵。故可以譬隠顕二過。如若覆瑕疵、名無慚愧。「賊毒悪草」等者、若発露者、如検偸賊、不令密住。如剪毒樹、留則長悪、如抜悪草、留則滋蔓。「根露」等者、夫罪由心覆、若翻前覆、心如伐樹得根、竭流得源、則条枯流竭。「若覆」等者、罪是悪因、覆則不滅。人覆罪故、成不良人。良者、善也。「迦葉」等者、仏随機宜、貴在罪滅。若私若衆、靡有常科。『大経』十七云、覆蔵者漏、不覆蔵者名為無漏。若作罪不覆、罪則微薄。「其余行法」等者、除『方等』頭陀、其余諸経、如『般舟』『占察』『金光明』等、及以僧常六時行儀、不云向人、即是其類。如「陰隠有癰」等者、作罪未露、如隠陰癰。儻至来報、如則死也。(259c28-260a15)

断相続心

「若決果」等者、一懺已後、生決定想、得無罪処、名之為果、果敢也。故須「断奠」、無使復続。「如初犯」等者、原赦也。初已蒙赦、再犯難容。故知重犯罪則難滅、是故応須断相続心。故以吐喩懺已、再犯猶如更噉。如『論』云、已捨五欲楽、棄之而不顧。如何更欲得、如愚楽食吐。(260a15-21)

発菩提心

「発菩提心」者、若直爾滅罪、何必発心。如小乗中、僧別両懺、即翻無始、罪境不遍。如滅罪過、小教権文、皆由不発菩提心故。又小乗懺、但名抵責、不為護他、故無償理。為翻此等、発菩提心、余如文説。(260a21-26)

修功補過	「修功補過」者、無始作罪、必遍三業。遍故復続、続故復重。故今修功、補於昔過、須三業倶運、念念相続、策励不休。「非移」等者、昔罪深広如海、三業倶運如山。非運三業之山、豈填三過之海。(260a26-b1)
守護正法	「『勝鬘』云」等者、使現法不滅、名守護正法、集法薬無厭、名摂受正法。(260b1-3)
念十方仏	「親狎悪友」等者、以悪知識能損壊人菩提善根。『大経』二十云、如悪象等、唯能壊於不浄臭身。悪知識者、能壊浄身。肉身法身、至三趣不至三趣、身怨法怨等、亦復如是。「念無碍慈」等者、慈能順物為我善友、翻彼昔日親狎悪人、智能破邪導我迷僻、翻破昔日信悪友言。(260b3-9)
観罪性空	「了達貪瞋痴」至「求我不可得」者、昔従無住、起於我見、乃至貪瞋。今却推貪瞋、至無住処、根本既亡、枝条自傾。此中所計、非神我也。但是無始妄計仮名。言「寂静門」者、由観心故、通至寂静、是故諸心為寂静門。『経』中復云、示寂静故、既因諸心能見寂静、如因指示、見所至処。故『宝篋経』上巻云、文殊師利於東方荘厳国仏名光相、現在説法。有大声聞、名曰智灯、因文殊問、黙而不答。彼仏告文殊言、可説法門、令諸衆生得無上道。文殊答言、一切諸法皆是寂静門、示寂静故。時有法勇菩薩、問文殊師利言、如来所説及貪瞋痴是寂静門、示寂静耶。文殊問言、三毒何所起。答言、起於妄念、妄念住於顛倒、顛倒住於我所、我所住於身見、身見住於我見、我見則無所住（一一句皆一問一答具

如初句)。如是我見、十方推求皆不可得。以是義故、我説諸法皆是寂静門。此中全用彼経文意、但是語略、比之可見。(260b9-28)

このように、湛然は、事罪を対治するための「逆流十心」に対する注釈において、『摩訶止観』本来の内容に忠実に基づきながら、中に見える難解な語句や経典の典拠を一つずつ丁寧に取り上げて解釈を施していることがわかる。そのため、この注釈文の中から湛然独自の理解および思想といったものを見つけ出すことは困難である。しかし、ここで注意を喚起したいことが一つある。それは湛然がこのような注記を施したことによって、『摩訶止観』ではかなり簡略に述べられ、本文だけを読んだのでは理解が難しかった内容が、かなり平易になっているという事実とその重要性である。『摩訶止観』の所説が理解し易くなったことは、我々の研究にとっても有益であるが、『止観輔行伝弘決』の成立を待ちかねるかのように、湛然の門下たちが密かに写しはじめ、続く動乱期には弟子たちが同書を懐にして避難生活を送ったという当時の状況を思い起こせば、特に修学困難な社会状況の中に生きた求道者たちにとっての『止観輔行伝弘決』は、『摩訶止観』学修のために必要不可欠なものであったに違いないのである。

三　利使罪を退治する逆流十心の解釈

次に、見に関わる重罪を対治、懺悔するための「逆流十心」に、湛然はどのような解釈を施しているのか、見ていきたい。湛然によれば、愛によって生じた重罪を対治するための「逆流十心」は、いずれも事懺に伴う形で説かれているが、愛は鈍使の惑であり、その罪は「鈍使罪」になる。したがって、これに対応する懺悔を行うことで罪は滅ぼせるものの、その鈍使の惑は完全に消えるわけではない。また、愛による罪は、事において生じてくるため、それに対する懺悔には事懺の実行も必要とされる。一方、妄見というものは真理にそむくことから生じるものであり、これを懺悔するには理懺の実践が必要である。しかし、特に重罪を懺悔する場合には、やはり理懺と事懺とを併せて実践しなければならないといわれる。(4) この部分に対する湛然の解釈は依然として随文注釈の範囲を越えず、特に注目すべき思想内容は認められないため、以下、その内容を載せるに止める。

『摩訶止観』巻四上(T46, 40c10-41c5)の「逆流十心」

一翻破不信

『止観輔行伝弘決』巻四之二(T46, 260c10-261c27)の「逆流十心」釈

「一翻破」下正釈、亦従麁至細。言「不信」者、即一闡提心也。闡提之心、由身見起。故点示之、令識苦集。何者。由身見故具八十八。以集成故、則能招苦。具如第五巻釈。「如欝頭等」者、『大論』十九云、得非想定、有五神通、日日飛入王宮中食。其王夫人依其国法接足而礼、由触足故、欲発失通、求車而出、還本山中更修五通。一心専志、垂当得定、所依林池、為諸魚鳥之所喧鬧、因発悪誓噉諸魚鳥、後還如初得非想定、生非想処。報尽却為先誓所牽、堕飛貍身。『婆沙』云、飛貍身広五十由旬、両翅相去各五十由旬、身量五百由旬、殺害衆生、水陸空行、無得免者。発悪願、故即是集、堕飛貍身、即是苦。「須跋得非想定」者、先得此定、涅槃会未来至仏所、為仏所責。雖無麁想、而有細想。帰心受道、得阿羅漢。今文所引、未得道前。長爪亦爾、起計仏責、得阿羅漢。至第五巻、略出縁起。「高著」等者、謂藍弗須跋等、於外道中高出学著者也。著字(陟抝切)「尚不逮」等者、此斥近代著見之人、及諸外道中劣者。尚不逮藍

弗、言是真道耶。既不識苦集、明無四諦、従「是人」下明無十二縁滅、但有無明乃至老死。故云豈有寂滅。「若謂」下、反斥其但有無明、無無明滅等、身辺邪見、其事可知。前五利已列戒、見二使。余三比説、亦応可見。何者。起見依色即色陰、領納於見取見像貌讃喜毀瞋、了別於見。五陰具足、故名身見、所執之見、非断即常、名為辺見。以見為正撥無因果、名為邪見、五見具足、即八十八、名為集諦、集招於苦、即苦諦也。「尚非三蔵」下、挙況斥其大小倶無。「若能如是」至「破不信」者、昔来諸見、広造諸悪、皆由迷理而順生死。今深識過患、達偏円理、見根本壊。依見所起一切皆壊、若別論破見、但識三蔵見惑之相、諸見自息。今欲遍知為円方便、顕於円理、委論深浅、広弁諸教、故云遍破諸教不信。（260c10–261a18）

二生重慚愧

「且約理観論人天」者、託事論理、今不論事、故云且約。理観人天、但取聖位、自然進道、名之為天。賢位作意、名之為人、拠理亦応合列三蔵、七方便人、四果之天、文無者略。又且約衍門、未論三蔵。又且成於三諦義足、故略三蔵。所以須約理観論人天者、為破迷理、無慚愧故。理具三諦、応須翻故三諦之上、無慚愧尽、故遍三諦以論人天。（261a19–27）

三怖畏

「若説果報」等者、『大品』「信謗品」云、毀般若者、即是毀訾三世諸仏。無量億劫、堕於地獄。従於一獄、堕於一獄。遍至十方大地獄中、或得人身、而復生盲。或復生於旃陀羅家、除糞担死人家、若無一目無舌無耳無手、或畜生中受多種苦。身子問、是人以五逆罪相似耶。仏言、過五逆罪。若聴其言、信其語、亦受是苦。若死等苦、故不須問。『大論』六十七釈云、仏何故不説。有二因縁、故仏不説。一上已説其過逆受苦、今復説其身大醜悪。或信不信、不信者当受劇苦。二者若信仏語、則大憂怖、憂怖故風発吐熱血死等。若不信者、更受重苦。「翻破不畏悪道」者、釈此一条、準上下文。闕理観義。依例応云。昔依見起過破壊正理。不畏三途。今欣諦理、尚畏小乗三空悪道、三無為坑。乃至畏前三教悪道、況地獄等三途悪道。今且従於謗三諦、辺堕悪道義。(261a27-b15)

四発露

五断相続心

「以八正道等」者、以無作八道、方破三惑。(261b15-16)

六発菩提心

「有無辺故」等者、有即有漏業也、罪即漏業所招果也、乃至無漏亦漏亦無漏非漏非無漏等所招二土之罪。故知昔迷三諦業遍三惑、苦遍三土。今縁法界発菩提心、無作亦遍法界而起、故能翻破遍法界悪。(261b16-21)

七修功補過

「三諦」至「宝炬」者、『大集』云、三十七品是菩薩宝炬陀羅尼、即無作道諦。具足仏法名之為宝、遍照法界名之為炬。総持一切名陀羅尼、修如此功、何過不補。「設令」等者、縦捨有見而入無見、又不修道品不出生死。「今知有」等者、今尚知於非有非無、何況有無。言有無者且略挙耳。雖知見過而未修於念処等也。「若破」下、修析法道品。「又体見」下、尚破通別、何況三蔵、故云「体見即空仮中」。「是為」等者、縦字、平声、自浅階深、名之為縦。諸見皆破、修諸道品、

	故云「補於縦見之過」。昔因見造界内諸見、見無浅深、是故名横。今修功既深、破見亦遠、始自外見、破外入蔵、乃至別見、破別入円、至円名為非動非不動、非修非不修、是無作道品也。若具作四句、応云動修、不動不修、亦動亦不動亦修亦不修、非動非不動非修非不修。復以四動、以対一修、成十六句。今且四修以対四動、故別説也。展転竪入、是故云縦。円理未契、悉名為過。故修一心三諦之功、補於前来次第三諦深見之過。(261b21-c12)
八守護正法	「守護正法」者、昔毀理護見、而申通於見。今毀見護理、而申通於理。若不亡身存法、何以表於護法之志。若護法志弱、将何以翻護見毀善、是故復喩父母護子。(261c12-16)
九念十方仏	「念十方仏」者、昔内服諸見、外加悪師、故順於三惑、背三諦理。今内念三諦、諦即是仏、内外具足、故能翻破親狎悪友。若爾、理性云何得是仏耶。故引『大品』、薩陀波崙空中見仏、後見曇無竭。乃問言、仏従何所来。答言、不来不去即是仏、無生法即是仏。是故当知覚無生智即是於仏。若爾、法即是仏、故能翻昔悪法悪師。(261c16-23)
十観罪性空	「観罪性空」者、初叙計実、故不了性空。凡一念心三惑具足、即此三惑、本自涅槃、故云寂静。「今観」下、明見性空。「一空一切空」下、釈向性空。恐謂如幻不来去等、以為但空、故重釈云「一空一切空」等。(261c23-27)

第二項　湛然の懺悔理論の特徴

一　問題の所在

前項では、『摩訶止観』の「懺浄理論」に対する注釈の形で展開された、『止観輔行伝弘決』の懺悔思想の概容について考察してきた。しかしながら、少なくとも『止観輔行伝弘決』に現れた湛然の懺悔思想には、『摩訶止観』と較べて注目すべき思想的変化は認められなかった。実際に、湛然の懺悔理論の特徴は、思想内容における進展に現れるのではなく、むしろ、その理論構造や組織に現れるものと考える。

すでに前節で述べたように、智顗の懺悔理論は、早期から晩年にかけて成立した数種の著述において説かれており、著作の成立時期と機縁によって、そこに示される懺悔理論の内容は必ずしも一様ではない。そのうち、三種懺悔と事理二懺という、最も重要な懺悔理論の分類については、すでに前文で取り上げた通りであるが、本来、智顗自身が説いた三種懺悔と事理二懺という二種類の理論は、必ずしも同一の時期に発案されたものでもなければ、同一の次元において語られたものでもなかった。しかし、唐代から宋代にかけて、この二つの理論は相互に関連づけられるようになり、共通の次元における理論として一般に理解されるに至ったが、このような理解へと人々を最初に導いたのは、湛然その人にほかならないのである。本項では、湛然がどのようにして、そして、なぜ、智顗の説いた三種懺悔と事理二懺という二つの理論を同一の平面において結びつけようとしたのかについて考察することとする。

二つの懺悔理論を関連づけようとする湛然の企ては、南山道宣（596–667）が組織したとされる「無生懺法」に対する批判をその出発点としている。この間の事情を、湛然は、『止観輔行伝弘決』の、「順流十心」の解釈に入る直前の文章において、以下のように述べている。

南山亦立無生懺法、総列三種。一者諸法性空無我、此理照心、名為小乗。二者諸法本相是空、唯情妄見、此理照用、属小菩薩。三者諸法外塵、本来無実、此理深妙、唯意縁知、是大菩薩仏果証行。南山此文、雖即有拠、然第一判属小乗、小乗且無懺重之理、況復此位已隔初心。第二第三復属菩薩及以仏果、凡夫欲依措心無地。今之所立、直明凡下欲用大乗悔重罪者、当依『方等』、『普賢観』等。是故南山判位太高、初心無分、高位無罪、何須列之。

（巻四之二。T46, 258c26–259a7）

南山道宣もまた無生懺法を立てて総じて三種を挙げている。一には諸法の本質は空にして無我であるという理であり、この理は心を照らすため名づけて小乗とする。二には諸法の本来の姿は空であるが、ただ衆生は妄りに有ると思い込んでいるだけであるという理であり、この理は用を照らすため小菩薩に属する。三には諸法外塵は本より実体がないという理であり、この理は深妙にして、ただ意識によって縁知され、大菩薩・仏果が証する行である。道宣のこの文は、拠りどころがあるとはいえ、第一は小乗に属するものと分類しているが、小乗には重罪を懺悔する理ですらないというのに、ましてこの位はすでに初発心の凡夫を隔絶している。第二と第三はまた菩薩と仏果に属するというが、凡夫がそれを拠りどころとして心を措こうとしても、その余地も残されていない。『摩訶止観』の立てる懺法は、直に凡夫が大乗の教えによって重罪を懺悔しようとすれば、当に『方等経』、『普賢観経』等に依るべきだと明らかにしている。だから、道宣の分類の基準が高すぎたせいで初発心の凡夫のために適切な方法を示さず、高位の菩薩たちは罪がないというのにどうして偉大な菩薩のための懺法を挙げる必要があろうか。

道宣の「無生懺法」に対する、湛然のこのような批判の当否や意図を正しく判断、理解するためには、ひとまず、『止観輔行伝弘決』の文脈から離れて、道宣の懺悔思想そのものについて理解する必要があるだろう。したがって、次に、道宣の「無生懺法」に対する考察から始めたい。

二　南山道宣の「無生懺法」

道宣の懺悔理論は、『四分律删繁補闕行事鈔』（T40, No. 1804）巻中四「懺六聚法篇第十六」の中で集中的に論じられている。同書に、「懺悔之法、大略有二。初則理懺、二則事懺、此之二懺、通道含俗。若論律懺、唯局道衆、由犯託受生、汚本須浄、還依初受次第治之、篇聚立儀、悔法準此」（96a27–b2）とあるように、道宣は懺悔法を、理懺、事懺、そして律懺という三種類に分けている。

このうち、理懺と事懺は出家在家を問わないのに対して、律懺は、出家衆だけを対象とし、僧伽の規制（戒律）を遵従することを前提に出家者になった彼らが、もしその規制に違犯した場合は、律の篇聚法所立の作法に従って懺悔しなければならない、とされている。この懺悔の三分類は、道宣が従来の懺悔説をまとめた結果、成立したと見られるが、道宣は、当時の仏教界の弊風を改めるべく[5]、律懺の重要性を力説していることに注目すべきであると考えられている[6]。

次に、出家在家を区別しない「通懺」である理懺と事懺について、『四分律删繁補闕行事鈔』は、理懺は利智衆生

に適応する懺法であるが、事懺は愚鈍の機根を対象とするとしている。つまり、

若拠通懺、理事二別。理拠智利、観彼罪性。由妄覆心、便結妄業。還須識妄本性無生、念念分心、業随迷遣。若論事懺、属彼愚鈍。由未見理、我倒常行、妄業翳心随境纏附、動必起行、行纏三有。為説真観、心昏智迷、止得厳浄道場、称歎虔仰、或因礼拝、或仮誦持旋繞、竭誠心縁勝境、則業有軽重、定不定別、或有転報、或有軽受。並如『仏名』『方等』諸経所明。（巻中四。T46, 96b2-10）

もし通懺によるならば、理懺と事懺との二つがある。理懺は智利によって罪の本質を観察することである。心が無明によって覆われているため誤った行為をしてしまう。やはり無明の本性は無生であることを理解しなければならず、一つ一つの思いに心を分析すれば、業は迷いと共に取り除かれる。次に、事懺について言えば、それらの愚鈍な衆生のためのものである。〔彼らは〕いまだ理を見極めていないため、我見が常に誤った行為を繰り返し、妄業によって心が覆われたため外境が変化するたびに迷いがさらに増え、心が動ずれば必ず行を起こし、行は三有に纏う。彼らのために真観を説いても、心も理智も見失っている〔ため効果が期待できない〕。厳浄道場、称歎虔仰し、あるいは礼拝、あるいは誦持旋繞によって、誠心誠意を尽くしてその心に勝境を現せば、業の軽・重、定・不定の違いにもよるが、報を変えることもあれば、受ける報が軽くなることもある。全部『仏名経』や『方等経』などの諸経に明らかにされた通りである。

と説明されているように、理懺は、智慧に基づき罪性が本来空であることを観じる実践であるが、もう一方の事懺は、心智昏昧の鈍根が、『仏名経』や『大方等陀羅尼経』などに説かれた行儀に基づいて、厳浄道場、称歎虔仰や、礼拝、

誦持旋繞などの実践を通して行なう懺悔である。この二種の懺悔は、それぞれ適応する衆生や実践法などが異なるほか、それによって期待できる効果も相違している。すなわち、理懺においては、「罪の意識は客観的に罪境にとらわれないこと、罪の処置は滅罪である」が、事懺では、「罪の意識は唯識観による。そして罪の処置は伏罪であって滅罪ではない。目的とするところは除罪にある」と考えられている。(7)

そして、上掲文に引き続き、『四分律刪繁補闕行事鈔』は理懺を三種に分けて詳しく論じていく。

言「理懺」者、既在智人、則多方便、随所施為、恒観無性。以無性故、妄我無託、事非我生、罪福無主、分見分思、分除分滅、如人醒覚、則不眠酔。然理大要、不出三種。一者、諸法性空無我、此理照心、名為小乗。二者、諸法本相是空、唯情妄見、此理照用、属小菩薩。三者、諸法外塵本無、実唯有識、此理深妙、唯意縁知、是大菩薩仏果証行。故『摂論』云「唯識通四位」等。以此三理、任智彊弱、随事観縁、無罪不遣。故『華厳』云、「一切業障海、皆従妄想生。若欲懺悔者、当求真実相。如此大懺、衆罪雲消」。(巻中四。T40, 96b10–21)

「理懺」というのは、智人のためのものであるため、方便が多く、施為するところによって常に物事の本質が無性であると観察せよ。無性であるため、妄我の実在しようがなく、事は我より生まれるのでもなければ、罪と福の主体もなく、はっきりと見てはっきりと思い、完全に除き完全に滅すること、人が目覚めれば眠りに酔わないのと同様である。しかし理の肝要は三種に出ない。一には、諸法の本質が空にして無我であるという理であり、この理は心を照らすため名づけて小乗とする。二には、諸法の本来の姿は空であるが、ただ衆生は妄りに有ると思い込んでいるだけであるという理であり、この理は用を照らすため小菩薩に属する。三には、諸法外塵は本より実体がなく識があるのみという理であり、この理は深妙にして、ただ意識によってのみ縁知される、大菩薩・

仏果が証する行である。だから『摂論』に「唯識は四位に通じる」等という。この三つの理に基づけば、智の強弱を問わず、事に従って縁を観察するので、どんな罪でも取り除かれる。だから『華厳経』には「一切の業障の海は、みな妄想より生じる。もし懺悔しようと思うならば、まさに真実の姿を追い求めるべきである。このように真剣に懺悔すれば、種々の罪は雲のように消えてしまう」と説かれている。

この内容を見ればわかるように、『止観輔行伝弘決』が道宣の「無生懺悔」として取り上げているのが、この「理懺」にほかならない。なぜ、「理懺」という名称を「無生懺悔」に変えて挙げているのかについては、後に議論することとするが、ここでは、まず道宣の「理懺」に関する規定について考えてみることとする。

道宣の「理懺」は罪性本来空であることを観じる実践を中心にまとめられた理論であるが、これを支える原理は、天台の「無生懺悔」が依拠する中観的な般若性空の原理とは異なって、真諦訳『摂大乗論』に説かれる唯識思想であったことは明らかである。唯識思想に基づいて組織された道宣の「理懺」は、諸法性空無我、諸法相空唯情妄見、諸法唯識無境という三段階の理それぞれにおいて立てられることになる。さらに、この三つの原理によって、それぞれ小乗、大乗小菩薩、大菩薩乃至仏果が証悟されるのであれば、当然ながら、三種の「理懺」もまた、それぞれ小乗、大乗小菩薩、大菩薩乃至仏果に相応する実践として説かれることになろう。

唐代南山律宗の宗匠である道宣の事理懺悔の組織という体系は、当時の仏教界には一般的に受け容れられていたと考えられるが、同時代に事理二懺を主張した律宗の人物としては、道宣と同門の道世（?-683）もいた。彼が編纂した『法苑珠林』（T53, No. 2122）巻八十六「懺悔篇」の「会意部」には、以下の記述が見える。

懺悔有二、一是迷心依事懺悔、謂仏像前行道、礼敬発願、要期断除事悪。二是智心依理懺悔、謂観身心、断除結使。但所造業有軽有重、若論軽業、事懺亦滅、若論重業、有可転者、亦能転重令軽。……事懺転重令軽、牽報不定。由不断結故、有漏力微、不尽故業、後必受報。非全不定、今故偏説観理断結。無惑潤業、業不牽生。随所断処、故業永尽、於現造業、亦不招生、則於過現所造善悪、方是究竟牽報不定。今執此義、是以偏説。故諸智者欲断過現三塗重業、即学観理、永免悪道。……故知観理是真懺悔。(916a11-b1)

懺悔は二種類ある。一には心を見失っている衆生が作法に基づいて懺悔する方法(事懺悔)であり、仏像の前で行道し、礼拝し発願し、事における悪行を断ち除くことを願うことをいう。二には智慧のある衆生が理に基づいて懺悔する方法(理懺悔)であり、身と心を観察し、煩悩を断ち除くことをいう。ただし、造られた業には軽・重があり、もし業が軽ければ、事懺悔すれば罪を滅ぼすことができるが、もし業が重ければ、完全に解消できるものもあれば、重さを軽減できるものもある。……事懺は、業の重さを軽減することができるが、業報自体を解消できるかどうかは定まっていない。煩悩を断ち切ることができないため、有漏であり力は弱く、古い業を完全にとり除かなければ、後に必ずその報いを受けることになる。不完全な方法であり、効果も確実ではないため、今は偏えに理の観察によって煩悩を断ち切ることを述べる。この理観によれば、煩悩が業を育てることがなくなり、業は輪廻を生じず、煩悩を断処すれば業が永く尽き、現在に業を造っても輪廻を招くことがなければ、過去現在に造られた善悪も結局、牽報して定かではない。今この義によって偏えに説く。だから種々の智者は過去現在三塗の重い業を断ち切ろうと思えば、理を観察することを学び、永く悪道を免れようとする。……だから観理の懺悔は真の懺悔であるとわかる。

この記述を前掲した道宣の懺悔の分類に関わる記述と較べれば、理事二懺という全体的構造やその内容において基本的に類似していることは明らかであるが、ただ道世の所説が、事理二懺の相違について、特に懺悔によって対治する罪業の軽重転滅を明確にしているところは注目に値する。従来、道宣と道世が懺悔論をめぐって対立したのは、両者の菩薩戒観の相違に起因すると指摘されてきたが[8]、しかし、罪業の過現軽重に着目したところに、道世の懺悔思想の形成過程に対する『摩訶止観』の懺悔理論の影響を予想させるものがある。この予想は、『法苑珠林』巻八十六「懺悔篇」の「違順部」の中に見える以下の論述によって、さらに強められるであろう。

夫四重五逆、仏海死屍。小乗経律、譬同斬首。既律無開縁、懺不復本。依大乗経、許其洗蕩、如呪枯木還生華果。雖許此懺、須立大心、順教奉行、如死還活。……今欲科約行業、条例順違。善悪罪福、具兼二種。先就悪業、以論違順、違於涅槃、順於生死。弁此違順、略顕十心。有罪行者、須識業相、量事而行矣。(T53, 915a21-29)

そもそも、四重五逆の重罪を犯せば仏教世界では死人同然である。小乗の経律では首切りと譬えられるものである。律では解決方法が示されていない以上、懺悔してもとり返しがつかない。大乗の経典によれば、このような罪を犯した人の懺悔が許されており、それは、枯木に呪文をかけ花を咲かせ実を結ばせるかのようである。そのような重罪に対する懺悔を許すとはいえ、かならず菩提心を持って、教えに従ってその通りに実践し、死人から生き返ったつもりで努力しなければならない。……今は行業に基づいて、順違の行を挙げよう。善悪罪福はいずれも二つの側面を兼ねている。まず悪業の違順を論じれば、涅槃に逆い生死に従っている。この違順のプロセスを明らかにするには、十心を簡略に示そう。罪を犯した人は、かならず業の相を理解し事によって適切な実践を行うべきである。

この中に見える「夫四重五逆、仏海死屍、小乗経律、譬同斬首、既律無開縁、懺不復本。依大乗経、許其洗蕩、如呪枯木還生華果」という見解は、『摩訶止観』巻四の「懺浄理論」を説く箇所に見える「若犯重者、仏法死人、小乗無懺法、若依大乗、許其懺悔」(T46, 39c3-13) と趣旨が一致している。つまり、道世は、四重五逆などの重罪に対する懺悔は小乗の教えには説かれておらず、大乗の教えに基づくしかない、と認めるのであるが、これは智顗と認識を同じくするものである。さらに驚くことに、道世が悪業生成と懺悔修善の様相として提示する「順違の十心」は、『摩訶止観』に説かれる「順流十心」および鈍使罪を対治するための「逆流十心」と完全な一致を示すのである。[9] これらの事実から、道世の懺悔思想は、一方では道宣の理事懺悔の枠組みを継承し、他方では『摩訶止観』の懺浄の実践理論を受け継ぐものと考えられるのである。

道宣と道世は菩薩戒観を異にするため、それぞれの唱える懺悔論も相違している。道宣は、「出家の菩薩としての立場において律懺のすじを通し、世に行われている大乗法としての懺法が、大きく僧伽の規制にもとるものであるから極力これを排除しようという精神から出発している」が、これに対して、道世は、「所謂十善戒ないしすべての戒または仏性戒と系譜づけられる菩薩戒の観点から、懺悔は大乗法として位置づけられる」。[10] そこで、道世は、閉鎖的な小乗の律懺ではなく、智顗が組織した中国的な大乗懺法である懺重理論に拠りつつ、道宣とは異なる懺悔理論を形成したのである。このように、道世と道宣は、戒律観や懺悔観を異にしていた。しかし、両者は共に、戒律を中国に定着させようと心を砕き、さらには大乗戒と小乗律を融和させる方法を探し求めているのである。ここには、中国仏教者としての思考と試みが伺え、唐初仏教における戒律と懺悔思想の展開の一断面が示されていると思うが、これは、同時に、湛然に懺悔思想の形成を促した思想的背景でもある。

三　道宣「無生懺法」に対する湛然の批判の真意

湛然は、道世の懺悔理論については何も言及していないが、その批判の目を主に道宣のほうに向け、次のように指摘する。道宣の無生懺法の骨格を示す三種の分類、すなわち、一、小乗の理懺――諸法性空無我の理で心を照らす――、二、小菩薩の理懺――諸法本相是空、唯情妄見の理で用を照らす――、三、大菩薩と仏果が明かし行なう理懺――諸法外塵、本来無実の理は深妙であり、ただ意識によってのみ縁知することができる――は『摂大乗論』や『華厳経』に基づいてはいるが、しかし、その判位の設定は必ずしも正確ではない。なぜなら、第一の理懺は小乗の理懺とされているが、すでに『摩訶止観』で説かれたように、小乗の教えには懺重の理すら存在しないからである。さらにこの理懺に関する規定によれば、第一の理懺には初心菩薩は入っておらず、また第二と第三の理懺は菩薩および仏果の理懺とされているが、これでは凡夫が理懺を実践することは不可能になってしまう。このような道宣の所説と較べ、智顗の無生懺悔は、凡夫のためにも大乗の悔重罪法を『大方等陀羅尼経』や『普賢観経』などに基づいて明かしており、優れている。このように、湛然は、道宣の懺悔理論の分類は判位の設定が高すぎるため、初心の菩薩が考慮されず、他方、高位の菩薩や仏果には罪がないにもかかわらず理懺が必要とされている、と批判している。

湛然の批判について、日本の守脱は、以下のような解釈を施している。[11] つまり、道宣の立てる第一の理懺は諸法性空の理に基づくものであって、性空の理であり、その中には因縁起滅の相がなお存在しているため、天台の教判に基づいて言えば、これは三蔵教に相当する。また、第二の理懺は諸法本相是空の理は相空の理であり、天台教判で言えば通教に相当する。しかし、道宣は人によって分類し、教に拠る判別をしなかったため、この理は小菩薩に属するものと判断してしまった。最後の第三の理懺は万法唯識の理に基づき、天台教判では別教に相当するため、道宣がこれを初地以上の菩薩から仏果までの証行とするのは適切ではない、という。

一方、釈大睿［2000］（『天台懺法之研究』台北、法鼓文化。pp. 257–258）は、湛然の道宣批判からは、湛然の懺罪思想と智顗のそれとの相違が看取できると述べている。その両者の相異を、同氏は以下の二点において指摘している。まず、湛然は道宣の懺法を批判する際に「小乗且無懺重之理」と述べているが、実際のところ、小乗律には四重罪を懺悔する方法はないものの、智顗が『次第禅門』で触れたように、『最妙初教経』には小乗の四重懺悔法が挙げられている。次に、湛然は、『摩訶止観』に説かれた懺罪は凡夫や下根衆生に相応するものと認識する一方で、道宣の三種無生懺悔について「判位太高、初心無分」と指摘し、さらに、高位の菩薩には罪がなく懺悔する必要がないため、高位菩薩のために懺悔法を挙げる必要性はないと述べていることから、湛然が懺法は凡夫および下根衆生のみが実践すべき行法であると考えていたことがわかる。しかし、智顗は、「唯仏一人具浄戒」以外、つまり三諦の理を極めていない者であれば、たとえ等覚菩薩であっても必ず微細無明の煩悩を懺除しなければならない、と認識していた。

以上は、懺罪理論をめぐる湛然と智顗の相異に関する釈大睿［2000］の分析であるが、しかし、同氏の挙げた根拠およびそれに基づいて示された見解は、必ずしも適切ではないと思う。第一に、釈大睿氏は『次第禅門』の所説に拠って、「小乗且無懺重之理」という湛然の見解が智者大師の考えに背くことを論証しようとしている。しかし、『摩訶止観』では「若犯重者、仏法死人、小乗無懺法、若依大乗、許其懺悔」（T46, 39c7–8）とされるように、初期の著作『次第禅門』に現れた考えと違い、後期の『摩訶止観』に至ると、智顗が重罪の懺悔滅罪は大乗の教えによってのみ実現されると考えるようになったことは明らかである。したがって、「小乗且無懺重之理」という一句は決して智顗の見解に反するものではないことから、これに基づいて、湛然と智顗の相異を論じることはできないと考える。

第二に、湛然にとっての懺法は凡夫および下根衆生のみが実践すべき行法であるという見解は、釈大睿氏の誤解である。確かに、湛然は道宣の理懺が凡夫や下根衆生に相応しないことを批判しているが、しかし、それは、懺法が凡夫や下根衆生のみに適応する行法であるという主張には決してならないであろう。さらに、湛然の「高位無罪」という認識は、『摩訶止観』が重罪を対治するために展開する懺罪理論に対する注釈の中に示されたものであり、そこで論じられている「罪」は、微細の煩悩ではなく、四重五逆の重罪を指すものであるため、そのような重罪が高位菩薩と仏果にはないのは当然なのである。

このように、釈大睿氏の上述の指摘は、湛然と智顗の懺悔理論の相違に関するものとしては適切とは認め難い。しかし、同氏の誤解は、湛然による道宣批判の根底に存在する問題点に我々の目を向けさせてくれるのである。その問題点とは、湛然は天台教学の立場から道宣の理懺分類を批判しているが、そもそも、湛然が主張しようとする理懺と道宣が組織した理懺とは、必ずしも同一の次元に立てられたものではないのである。さらに、湛然は、『止観輔行伝弘決』で道宣の「理懺」を「無生懺法」と呼んで俎上に載せているが、この「無生懺法」という名称は道宣自身の著作からは一切見出せないことも、不審に思われるのである。

思うに、湛然による道宣批判は、表面上は教判的立場をめぐって展開されているが、湛然の真意は、天台仏教における「観無生懺悔」と「理懺」という概念を、当時、広く知られていた道宣の「理懺」に対抗する形で高揚しようとすることにあったと考える。したがって、一見したところは、すべての議論が「無生懺法」をめぐって展開されているように見えるが、その背後では、智顗の「観無生懺悔」と「理懺」、そして道宣の「理懺」という、本来はそれぞれ全く異なった文脈の中で説かれた三つの概念の関連づけが行なわれていると考えるのである。

まず、第一節における考察に基づいて、智顗の「観無生懺悔」と、ほかの二種懺悔とをまとめて比較すると、次頁の図のようになる。

前述したように、三種懺悔のうち、「作法懺悔」は多くを小乗の懺法に拠るのに対して、「観相懺悔」と「観無生懺悔」は基本的には大乗の教えに説かれているとされている。さらに、「作法懺悔」と「観相懺悔」の二種は違無作障

三種懺悔	作法懺悔	観相懺悔	観無生懺悔
適応する機根	鈍　根		利根
根　拠	「律蔵羯磨」『最妙初教経』	『大乗方等陀羅尼経』『梵網経』	『普賢観経』『維摩詰所説経』
三学との対応	戒　律	定　門	慧　門
対治する罪	違無作障道罪	体性悪業罪	無明一切煩悩習因之罪
罪の解消・戒体の回復	罪滅、戒体復或不復	非唯罪滅、能発禅定、此則過本	非唯罪滅、発諸禅定、乃得成道、此為増上過本

道罪、体性悪業罪といった麁悪な罪を対治し、鈍根衆生に適応しているのに対して、「観無生懺悔」だけは利根衆生の懺悔であり、無明一切煩悩習因という根本的かつ微細な罪まで対治できる懺法とされている。この三種懺悔は、智顗が種々の仏典に基づいてまとめた分類であり、『次第禅門』をはじめ、『金光明経文句』、『維摩経文疏』などの著作で説かれている。この三種懺悔の組織は、智顗が考案した初期の懺悔理論を代表するものであるが、その止観実践体系への取り込み方は、『小止観』以降大きな変化を遂げることになる。それでも、懺悔の実践理論を分析する枠組みとしては、晩年の著作『金光明経文句』、『維摩経文疏』などでも依然として活用されている。

しかし、『小止観』以降の著作において独自の懺悔理論と懺法を組織するにあたって、智顗は、特に従来の小乗の教えによっては対治しきれない四重五逆の罪業に対する関心を強め、そうした重罪を対治する方法を種々の大乗経典に求めていく。その結果、智顗は『小止観』の「十法」を経て、最終的に『摩訶止観』の順逆十心の理観法に辿りついたのである。こうした懺悔理論や懺法が形成されるに至った背後には、従来は観念的傾向の強かった「観無生懺悔」をより具体的かつ有効な方法で実践しようとする、智顗の意図が働いていたと考えられる。しかし、少なくとも智顗においては、道宣のように、方法としての「事懺」と「理懺」の枠組みで懺悔を捉える傾向は明確には現れてはいない。

『摩訶止観』の数少ない用例の中で現れる「事懺」と「理懺」は、それぞれ、苦道、業道と煩悩道という三道（三障）に対応する懺悔として取り上げられている。つまり、事懺と理懺は、事による懺悔、あるいは理による懺悔という一般に理解される意味ではなく、端的に、苦道と業道に対する懺悔が事懺、煩悩道に対する懺悔が理懺であると理解されている。そのうち、煩悩道に対応する理懺は、事に迷う煩悩と理に迷う煩悩を原因とする二種の重罪を対治する実践として、具体的には、鈍使罪の順逆十心と利使罪の順逆十心という二種の理観として展開されるに至ったのである。このように見てくると、「観無生懺悔」は、確かに智顗独自の懺悔理論と懺法組織の原点あるいは母胎と言える。しかし、彼が懺法を止観体系の一環として位置づけ、さらには三昧法としての懺法を模索した結果生まれた理懺、そしてその具体的な実践法としての十心観法が、そのまま「観無生懺悔」であるとは言えないであろう。

しかし、唐代では律宗の興起に伴い、南山律の宗匠道宣によって三種の懺法が主張されたが、その一つである理懺は、唯識的空観理論に基づいて、さらに三種に分類されている。また、彼とほぼ同時代の道世は、大乗の懺悔観を重んじ、懺罪の実践に関しては智顗の十心観法を継承しているが、懺悔理論の全体的構造に関する理解は、やはり道宣の事理二懺を基本としている。そして、このような理解は、唐代初期から中期にかけては一般に受け容れられていたものと考えられ、逆に言うと、智顗が提示した三種懺悔や「観無生懺悔」はほとんど忘れ去られそうになっていたと言っても過言ではなかろう。もし、これが実際に、湛然の時代における仏教界の状況であったならば、湛然が道宣を批判の的にした動機はいたって想像し易いものとなる。

ところが、道宣に対する湛然の批判の動機が上述のようなものであったとしても、湛然が採用した批判の方法はかなり複雑なものであったと考える。湛然の時代には、事理二懺という理解が、すでに中国仏教界に広く定着していた。

このような状況を前にして、湛然は道宣の事理二懺説と正面から対決するというより、むしろ通説となっていたその枠組みや概念に自らの理論を関連づけていくという方法を採ったのではなかろうか。そこで、湛然は、道宣の三種理懺を「観無生懺悔」の一種として取り上げて、これに天台教判の立場から批判を展開したと考えるのである。そして、彼の主要な目的は、批判や論争そのものではなく、道宣の理論と結びつける形で天台の懺悔理論を宣揚することにあったと考える。

しかし、このような道宣説と智顗説との結びつけは、結果的にもう一つの関連づけも確立させることとなった。つまり、道宣の「理懺」と天台の「観無生懺悔」とが同一視できるならば、当然、天台の「理懺」も「観無生懺悔」と同質の懺悔と見做されることになる。本来、天台大師にとっては、初期の「観無生懺悔」から出発し、『摩訶止観』に至ってようやく獲得されたのが、「理懺」の体系であった。ところが、湛然による道宣批判の結果、道宣説の「理懺」のみならず、智顗説の「理懺」もまた、「観無生懺悔」と同じ地平の上に置かれ、あまつさえ同一視される事態が生じたのである。つまり、天台においては到達点であるはずの「理懺」が、その出発点の「観無生懺悔」に吸収されることになってしまったのである。さらに、「観無生懺悔」が「理懺」であれば、残りの「作法懺悔」と「観相懺悔」は合わせて「事懺」に相当すると考えられるようにもなる。そして、このような理解は、宋代に至るとさらに一般的になっていくのである。

第三項　湛然による懺法の整備――『法華三昧行事運想補助儀』を中心に――

中国に伝わる湛然の伝記には見えないが、日本で成立し、伝統的には最澄撰とされている『天台法華宗伝法偈』[12]は、湛然の事跡として「十入法華場、七修一行定、建方等懺法、又十有三度」（『伝教大師全集』巻五。p. 25）という記事を伝えている。従来の湛然理解は、彼を哲学者・思想家とする傾向が強いが、しかし、この記載が強く印象付けるような湛然の実践者あるいは修行者としての性格にも注目する必要があるだろう。そのような、湛然の一面を伝えてくれるものとして、『伝法偈』の記載以外にも、彼が著した懺悔儀軌に関する著作がある。本来、湛然には、『法華三昧行事運想補助儀』、『方等懺補助儀』、『観心補助儀』、『請四十二賢聖儀』などの著述があったはずであるが、[13] 現存しているのは、『法華三昧行事運想補助儀』一巻（T46, No. 1942）だけである。したがって、本項は、この短い書物に基づいて、湛然の懺悔思想の実践面における現れについて考察することとする。その際、『法華三昧行事運想補助儀』が、智顗の『法華三昧懺法』に対する補注であるという性格を考慮し、さらに天台仏教における法華三昧の歴史的展開を把握するためにも、本項の論述は、まず智顗の『法華三昧懺法』について概観し、次に唐代における法華三昧の流行を回顧した上で、湛然の『法華三昧行事運想補助儀』の内容について考察していく、という順に進めたいと考える。

一　智顗と『法華三昧懺儀』

法華の修行は顕密二教に説かれる実践法であり、密教の「法華法」は唐代の不空三蔵に始まり、日本で大成されるが、顕教の法華三昧は南岳慧思に始まり、天台智顗によって大成されたと言われる。[14] このうち、法華三昧の名称は、鳩摩羅什の訳した『妙法蓮華経』（T9, No. 262）「妙音菩薩品」と「妙荘厳王本事品」に由来するが、[15] その思想および実践法の形成は、特に『法華経』の「安楽行品」と「普賢菩薩勧発品」、および思想的に関係の深い『普賢観経』の説に基づくという。[16]

湛然の『止観大意』（T46, No. 1914）の冒頭に、「今家教門、以龍樹為始祖。慧文但列内観視聴而已、洎乎南岳・天

台、復因法華三昧、発陀羅尼、開拓義門、観法周備」（459a16-19）とあるように、南岳慧思と天台智顗の法華三昧は、古来、極めて重要な思想、あるいは実践法とされ、まさに天台教観の根源としての不動の地位を占めて今日に至っている。横超慧日氏によれば、天台の「教相は龍樹に源を発し観法は慧文に起ったとしても、それらの経義と観法を法華経の精神に合致すと見、法華三昧として初めて開悟身証したのは慧思であった。そして智顗はその法華三昧の証悟に立脚して、独自な仏教学の体系を組織したのである」とされる。[17]

慧思の法華三昧の行法および思想内容を伝える著述として『法華経安楽行義』一巻（T46, No. 1926）がある。また、天台智顗の法華三昧に関する論述は、『法華三昧懺儀』のほか、『摩訶止観』巻二、「四種三昧」の第三の半行半坐三昧に現れる。両書のうち、『摩訶止観』は法華三昧の意止観の部分のみを取り上げ、完全な行法行儀は別行の『法華三昧』一巻に譲っているが、[18]『摩訶止観』のほか、灌頂（561-632）の『隋天台智者大師別伝』（T50, No. 2050）は智顗の著作として「法華三昧行法一巻」（197b16）を挙げており、道宣の『大唐内典録』（T55, No. 2149）巻十にも「法華三昧」（332a20）とあることから、同書が「智顗の最も確実な撰述の一であることは間違いない[19]」と言われている。

現行の「法華三昧」には、『大正蔵』本と金沢文庫本の二種類がある。そのうち、『大正蔵』第四十六巻に収められている『法華三昧懺儀』（T46, No. 1941）は、康熙六年（1679）刊行の増上寺報恩蔵本を底本とし、日本の延宝七年（1667）の版本を校訂本とするテキストであるが、これは智顗の撰述をそのまま反映するものではなく、宋代の遵式によって勘定されたものをその内容としている。[20] このほか、金沢文庫には、「法華三昧行法」と首題する鎌倉時代の写本二種（一つは弘安九年＝1286. もう一つは文保元年＝1317 の写本である）が現存している。[21] この二種の写本は全く内容を同じくしており、同一本からの書写と思われ、『大正蔵』本とは異同が少なくないと指摘されている。[22] さらに、佐藤哲英氏の研究によって、この金沢文庫本こそは、遵式が「法華三昧懺儀勘定元本序」（『法華三昧懺儀』の巻頭附録）で「濫回龟注、錯其篇内、細碎之失、莫得而挙」（T46, 949b4）と批判している異本であることが判明している。[23]

『法華三昧懺儀』の撰述時期に関しては、現行諸本間の記載が相違しており、智顗の瓦官寺滞在時か、修禅寺での撰述かは決め難いと言われるが[24]、智顗の後期の著作に現れる四教五時や三諦三観の思想が欠けているので、前期の著作に属するものと考えられている[25]。

それでは、智顗が自らの証悟に基づいて組織した法華三昧の行法がどのようなものかについて、『法華三昧懺儀』の内容に沿って概観しよう。『法華三昧懺儀』は五章にわたって、二十一日を期限として実践する行法を明かしている。

第一は、「勧修」である。

『法華三昧懺儀』によれば、如来が滅後五百年の五濁悪世を生きる四衆（比丘・比丘尼・優婆塞・優婆夷）で、大乗経を誦し、大乗の行を修め、大乗の菩提心を発し、普賢菩薩の色身を見ようとする者、釈迦牟尼仏・多宝仏塔、分身の諸仏および十方の仏を見ようとする者、六根の清浄を得て仏の境界に入って通達無閡になろうとする者、四魔を破り、一切の煩悩を清め、一切の障道の罪を滅ぼそうとする者などは、皆、まず空閑処において三七日にわたって一心に精進し、法華三昧に入るべきであるという。なぜなら、『法華経』は諸仏秘密の法蔵であり、諸経の中の最上であり、それに基づけば大直道を歩むかのように留難されることはないからである。したがって、菩薩行の実践者であれば誰でも、身命を惜しまず、未来永劫にわたり法華経に拠って修行すべきである、とされる[26]。

第二は、行法の「前方便」である。

『法華三昧懺儀』に見える小字注によれば、「修行には二種があり、一は初行で、二は久行である。初行の者には法華三昧を教えるが、久修の者は「安楽行品」によるべきである[27]」とされている。つまり、すべての懺悔行法が前方便の具足を必要とするように、法華三昧の行者も、七日間にわたって、自調伏其心、息諸縁事、供養三宝、厳飾道場、浄諸衣服、慚愧、礼仏、懺悔、行道、誦経、坐禅、観行、発願などの行を具備しなければならない[28]。

第三は、一心精進の修行方法である。

修行者が道場に入るにあたっては、その時から二十一日間、身命を惜しまず、仏の教えに従って一心に精進すると覚悟すべきである。この一心の精進には二種あり、一は事における一心精進であり、二は理における一心精進である。事における一心精進とは、修行者が初めて道場に入るにあたって、二十一日間、一心に礼仏、懺悔、行道、誦経、坐禅することを志すことである。理における一心精進とは、修行者は修行期間中、種々の作法において常に心性が不生不滅であることを観じ、一切がことごとく一心であることを見、心源を反観し、心心に相続し、二十一日間、心の相を得ないこと、これが理において一心に精進する法である。(29)

第四は、正しく修行する方法である。

修行者は初めて道場に入ったならば、十法を具足すべきである。一には道場を厳浄し、二には身を浄め、三には身口意の三業で供養し、四には三宝を奉請し、五には三宝を讃歎し、六には礼仏し、七には懺悔し、八には行道旋遶し、九には『法華経』を誦し、十には一実の境界を思惟することである。(30)

第五は、修証の相を略して明かす。

もし修行者が上述の如く、二十一日の間、一心に精進することができたならば、三種の行者、すなわち、下根行者、中根行者、上根行者は、その期間中、あるいは二十一日目に、それぞれ三種の証相を得ることによって、上中下の浄相を証したことを知る。(31)

以上、智顗の『法華三昧懺儀』の成立とその内容について概観したが、次に、唐代における法華三昧の実践状況について、実践者の立場、流行した地域に配慮しながら、いくつかの事例を挙げて考察していくこととする。

二　唐代における法華三昧の実践状況

唐代における法華三昧の実践状況については、唐代における天台の伝承や天台教学の動向に関する研究[32]の中で、ある程度究明されてきている。ここでの考察は、主として湛然の生きた時代における法華三昧の実践状況に着目しながら、湛然の『法華三昧行事運想補助儀』撰述を取り巻く時代的、思想的な背景を明らかにしようとするものである。

まずは、洛陽で活躍した比丘尼慧持・慧忍の法華三昧の実践とその影響について述べよう。この二大徳の事績は、義天編『釈苑詞林』巻一九三に収められた梁肅撰「唐常州天興寺二大徳比丘尼碑」に詳しい[33]。この碑文に拠れば、二人は唐晋陵（常州）黄氏出身の姉妹であり、幼い頃に『法華経』を耳にして宿縁に目覚め、さらに、義崇という僧から『摩訶止観』や『法華玄義』を示された際には、「是吾師也」と喜んだという。二人は、神龍中（706）に具足戒を受け、常州天興寺にいた頃に、当寺の経楼で法華三昧を実践し、普賢菩薩の顕現を感得した、と伝えられる。唐玄宗先天年初（712）、二人は洛陽安国寺と寧刹寺の大徳となり、そこで北宗禅の普寂（651-739）を批判し、さらに一行（683-727）の上奏によって、安国寺に法華院の設置を勅許されるなどの功を遂げている。

次に、長安付近で活躍した楚金による法華三昧の実践について見てみよう。楚金の伝記は『宋高僧伝』巻二十四[34]に見えるが、より詳しくその生涯、活動、思想などを伝える資料として、岑勛撰「西京千福寺多宝仏塔感応碑」[35]（『全唐文』巻三七九）が最も重要である。これらの資料によれば、楚金は、唐広平郡程氏の出身であり、七歳から出家を誓い、『法華経』に触れることによって宿命を思い出し、九歳で得度した後は長安の龍興寺で僧籙に師事した。進具後のある静夜、『法華経』を持誦している時、「多宝塔品」に至って泊然として禅定に入り、多宝仏塔が宛在と目前に現れるのを見る。以後六年にわたって、布衣一食、戸庭を出ず、多宝仏塔の建立を誓った。

その後、千福寺懐忍禅師が瑞相を見たのをきっかけに、同寺の多宝仏塔の建立が、楚金を中心として進められることになる。建設工事は天宝元年（742）から始まり同四年（745）にはほぼ完成をみるが、その間、「自〔天宝〕三載（744）、毎春秋二時、〔楚金〕集同行大徳四十九人、行法華三昧、尋奉恩旨、許為恒式。前後道場所感舎利、凡三千七十粒。至六載（747）、欲葬舎利、予（預）厳道場又降一百八粒。画普賢変、於筆鋒上聯得一十九粒、莫不円体自動、浮光瑩然」（『全唐文』巻三七九）という逸話が伝えられる。これは、長安における法華三昧の実践状況を伝える最も重要な記述の一つであるが、さらに楚金は「為国建多宝塔、置法華道場」の先河を開いた功績によって、貞元十三年（797）には「大円禅師」と勅謚されることになる。[36]

楚金の師承については不明な点が多いが、ただ、「西京千福寺多宝仏塔感応碑」に、「昔衡岳思大禅師以法華三昧伝悟天台智者、爾乃寂寥、罕契真要、法不可以久廃、生我禅師、克嗣其業、継明二祖、相望百年。夫其法華之教也、開元関於一念、照円鏡於十方、指陰界為妙門、駆塵労為法侶、聚沙能成仏道、合掌已入聖流、三乗教門、総而帰一、八万法蔵、我為最雄」（『全唐文』巻三七九）と記載されることから、自分自身を慧思や智顗の教観を継承する者と称していたと考えられる。

玉泉寺の戒脈を受け継ぐ弁才（723–778）は、長安で法華三昧を宣揚したもう一人の重要人物である。弁才の伝記は『宋高僧伝』巻十六「唐朔方龍興寺弁才伝」（T50, 806a7–b8）に見える。これによれば、弁才は襄陽李氏の出身であり、七歳から峴山寂禅師に師事し、十六歳の時に大雲寺で得度した。彼は、荊州玉泉寺で具足戒を受けてから、長安安国寺の懐威律師、報恩寺義頒律師などに師事したが、天宝十四載（755）、玄宗の勅詔を受け、教誡として臨壇度人を始める。至徳初（756）、粛宗が即位すると、弁才は龍興寺に移り、詔命によって「国のために法華道場を建てた」と伝えられている。

このように律学専門家で法華三昧を修得したと伝えられる者としては、弁才の他に法慎（669–751. 懐仁）、神悟

(689-751) などが挙げられる。このうち、法慎は、「禅律二門、如左右翼、和尚執持戒律、兼修定慧」（『全唐文』巻三二〇）という禅律兼修の傾向を体現した律学の高僧として、唐代には大きな影響力を誇った一人であった。彼の弟子には、唐代の「律学三二」、すなわち、越州開元寺僧曇一、福州開元寺僧宣一、揚州延光寺僧霊一という三人のほか、常州興寧寺僧義宣、杭州譚山寺僧恵鸞、東京敬愛寺僧璿光、潤州栖霞寺僧法瑜・僧乾印、潤州天郷寺僧法雲、揚州崇福寺僧明幽、揚州龍興寺僧恵遠等がいた。[38] そして、この法慎も「楽説弁才、得法華三昧」（『全唐文』巻三二〇）と言われる一人であった。

神悟の伝記は、『宋高僧伝』巻十七「唐潤州石圮山神悟伝」（T50, 814a14-b16）や、唐釈皎然「唐石圮山故大禅師塔銘幷序」（『杼山集』巻八）に伝えられる。これらの資料によれば、彼は、隴西李氏という儒家の出身であるが、開元年間（713-741）に、渓光律師に師事し、理懺と事懺を実践したところ、異相を感得したという。そして、晩年からは一層精進し、「毎年法華道場を置き、九十日間の長行に入り、礼仏・念仏・観仏を実践したところ、三昧が現前した」[39] と伝えられている。

最後に、湛然の同門である道遵（714-784）の法華三昧について触れておこう。道遵の生涯を伝える基本資料として、『宋高僧伝』巻二十七「唐蘇州支硎山道遵伝」（T50, 879a15-b12）のほか、皎然「蘇州支硎山報恩寺法華院故大和尚碑幷序」（『杼山集』巻九）が挙げられる。これらによれば、道遵は、字は宗達、呉興張氏の出身である。二十歳のとき、天竺義威律師から具足戒を受けて、報恩寺の興大師にも師事した。彼は、最初は律を中心に仏教の弘通に努めていたものの、後には玄朗の門に入って天台仏教の一心三観の実践に開眼することとなった。

道遵の江南仏教や天台仏教に対する最も大きな貢献は、法華道場設立の先河を開いたことであった。それは、大暦元年（766）、州将韋元甫、兵部尚書劉晏、侍御史王円、開州刺史陸向、殿中侍御史陸迅、大理評事張象たちの一連の上奏によって実現された、朝廷からの「法華道場」の特署であった。それ以来、江東では法華道場がおよそ十七箇所にわたって設立されることとなるが、すべて道遵の首置を先駆とするものであろう。法華道場では、精行の大徳十四人が常に法華経を誦持して皇恩に報い、仏像および多宝塔を建立し、浄土の行を修め、阿弥陀仏像を造り、天台教典を書写するほか、さらに平素より、『法華玄義』、『天台止観』、『四分鈔文』などの講義を開き、戒壇を設立して戒律を授け、律禅ともに教授する、といった活動が展開されたようである。

道遵自身の実践としては、特に霊巌道場で法華三昧を実修した際の出来事が注目される。伝記に拠れば、天宝年間(742–756)、道遵が霊巌道場で法華三昧を行じた際、強い光が空を照らし、自分が正念する姿がその光に包まれたかのような特異な体験をし、後日、同門の荊渓湛然に尋ねたところ、湛然から、それは智慧の光明が心から流れ出す光景であると言われた。それ以後も、道遵が支硎山報恩寺で法華道場に入った時にも異相を感応したと伝えられる。

以上、湛然の生存時代における法華三昧の実践状況を、いくつかの事例を提示しながら概観してきた。それでは、これらの事例からはどのような時代的な特徴が読み取れるのであろうか。また、このような時代状況は、湛然の『法華三昧行事運想補助儀』の撰述に、どのような影響を及ぼしたのであろうか。これらの問題については、次に考察したい。

三　湛然の『法華三昧行事運想補助儀』

上で取り上げた事例に基づいて言えば、唐代、特に湛然の生きた時代には、法華三昧の実践は広く行なわれていたと考えられる。法華三昧は、止観を根本に据える玄朗のグループだけが重視する実践法ではなく、禅律兼修を旨とする仏教者によっても強い関心が寄せられていたであろうことは否定できない。また、法華三昧の流行は、玉泉寺の所在する荊州や玄朗たちが活動する江南地域に限られず、唐代の初期にはすでに、長安、洛陽といった中心地にも広く及んでいたようである。さらに、その盛況は教団内部に止まることなく、世間一般の人々の注目を集め、遂には朝廷の関心を惹くまでに至った。

たとえば、比丘尼慧持・慧忍の活躍により、東都洛陽安国寺には、勅命によって法華院が設置されたこと、長安地域では、楚金らの法華三昧の実践を背景に建立された西京千福寺多宝仏塔はすでに国家事業の規模を有し、「為国建多宝塔、置法華道場」の功績によって楚金が「大円禅師」と勅謚されたこと、そして弁才は詔命により「国のために法華道場を建てる」などの記事はいずれも法華三昧に社会的、政治的な関心が広範に寄せられたことを物語っている。

このような傾向は、法華三昧の流布に拍車をかける一方で、法華三昧に対して過度の関心が寄せられたことは、徐々にその本来の宗教的修証方法としての意味を見失わせ、最終的には利他行を口実に国家や個人のための祈福の手段に堕してしまう危険性も孕んでいたのである。そのような危惧が現実のものとなってしまったのが、江東の十七箇所にも及ぶ法華道場の建立であったと言えよう。この道場の建設は、天台教法や法華三昧の隆盛を象徴するかのようにも見えるが、しかし、その道場で実際に行なわれた活動の内容を見る限りでは、かつて智者大師が組織した法華三昧を実修する場という意味での「法華道場」では最早なくなっているように思える。そして、このような状況を、湛然はどのように捉えていたのであろうか。

この問題に関して、湛然は『法華文句記』巻十下「釈普賢品」の巻末において、次のような興味深い論述を展開している。

教内法中云「三番」者、即読誦思惟三七日也。有人至此亦引文云、「行有五法、一三七見、二七七見、三一生見、四二生見、五三生見」。又云、「応有六法、一厳道場、二浄身、三六時、四啓請、五読誦、六思惟甚深空法。作是観時、能滅百千万億阿僧祇重罪」。若爾、何以解釈一経、都無啓心投想之地、至此乃引『普賢観経』。

況今自云「読誦書写者、欲修習是法華経、於三七日中一心精進、我当乗象至其人前」。故知若修行、若解説、請依今師、方有所至。所以非玄文無以導、非止観無以達、非此疏無以持、非一家無以進。若不爾者、用是教為、用講宣為。故東京安国寺尼慧・忍置法華道場、今天下仿効、而迷其本、不知此尼依憑有在、而親感普賢。然雖有置道場処、多分師心。況今講者、而欲軽略斯教、良由不知教旨故也。適与江淮四十余僧往礼台山、因見不空三蔵門人含光奉勅在山修造。云与不空三蔵親遊天竺、彼有僧問曰、「大唐有天台教迹、最堪簡邪正、暁偏円。可能訳之、将至此土耶」。豈非中国失法、求之四維、而此方少有識者、如魯人耳。(T34, 359b26-c19)

教内の法で「三番」というのは、二十一日間読誦し思惟することをいうのである。ある人はここでまた経典を引用して「行に五つの方法があり、一には二十一日で見、二には四十九日に見、三には一生で見、四には二生で見、五には三生で見る方法である」という。また、「六つの方法を具えなければならない。一には道場を荘厳し、二には身を浄め、三には六時〔に礼拝し〕、四には啓請し、五には読誦し、六には甚深の空法を思惟する。このような観法を実践する時には、百千万億阿僧祇の重罪を滅ぼすことができる」という。もしその通りであれば、どうしてこれまでの経典解釈には啓心投想の説が全く見られなくて、ここに至ってからはじめて『普賢観経』を引用するのであろうか。

ましてここで経典は、「読誦書写する者が、この法華経を修習しようと思うならば、二十一日間にわたって一心に精進すれば、我はかならず象に乗ってその人の前にやってくる」と自ら示しているように、修行も解説も、今師(智顗)を拠り所としてはじめて結果につながるのである。だから玄文(『法華玄義』)なしには入門できず、『摩訶止観』なしには達することができず、『法華文句』なしには住持することができず、一家によらなければ進む道がないことがわかる。この通りにしなければ、何によって教えるべきなのか、講義すべきなのかがわからなくなる。だから東京安国寺の尼慧持・慧忍が法華道場を設けているのは、いまあちこちで真似されているが、どれもこれもその本質を見落としており、二人の尼に拠り所があったからこそ普賢さまが現れたのを親しく感得した、ということを理解していない。しかも道場を設けても、多くは自分勝手な理解に基づく。まして現在の講経者が法華経の教えを軽く扱おうとするのは、まことに教えの主旨を理解してないからである。

たまたま江淮の四十数人の僧とともに五台山へ巡礼に往ったところ、そこで敕命を奉じて山で修造していた不空三蔵門人の含光に会った。〔含光が〕云うには、自らも不空三蔵にしたがって天竺を遊行した。そこで〔出会った〕ある僧人に、「大唐には天台の教えがあり、邪正を判断し偏円を暁すことに最もすぐれている〔と聞いております〕。それを翻訳してこの国に将来しては頂けないでしょうか」と尋ねられた。〔思うに、天下の〕中央の国（インド）では正法が失われたため、それを周辺の国々から求めようとしているのである。ところが、この国（中国）では〔自らがすばらしい正法を有しているにもかかわらずそれを〕理解〔し大切に〕する者が少ないのは、まさに魯人のよう〔に愚かなこと〕ではなかろうか。

ここで、湛然が「有人」の説として提示したのは、法相教学を実質的に築き上げた基（632-682）が『妙法蓮華経玄賛』（T34, No. 1723）巻十に挙げた説であると考えられているが[41]、これに対する湛然の批判は、二つの角度から進められている。

まずは、『妙法蓮華経玄賛』の法華経注釈は実践的要素を欠いていることに対する批判である。湛然の観点からすれば、『妙法蓮華経玄賛』は、その経典解釈の全体にわたって「啓心投想之地」を欠いており、最後の「普賢品」に至って、初めて『普賢観経』に拠って行法に言及するのに過ぎない。さらに、湛然が『法華五百問論』巻下で「雖引観経、不知此経結於法華、亦不知令修観法与法華観有何別耶。亦不知欲修法華観、投心何所、終日徒説、竟無所帰。貧人数宝、未足為喩、一朝冥目、色心何依。況始自経初、終極末軸、不見一言依経立観。寄言後輩、勤学不如択師。余亦不惑、但依古釈、悲其悞耳」(ZZ100, 801b17-c4)と述べるように、基は『普賢観経』の行法に触れているとは言っても、この経が『法華経』の結経であることを知らず、また、その中に説かれた観法と法華の実践との関連性を理解しているわけでもない。このように、『法華経』を実践的立場から理解せず、証悟しようともしなければ、結局は「貧人数宝」の如く、虚しい結果に終るであろう、と湛然は批判するのである。

次に、この湛然の非難は、結局のところ、法華三昧の具体的な実践法をめぐって展開されたものでもあるだろう。というのは、基によって「精進六法」として提示された行法は、『普賢観経』に基づいてまとめられた法華修行の行法、つまり一種の法華懺を示すものであり、これに対して湛然が激しく反発したのは、あるいはそれが天台仏教で説かれる法華三昧とは相違するからであろう。そもそも、『妙法蓮華経玄賛』の中に見える「行法五品」と「精進六法」に関する説は、基本人のオリジナルな説ではなく、吉蔵『法華義疏』(T34, No. 1721) 巻十二に纏め上げられた説[42]を挙げたものに過ぎないのである。

天台の法華三昧懺儀と関連づけて言えば、ここで精進の方法として提示された六法は、『法華三昧懺儀』で五章行法を説く中の第四として説かれた正行十法、すなわち「一者厳浄道場。二者浄身。三者三業供養。四者奉請三宝。五者讃歎三宝。六者礼仏。七者懺悔。八者行道旋遶。九者誦法華経。十者思惟一実境界」(T46, 950a16-19) と具体的な実践の内容に一部違いは見られるものの、実践の全体的な方向性や性質は同じであるといってもよいであろう。

しかし、湛然は、「三七日中一心精進」の行法に限らず、広く『法華経』を学び、実践する時は、観法修行であろうと、経典の解説であろうと、必ず天台の法華三昧に精通する「今師」に従って、行なわなければならない、と主張している。なぜなら、法華の実証は、『法華玄義』によってのみ導かれ、『摩訶止観』に基づいてのみ到達され、『法華文句』によってのみ持続され、天台の教法によってのみ進められるからである。続けて、湛然は、洛陽安国寺比丘尼慧持・慧忍二尼の活躍によって盛んになった法華道場について論ずる。彼によれば、今では法華道場の設置は唐全域で仿効されているが、しかし、それらの法華道場の多くは根本を見失っている。それは、二人の尼は信ずべき拠りどころがあったからこそ、普賢菩薩の示現を感応できた、という事実を知らないからである、と湛然は批判する。確かに、梁粛撰の碑文から伺えるように、慧持・慧忍二尼が『摩訶止観』や『法華玄義』を師としており、「先以法華導其解、次以止観摂其行」とある如く実践したからこそ、「了以万法根源、帰于仏之知見」となり[43]、普賢菩薩の示現を感応したのである。

以上、湛然の非難を見ると、唐代には、法華道場の設置が確かに盛んに行なわれていたが、しかし、それらの法華道場で行なわれていた宗教的実践は、必ずしも天台の教え、あるいは『法華三昧懺儀』の規定に依拠していたとは限らないことが伺える。したがって、唐代資料には、法華道場や法華三昧に関する記事が多く見出されるが、その実践の内実は様々であることには注意する必要があろう。さらに、湛然自身は必ずしも法華道場の設置を好意的に捉えてはいないことが、上掲文に見える「然雖有置道場処、多分師心」という記述から伺え、そして、このことは、彼が同門の道遵と道場の設立に関して意見を異にしていたことを伺わせる。最後に、湛然は、五台山における不空三蔵の門人含光との出会いと対話[44]に触れて、天台の教えに依拠すべきことを、再度、強調するのである。

さて、法華三昧や法華道場が、その実践内容や基本理念に大きな問題を抱えたまま流行していたならば、一体どのようにしてそれを本来のあるべき姿、状態へと回復させるべきであろうか。湛然は、『法華三昧行事運想補助儀』一巻の中では、特に「行事運想」における理観の重要性を強調している。同書は、智顗の『法華三昧懺儀』の一部に対して、割注形式で注釈を施したものであるが、前述したように、『法華三昧懺儀』は、勧修、前方便、一心精進、正修行方法、略明修証相という五つの方面から法華三昧の行法行儀のプロセスを規定している。そして、その中の第四

の正修行に対しては、さらに、

第一　明行者厳浄道場法
第二　明行者浄身方法
第三　明行者修三業供養法
第四　明行者請三宝方法
第五　明讃歎三宝方法
第六　明礼仏方法
第七　明懺悔六根及勧請・随喜・迴向・発願方法
第八　明行道法
第九　重明誦経方法
第十　明坐禅実相正観方法

という十項目を立てている。『法華三昧行事運想補助儀』は、この十項目のうち、第九重明誦経方法には全く言及せず、第十明坐禅実相正観方法は注釈を省略しており、実際には他の、都合八項目に対して注釈を施している。

その中で、特に思想的な特徴を示しているのは第七明懺悔六根などの項目に対する注釈であるが、その内容は以下の通りである。

七懺悔応運逆順十心云（我与衆生無始来、今由愛見故、内計我人、外加悪友、不随喜他一毫之善、唯遍三業広作衆罪、事雖不広、悪心遍布、昼夜相続、無有間断、覆諱過失、不欲人知、不畏悪道、無慚無愧、撥無因果。故於今日対十方仏普賢大師、深信因果、生重慚愧、生大怖畏、発露懺悔、断相続心、発菩提心、断悪修善、勤策三業、翻昔重過、随喜凡聖一毫之善、念十方仏有大福慧、能救抜我及諸衆生、従二死海、置三徳岸、従無始来、不知諸法本性空寂、広造衆悪、今知空寂、為求菩提、為衆生故、広修諸善、遍断衆悪、惟願普賢、慈悲摂受)。次懺六根(至文、並須略知文相含於逆順十種心相、縦有闕略。「在四悔中」、「於菩提中」、「見不清浄」等、是横計我人。「帰向「毘盧遮那」」、是観罪性空。「一切世尊」。是念十方仏。「後四悔中有発随喜心、以是因縁令畢竟清浄」、是断相続心。「帰向普賢及一切世尊」、是為衆生発菩提心。「一一悔文皆具三業、是修功補過」等、「説過」等、是発露過失。「当堕悪道生大怖畏」等、是怖畏悪道。「及生慚愧、信因果」等、凡宣悔詞、須加事想、破於愛心、至観罪性空、総想事理、悔於見心。若欲更略眼耳鼻三根亦可、或時用、若舌身意三根是業、故不得全略。前三根、縦略並使不失逆順十心。大意即得)。(T46, 956a11-21)

七には懺悔するに逆順に十心を運らせなければならない(我と衆生とは無始以来、愛と見のため、内には我人を考え、外には悪友を加える。他人の善行に全く随喜せず、三業にわたって広く種々の罪を犯すのみである。悪事が広まらないとはいえ、悪心は充満し、昼も夜も相続し、一瞬にして途絶えることなく、過失を隠蔽し人に知られたがらず、悪道を畏れず、慚愧の心無く因果も否定する。だからいまは十方の仏・普賢大師に向かって、因果を深く信じ、真剣な慚愧の心を生じ、大い怖畏を感じ、自らの罪を発露し懺悔し、相続する悪の心を断ち切ろう。菩提心を起こし、悪を断ち切り善を修め、三業にわたる行に励み、昔の重大な罪を反省し、凡人聖人のすべての善行に随喜せよ。十方の仏は大いなる福と智慧があり、我およびすべての衆生を救済し、二死の海から救い出し三徳の彼岸まで導いて下さるように念じよう。無始の過去以来、諸法の本性が空寂であると知らず、種々の悪をあれこれ働いていたが、いまは諸法空寂の真理を知り、菩提を求めるため、衆生を救済するために、種々の善行を広く行い、種々の悪をすべて断ち切ろうとしたい。ただ願わくは、普賢菩薩が慈悲によって摂受して下さるようにと)。

次は六根を懺悔する(この文を理解するためには、その中に逆順の十種の心相が含まれていることがわからなければならない。その中に省略された部分もある。「在四悔中」、「於菩提中」、「見不清浄」等は、我と他人とを分別することをいう。「毘盧遮那」は、罪の本性が空であると観じることをいう。「一切世尊」は、十方の仏を念じることをいう。「後四悔中有発随喜心、以是因縁令畢竟清浄」は、相続の心を断ち切ることを指す。「帰向普賢及一切世尊」は、衆生のために菩提心を起こすことをいう。「一一悔文皆具三業、是修功補過」等、「説過」等は、過失を発露することをいう。「当堕悪道生大怖畏」等は、悪道に恐怖を感じることをいう。「及生慚愧、信因果」等は、およそ懺悔の言葉を述べる時は、事想を加えて愛心を破り、罪の性が空であると観じるに至ると、事と理と両方を思い浮かべて見心を悔いる。もし略す場合は、眼耳鼻の三根を略すのは場合によって可能であるが、舌身意の三根は三業と関わるため省略してはいけない。前の三根は省略しても逆順十心の実践に影響しない。大意は以上の通りである)。

前節で紹介した、『摩訶止観』が「懺浄理論」の懺重方法として提示した「順逆十心」の観法が、この注釈によって、あらためて法華三昧の懺悔、具体的には、六根懺悔の前提として導入されるに至ったのである。また、第十の坐禅実相正観方法に注釈を加えることは略されたが、その理由を「応如止観十法成乗等」と述べている。つまり、その具体的な方法は、『摩訶止観』の十乗観法に拠るべきである、と言うのである。

前述したように、智顗の『法華三昧懺儀』は彼の早期の著作であり、その中には『摩訶止観』において初めて説かれることとなる円頓止観や「順逆十心」の懺悔理論はいまだ現れてはいない。そこに着目して、智顗の懺悔の実践理論や止観体系の到達点というべき『摩訶止観』の思想を、時間を遡って、智顗の早期著作『法華三昧懺儀』に取り込むことによって、法華三昧の実践体系を構築し直したのが、湛然の『法華三昧行事運想補助儀』なのである。

天台大師智顗の教学は、その生涯を通じて徐々に形成、確立されたものである。そして、湛然は、そのようにして成立した智顗の思想を、天台三大部を中心に据えることにより、一つの整合性ある教学と実践の体系へと再構成しようと試みたのである。智顗の『法華三昧懺儀』に対して、湛然が『法華三昧行事運想補助儀』を撰述したのも、上述の如き試みの一環であろうし、そこには、智顗の教学という素材に対して、湛然が手を加えていく方法と過程を、明瞭に見て取ることができるのである。

注　記

（1）「「若犯事中重罪」去、謂愛成犯重、不但改観能滅深愆、須依三昧、託事附理、及観相治、方可清浄。此下明逆順十心、即是懺之方法、故云「更明」」（T46, 258c13-16）。

（2）「「見若重者、還於観心修懺」者、既云犯重、不独観心。言「観心」者、行於事懺、必藉観心。若無観心、重罪不滅。以観為主、故云「於観心中」」（T46, 258c19-22）。

（3）『止観輔行伝弘決』巻第四之二に「初順流中、言「魯扈」等者、無慚不順之貌。次是為下総結、及明来意」（T46, 259a25-27）とある。

（4）『止観輔行伝弘決』巻四之二に「愛心逆流並是附事、愛属鈍使、名鈍使罪、非謂罪滅、鈍使已尽。以彼愛罪託事生故、故附事懺。見違理起、懺亦附理、若懺重罪、亦須合行。故云「起重煩悩、応旁用事助」、補薬如推理、事助如巴豆」（T46, 260c5-10）とある。

（5）『四分律刪繁補闕行事鈔』巻中四「鈔者云、仏法東流、行此法者亦少。縦有行悔、則棄小取大、依『仏名』『方等』而懺者、余意所末安、由心懐厭欣、未合大道」(T40, 99b12-15)。
(6) 土橋秀高［1977］(「毘尼と懺悔」『印度学仏教学研究』五十一〔二十六—一〕。p. 84)。
(7) 土橋［1977］(p. 83)。
(8) 土橋［1977］、土橋秀高［1966］(「道宣の菩薩戒」『印度学仏教学研究』二十九〔十五—一〕)、土橋秀高［1973］(「毘尼討要と四分律行事鈔」『龍谷大学論集』四百)。
(9) 『法苑珠林』に論じられる順生死の十心と、『摩訶止観』の「順流十心」とを対照させると、以下のようになる。

『法苑珠林』巻八十六 (T53, 915b1-20)	『摩訶止観』「順流十心」(T46, 39c26-40a7)
一者、無明顛倒、煩悩酔惑、触境生著、昏暗不醒、所以造罪。	一、自従無始、闇識昏迷、煩悩所酔、妄計人我、計人我故、起於身見。身見故、妄想顛倒。顛倒故、起貪瞋痴。痴故広造諸業、業則流転生死。
二者、内既痴酔、外為悪友所迷、随順非法、悪心転熾、所以造罪。	二者、内具煩悩、外値悪友、扇動邪法、勧惑我心、倍加隆盛。
三者、内外縁具、自破己善、亦破他善、於諸善事無随喜心、所以造罪。	三者、内外悪縁既具、能内滅善心、外滅善事、又於他善、都無随喜。
四者、既不修善、惟悪是従、縦恣三業、無悪不為、所以造罪。	四者、縦恣三業、無悪不為。
五者、所造悪事。雖未広多。而悪心周普。奪一切楽与一切苦。所以造罪。	五者、事雖不広、悪心遍布。
六者、悪念相続、昼夜不断、心純念悪、初無停息、所以造罪。	六者、悪心相続、昼夜不断。
七者、隠覆瑕疵、蔵諱罪過、内懐姦詐、外現賢善、所以造罪。	七者、覆諱過失、不欲人知。
八者、身色強健、謂我常存、増状作罪、不畏悪道、所以造罪。	八者、魯扈底突、不畏悪道。
九者、頑痴凶佷、魯扈抵突、無慚無愧、片無羞恥、所以造罪。	九者、無慚無愧。

十者、撥無因果、不信善根、断諸善根、作一闡提、不可救療、所以造罪。	十者、撥無因果、作一闡提。

次に、『法苑珠林』に論じられる懺悔修善の十心と、『摩訶止観』の「逆流十心」とを比較すると、以下のようになる。

『法苑珠林』巻八十六（T53, 915b29-916a9）	『摩訶止観』「逆流十心」（T46, 40a11-b14）
一者、正信因果、不迷不謬、為善獲福、為悪得罪。雖無作者果報不失。雖念念滅業不敗亡。信為道源。智為能入。既智且信衆善根本。用此正信。翻破不信一闡提心。由備此心方能起懺。	先正信因果、決定孱然、業種雖久、久不敗亡、終無自作、他人受果。精識善悪、不生疑惑。是為深信、翻破一闡提心。
二者、悔罪要方、慚愧為本。我慚此罪不復人流。愧我此罪不蒙天護。是為白法。亦是三乗行人第一義天。出世白法。是為懺愧翻破無愧之黒法也。要具此心方能行懺後条例耳。	二者、自愧剋責、鄙極罪人、無羞無恥、習畜生法、棄捨白浄、第一荘厳。咄哉。無鉤造斯重罪、天見我屏罪、是故慚天。人知我顕罪、是故愧人。以此翻破無慚無愧心。
三者、悑畏無常、命如水沫。一息不還随業流転。覚無常已食息無閑。是為無常翻破保常不畏悪道心也。	三者怖畏悪道、人命無常、一息不追、千載長往、幽途綿邈、無有資糧、苦海悠深、船筏安寄。賢聖呵棄、無所恃怙。年事稍去、風刀不奢。豈可晏然、坐待酸痛。……行者怖畏、苦到懺悔。不惜身命、如彼野干決絶。無所思念、如彼怖王。以此翻破不畏悪道心。
四者、発露。向他説罪軽重。以露罪故罪即焦枯。如露樹根枝葉彫落。是為発露翻破覆蔵現浄心也。	四者当発露莫覆瑕疵、賊毒悪草、急須除之。根露条枯、源乾流竭。若覆蔵罪、是不良人。迦葉頭陀令大衆中発露、方等令向一人発露。其余行法、但以実心、向仏像改革、如陰隠有癰、覆諱不治則死。以此翻破覆蔵罪心也。
五者、断相続心、畢竟捨悪、剋決雄猛、猶若剛刀。是為決定要期断悪翻破悪念相続心也。	五断相続心者、若決果断奠、畢故不造新、乃是懺悔。懺已更作者、如王法初犯得原、更作則重。初入道場、罪則易滅、更作難

	除、已能吐之、云何更噉。以此翻破常念悪事心。
六者発菩提心。普抜一切苦。普与一切楽。此心弘広無所不遍。是為大乗菩提之心翻破遍悪心也。	六発菩提心者、昔自安危人、遍悩一切境。今広起兼済遍虚空界。利益於他。用此翻破遍一切処起悪心也。
七者修功補過勤策三業精進不休。是為修功立徳翻破不修三業無辜起悪心也。	七修功補過者、昔三業作罪、不計昼夜、今善身口意、策励不休。非移山岳、安塡江海。以此翻破縦恣三業心。
八者守護正法不念外道邪師破壊仏法。誓欲光顕令久住也。是為守護翻破滅一切善事心也。	八守護正法者、昔自滅善、亦滅他善、不自随喜、亦不喜他。今守護諸善、方便増広、不令断絶、譬如全城之勲。『勝鬘』云、守護正法、摂受正法、最為第一。此翻破無随喜心。
九者念十方仏無量功徳神通智慧。欲加護我慈哀我苦賜我除罪清浄良薬。是為翻破念悪知識心也。	九念十方仏者、昔親狎悪友、信受其言。今念十方仏、念無碍慈、作不請友、念無碍智、作大導師。翻破順悪友心。
十者観罪性空。罪従心生。心若可得罪不可無。我心自空。空云何有。善心亦然。罪福無主。非内非外。亦無中間。不常自有。但有名字。名之為心。但有名字。名為罪福。如是名字。名字即空。還源反本畢竟清浄。是為観罪性空翻破無明顚倒執著心也。若無明滅故諸行滅。諸行滅故生死滅。是為十二因縁大樹壊。亦名苦集子果両縛脱。亦名道滅二諦顕。是為方等観慧日月照明衆生遇此重恩故得見十方仏也。此標大慈具説如経。	十観罪性空者、了達貪欲瞋痴之心、皆是寂静門。何以故。貪瞋若起、在何処住。知此貪瞋住於妄念、妄念住於顚倒、顚倒住於身見、身見住於我見、我見則無住処。十方諦求、我不可得。我心自空、罪福無主。深達罪福相、遍照於十方。今此空慧与心相応、譬如日出時、朝露一時失。一切諸心、皆是寂静門。示寂静故、此翻破無明昏闇。

(10) 土橋［1977］(p. 86)。

(11) 以下に挙げられる守脱の解釈は、『止観輔行伝弘決講述』(『仏教大系』巻二十三。p. 580) の内容に基づいてまとめられている。

(12)『伝法偈』と通称される『天台法華宗伝法偈』は、伝統的には最澄の撰述と考えられ、現在、『伝教大師全集』巻五に収められている。本書が最澄の真撰になるかどうかは議論の集まるところである。多くの先行研究、たとえば、福井康順［1950］(『東洋思想史論考』京都、法蔵館)、牛場真玄［1968］(「伝教大師最澄の禅法相承について――「天台法華宗伝法偈」を中心として――」『印度学仏教学研究』三十三〔十七―一〕)、大久保良順［1980］(「天台法華宗伝法偈について」『伝教大師研究』東京、早稲田大学出版部) などでは最澄撰述説を否定している。ただし、桑谷裕顕［2000］（「最澄将来の湛然の伝記資料について」『天台学報』四十三）は、本書は、最澄の撰述とするには無理があるものの、最澄将来資料に基づいて作成されたものであり、したがって、その資料的価値は否定できない、と指摘する。

（13）湛然の著作に関しては、本書第一章第三節の第二項を参照。

（14）梅田龍月［1927］（「法華三昧と法華法」『密教研究』二十七。p. 107）。

（15）『妙法蓮華経』巻七「妙音菩薩品第二十四」には、「法華三昧」という語が、「爾時一切浄光荘厳国中、有一菩薩名曰妙音、久已殖衆徳本、供養親近無量百千万億諸仏、而悉成就甚深智慧、得妙幢相三昧、法華三昧」（T9, 55a24-27）、「華徳菩薩得法華三昧」（56b29-c1）という二箇所に見える。また、同巻の「妙荘厳王本事品」第二十七には、「浄眼菩薩於法華三昧久已通達」（60b4-5）という一箇所に見える。『法華経』のほか、『仏説法華三昧経』一巻（T9, No. 269. 智厳、四二七年に訳出）があるが、智顗等の懺法とは無関係である（津田左右吉［1947］「智顗の法華懺法について」『東洋学報』三十一－一。p. 1）。また、羅什訳とされる『思惟略要法』一巻（T15, No. 617）も「法華三昧観法」を説いているが、慧思と智顗に対してさして影響するところがあったとは考えられない（横超慧日［1955］「天台智顗の法華三昧」『大谷学報』一二七〔三十五－三〕p. 18, n. 2. この論文は、後に、横超慧日［1971］「天台智顗の法華三昧」『法華思想の研究』京都、平楽寺書店。pp. 279-303. の中に収められることになる）。

（16）津田［1947］（p. 1）。

（17）横超慧日［1971］（「南岳慧思の法華三昧」『法華思想の研究』京都、平楽寺書店。p. 265）。この論文は、最初に横超慧日［1954］（「南岳慧思の法華三昧」『宮本正尊教授還暦記念論文集　印度学仏教学論集』東京、三省堂出版社）として公表されたものである。

（18）『摩訶止観』巻二「別有一巻名法華三昧、是天台師所著、流伝於世、行者宗之」（T46, 14a9-10）。

（19）佐藤哲英［1961］（『天台大師の研究――智顗の著作に関する基礎的研究――』京都、百華苑。p. 128）。

（20）ロバート・F・ローズ［1987］（「『法華三昧懺儀』研究序説」『仏教学セミナー』四十五。p. 17）。

（21）『金沢文庫資料全書・天台篇』には、多田孝文氏による校訂本がある。これに関する注釈的研究としては、池田魯参［1998］（「訓読注解・法華三昧行法」『駒沢大学仏教学部研究紀要』五十六）が重要である。同論文の文頭に見える記述によれば、『法華三昧行法』の前半、礼仏の方法までの部分は、昭和五十五年から五十九年にかけて中山書房刊『天台』創刊号～第八号に連載された塩入良道氏の『法華懺法講義』に示された諸説を転載や要約掲載している、という（p. 22）。

（22）佐藤［1961］（p. 142）。

（23）佐藤［1961］（pp. 142-144）。

（24）従来、本書は、『大正蔵』本の巻頭に「隋瓦官寺沙門釈智顗」と見えるため、智顗の瓦官寺時代の著述とされていたが、金沢文庫本には「天台山修禅寺沙門智顗」と見えることから、本書が「瓦官寺の真撰か修禅寺の撰述かはにわかに決し難い」（佐藤［1961］p. 150）と言われる。

（25）佐藤［1961］（p. 150）。

（26）『法華三昧懺儀』の原文は次の通りである。「如来滅後、後五百歳濁悪世中、比丘・比丘尼・優婆塞・優婆夷誦大乗経者、欲修大乗行者。発大乗意者。欲見普賢菩薩色身者。欲見釈迦牟尼仏・多宝仏塔分身諸仏及十方仏者。欲得六根清浄入仏境界通達無閡者。欲得聞十方諸仏所説、一念之中悉能受持通達不忘解釈演説無障閡者。欲得与文殊師利・普賢等諸大菩薩共為等侶者。欲得普現色身一念之中不起滅定・遍至十方一切仏土供養一切諸仏者。欲得一念之中遍到十方一切仏刹現種種色身作種種神変、放大光明説法度脱一切衆生入不思議一乗者。欲得破四魔、浄一切煩悩、滅一切障道罪、現身入菩薩正位、具一切諸仏自在功徳者。先当於空閑処、三七日一心精進、入法華三昧。若有現身犯五逆・四重、失比丘法、欲得清浄還具沙門律儀、得如上所説種種勝妙功徳者、亦当於三七日中、一心精進修法華三昧。所以者何。此法華経是諸如来秘密之蔵、於諸経中最在其上、行大直道、無留難故。如転輪王髻中明珠不妄与人、若有得者、随意所須種種珍宝悉皆具足。法華三昧亦復如是、能与一切衆生仏法珍宝。是故菩薩行者応当不計身命、尽未来際修行此経、況三七日耶」（T46, 949b14-c8）。

（27）『法華三昧懺儀』「修行有二種、一者初行、二者久行。教初行者当用此法、教久修者依安楽行品」（T46, 949c12）。

（28）『法華三昧懺儀』「夫一切懺悔行法、悉須作前方便。所以者何。若不先厳浄身心、卒入道場、則道心不発、行不如法、無所感降。是故当於正懺之前、一七日中、先自調伏其心、息諸縁事、供養三宝、厳飾道場、浄諸衣服、一心繋念。自憶此身已来及過去世所有悪業、生重慚愧、礼仏懺悔、行道誦経、坐禅観行、発願専精。為令正行三昧、身心清浄、無障閡故、心所願求、悉克果故」（T46, 949c13-20）。

（29）『法華三昧懺儀』「行者初欲入道場之時、応自安心、我於今時乃至満三七日、於其中間、当如仏教、一心精進。……不惜身命、一心精進、満三七日。……有二種修一心、一者事中修一心、二者理中修一心。事中修一心者、如行者初入道場時即作是念、我於三七日中、若礼仏時、当一心礼仏、心不異縁、乃至懺悔行道・誦経坐禅、悉皆一心。在行法中、無分散意。如是経三七日、是名事中修一心精進。二者理中修一心精進、行者初入道場時応作是念、我従今時乃至三七日満、於其中間、諸有所作、常自照了、所作之心、心性不二。所以者何。如礼仏時、心性不生不滅、当知一切所作種種之事心性悉不生不滅。如是観時、見一切心悉是一心、以心性従本已来、常一相故。行者能如是反観心源、心心相続、満三七日、不得心相、是名理中修一心精進法」（T46, 949c25-950a15）。

（30）『法華三昧懺儀』「行者初入道場、当具足十法、一者厳浄道場、二者浄身、三者三業供養、四者奉請三宝、五者讃歎三宝、六者礼仏、七者懺悔、八者行道旋遶、九者誦法華経、十者思惟一実境界。行者於三七日中日夜六時、初入道場一時之中、当具足修此十法。於後六時、一一時中、当略去請仏一法、余九法悉行無異」(T46, 950a17-23)。

(31)『法華三昧懺儀』「行者若能如是於三七日一心精進、修三昧時、於三七日中間、或満三七日已、有三種行者証相不同、今当略分別之。一者下根行者証相、二者中根行者証相、三者上根行者証相」(T46, 954c1-5)。

(32) たとえば、大久保良順［1951］(「唐代に於ける天台の伝承について」『日本仏教学会年報』十七)、塩入法道［1984］(「隋末唐初における天台法門の流伝」『天台学報』二十六)、秋田光兆［1999］(「唐代における天台教学の動向」『山家学会紀要』二) などがある。

(33)「唐常州天興寺二大徳比丘尼碑」を含む『釈苑詞林』の一部の翻刻は、斎藤光純［1973］(「『釈苑詞林』」『高僧伝の研究 櫛田博士頌寿記念』東京、山喜房仏書林) に載せられている。また、この碑文や慧持・慧忍の事跡に関する研究としては、Faure, Bernard［1998］("Voices of Dissent : Women in Early Chan and Tiantai"『禅文化研究所紀要』二十四)、Chen, Jinhua［1999b］(*Making and remaking history : A study of Tiantai sectarian historiography*. Studia philologica Buddhica Monograph Series XIV. Tokyo : International Institute for Buddhist Studies) が挙げられる。

(34)『宋高僧伝』巻二十四「唐京師千福寺楚金伝」(T50, 864c4-865a4)。

(35) この碑文は、『全唐文』のほかに、『文苑英華』八五七にも収められているが、ただ語句の欠落が多く善本と認めがたい。大型叢書のほかに、同碑文は、明・都穆撰『金薤琳琅』巻十一などの金石資料集にも収められているが、それによって、碑石の題記には「天宝十一載歳次壬辰(752)、四月乙丑朔廿二日戊戌建、勅検校塔使正議大夫行内侍趙思侶、判官内府丞車沖、検校僧義方、河南史華刻」と見えることがわかる。

(36)『宋高僧伝』「唐京師千福寺楚金伝」「至貞元十三年(797)四月十三日、左街功徳使開府邠国公竇文場奏、「千福寺先師楚金、是臣和尚、於天宝初、為国建多宝塔、置法華道場。経今六十余祀、僧等六時礼念、経声不断。以歴四朝、未蒙旌徳」。勅諡大円禅師矣」(T50, 864c28-865a4)。

(37) 法慎の伝記としては、『宋高僧伝』巻十四「唐揚州龍興寺法慎伝」(T50, 796b14-797a7) や、李華「揚州龍興寺経律院和尚碑」(『全唐文』巻三二〇) などが重要である。

(38)「揚州龍興寺経律院和尚碑」によれば、「禅律二門、如左右翼、和尚執持戒律、兼修定慧……〈天宝十載(751)十月十四日〉就滅於龍興寺、春秋八十三、僧夏六十。緇素弟子、北拒泗沂、南踰嶺徼、望哭者千族、会葬者万人。其上首曰、越州開元寺僧曇一、福州開元寺僧宣一、常州興寧寺僧義宣、杭州譚山寺僧恵鸞、東京敬愛寺僧璿光、潤州栖霞寺僧法瑜・僧乾印、潤州天郷寺僧法雲、揚州崇福寺僧明幽、延光寺僧霊一、龍興寺僧恵遠等」(『全唐文』巻三二〇)。

（39）「唐石圮山故大禅師塔銘并序」に、「逮其晩節、益見苦心、毎歳置法華道場、九旬入長行、礼念観仏、三昧於斯現前」（『杼山集』巻八）とある。

（40）『妙法蓮華経玄賛』巻十に、「『普賢観経』明行法有五、一三七日即見、二七七日得見、三一生得見、四二生得見、五三生得見。……精進者、彼説六法、一荘厳道場、二洗身浄潔、三六時礼拝、四啓請六師、五昼夜読誦大乗経典、六思惟甚深空法道理。作是観時即見普賢、能滅百万億阿僧祇生死重罪。……如此啓請、方見普賢」（T34, 853b4-18）とある。

（41）これは、光謙（1652-1739）がその『法華文句記講録』において提示した説である。これに対する詳細な文献学的考察は、呉鴻燕[2002]（博士論文『『法華五百問論』を介して見た湛然教学の研究』）の「第四部第五章　普賢観」（pp. 247-255）に見られる。本書が『法華文句記』巻十下「釈普賢品」の上掲引用文を理解するに際しては、呉氏の論文に依るところが大きい。

（42）「依『普賢観経』、行法五品。一三七日即見普賢来、二七七日見、三一生得見、四二生得見、五三生得見。……依『普賢観経』略明六法。一、在静処荘厳道場焼香散華等。二、洗浴内身著浄潔衣。三、六時礼十方仏。法身仏遍一切処、応身仏在浄土、化身仏処於穢土、六時至心礼拝、対十方仏及対普賢懺悔六根罪也。無始已来、至此生内、於一一根生六種煩悩。一見好色生貪、二見悪色起瞋、三見不好不悪色起痴、四見色起断常等成諸見外道、五見有無堕二乗地、六見色作有所得心成煩悩障。以起此六種煩悩、故起結業、不得離生老病死憂悲苦悩、障菩提心、障於菩薩道及障仏果。一根既爾、五根亦然。深自呵嘖、起重慚愧、於一一根三過、対十方仏及普賢説之、請諸仏菩薩慈悲受其懺悔、及請六道衆生受其懺悔。四、於静処請釈迦為和上。文殊為阿闍梨、弥勒為教授、此三人即是三世仏。釈迦為現在仏、文殊為過去仏、弥勒為当来仏、故請為三師。次請十方仏為証人、十方菩薩為善友、請普賢為懺悔主。於此六師前、自受三帰、受三帰竟、自受三戒。一従今身尽未来劫、誓息一切悪。二従今身尽未来劫、誓修一切善。三従今身尽未来劫、誓度一切衆生。此三摂一切法皆尽也。五、昼夜読誦大乗経。六、端坐思惟第一義甚深空法。達此六根如幻如夢、従因縁生、因縁生即是寂滅相、寂滅相即是実相、実相即是法身。作此観時、念念見十方仏法身及普賢菩薩、於一弾指頃、能滅百万億阿僧祇劫生死之罪」（632b13-c11）。

（43）斎藤[1973]（p. 838）。

（44）湛然の五台山巡礼や含光との会談については、本書第一章第二節を参照。

結　論

これまで、四章にわたって考察してきた結果として、以下のことが言えよう。

まず、第一章では、荊渓湛然（711-782）の事跡を伝える唐宋代の資料に基づいて考察を進めたが、唐代成立の資料の整理を通じて、後世成立した伝記の記載が依拠した資料がある程度明らかになるとともに、それら後世の諸伝記の信憑性が改めて確認できた。また、諸伝記に現れる不明確、不充分な記載を、唐代資料の記述によって修正・補充することもできたのである。さらに、宋代以後に成立した湛然伝をその編纂者の所属宗派（所属宗派のない場合も含めて）によって分類し、次にそれぞれの湛然伝の内容から推察される資料相互の影響関係に基づいて系統付け、それを踏まえた上で、それらの資料に見える湛然伝の構成要素を採り上げて検討した。以上のような考察の結果、湛然の伝記が、編纂者の立場の相違と時代の変遷によって、変容していく様子が明らかになり、また、新たな湛然伝をまとめることができたのである。

次に、第二章では、湛然の生涯の全体像を理解した上で、特に、『止観輔行伝弘決』の製作が始まる前後の至徳・広徳年間（756-764）における湛然の行跡に焦点を当て、先行諸研究の成果に含まれる疑問点や問題と思われる箇所を検討し、その上で、上元・宝応年間（760-764）における天台山仏教教団および湛然の動向を、当時の歴史状況の中に置いて見直してみた。その結果、中唐期における天台山、さらには江東仏教を危機に陥れた歴史事件、すなわち袁晁の乱の存在が浮かび上がってきたのである。袁晁の乱は、中原地域の安史の乱によって江淮流域に誘発された一連の震動の一環であり、さらに視野を広げるならば、安史の乱を契機に転換期を迎えた中世中国の社会状況の表象の一つとも言える。この社会的転換期に発生した諸変動に震撼したのは世俗世界だけではなく、仏教の信仰的世界もまた大きく動揺せずにはいられなかった。唐帝国の盛勢が急速に衰えはじめ、社会全体が崩壊していくものの、来るべき新時代の姿は見えない。このような過渡期にあった社会の各階層に属する人々は、社会に新たな均衡が生まれるまで、殊に真剣かつ慎重に対処し、次世代の到来に備えなければならなかったであろう。これは、当時の仏教教団を構成する人々にとっても同様であったに違いない。そして、湛然の『止観輔行伝弘決』撰述にも、そのような歴史的課題に対応しようとする意図があったと考えられるのである。

この時期は、湛然その人が、宗教者、教育者としてだけではなく、思想家としても大きな成長を遂げていく重要な転換点であったと同時に、天台仏教の歴史伝統にとっての革命期でもあったと考える。湛然の中で、天台仏教の伝統は超克すべきものであるという認識が生まれ、また、その超克が自らの歴史的課題であるという自覚が明確になった時、その必然性と思想的根拠を天台仏教の源である天台大師智顗に求めていくことは、極めて自然な発想である。このように湛然の基本的発想を捉えたところ、湛然とその弟子たちの世代において、天台仏教の祖統論が発達することになったこととの必然性、そして湛然が『摩訶止観』を始めとする智顗の天台三大部に対する注釈を基軸に自らの思想体系を構築していったことの必然性が見えてきたのである。このような意味で、『止観輔行伝弘決』は、まさしく唐代天台仏教復興運動の原点と言うべきであると考えられるのである。

そして、第三章では、唐代における天台仏教の復興運動が『止観輔行伝弘決』の撰述から本格的に開始されることとなったのは、その運動の担い手である湛然が受け継ぐ伝承の性質からして必然的であり、また、この運動が天台止観伝承の正統化と天台止観実践法の正規化を意図とするものであったと考え、まずは、『止観輔行伝弘決』から伺える天台止観の伝承系譜に関する湛然の理解を、灌頂説との比較を通して考察した。その結果、両者は、「金口祖承」

における釈尊の位置づけや、「今師祖承」の展開、特に灌頂の加入と「九師相承」の提示などにおいて相違していることが判明した。そして、これらの二つの方面に存在する相違は、両者の理解の違いから生じたものというより、むしろ湛然が灌頂の所説に意図的な改変を加えた結果と考えられる。逆に言えば、その意識的な企てこそが、『止観輔行伝弘決』の中で展開された湛然の天台止観祖承説の特徴を創りあげた原動力であったと思われるのである。

これらの改変を経て完成した湛然による祖承説を支える骨格は「金口祖承」と「今師祖承」であるが、実際には、それらはいずれも「今師祖承」、特にその慧文以降の系譜の特殊性を引き立たせる、いわば脇役として機能していることを見過ごしてはならない。つまり、この体系の全体的構造の中から、現実に浮かび上がってくるのは、教観並重を誇る中国的実践体系、すなわち天台止観の伝統を代表するとされる慧文以降の系譜だけなのである。この系譜は、実践面で発揮される中国的主体性を象徴する「九師相承」を受け継ぎ、さらに龍樹を媒介として「金口祖承」と結合することで、その教法的正統性も確保されている。したがって、湛然は、上述したような改変を重ねることによって、智顗その人を中心に据えた灌頂説の結構を巧妙に変容させて、「今師祖承」、とりわけ慧文から慧思を経て智顗へ、そして灌頂に至るまでの系譜を根幹とする祖統論を構築したのである。『止観輔行伝弘決』の本文では、灌頂までの系譜がほぼ完成をみるが、この系譜をさらに延長し、湛然本人が属する伝承系譜と繋ぎ合わせたのは『止観輔行伝弘決』「普門序」であり、ここに天台止観の祖統論はその最終的な姿を現すのである。

このように、湛然によって天台止観伝承を正統化するための理論的基礎が固められていったが、しかし、その伝承が正統なものであるとあまねく認知させるためには、長期にわたる宣布・顕彰運動が必要となる。そのような運動は、天台山教団の体制の整備、強化と並行して、湛然の生前から彼の死後数十年にわたって、実際に続けられていく。その間の事情を明らかにするために、湛然の在家弟子梁粛（753–793）が撰述した著作に着目して、天台仏教復興運動の展開の一面、さらに、湛然が天台仏教の復興に成功したもう一つの要因、すなわち居士仏教との関係を解明しつつ、天台止観伝承の正統化を目指す顕彰運動の実態に迫ったのである。

最後に、湛然の時代に至るまでは、天台止観の実践は、智威―慧威―玄朗を中心とする系統に止まらず、さらに、禅や律宗の人々によっても広く兼修されていたが、第四章の考察は、このように、天台止観に強い関心を寄せていた当時の仏教界の状況の解明から始めた。上述の状況は、律宗の立場から「天台止観是一切経義、東山法門是一切仏乗」という認識が示されていることからも明らかであり、当時、天台止観は、すでに禅の東山法門と並んで禅観実践の主流の一つとなっていたと思われる。したがって、玄朗―湛然の集団がこの天台止観伝承の正統的な担い手ならんと強く自覚しはじめたのは、従来考えられていたように、法灯が途絶えることへの危機感からではなく、むしろ、天台止観の無秩序な流行に歯止めをかけ、止観実践の正統的なあり方を宣揚する必要性を感じたためではないかと考えるに至った。そこで、従来の理解を念頭に置きつつも、『止観輔行伝弘決』の撰述意図を捉え直した上で、湛然がいかなる意図に基づいて、天台仏教復興運動の一環としての天台止観実践の正規化に努めていったのかを明らかにするために、天台の懺悔に関わる実践理論に着目して、それが智顗から湛然へと展開していく過程とそこに現れる変化を考察した結果、『止観輔行伝弘決』から伺われる湛然の懺悔理論の特質をある程度解明できたと考える。

さらに、当時の法華三昧の実践状況を把握した上で、湛然の『法華三昧行事運想補助儀』について分析した結果、次のことが明らかになった。天台大師智顗の教学はその生涯を通じて徐々に形成、確立されたものであるが、湛然は、そのようにして成立した智顗の思想を、天台三大部を中心に据えることにより、一つの整合性ある教学と実践の体系へと再構成しようと試みている。そして、智顗の『法華三昧懺儀』に対して湛然が『法華三昧行事運想補助儀』を撰述したのは、そのような試みの一環であり、智顗の教学という素材に対して、湛然が手を加えていく方法と過程を伺わせる一つの実例となっている。

このように、本書は、荊渓湛然の最重要著作である『止観輔行伝弘決』を研究課題とし、湛然を中心に推し進められた唐代の天台仏教復興運動という背景を常に意識しつつ、同書の成立過程及びその意義を捉え直そうとしてきた。その際に、湛然という人間を中心に、特にその伝記と著作の成立をめぐる基本的な諸問題の解明に努めたが、湛然に対する研究は緒についたばかりである。今まで注意されてこなかった若干の問題に取り組んだ結果、いくつかの新しい視点を導入することができたとは思うが、本論を到達点というより、むしろ今後の本格的な文献学的、思想的研究への序説として位置づけたいと考えるのである。

参考文献一覧

〈一次資料〉

『嘉定赤城志』四十巻　宋・陳耆卿纂修、『宋元方志叢刊』第七冊所収本、北京、中華書局、一九九〇年

『咸淳毘陵志』三十巻　宋・史能之纂修、『宋元方志叢刊』第三冊所収本、北京、中華書局、一九九〇年

『玉泉寺志』六巻　清・栗引之撰、杜潔祥主編『中国仏寺志彙刊』第三輯第十七〜十八冊所収、台北、丹青図書本、一九八五年

『金石録』三十巻　宋・趙明誠、金文明『金石録校証』所収本、上海、上海書画出版社、一九八五年

『欽定全唐文』千巻　清・董誥等編、嘉慶二十三年序内府刊本、一八一八年

『衢州府志』三十巻　清・楊延望等纂修、光緒八年挹康熙五十年本重刊

『旧唐書』二百巻　宋・劉昫監修、北京、中華書局点校本、一九七五年

『広異記』一巻　唐・戴孚撰、方詩銘輯校古小説叢刊本、北京、中華書局、一九九二年

『江南通志』二百巻　清・趙弘恩等監修、清・黄之雋等編纂、景印文淵閣四庫全書本（第五〇七〜五一二冊）、台北、台湾商務印書館、一九八三〜八六年

『冊府元亀』千巻　宋・王欽若等編、北京、中華書局影印崇禎十五年序予章黄国琦刊本、一九六〇年

『四庫全書総目提要』二百巻　清・永瑢等撰、商務印書館影印万有文庫本

『資治通鑑』二九四巻　宋・司馬光等編、北京、中華書局点校本、一九七六年

『至正四明続志』十二巻　元・張鉉纂修、『宋元方志叢刊』第六冊所収本、北京、中華書局、一九九〇年
『十三経注疏』四一六巻　清・阮元校勘、台北、芸文印書館影印江西南昌府学嘉慶二十一年本、一九六五年
『常州府志』三十八巻　清・子琨修、康熙三十四年刊本
『浙江通志』二百巻　清・嵆曾筠等監修、清・沈翼機等編、景印文淵閣四庫全書本（第五一九～五二六冊）、台北、商務印書館、一九八三～八六年
『石刻史料新編』五十一冊　台北、新文豊出版公司影印本、一九七七～二〇〇六年
『説郛三種』十冊　明・陶宗儀等編、上海、上海古籍出版社用涵芬楼百巻本明刻一百二十巻本及続四十六巻本彙集影印本、一九八八年
『全上古三代秦漢三国六朝文』七四六巻　清・厳可均輯、台北、世界出版社本、一九六一年
『全唐詩』九百巻　清・彭定求等編、鄭州、中州古籍出版社本、一九九六年
『全唐文』千巻　清・董誥等編、上海、上海古籍出版社本、一九九〇年
『太平寰宇記』二百巻　宋・楽史撰、北京、中華書局本、一九八五年
『太平広記』五百巻　宋・李昉等編、北京、中華書局本、一九六一年
『台州府志』十八巻　清・張聯元編、『中国方志叢書』第七十四号所収本、台北、成文書局、一九七〇年
『大唐六典』三十巻　唐・李隆基撰、唐・李林甫注、西安、三秦出版本、一九九一年
『天台山方外志』三十巻　明・幽渓伝灯撰、杜潔祥主編『中国仏寺志彙刊』第三輯第八～九冊所収、台北、丹青図書本、一九八五年
『唐会要』百巻　五代・王溥撰、台北、世界出版社本、一九八九年
『唐詩紀事』八十一巻　宋・計有功撰、台北、台湾中華書局本、一九八一年
『唐文粋』百巻　宋・姚鉉編、上海、上海古籍出版社本、一九九四年
『寧波府志』三十六巻　清・曹秉仁修、『中国地方志集成浙江府県志輯』、上海、上海書店、一九九三年

『北磵集』十巻　宋・釈居簡、景印文淵閣四庫全書本（第一一八三冊）、台北、商務印書館、一九八三～一九八六年
『御定佩文韻府』四四〇巻　清・張玉書等奉勅撰、上海、同文書局影印清光緒十二年本、一八八六年
『新唐書』二二五巻　宋・欧陽修監修、北京、中華書局点校本、一九八一年
『文苑英華』千巻　宋・李昉編纂、台北、華文書局本、一九六五年
『文体明弁序説』　明・徐師曽撰、羅根沢校点本、台北、華文書局、一九八二年
『宝刻叢編』二十巻　宋・陳思纂『叢書集成初編』覆十万巻楼叢書本、北京、中華書局、一九八五年

※上記以外の一次資料は全て
『大正蔵』→高楠順次郎等編『大正新脩大蔵経』百巻、東京、大蔵出版、一九二四～一九三二年
『卍続蔵』→前田慧雲編『大日本続蔵経』一五〇冊、影印本、一九〇五～一九一二年
『伝教大師全集』→天台宗宗典刊行会編纂『伝教大師全集』五巻、東京、天台宗宗典刊行会、一九一二年
『仏教大系』→仏教大系完成会編『仏教大系』六十五巻、東京、中山書房仏書林、一九七七年
に基づいた。

〈現代語参考文献・日本語〉
秋田光兆［1999］「唐代における天台教学の動向」『山家学会紀要』二（pp. 45-54）
荒槇純隆［1987］「唐中期における天台教勢――湛然の法統をめぐって――」『大正大学大学院研究論集』十一（pp. 109-122）
安藤俊雄［1953］『天台性具思想論』京都、法蔵館
安藤俊雄［1968］『天台学――根本思想とその展開――』京都、平楽寺書店

池田魯参［1967］「十不二門について」『駒澤大学大学院仏教学研究会年報』一（pp. 4-5）
池田魯参［1974］「『金剛錍論』の問題（その1）」『駒澤大学仏教学部研究紀要』三十二（pp. 175-196）
池田魯参［1977］「『摩訶止観』の読み方――『止観義例』の解釈学を通して――」関口真大（編）『仏教の実践原理』東京、山喜房仏書林（pp. 285-302）
池田魯参［1978］「十不二の範疇論（一）――『指要鈔』を通路として――」『駒澤大学仏教学部研究紀要』三十六（pp. 100-125）
池田魯参［1979］「十不二の範疇論（二）――『指要鈔』を通路として――」『駒澤大学仏教学部研究紀要』三十七（pp. 92-109）
池田魯参［1980］「十不二の範疇論（三）――『指要鈔』を通路として――」『駒澤大学仏教学部研究紀要』三十八（pp. 71-95）
池田魯参［1981a］「『止観義例』第七章の研究」『駒澤大学仏教学部研究紀要』三十九（pp. 163-194）
池田魯参［1981b］「湛然教学における頓漸の観念――澄観教学との対話――」『南都仏教』四十七（pp. 1-18）
池田魯参［1982］『国清百録の研究』東京、大蔵出版
池田魯参［1986］『摩訶止観研究序説』東京、大東出版社
池田魯参［1991］「荊渓湛然の仏性説――『金剛錍』の一斑を窺う――」『塩入良道先生追悼論文集　天台思想と東アジア文化の研究』東京、山喜房仏書林（pp. 117-140）
池田魯参［1993］「菩薩戒思想の形成と展開」森章司（編）『戒律の世界』東京、渓水社（pp. 441-468）
池田魯参［1998］「訓読注解・法華三昧行法」『駒澤大学仏教学部研究紀要』五十六（pp. 27-66）
井上以智為［1934］「天台山に於ける道教と仏教」『桑原博士還暦記念論文集　東洋史論叢』東京、弘文堂書房（pp.595-649）
井ノ口泰淳［1963］「敦煌本「礼懺文」について」『典籍論集　岩井博士古稀記念』東京、岩井博士古稀記念事業（pp. 80-89）
井ノ口泰淳［1995］「敦煌本「礼懺文」」『中央アジアの言語と仏教』京都、法蔵館（pp. 352-360）
岩城英規［1988］「『金剛錍論』のテキストについて」『天台学報』三十（pp. 1-6）
宇井伯寿［1935］『第二禅宗史研究』東京、岩波書店

上杉文秀［1935］『日本天台史』名古屋、破塵閣書房

牛場真玄［1968］「伝教大師最澄の禅法相承について――「天台法華宗伝法偈」を中心として――」『印度学仏教学研究』三十三〔十七―一〕（pp. 250–253）

梅田龍月［1927］「法華三昧と法華法」『密教研究』二十七（pp. 107–120）

横超慧日［1954］「南岳慧思の法華三昧」『宮本正尊教授還暦記念論文集　印度学仏教学論集』東京、三省堂出版社（pp. 377–390）

横超慧日［1955］「天台智顗の法華三昧」『大谷学報』一二七〔三十五―三〕（pp. 1–19）

横超慧日［1971a］「南岳慧思の法華三昧」『法華思想の研究』京都、平楽寺書店（pp. 265–278）

横超慧日［1971b］「天台智顗の法華三昧」『法華思想の研究』京都、平楽寺書店（pp. 279–303）

大久保良順［1951］「唐代に於ける天台の伝承について」『日本仏教学会年報』十七（pp. 87–99）

大久保良順［1961］「金剛錍論と大乗起信論との関係」『天台学報』三（pp. 66–70）

大久保良順［1980］「天台法華宗伝法偈について」『伝教大師研究』（pp. 115–130）

織田得能［1962］『織田仏教大辞典』東京、大蔵出版

鎌田茂雄［1992］「二人の澄観――泗州澄観と清凉澄観――」『印度学仏教学研究』八十一〔四十一―一〕（pp. 89–96）

鎌田茂雄［1997］「玉泉寺攷」『天台大師研究　天台大師千四百年御遠忌記念』東京・大津、祖師讃仰大法会事務局天台学会（pp. 819–835）

鎌田茂雄［1999］『隋唐の仏教』（『中国仏教史』巻六）東京、東京大学出版会

河内昭円［1996］「李華年譜稿」『真宗総合研究所研究紀要』十四（pp. 1–33）

神田喜一郎［1972］「梁粛年譜」『東方学会創立二十五周年記念　東方学論集』東京、東方学会（pp. 259–274）

清田寂雲［1980］「天台大師別伝について」『天台学報』二十二（pp. 26–33）

清田寂天［2001］「天台霊応図本伝集真偽考」『叡山学院研究紀要』二十三（pp. 45–52）

桑谷裕顕［2000］「最澄将来の湛然の伝記資料について」『天台学報』四十三（pp. 89–103）

呉鴻燕［1999］「荊渓湛然の『金剛錍』の問題点」『印度学仏教学研究』九十五〔四十八―一〕（pp. 167–169）

呉鴻燕［2002］『『法華五百問論』を介して見た湛然教学の研究』（博士論文）→『湛然『法華五百問論』の研究』

東京、山喜房仏書林、二〇〇七年
胡適［1963］「胡適之博士の手紙」『禅学研究』五十三（pp. 162-172）
小林正美［1993］「智顗の懺法の思想」『六朝仏教思想の研究』東京、創文社（pp. 337-370）
駒澤大学禅宗史研究会［1978］『慧能研究――慧能の伝記と資料に関する基礎的研究――』東京、大修館書店
斎藤光純［1973］「『釈苑詞林』」『高僧伝の研究　櫛田博士頌寿記念』東京、山喜房仏書林（pp. 823-848）
境野黄洋［1929］『支那仏教史講話』巻下、東京、共立社
坂本幸男［1959］「非情に於ける仏性の有無について――特に湛然・澄観を中心として――」『印度学仏教学研究』十四〔七―二〕（pp. 21-30）
佐藤泰雄［1986］「翰林学士梁粛の仏教――『刪定止観』を中心として――」『天台学報』二十八（pp. 183-186）
佐藤泰雄［1988］「『止観義例』に関する一考察――喩疑顕正例を中心として――」『天台学報』三十（pp. 161-163）
佐藤哲英［1961］『天台大師の研究――智顗の著作に関する基礎的研究――』京都、百華苑
沢田謙照［1976］「仏教における懺悔の思想について――その一――」『仏教文化研究』二十二（pp. 1-11）
沢田謙照［1984］「仏教の懺悔思想の展開に於る若干の問題」『坪井俊映博士頌寿記念　仏教文化論考』京都、佛教大学（pp. 693-713）
塩入法道［1984］「隋末唐初における天台法門の流伝」『天台学報』二十六（pp. 182-185）
塩入亮忠［1932］「法華経二十八品由来各品開題」項、小野玄妙等（編）『仏書解説大辞典』巻十、東京、大東出版社（pp. 47-48）
塩入良道［1959］「懺法の成立と智顗の立場」『印度学仏教学研究』十四〔七―二〕（pp. 45-55）
塩入良道［1963］「中国仏教儀礼における懺悔の受容過程」『印度学仏教学研究』二十二〔十一―二〕（pp. 353-358）
塩入良道［1984］「中国初期仏教における礼懺――律に関係ない懺悔の事例――」『那須政隆博士米寿記念　仏教思想論集』千葉、成田山新勝寺（pp. 531-544）
塩入良道［1985a］「天台智顗禅師における懺悔の展開」『大正大学大学院研究論集』九（pp. 1-16）

塩入良道［1985b］「華厳経礼懺儀の構成」『大正大学研究紀要』六十二（pp. 1-16）
塩入良道［1985c］「漢訳阿含経典における悔過・懺悔」『壬生台舜博士頌寿記念　仏教の歴史と思想』東京、大蔵出版（pp. 421-438）
島地大等［1929］『天台教学史』東京、明治書院
白土わか［1998］「草木成仏説について――その形成と展開――」『仏教学セミナー』六十八（pp. 14-32）
鈴木正弘［1988］「安史の乱後の江南支配――特に胥吏統制に着目して――」『立正史学』六十三（pp. 9-21）
須藤健太郎［2000］「梁粛の文道論と仏学」『中国文学研究』二十六（pp. 47-61）
関口真大［1964］『禅宗思想史』東京、山喜房仏書林
関口真大［1967］『達磨の研究』東京、岩波書店
関口真大［1969］『天台止観の研究』東京、岩波書店
関口真大［1969］「『妙勝定経』考」『天台止観の研究』東京、岩波書店（pp. 379-402）
平了照［1961］「指要鈔に見える旧本十不二門について」『印度学仏教学研究』十七〔九―一〕（pp. 249-252）
田島徳音［1937］「止観義例著作考」『山家学報』十（pp. 1-22）
田中良昭［1981］「『付法蔵因縁伝』の西天祖統説」『宗学研究』二十三（pp. 182-188）
田中良昭［2000］「禅宗東西祖統説考――柳田聖山先生の「禅宗東西祖統対照表」をめぐって――」『禅学研究』七十九（pp. 75-127）
池麗梅［2004］「『天台霊応図本伝集』所収之李善注「遊天台山賦」」『成大宗教与文化学報』四（pp. 173-202）
池麗梅［2005a］「『国清百録』の完成年代に関する一考察――隋煬帝と天台山教団との交渉をめぐって――」『インド学仏教学研究』十二（pp. 68-85）
池麗梅［2005b］「『天台大師略伝』は逸失したのか――『天台霊応図本伝集』研究の一環として――」『印度学仏教学研究』一〇六〔五十三―二〕（pp. 799-801）
池麗梅［2005c］「『天台霊応図本伝集』に関する一考察」『中華仏学研究』九（pp. 215-234）
中国仏教研究会［1987］『『摩訶止観』引用典拠総覧』東京、中山書房仏書林
塚本善隆［1941］「龍門石窟に現れたる北魏仏教」水野清一・長広敏雄（編）『〈河南洛陽〉龍門石窟の研究』東方文化研究所研究報告第十六冊、東京、座右宝刊行会

塚本善隆［1974］「龍門石窟に現れた北魏仏教」『北朝仏教史研究』（『塚本善隆著作集』巻二）東京、大東出版社（pp. 241-461）
塚本善隆・牧田諦亮［1955］「宋高僧伝解題」『国訳一切経』和漢撰述部・史伝部十二、大東出版社（pp. 1-4）
津田左右吉［1947］「智顗の法華懺法について」『東洋学報』三十一－一（pp. 1-52）
土橋秀高［1966］「道宣の菩薩戒」『印度学仏教学研究』二十九（十五－一）（pp. 131-135）
土橋秀高［1973］「毘尼討要と四分律行事鈔」『龍谷大学論集』四百（pp. 243-288）
土橋秀高［1977］「毘尼と懺悔」『印度学仏教学研究』五十一（二十六－一）（pp. 83-90）
程正［2003］「二十九祖説考（一）」『駒澤大学大学院仏教学研究会年報』三十六（pp. 37-50）
常盤大定［1938］『支那仏教史蹟踏査記』東京、草村松雄
常盤大定［1973］『後漢より宋斉に至る訳経総録』東京、国書刊行会
常盤大定・関野貞［1975］『中国文化史蹟』巻六、京都、法蔵館
中里貞隆［1966a］「止観輔行伝弘決」項、小野玄妙等（編）『仏書解説大辞典』巻四、東京、大東出版社（pp. 164-165）
中里貞隆［1966b］「止観義例随釈」項、小野玄妙等（編）『仏書解説大辞典』巻四、東京、大東出版社（pp. 160-161）
中里貞隆［1966c］「摩訶止観輔行捜要記」項、小野玄妙等（編）『仏書解説大辞典』巻十、東京、大東出版社（p. 258）
中里貞隆［1966d］「法華文句記」項、小野玄妙等（編）『仏書解説大辞典』巻十、東京、大東出版社（pp. 84-85）
中里貞隆［1966e］「法華経大意」項、小野玄妙等（編）『仏書解説大辞典』巻十、東京、大東出版社（pp. 42-43）
成田昌信［1966］「涅槃経疏三徳指帰」項、小野玄妙等（編）『仏書解説大辞典』巻八、東京、大東出版社（p. 406）
西川素治［1974］「唐中期の江南における農民反乱をめぐって――袁晁の乱を中心として――」『中国農民戦争史研究』四（pp. 1-15）

日置孝彦［1971］「涅槃経疏三徳指帰巻第一五について」『金沢文庫研究』一七八（pp. 15-17）
日置孝彦［1973］「東京大学総合図書館所蔵『涅槃経疏三徳指帰』断簡について」『金沢文庫研究』二四八（pp. 10-11）
壬生台舜［1975］「仏教における懺悔の語義」『大正大学研究紀要』六十一（pp. 79-85）
日比宣正［1966］『唐代天台学序説――湛然の著作に関する研究――』東京、山喜房仏書林
日比宣正［1975］『唐代天台学研究――湛然の教学に関する考察――』東京、山喜房仏書林
福井康順［1950］『東洋思想史論考察』京都、法蔵館
福島光哉［1993］「天台智顗における大乗戒の組織と止観」森章司（編）『戒律の世界』東京、渓水社（pp. 471-484）
幣道紀［1968］「無情仏性について」『駒澤大学大学院仏教学研究会年報』二（pp. 19-32）
松井秀一［1954］「八世紀中葉頃の江淮の反乱――袁晁の反乱を中心として――」『北大史学』二（pp. 15-36）
松森秀幸［2005］「湛然述『法華経大意』の真偽問題」『印度学仏教学研究』一〇七〔五十四―一〕（pp. 115-119）
水野清一・長広敏雄（編）［1941］『〈河南洛陽〉龍門石窟の研究』東京、座右宝刊行会
望月信亨等（編）［1933］『望月仏教大辞典』東京、世界聖典刊行協会、一九七四年改訂一刷（一九三三年初版）
森章司［1998］「原始仏教経典における'kṣama'（懺悔）について」『東洋学論叢』五十一（pp. 66-103）
諸橋轍次［1955-60］『大漢和辞典』十三巻、東京、大修館書店
諸戸立雄［1990］『中国仏教制度史』東京、平河出版社
柳田聖山［1967］『初期禅宗史書の研究』京都、法蔵館
矢吹慶輝［1927］『三階教之研究』東京、岩波書店
山口弘江［2004］「『維摩経文疏』と『維摩経略疏』の比較研究（一）――書誌学的分析と湛然削略の特色について――」『駒澤大学大学院仏教学研究会年報』三十七（pp. 71-88）
山崎宏［1969］「唐代後期居士類型考」『福井博士頌寿記念　東洋文化論集』東京、早稲田大学出版社（pp. 1099-1111）
林鳴宇［2003］『宋代天台教学の研究――『金光明経』の研究史を中心として――』東京、山喜房仏書林

林鳴宇［2004］「元称名寺蔵「戒儀」の発見」『宗学研究』四十六（pp. 115-120）
ロバート・F・ローズ［1987］「『法華三昧懺儀』研究序説」『仏教学セミナー』四十五（pp. 17-33）

〈現代語参考文献・外国語〉

陳公余・任林豪［1991］『天台宗与国清寺』北京、中国建築工業出版社
陳垣［1955］『中国仏教史籍概論』上海、上海書店出版社
董平［2001］『天台宗研究』上海、上海古籍出版社
方広錩（主編）［1995］『蔵外仏教文献』第一輯、北京、宗教文化出版社
谷文雨・閻紅雨［1992］「河南石窟考古又有新収穫」『光明日報』一九九二年一月七日第一版
関口真大著・許洋訳［1985］「中国的禅思想」『仏教思想（二）在中国的開展』台北、幼獅出版社
郭紹林［1993］『唐代士大夫与仏教』台北、文史哲出版社
漢語大字典編輯委員会（編）［1990］『漢語大字典』八巻、武漢、湖北辞書出版社
何俊泰［1993］「関於中国経懺起源和〈梁皇懺〉的一些看法」『大専学生仏学論文集』（pp. 459-473）、華厳蓮社
趙氏慈孝大専学生仏学奨学金会、台北、華厳蓮社
胡大浚・張春雯［2000］『梁粛文集』蘭州、甘粛人民出版社
胡適［1970］『神会和尚遺集』（再版）台北、胡適紀念館
頼永海［1993］『湛然』台北、東大図書公司
劉景龍・李玉昆［1998］『龍門石窟碑刻題記彙録』北京、中国大百科全書出版社
劉烜（主編）［2005］『中国禅寺』（季羨林主編『中国禅学叢書』）北京、中国言実出版社
劉鈞仁［1980-81］『中国歴史地名大辞典』七巻、東京、凌雲書房
羅竹風（主編）［1988-94］『漢語大詞典』十二巻、上海、漢語大詞典出版
寧可［1961］「唐代宗初年的江南農民起義」『歴史研究』一九六一—三（pp. 43-58）
潘桂明［2000］『中国居士仏教史』北京、中国社会科学出版社

潘桂明［2001］『智顗評伝』南京、南京大学出版社
上海図書館（編）［1999］『上海図書館蔵敦煌吐魯番文献』（敦煌吐魯番文献集成）上海、上海古籍出版社
釈大睿［2000］『天台懺法之研究』台北、法鼓文化
釈宗舜［2002］「湛然『授菩薩戒儀』初探」（http://www.jcedu.org/edu/wenji/zongshun/index.htm）
譚其驤（主編）［1985-87］『中国歴史地図集』八巻、上海、地図出版社
汪娟［1998］『敦煌礼懺文研究』台北、法鼓文化
王振国［2000］「河南沁陽懸谷山隋代千仏洞石窟」『敦煌研究』六十六〔二〇〇二―六〕（pp. 27-32）
王仲犖［1985］『隋唐五代史』上、上海、上海人民出版社
温玉成［1993］『中国石窟与文化芸術』上海、上海人民美術出版社
徐立強［1998］「〈梁皇懺〉初探」『中華仏学研究』第二期（pp. 177-206）
徐文明［1999］『中土前期禅学思想史』北京、北京師範大学出版社
郁賢皓［1987］『唐刺史考』南京、江蘇古籍出版社
中華書局編輯部（編）［1990］『宋元方志叢刊』六巻、北京、中華書局
中文大辞典編纂委員会（編）［1985］『中文大辞典』十巻、台北、中国文化大学出版部
朱封鰲［2002］『天台宗史迹与典籍研究』上海、上海辞書出版社
中国美術辞典編輯委員会［1987］『中国美術辞典』上海、上海辞書出版社
趙樹義等（編）［1999］『中国歴代官称辞典』北京、団結出版社
Chen, Jinhua［1999a］"One Name, Three Monks: Two Northern Chan Masters Emerge from the Shadow of Their Contemporary, the Tiantai Master Zhanran 湛然（711-782）." Journal of the International Association of Buddhist Studies 22.1（pp. 1-90）
Chen, Jinhua［1999b］*Making and Remaking History: A Study of Tiantai Sectarian Historiography*. Studia Philologica Buddhica Monograph Series XIV. Tokyo: International Institute for Buddhist Studies.
Faure, Bernard［1998］"Voices of Dissent: Women in Early Chan and Tiantai"『禅文化研究所紀要』二十四（pp. 25-42）
Hamer, Imre［2002］*A Religious Leader in the Tang: Chengguan's Biography*. Studia philologica Buddhica

Occasional Paper Series XII. Tokyo : International Institute for Buddhist Studies.

Maspero, Henri [1911] "Sur la date et l'authenticite du *Fou tsang yin yuan tchouan*", *Melanges d'indianisme : offerts par ses eleves a Sylvain Levi le*, Paris : E. Leroux, 1911, pp. 129–149.

Vita, Silvio [1988] "Lihua and Buddhism," in *Tang China and Beyond* (edited by Antonio Forte, Kyoto : Istituto Italiano di Cultura, pp. 97–124).

Penkower, Linda L. [1993] *T'ien-t'ai during the T'ang Dynasty : Chan-jan and the Sinification of Buddhism*. Ph. D dissertation, Columbia University, New York.

Penkower, Linda L. [1997] "Making and remaking tradition : Chan-jan's strategies toward a T'ang T'ien-t'ai agenda" in『天台大師研究　天台大師千四百年御遠忌記念』東京・大津、祖師讃仰大法会事務局天台学会 (pp. 1289–1338)

索　　引

著者略歴

池　　麗 梅 (CHI, Limei)

中国吉林省吉林市出身。
専門は中国唐代天台仏教史。

学　歴　1999 年　東京大学文学部英語英米文学専修課程卒業。
　　　　2001 年　東京大学人文社会系研究科アジア文化研究専攻
　　　　　　　　インド文学インド哲学仏教学専門分野修士学位取得。
　　　　2006 年　同専門分野博士学位（文学）取得。

職　歴　2005 年～2007 年　武蔵野大学中国語非常勤講師。
　　　　2005 年～2007 年　国際仏教学大学院大学学術フロンティア研究員。

訳　書　『法華経――永遠的菩薩道――』台北、地球書房、2005 年（中国語訳、
　　　　原書は菅野博史著『法華経――永遠の菩薩道――』大蔵出版、1993 年）。

唐代天台仏教復興運動研究序説――荊渓湛然とその『止観輔行伝弘決』

2008 年 2 月 29 日　初版第 1 刷発行

著　者　池　　麗　梅

発行者　青　山　賢　治

発行所　大蔵出版株式会社
〒113-0033　東京都文京区本郷 3-24-6　本郷サンハイツ 404
TEL. 03-5805-1203　FAX. 03-5805-1204
http://www.daizoshuppan.jp/

印刷所　中 央 印 刷 ㈱

製本所　㈱難波製本

© 2008 CHI, Limei
ISBN 978-4-8043-0571-4 C 3015